나만 몰랐던
취업비법

20년 경력 커리어코치의 취업 노하우

나만 몰랐던
취업비법

정철상 지음

JOB SECRET

중앙경제평론사

취업지원도 포기한 4학년 2학기 학생

한 대학의 취업박람회에 상담사로 참여했을 때였다. 한 학생이 쭈뼛쭈뼛하며 다가와 묻는다.

"취업상담 받을 수 있나요?"

나는 반갑게 앉으라고 자리를 권하며 어떤 도움이 필요한지 물었다. 본인도 잘 모르겠다 한다. 학년이 어떻게 되느냐 했더니 4학년이란다. 당시가 10월이었으니 공채모집이 한창 진행 중일 때였다.

어느 쪽으로 입사를 고려하고 있느냐 물었더니 그것조차 모르겠다 한다. 그래도 대학 1, 2학년 때는 어디 어디를 가고 싶다는 그런 마음은 없었느냐 묻자 금융권을 가고 싶었다고 한다.

내가 금융권 채용대행을 직접 맡아서 진행을 해봤는데 그때나 지금이나 가장 스펙을 고집하는 곳이 금융권이다. 그런 정황을 이야기하고 그동안 갖춘 스펙을 알려줄 수 있느냐 물었다.

상담을 받으러 온 학생은 딱히 스펙이라고 내세울 것이 없다고 자신감 없이 대답하며 말을 이어갔는데 대략 정리해보니 다음과 같았다.

지방대 졸업반, 인문계열 전공, 취업과 진로 목표 없음, 공무원 시험 2년 준비하다 포기, 학점 3점대 턱걸이(3.2/4.5), 육군 만기제대, 정보처리기사 자격증 하나, 토익 점수 없음, 장학금 받은 적 없음, 경력 없음, 인턴 경험 없음, 봉사활동 경험 없음, 동아리활동 경험 없음, 외모와 건강 상태 보통, 나이 28세.

"금융권이 소위 스펙을 가장 많이 따져보는 곳인데 현재 상태로 합격할 수 있을까요"라고 물었다. 아무래도 지금은 힘들 것 같다고 답한다. 그다음 목표를 물어봤다. 대기업이면 좋겠다고 한다. 그런데 그 역시도 안 될 것 같아 지금부터 토익시험 준비해 내년 2월 졸업 시즌쯤에 점수 나오면 그때부터 입사지원을 해볼 거라고 취업계획을 밝혔다.

그렇다면 이력서, 자기소개서라도 손봐드리겠다고 하니 안 가지고 왔단다. '설마' 하는 생각이 들어 '혹 오늘 안 가지고 온 것인지 아니면 지금까지 작성 자체를 안 한 것인지' 물었다. 작성 자체를 안 했단다. 순간 난감했다. 어찌 28세나 된 대학교 4학년이 공채 시즌이 한창인 10월까지 입사지원을 한 번도 안 해봤다는 말인가.

외부 특강에 나갈 때 1, 2학년들을 대상으로 이 선배의 문제는 뭐라고 생각하는지 물어보곤 한다. 여러분은 어떤 문제가 보이는가?

그러면 학생들은 답한다. "생각이 없는 것 같아요", "뚜렷한 목표가 없네요", "너무 준비성이 없는 것 같아요", "실천하질 않았네요"라고 답한다. 온라인으로 비대면 강의를 하면 조금 더 적나라한 대답이 쏟아진다. "왜 그렇게 사나 싶어요", "대책이 없네요", "마치 제 이야기 같네요"라고 말이다.

대학 1, 2학년 때만 해도 뭐든 다 될 것 같고 3학년만 되어도 '어떻게든 되겠지' 하는 생각이 들기 마련이다. 그러나 우리는 생각보다 더 빠르게 대학 졸업반을 맞이한다. 뒤늦게 휴학, 졸업유예를 하며 스펙을 더 쌓으려고 하지만 이미 때늦은 감이 있다. 그게 대부분의 학생들이 마주치는 현실이다.

대학 졸업을 앞두고 취업 준비가 정말 안 되어 있다는 생각이 든다면 1~2년 정도 더 준비할 수도 있다. 그러나 직무관련 경험이나 경력을 쌓기 위해 휴학을 한 것이 아니라 이미 다른 이유로 휴학 기간을 써버린 학생들에게는 더 이상의 시간 투자와 스펙 쌓기 투자는 미련한 행동일 수 있다.

조금이라도 더 일찍 준비했다면 얼마나 좋았을까. 그러나 어떤 경우에도 완벽한 준비란 없다. 항상 모자람이 있기 마련이다. 모자라면 모자란 대로 취업전선으로 뛰어들면 된다. 잘못한 대가가 있다면 빠르게 치러버리면 나중에 문제가 크게 일어나지 않는다. 그런데 우리는 괜스레 문제를 회피하고 뒤로 늦추기만 하다 문제가 더 크게 발생하지 않나 싶다.

1학년 때부터 지독하게 스펙 쌓기에 몰두할 필요도 없다. 그렇지만 조금 더 삶의 전반을 훑어보고 기능적으로 익혀야 할 부분은 익히고 마인드를 바로잡아야 할 부분은 바로잡는 수준이면 된다.

내가 이 학생에게 해준 상담답변은 뭐 그리 대단한 게 아니다. **첫째**

"냉혹한 현실을 직시하라"는 말이었다. 지금 현재 놓인 상황을 냉혹할 정도로 객관적으로 바라봐야 한다. 늦은 나이에다 남들이 알아주지 않는 대학, 비선호 학과, 낮은 학점, 자격증·경험·경력도 없다는 사실을 직시하는 것이다. '지금 상태로 좋은 기업에 들어가기 상당히 어려울 수도 있겠구나' 하고 현실을 받아들이는 것이다.

차가운 현실을 수용하고 받아들이며 포기하자는 것이 아니다. 그렇게 현실의 땅을 밟고 이제라도 하나씩 하나씩 밟아 나가보자는 말이다.

그러기 위해서는 용기가 필요하다. 자기 자신을 질책하고 원망하며 의기소침해 있기보다는 스스로 동기를 고취해야 한다. 진정한 용기란 내가 가진 것이 없고, 힘도 재능도 권력이 없더라도 내가 마주한 상황에 겁내지 않고 당당히 맞서나가겠다는 결연한 태도다.

『의식 혁명』의 저자 데이비드 호킨스 박사는 '수치심, 죄의식, 무기력, 슬픔, 두려움, 분노'를 딛고 일어서면 마주할 수 있는 것이 용기라고 했다. 그런 면에서 사회라는 낯선 세계로 한 걸음 한 걸음 내딛고 나아가보려는 용기가 두 번째로 중요하다.

세 번째 드린 조언은 도전정신이다. 낯선 세계에서 우리는 여러 가지 어려움을 겪게 마련이다. 그렇지만 실패하더라도 부닥쳐 보려는 도전정신으로 부딪혀 봐야 한다. 그래야 감각이 생기기 마련이다. 사랑도, 취업도, 인생도 마찬가지다. 기술적이고 기능적인 부분도 중요하지만 감각적으로 익혀야 한다. 그러기 위해서는 부딪혀 봐야 알 수 있다.

내가 꿈꾸고 원하는 것들이 있다면 지레짐작 포기할 것이 아니라 내가 원하는 것들을 상대에게 요구해야 한다. 대기업, 금융권, 분명 어렵겠지만 그래도 도전해봐야 한다. 설령 떨어지더라도 오기가 생기기 마련이다. 우리가 그토록 간절하게 사랑을 원하고, 좋은 직장을 원해도 그들이 나의 요구를 들어주지 않을 수도 있다. 그렇다고 굳이 그 대상을 원망하며 시간을 낭비하기보다는 또 다른 준비를 차근차근히 해나가면 된다. 우리에게는 또 다른 길이 분명 있다.

　　지난 20여 년 동안 취업전문가로 활동해오며 젊은 청년들이 나같이 어리석은 진로 갈등을 겪지 않았으면 하는 바람으로 취업 일선에서 노력해왔다. 학생들이 취업전선에 나서기 전에 교사와 상담사들이 조금 더 적극적으로 도와준다면 더 나은 결과를 만들어 낼 수 있지 않을까 싶어 내 노하우를 모두 담아 취업진로지도자 육성에도 전념해왔다.

　　그래서 원래 이 책의 내용은 다소 고가의 교육비를 받으며 오프라인 교육에 참여한 소수의 취업진로지도자들에게만 전달하던 노하우였다. 우리 사회가 더욱 근본적으로 행복해지려면 대한민국의 진로성숙도를 높여야 하는데 그러기 위해서는 '올바른 의식을 가진 취업진로지도전문가'를 육성해야 할 필요가 있겠다는 믿음으로 시작한 작업이었다.

　　10년간의 노하우를 담아서 이제는 대한 청년 스스로 자신의 진로와 직업문제를 풀어나가는 지침서가 있으면 더 좋겠다는 생각으로 대중 서적으로까지 선보이게 되었다.

　　20여 년을 넘게 이 분야에 종사해오다 보니 전문가라고 존중해주는 분들도 있다. 하지만 개인적으로는 전문 분야 서적을 집필한다는 것이 오히려 더 조심스러웠다. 그만한 전문성을 갖추지 못하지 않았나 하는 부끄러움 때문이다. 하지만 아직도 취업과 진로의 종합적인 처방을 제시하는 서적이 많지 않다는 생각에 펜을 들었다.

지난 몇 년에 걸쳐 수백 번을 읽어봐도 여전히 부족한 부분이 보여서 출판을 망설였다. 그래도 이미 유능한 취업진로지도자 분들이 보이고 있어 다행이다 싶다. 이 책이 그런 지도자들과 후배들이 내 경험을 바탕으로 더 나은 체계를 만들어나가는 데 밑거름이 되리라 믿어본다. '대한민국 청년 취업가이드'로서 작은 역할을 해주리라고 말이다.

다소 힘에 부치더라도 우리 함께 조금만 더 부지런히 자신을 가다듬어 보자. 분명 빛나는 날들이 올 것이다. 그러니 부디 용기를 가지고 한 걸음 내디뎌 보자.

그대의 용기 있는 발걸음을 응원하며….

지금까지 잘해왔고

지금도 잘하고 있고

앞으로도 잘해나갈 것이다.

저자 정철상

직면한 취업 문제, 주도적으로 해결해나가기

우리나라에서 '진로' 하면 대학 입학, 전공 선택, 대학원 진학, 직업 선택, 스펙, 취업, 이직, 창업 등이 떠오르지 않을까 싶다. 경우에 따라 어떤 진로는 늦춰도 되고 선택하지 않아도 된다. 하지만 통상적으로는 어느 정도의 시기를 놓치면 그 이후로는 회복하기가 시간이 흐를수록 더 어렵고 힘들 수 있다.

그런 측면에서 학교생활 동안 앞으로 나아갈 사회생활 준비를 해야 할 필요가 있다. 다만 기존에 해왔던 시험공부와는 다소 다른 방식의 준비가 필요하다. 1, 2학년 때만 해도 시간적 여유가 충분할 것 같지만 상당수의 대학 졸업생들은 미리 준비하지 못한 것을 후회하는 경우가 많다.

과거에 비해 산업의 규모는 커졌으나 여전히 일자리는 부족하다. 인구가 완전히 역전되기 전까지 취업난은 계속될 수밖에 없다. 2023년 기준으로 졸업 후 취업하는 데 평균 11개월이 걸린다. 누군가는 졸업 후

2년이 흘러도 취업되지 않는다는 말이다.

나는 그런 사람들의 취업진로 상담을 많이 의뢰받는다. 어떤 경우에는 그 상황에서라도 충분히 회복 가능하지만 어떤 경우에는 상당히 어려울 것 같다는 생각에 안타까운 마음이 들 때도 있다.

부디 독자들은 그런 우를 범하지 않았으면 하는 바람으로 이 책을 집필하게 되었다. 제로섬 게임처럼 누군가를 짓밟고 나가자는 그런 뜻이 아니다. 인재가 준비되면 준비될수록 기업들은 더 빠르게 채용을 확대할 수밖에 없다. 그러니까 취업 역량을 올리면서도 근본적으로 나의 체질을 바꿔나가자는 것이다.

사실 내가 누구보다 직업적으로 갈등해왔던 사람이었다. 30대 후반까지도 계속해서 어려움을 겪을 수밖에 없었던 미숙아였다. 미리 진로를 계획하지 못한 대가를 톡톡히 치렀다.

채용 분야에서 일을 하다 뒤늦게 나와 같이 진로 갈등을 겪는 사람들을 도와줘야겠다는 마음을 먹게 되었다. 학생들에게 보다 더 실질적으로 구체적인 취업 방안을 제시해줄 취업진로지도자 육성의 필요성을 느껴서 10여 년 넘게 교사, 강사, 교수, 상담사, 컨설턴트들을 양성해왔다.

나는 20여 년 전에 채용담당자로 활동했다. 지금도 내로라하는 이름 있는 대기업, 공기업, 방송사, 금융권 등에 이르기까지 누구나 부러워할 만한 조직의 채용 업무를 도맡아왔다. 그러면 마치 대단한 과업을 수행해온 것처럼 들리지만 사실 대부분은 하찮은 업무였다. 내가 다니던 회사에 채용 업무를 맡겼던 조직들은 명목상 채용 업무를 전문기관에 외주함으로써 공정성을 지키고 있다고 외부적으로 홍보했다. 하지만 그들은 오로지 스펙 위주로 인재를 채용할 것을 은밀히 요구했다. 자신들의 입맛에 맞지 않으면 채용순위 조작을 노골적으로 요구해왔다.

지금이라면 입 밖으로 꺼내기도 어려울 정도의 차별적 관행이 그렇게 성행했다. 그러던 기업들이 어느 순간 하나둘씩 바뀌기 시작했다. 심지어 국가 주도적으로 불필요한 스펙을 쌓는 일이 없도록 NCS[1]라는 제도를 도입해 채용의 공정성을 유도하기에 이르렀다.

그러나 기업들은 국가보다 더 빠르게 채용 방식을 자체적으로 바꾸기 시작했다. 그렇다고 그들이 꼭 도덕과 공정을 중요시해 그랬던 것은 아니었다. 조직에 있어 가장 중요한 것은 생존이다. 이익을 내야만 생존할 수 있기 때문에 지속적으로 이익과 성과를 창출할 수 있는 인재가 필요했기에 채용 방식을 스스로 바꾸게 된 것이다.

과거 고도성장기에는 스펙 위주의 채용이 문제가 되지 않았다. 오히려 빨리 인재를 채용해서 현장에 투입하는 것이 유리했다. 누구나 배에 승선만 하면 계획대로 앞으로 나아갈 수 있었기 때문이다. 그러나 지금은 맑은 날에 갑작스레 비가 오고, 바람이 불고, 눈이 오고, 태풍이 불고, 미래 날씨를 예측하기 어려울 정도로 상황이 급변했다. 단지 학벌이 좋고, 학점이 높고, 어학 점수가 높고, 자격증이 있는 것만으로는 조직이 직면한 변화무쌍한 상황을 대처하기 어렵다는 사실을 기업들이 먼저 간파한 것이다.

---

1   NCS: 국가직무능력표준

그렇다고 보수적인 기업이 즉각적으로 채용관행을 바꿀 수는 없으니 분산투자를 하기 시작하며 실험한 결과다. 처음엔 인재의 95%를 스펙 위주로 뽑다가 80%, 70%, 60%로 그 비율을 낮추기 시작했다. 지금은 거의 50% 이하로 비율을 낮췄다고 봐도 과언이 아닐 정도다. 단연코 역량 중심의 채용으로 이동했다.

그런데도 대다수의 학생들은 여전히 스펙 쌓기에 혈안이 되어 있는 경우가 많다. 많은 사람들이 '꿈이 중요하다, 인생이 중요하다, 좋아하는 일을 하는 것이 중요하다'고 말한다. 하지만 정작 실질적으로 자신의 꿈을 찾아 진로를 설계하고, 취업을 준비하고, 직무 역량을 쌓고, 좋아하는 일을 만들어가는 데는 등한시하는 경우가 많다.

나는 고도성장기에도 누구보다 많은 진로 갈등을 겪어온 장본인이었다. 소위 말하는 지잡대에, 스펙도 없었고, 재능도 없었고, 의지력도 나약했다. 덕분에 누구보다 불안정한 직장생활을 해왔고 그로 인해 어려움을 많이 겪었다.

그렇게 온몸으로 부딪힌 덕분에 폭풍우 치는 정글 속에서도 살아남는 힘을 길렀다. 그동안 익혀온 내 삶의 교훈을 젊은 학생들에게 나눠주고 싶다는 열망을 품게 되었다. 전작 『대한민국 진로백서』에서는 대학교 저학년과 청소년을 위주로 어떻게 자신을 탐색하고, 삶의 방향을 수립해 원하는 행복을 얻을 수 있을 것인지에 대한 진로 전반에 걸친 이야기를 다뤘다.

이 책에서 다음과 같이 9가지 진로 해결안을 제시했으니 진로 문제를 해결하고 싶은 독자들이라면 꼭 읽어보길 권한다[2].

1. '행복'은 의미 있는 목표를 추구하는 과정에 있다

2. '가슴 뛰는 비전'이 성공을 이끈다

3. '자존감'을 높여야 성공할 수 있다

4. '비즈니스 마인드'가 프로페셔널리스트를 만든다

5. '커리어 포트폴리오'로 체계적인 진로 설계하기

6. 자신만의 고유한 '핵심강점'으로 승부하기

7. '직업창조 전략'으로 직업 선택 뛰어넘기

8. '효율적인 시간관리'로 목표 달성하기

9. '미래명함'으로 미래 디자인하기

이 책은 『대한민국 진로백서』 후속편으로 취업전선에 뛰어들어야만 하는 청년과 대학교 고학년을 위주로 실전 취업 준비 전략을 다뤘다.

1강에서는 자신을 둘러싼 거시적인 경제, 산업의 흐름과 취업 동향이 어떻게 변화하고 있는지 그 추이를 살펴보고 어떻게 대응해나가면 좋을 지에 대한 해법까지 모색해보고자 한다. 궁극적으로는 거시적인 미래사 회 변화 흐름을 읽으며 동기를 고취하고 동시에 우리가 어떻게 그 트렌 드의 중심에 설 수 있을지에 대한 방법을 알아보고자 한다.

2강에서는 많은 사람들이 적성과 흥미에 맞는 직업을 찾으려고 애쓰

---

2 출처: 『대한민국 진로백서』, 정철상 저

는데 어떻게 하면 좋아하는 일을 찾을 수 있을지에 대한 방법과 우리가 깨트려야 할 고정관념에 대해서도 알아볼 것이다. 흥미가 무엇인지 조금 더 진지하게 탐색해보고, 스스로 흥미와 적성도 탐색해볼 수 있도록 한다. 홀랜드 이론을 통해 직업흥미 유형을 알아보고 직업 특성을 살펴본다.

3강에서는 취업전선에서 승리하기 위한 취업 성공 전략을 알아보고자 한다. 취업에 성공한 사람들은 어떤 공통점이 있는지 찾아보고, 기업이 스펙 중심의 정량화된 채용 방식을 선호하다가 왜 비정형화된 정성적인 채용 방식으로 바뀌게 되었는지 다양한 사례를 통해 알아본다. 인사담당자를 사로잡을 수 있는 취업 전략과 자기만의 색깔을 드러낼 수 있는 차별화 전략과 더불어 기업 공략법 등을 구체적으로 모색해볼 것이다.

4강에서는 매력적인 이력서 작성 방법에 대해 알아볼 것이다. 많은 사람들이 이력서를 스펙만 나열하는 형식적인 서류라고 생각하는 경향이 있다. 그러나 이력서는 경력 관리의 토대로서 첫 취업에서 뿐만 아니라 장기적인 커리어 관리에서도 중요한 서류다. 대부분의 사람들은 정해진 양식의 이력서만 작성하지만 정작 본인 고유의 이력서가 없는 경우가 많다. 단순한 취업을 뛰어넘어 장기적으로 경력 관리의 기반이 될 이력서 작성법을 기초에서부터 실전까지 세세하게 배워볼 것이다.

5강에서는 취준생이 가장 어려워하는 자기소개서 작성법을 다룬다.

자기소개서 작성이 어려운 이유는 그만큼 사전에 준비를 미리 하지 못했기 때문이다. 분명 필력도 중요하지만 대학생활 동안 무엇을 담을 것인지에 대해 고민해본 사람이 보다 매력적인 자기소개서를 쓸 수 있다. '냉장고 이론'을 통해 쉽고 명료하게 자기만의 보물창고를 마련하는 방법을 전달할 것이다. 자기소개서 작성 요령과 주요 항목별 작성법과 합격한 자소서들을 살펴볼 것이다.

6강에서는 취업의 최종관문이라고 볼 수 있는 면접 요령에 대해 다룰 것이다. 많은 사람들이 면접장에 들어서면 두려움에 휩싸인다. 어떻게 두려움을 극복하고 면접관을 사로잡을 수 있을지에 대한 실전 면접 공략법을 제시한다. 면접 10계명과 더불어 스스로 훈련해볼 수 있는 실전 면접 훈련법과 면접 유형별 공략법을 전한다.

7강에서는 '기업에서 요구하는 인재상'에 대해서 다룬다. 많은 취준생들이 기업 홈페이지에서 인재상 관련 글을 읽는 것으로 그치는 경우가 많다. 그러나 조금 더 실체적으로 기업들이 어떤 인재를 원하는지 살펴보고, 기업 내 주요 직무를 알아보고 직무별로 접근하는 방법을 알아본다. 기업들이 원하는 창의적 인재에 어떻게 대응해야 좋을지와 더불어 기업이 선호하는 인재에 대해서도 알아본다.

마지막 8강에서는 예비직장인으로서 알아야 할 '비즈니스 매너와 예법'을 알아볼 것이다. 직장인이 갖춰야 할 바른 인사와 태도법에서부터 직장인이 지켜야 할 직장생활 팁을 배워본다. 비즈니스맨으로서의 교제법과 대화법, 경청 능력, 복장과 직장생활 요령 등에 이르기까지 알아보며 취업 이후 직장생활 동안 사랑받고 성장하는 직장인이 되는 법을 배워보고자 한다.

이제까지 대한민국은 잘해왔다. 그러나 앞으로 국민 모두가 행복한 나라를 만들어나가기에는 쉽지 않은 기로에 서 있다. 우리는 세계사에서 한 번도 선도적인 국가로서 앞서간 경험이 없기에 어려움에 봉착해 있다. 선진국 초입에서 갈팡질팡하고 있는 모양새다. 이제는 해외기술이나 사례를 들먹이며 좌충우돌하기보다는 주도적으로 해결 방안을 모색해나가야만 한다. 우리 스스로가 자신을 믿고 스스로의 문제를 풀어나간다면 대한민국이 세계의 모범국가로 도약할 수 있을 거라고 믿는다.

차례

1강
경제, 산업, 취업 트렌드와 대응법

2강
흥미 이해를 통한 직업 탐색

3강
실전 취업 성공 전략

4강

누구도 알려주지 않는 이력서 작성 요령

5강

매력적인 자기소개서 작성 요령

1강

경제, 산업,
취업 트렌드와 대응법

1
트렌드의 중심에는
사람이 있다

세상은 빠르게 변하고 있다. 변화의 흐름을 파악하려면 어떻게 해야할까? 무엇보다도 '트렌드의 중심에는 늘 사람이 있다'는 사실을 잊지 않아야 한다. 왜 그럴까?

나 자신과 나를 둘러싼 사람들에 대한 '애정과 관심'이 있어야만 세상의 흐름이 보이기 때문이다. 사람들이 어디로부터 행복과 기쁨을 누리는지 들여다봐야 할 뿐만 아니라 그들이 겪는 불편과 고통, 슬픔, 분노도 헤아려보려는 마음자세가 중요하다. 왜냐하면 그 속에 트렌드가 살아 숨 쉬기 때문이다. 결국 트렌드 속에 돈이 있고, 취업도 있고, 성공과 행복도 있다.

1) 미래 변화에 대비하기 위한 노력이 필요한 이유

평범한 사람이 시대 흐름을 읽기란 쉽지 않다. 세상이 급변하기 때문이기도 하지만 멀리 내다보는 통찰력을 가지기가 쉽지 않기 때문이기도 하다. 젊은 시절의 나는 늘 눈앞의 당면한 일들을 처리하기에 시시 급급했다. 그러다 어느 날부터 서서히 뒤처지는 사람이 되었다. 뒤늦게 각성해서 선도자나 얼리어댑터로 나아가진 못하더라도 한 템포라도 더 빠르게 움직이는 초기수용자가 되려 노력해왔다. 조금이라도 더 멀리 내다보려 노력하고, 새로운 것들을 배우고 익히고 고뇌하며, 시대 흐름과 트렌드를 읽으려 꾸준히 애써왔다.

덕분에 조금 더 나은 현재를 만들어나갈 수 있었다. 간단하게는 늘 사람의 마음을 읽으려 애썼다. 물론 아직도 모자람이 많지만 그런 노력 덕분에 몇몇 사람들의 마음을 사로잡을 수 있었다. 가깝게는 가족들이었지만 조금씩 세상 사람들로 범위를 넓혀나갈 수 있었다.

어린 시절의 나는 미래란 예측할 수 없는 영역이라 믿었다. 노스트라다무스 같은 유명 예언가조차 틀린 예언이 95%가 넘는다 하지 않던가. 그렇다면 '점쟁이 영역이 아닌가 싶어 굳이 알 수도 없는 미래를 예측하려고 왜 힘써야 할까' 그런 의구심도 가졌다. 그러다 보니 대학생이 되어서도, 직장인이 되어서도 미래를 들여다보기 위해 힘쓰지 않았다. 그러다 사회인이 되어서야 그 대가를 곤혹스럽게 치렀다. 가난하고, 무능하고, 미래가 보이지 않는 조그만 직장에서 별 보잘것없는 잡무만 수행해야만 하는 초라한 나와 마주쳤기 때문이다.

이제는 그때와는 반대 입장이 되어 강단에 오른다. 과거의 나와 같은 청중들을 일깨우기 위해 다음과 같이 질문을 던지곤 한다. "여러분들은 미래를 낙관적으로 바라보나요? 아니면 비관적으로 바라보나요?"

불확실한 시대에 미래를 예측하려는 노력은 과연 필요한 것일까?

이러한 질문에 기성세대들은 어느 쪽이든 하나의 답변을 하는데 청년들은 "사회적으로요? 아니면 개인적으로요?"라고 반문한다. 그만큼 자기표현이 뚜렷하고 솔직하기 때문이리라. 또한 개인적인 면과 사회적인 면이 서로 다르다고 느끼는 것이다. 물론 '이 질문에 어떤 의도가 숨겨져 있을까?' 고민하는 사람들은 남들의 시선 때문에 자신의 판단을 유보하는 경우도 많다.

도대체 앞으로의 미래는 어떻게 펼쳐질까?

사람들은 자신의 가치와 신념과 믿음에 따라 서로 다르게 미래를 바라볼 수 있다. 그러나 중요한 점은 우리가 어느 방향으로 바라보든 어떻게 해석하고 어떻게 행동하느냐가 보다 더 중요할 수 있다는 것이다. 그런 면에서 나는 환경운동가 길 스턴이 남긴 메시지가 무척 마음에 들었다.

낙관주의자는 비행기를 만들고, 비관주의자는 낙하산을 만든다.

즉, 낙관주의는 긍정적인 미래를 예측하며 더 나은 세상을 만들어나가려 힘쓴다. 반면 비관주의자는 부정적인 미래를 예측하기에 불행을 예방할 수 있도록 미리 준비한다는 것이다. 다시 말해 관점 그 자체로는 좋고 나쁨이 없다는 뜻이다. 우리가 미래를 어떻게 바라보고, 해석하고, 행동할 것인지가 더 중요하다는 말이다.

다만 낙관주의자는 큰 꿈을 품고 꿈 길을 만들기 위해 조금 더 현실적인 노력을 기울여야만 할 것이고, 비관주의자는 부정적인 생각으로 걱정만 늘어놓을 것이 아니라 불행한 미래를 대비하기 위한 구체적인 행동을 실천으로 옮겨야만 할 것이다.

2) 기업의 흥망성쇠로부터 배울 수 있는 인생 가르침

요즈음은 스마트폰을 가지고 있지 않은 사람이 거의 없는 시대가 되었다. 그런데 스마트폰을 세계 최초로 개발한 업체가 어디인지 물어보면 의외로 모르는 사람들이 많다. 애플? 아니다, 노키아다. 애플은 그 과실을 따 먹은 기업이다. 그래서 로고도 한입 베어 먹은 사과가 아니겠느냐는 농담을 던지기도 하지만 실제로도 그렇다.

기업이든 개인이든 어떠한 기술이라도 최초로 개발해야만 하는 혁신을 일으키지 않았더라도 성공은 가능하다. 그렇다면 노키아는 어떻게 되었을까. 노키아는 파산했다. 후발주자였던 애플과 삼성전자는 성공해 나갔다. 도대체 어떻게 된 일일까?

노키아는 실로 대단한 기업이었다. 그냥 평범한 1등이 아니다. 비유하자면 우리가 학교 다닐 때 반에서 1등 하기도 힘든데 전교 1등은 더 힘든 일이다. 살던 도시에서 1등을 하기란 더더욱 힘든 일일 것이다. 그런데 우리나라에서 1등을 한다면 어떠할까? 전국 수능 1등이라든지, 전국 자동차 판매왕 1위라든지 하는 식으로 한 분야에서 전국 1등을 하면 뉴스에 보도되기까지 한다.

아마도 전국에서 치러진 수능시험이나 기능대회, 경진대회에서 1등을 해본 사람을 주변에서 찾아보기도 힘들 것이다. 그만큼 어떤 한 분야에서 한국 최고가 되기란 거의 불가능에 가까워 보일 정도로 엄청난 성과다. 그런데 노키아는 한국 1등을 뛰어넘어 전 세계 1등을 무려 13년이나 해온 기업이다. 얼마나 대단한 기업인가.

노키아가 잘나갈 때는 세계 휴대폰 시장의 절반 이상을 차지하고 있었다. 그런 노키아가 망하다 보니 경영대학원에서 케이스 스터디를 할때나 외부 특강에서 마치 노키아가 어리석어서 망한 것처럼 말하는 사람들이 종종 있다. 그러나 그렇지 않다.

과거 노키아는 전 세계 최고의 컨설팅 업체에 미래전략 컨설팅을 의뢰했었다. 자신들이 새로운 종류의 휴대폰을 개발했는데 앞으로 어떻게 사업전략을 펼치면 좋을지 알려달라고 말이다. 당시에는 '스마트폰'이라는 개념 자체가 없던 시대였기에 컨설턴트들은 "새로 개발한 휴대폰이 무엇이냐" 간단하게 설명해달라고 요청했다. 노키아 담당자는 "휴대폰인데 일종의 작은 컴퓨터처럼 활용할 수 있어 휴대폰에 탑재된 미니 컴퓨터 정도로 보면 된다"고 답했다.

컨설팅 업체는 막대한 비용을 받고 분석을 한 뒤에 노키아에 미래전략을 제시했다. 새롭게 개발할 휴대폰은 명품시장이나 고가 시장에서 프리미엄 폰 정도가 될 것이라고 예측했다. 자동차, 가방, 가죽, 시계 등의 모든 제품들은 다른 제품들처럼 고가의 프리미엄 시장이 존재하는데 이러한 제품들은 마진율이 높을 수는 있겠지만 그 시장이 협소해 전체 세계 시장의 불과 1~2% 점유율만 가능할 것이라 예측했다.

다시 말해 노키아는 이미 전 세계를 석권하고 있으며, 휴대폰 시장의

50% 이상을 차지하고 있는데 굳이 프리미엄 시장에 뛰어들 필요가 없다는 뜻이다. 설사 그러한 형식의 휴대폰이 경쟁사에서 새로 출시된다고 하더라도 그 제품은 프리미엄 시장일 뿐이다. 괜스레 현재 생산라인을 모두 바꾸어 위험한 투자를 강행하기보다는 현금창출이 원활한 현재 시장의 우위를 계속 지켜나가는 전략이 더 중요하다는 미래전략을 제시했다.

결과는 어떻게 되었을까? 우리 모두 알다시피 시대 흐름을 따라가지 못했던 노키아는 파산하고 말았다.

세계 최초로 스마트폰을 개발한 노키아는 망하고 삼성전자는 흥한 이유

노키아와 정반대 예로 우리나라의 삼성전자가 있다. 후발주자였던 삼성전자는 도대체 어떻게 반도체 사업과 스마트폰 사업에서 성공할 수 있었던 것일까?

삼성전자는 일본의 한 연구소에 '반도체 사업을 하려고 하는데 어떻게 생각하느냐'고 전략분석을 1970년대에 문의했다. 연구소의 대답은 간결했다. '하지 마라'는 것이다. 반드시 망할 것이라고 전망했다. 그 근거로 세 가지 이유를 들었다.

첫째, 한국에서는 반도체를 생산할 인재도 기술력도 없다.
둘째, 설령 기술수준이 되더라도 한국이라는 시장 자체가 너무 협소하다.
셋째, 막대한 투자자금이 들어가기 때문에 실패했을 때 리스크가 너무 크다.

그 연구소의 반대를 무릅쓰고 故이병철 회장과 故이건희 회장은 한국에 반도체 공장을 세운다. 반도체 생산을 위해서는 한 공장에 두 개의 생산라인이 들어서야 하는데 한 개의 라인에 3조 원이 필요하니 공장 하나를 만드는 데 6조 원의 비용이 들게 된다. 반도체는 그 특성상 규모의 경제[3]가 이뤄져야 하기 때문에 최소한 다섯 개 정도의 공장이 가동되어야 하니 30조 원 이상의 막대한 자금이 필요했다.

당시가 1970년대였으니 얼마나 큰 규모의 투자인지 가늠하기 힘들 정도다. '괜스레 반도체 사업 벌였다가 그룹 전체가 다 망할 테니 포기하라'는 경영 컨설턴트의 주장도 무리가 아니었다. 하지만 삼성전자는 그런 반대 의견을 무시하고 반도체 사업을 시작해 결국 세계적 기업으로 우뚝 서게 된 것이다. 이런 이야기가 기업에만 국한되는 이야기일까?

우리도 마찬가지다. 우리 각자가 돌파해야 할 난관들이 있다. 자신이 마주한 난관들을 돌파하기 위해서는 분명 전문가들의 의견도 참조하고 수렴해야 한다. 하지만 전문가도 때론 오판할 수 있다는 사실도 인지해야 한다. 이 말이 전문가의 의견을 무조건 무시하자는 뜻은 아니다. 그들의 의견을 참조하되 그 선택은 오롯이 내가 책임지고 선택해야만 한다는 말이다. 앞서의 사례는 중요한 교훈이 담긴 이야기이기에 곱씹어 떠올려야만 하지 않을까.

로열더치셸(Royal Dutch Shell)이라는 기업 사례를 하나 더 들어보자. 셸(Shell)은 지금 세계적 기업이 되어 유명하지만 1960년대만 하더라도 조

---

3 규모의 경제(Economy of Scale): 생산량이 증가하면 단위당 생산비가 감소하는 현상

그만 중견기업이었다. 석유 시장이 너무도 안정적이었던 1968년, 당시 20대 후반의 한 젊은 직원이 앞으로 유가가 폭등할 수 있다는 보고서를 올렸다.

1968년은 OPEC[4]의 카르텔[5]이 워낙 철저해서 석유 시장이 안정되어 있던 시기였다. 그렇기에 젊은 직원의 보고서는 말도 안 되는 시나리오였고 충분히 무시할 수 있는 보고서였다. 석유 가격이 폭등할 경우 정유 가격을 변동할 수 있도록 계약조건을 변경하기 위해서는 다른 경쟁사보다 더 많은 추가비용을 지불해야 했기에 회사로서는 비용손실을 감수해야만 했기 때문이다.

쉘은 미래 시나리오를 작성해가며 미래예측을 해보았는데 실제로 유가가 폭등할 경우 현재의 조건에서는 파산의 위기를 겪을 수도 있겠다는 사실을 깨달았다. 다행히 유가가 안정적이거나 하락하더라도 계약조건변경을 위해 추가로 지불한 비용은 회사를 쇠락하게 만들 정도의 요인은 아니라는 결론을 내렸다.

그렇게 석유 파동을 미리 예측하고 대비했던 중견기업 '로열더치셸'은 몇 년 후 일약 전 세계 2위 정유회사로 성장했다. 반면 당시에 이런 준비를 하지 못했던 기업들은 세계적이었던 큰 기업조차 수없이 파산하고 만다.

---

4 OPEC(Organization of Petroleum Exporting Countries): 석유수출국기구
5 카르텔(Cartel): 국가나 기업, 조직이 하나의 연합 형태로 같은 이해관계자 간의 자유 경쟁을 배제하여 독과점적인 수익을 올리기 위해 시행하는 부당한 공동행위

3) 우리가 극심한 경쟁에 노출되는 이유?

과연 미래예측과 변화대응 노력은 앞서 말한 기업에만 적용되는 것일까? 그렇지 않다. 우리 인생에서도 수없이 벌어지는 현상이다. 아이들은 어른이 되면 무조건 자기 마음대로 다하며 살 수 있을 것이라 믿는다. 말하자면 모든 것이 계획대로 술술 풀리는 낙관적 시나리오로 PLAN A를 상상한다.

그러나 살아가다 보면 전혀 예측하지 못했던 경쟁적 시나리오가 발생해 PLAN B로 방향이 틀어질 때가 있다. 때론 전혀 상상하지도 못했던 비관적 시나리오인 PLAN Z로까지 내몰릴 때도 생긴다. 다시 말해 **미래를 정확히 예측하기란 대단히 어렵지만 최소한이라도 미래를 대비하려는 노력은 필요하다는 뜻이다. 문제가 발생할 경우를 대비한 최소한의 방책은 마련해 놓아야 한다. 그건 기업이나 개인이나 모두 마찬가지다.**

한 직장인의 사례를 통해 개인도 얼마나 위험에 빠질 수 있는지 언급해보겠다. 대기업에서 40대 후반 정도가 되면 대략 차장, 부장급 정도의 위치가 된다. 빠르면 임원이 되기도 하는 연령대다. 그래서 한 조직 내에서 성과를 내는 부장에게는 잘 보이려는 직원들이 줄을 서기 마련이다. 그래야 자신도 그 동아줄을 타고 승진할 확률이 높아지기 때문이다.

그렇게 잘나가던 한 40대 부장이 코로나19와 같은 비상사태가 닥치면서 갑작스럽게 명예퇴직을 당하게 되었다. 20여 년 동안 하루도 쉬어보지 않았던 이 직장인이 어느 날부터 쉬게 되었다. 배우자도 처음에는 조금 쉬면서 천천히 일자리를 알아보라고 위로를 해주었다. 지금껏 한 번도 제대로 쉬어보지 못하다가 갑자기 쉬려니 처음엔 불편하더니 조금 시간이 지나고 나니 너무 좋다는 생각마저 들었다. 다 큰 자녀들과 함께 차도 마시고, 술도 마시며 여유롭게 해외여행까지 다녀오니 얼마나 좋았겠는가. 그렇게 두세 달여간은 행복감에 푹 빠져들었다.

그러나 인생의 행복감을 다 찾은 듯한 느낌이 드는 순간 모든 것이 뒤바뀌었다. 두세 달이 지나고 나서 여유롭게 일자리를 구하기 시작했는데 생각대로 일자리가 구해지지 않았다. 입사서류를 넣었지만 연락 오는 곳이 없었다. '너무 조건을 높여서 지원했나' 싶어 나름대로 눈높이를 낮춰 지원해봤는데도 1년이 지나도록 일자리가 구해지지 않았다.

이젠 다 큰 자녀들도 아빠를 피하기 시작한다. 하루종일 집에 있자니 아내도 싫어하는 눈치를 보인다. 이렇게 매일같이 집에서 밥을 먹기 시작하는 불편한 동거가 이어졌다. 어느새 그렇게 2년이 흘러버렸다. 취업도 못하고 집에만 틀어박혀 있는 남편을 도저히 견디다 못해 아내가 이혼을 요구했다.

결국 남자는 함께 살던 아파트를 가족에게 주고 자신은 조그만 오피스텔을 하나 얻어 혼자 살게 되었다. 그는 단지 직장을 잃었을 뿐인데 마치 모든 것을 다 잃은 듯 멍하기만 하다.

무엇이 문제였을까?

많은 사람들이 직업과 직장을 동일시하는 경향이 있다. 그런 사람들은 직장이 사라지는 순간 자신의 삶도 즉각 끝나버리게 된다. 직장이 없어지는 순간 조직의 힘으로 활동해왔던 사람은 직장 밖에서는 제대로 힘도 써보지 못하고 무너져버리는 것이다. 그러나 직장보다 직업을 중요시했다면 어떠했을까.

이는 직장 일을 대충 하자는 뜻이 아니라 프로 직업인으로서 누구도 넘보기 어려울 정도의 역량을 구축해 놓아야 한다는 말이다. 따라서 젊은 청년이라면 좋은 직장만 바라보기보다는 자신의 업(業)을 구축하려는 태도를 가지는 것이 중요하다.

스컹크의 생존전략은 무엇일까? 누군가는 방귀라고 하겠지만 엄밀하게 말하자면 고약한 냄새의 액체 분비물을 내뿜는 것이 스컹크의 생존전략이라고 말할 수 있다. 스컹크는 천적들이 접근하면 자신을 보호하기 위해 분비물을 내뿜는다. 맹수들은 스컹크가 더럽다고 생각해 잡아먹지 않는다고 볼 수 있다. 그렇게 수천 년의 역사를 견뎌왔으니 스컹크들은 겁이 없다. 누가 접근해온다 해도 살아남을 자신이 있었기 때문이다. 액체 분비물만 발사하면 제아무리 덩치가 큰 천적이라 해도 바로 상황 종료 아닌가.

그런 스컹크가 북미에서 멸종위기에 처하게 되었다. 조사해보니 고속도로에서 압사당하는 사고가 많이 발생한 게 그 원인이었다. 스컹크들은 새롭게 건설된 지방도로나 고속도로에서 자동차가 마구 달려오는 데도 피하지 않고 액체 분비물만 발사하다 객사한 것이다.

스컹크는 과거의 성공 방식만을 고수하다 멸종위기에 처해졌다. 사람도 그렇게 과거의 성공 방식만 고집하다가는 미래에 적절히 대처하지 못하는 경우가 많다. 성공한 사람이나 기업도 기존의 성공 방식만을 고집할 때 성공함정에 빠지곤 한다.

세상은 끊임없이 변화하고 또 변화한다. 과거에 옳았던 방식이 더 이상 옳지 않을 수도 있다.

4) 직업다변화 시대의 생존전략

코로나19가 전 세계를 덮친 상황도 앞서 말한 사례와 마찬가지 경우다. 팬데믹 이전에는 너도나도 '4차 산업혁명'을 부르짖었지만 그 이후로는 쑥 들어가 버렸다. 코로나 팬데믹이 4차 산업혁명의 쓰나미를 현실로 몰고왔기 때문이다. 실제로 그 이후 비대면이 일상이 되었고 AI 기술이 발달하며 빅데이터, 메타버스, NFT, 챗GPT 등이 등장하며 비약적으로 발전하기에 이르렀다.

그런데도 아직까지도 기존의 방식만 고수하는 사람들이 제법 많다. 여전히 생각 없이 놀기만 하거나, 공부를 한다 하더라도 성적 향상과 학과 공부에만 올인하고, 취업 준비를 하더라도 토익시험과 자격증, 스펙 등에만 매달리는 사람들이 그러하다.

변화는 언제, 어떻게 일어나는가?

이런 변화는 어떻게 일어나는지 살펴보자. 보통 변화가 일어나면 대부분의 사람들은 불안감을 느낀다. 어떻게 대처해야 할지 두렵기 때문이다. 당연하다. 그렇지만 사람마다 선택은 달라진다. 누군가는 그러한 변화에 적절히 대응하지만 누군가는 역행하려고 한다. 이전으로 되돌아가고 싶어 하는 것이다.

그러나 어떤 하나의 현상이 한 번 발생하고 나면 그 이전의 삶으로 되돌아가기는 어렵다. 시간을 되돌릴 수 없는 원칙과 동일하다. 어떤 변화는 한 개인의 상황으로 국한될 때도 있지만 한 국가의 문제 정도가 아니라 전 세계의 문제이기도 하고, 때론 전 지구적 문제 상황으로까지 거대해지기도 한다.

그런데도 과거의 방식들을 끝까지 계속 고수하려는 사람들이 있다. 안타깝게도 그런 사람들은 서서히 사회에서 밀려나갈 수밖에 없다. 그렇게 한 번 밀리기 시작하면 한도 끝도 없이 밀려나가게 된다. 우리가 생각했던 상황보다 훨씬 더 안 좋은 상황으로 밀려나가며 추락할 수 있다.

그렇다면 또 다른 선택지는 무엇일까. '도전'이다. 변화에 맞서 싸우기도 하고, 순응하기도 하고, 적응하기도 하며 새로운 방법을 모색해보는 것이다. 역사학자 토인비도 인류의 역사를 도전과 응전의 역사라고 말하지 않았던가. 새로운 변화에 도전과 응전을 한 민족이나 국가는 성장했지만 그렇지 못하고 과거를 고수하고 자기 것만 지키려고 했던 민족이나 국가는 소멸되었다.

우리가 극심한 경쟁에 노출되는 이유

기업의 생존과 성공에 통찰력은 필수다. 세상보다 먼저 변화하지 않으면 도태될 수밖에 없다. 세상의 변화보다 늦게 변화하면 고통을 겪을 수밖에 없고, 결국 사라질 수밖에 없다. 변화대응이 늦을 때 찾아오는 고통 중 대표적인 것이 '극심한 경쟁'이다[6].

개인도 마찬가지다. 불확실한 변화 속에서 다양한 도전을 하게 된다. 당연히 누구나, 항상 성공할 수는 없다. 때로 실수를 하고, 실패도 하고, 시련도 겪는다. 그렇지만 또 한편으로는 새로운 기회도 얻게 된다. 그렇기에 중요한 것은 변화하는 환경에 따른 다양한 시도와 도전이 필요하다는 점이다. 우리가 갖춰야 할 태도는 낯선 것을 배척하지 않고 유연한 자세로 새로운 것을 배우고 경험해보려는 태도다.

무엇보다 새롭게 등장하는 것, 지금껏 잘 알지 못했던 것들에도 관심을 가지고 들여다보려는 호기심이 필요하다. 자신에게 부족한 부분이 있다면 빠르게 배워보는 것만으로도 하나의 기회를 갖게 된다. 이때 중요한 것은 설령 그 과정에서 기회를 발견하지 못했다 하더라도 위기를 빠르게 감지할 수 있을 뿐만 아니라 빠르게 대응할 수 있는 안목이 생긴다는 점이다.

우리가 트렌드를 선도할 수는 없다 하더라도 조금만 미리 준비를 해둔다면 현명하게 미래를 대처해나갈 수 있다. 그럼에도 사람들은 참으로 준비하지 않는다. 찬물에서 서서히 온도를 높이지만 결국 대처하지 않아 끓는 물에서 죽어가는 개구리 이야기를 들으면 식상해하지만, 정작 우리가 그런 끓어오르는 물 속에서 하루하루 살아가고 있다는 인식은 전혀 하지 못한 채 살아가는 경우가 많다.

변화는 한 순간에 닥치는 것이 아니다. 서서히 조금씩 다가오며 시시각각 변하기 때문에 한 번 다가온 변화로는 체감하지 못할 수도 있다. 하

---

6 출처: 『미래학자의 통찰법』, 최윤식 저

지만 안테나를 조금만 켜 놓는다면 어렵지 않게 변화를 감지할 수 있다. 그러니 조금만 더 열린 마음으로 세상을 바라보고, 조금만 더 근본적으로 개인 역량을 키우고, 조금만 더 남다른 자세로 세상의 흐름을 바라보며 살아간다면 현명하게 대처할 수 있게 된다. 만일 조금 더 큰 꿈과 성장을 원하는 사람이라면 뼈를 깎는다는 절박함으로 무장하고 철저히 준비해야만 할 것이다.

앞으로 기회는 어디에 있는 걸까. 책 『지금까지 없던 세상』의 저자 이민주는 "다가오는 새로운 세상은 '창작자, 최고 경영자, 창업가'에게 더욱 많은 기회를 제공할 것이다. 취업 준비생이나 직장인, 기업의 임직원이라면 이 세 가지를 염두에 두고 미래를 계획하면 성공가능성이 높다"고 말한다.

그렇다면 우리는 과연 어느 곳에 관심을 두고 살아야 할까? 또 기회는 구체적으로 어디에서 찾을 수 있는 걸까? 이 질문에 해답을 찾고자 한다면 먼저 시대 흐름과 산업의 흐름을 읽으려 노력해야 한다.

2

시대 변화 흐름과
트렌드 분석

메가트렌드[7]란 현대사회에서 일어나는 거대한 흐름을 말한다. 눈에 보이는 경제적 현상과 더불어 역사, 국가, 정치, 사회, 문화, 환경, 경영조직 등에서 일어나는 큰 변화와 흐름을 말한다. 이런 거대한 흐름을 분석하여 창업 아이템을 발굴하고 취업이나 커리어 전략 등을 모색하는 것이 메가트렌드 분석전략이다.

우리는 왜 트렌드를 이해해야만 하는 것일까?

메가트렌드는 일시적 유행과는 달리 보통 10년 이상 지속되어가는 추세이자 흐름이기에 사회전반에 걸쳐 광범위하게 일어난다. 따라서 시장 규모가 있는 새로운 시장창출을 할 확률이 높기 때문에 메가트렌드를

---

[7] 메가트렌드: 미래학자 존 나이스비트(John Naisbitt)가 자신의 책 『메가트렌드(Megatrends)』에서 언급한 용어로 시대의 큰 흐름, 최신 조류를 나타내는 말

이해하는 것은 무엇보다 중요하다. 메가트렌드를 이해하지 못한다면 생존과 성장을 보장받기 어렵다.

독자 여러분은 어린시절인 과거와 달라진 현재의 '변화'로는 어떤 것들이 있는가? 개인적으로는 신체가 성장하며 조금씩 달라지고, 생각이나 사고 역시 변화되었을 것이다. 어릴 때와는 달리 경험의 폭도 넓어지고 자유도 많아졌지만 그만큼 또 한편으로는 무거워진 책임감도 생겼을 것이다. 우리 주변을 둘러싼 달라진 외부적인 변화는 무엇이고, 피부로 실감하는 개인적인 변화들에는 무엇이 있을까?

마스크를 써야만 했던 코로나19에서부터 여러 가지가 떠오르겠지만 먼저 산업 환경, 인간 수명, 경제 환경, 고용 환경, 자연 환경, 교육 환경, 인간 욕구, 취업 환경, 채용 환경, 직업 세계, 의료 환경, 일상의 변화 등의 커다란 흐름을 한 번 살펴보자.

1) 달라진 변화와 흐름 – 산업 환경의 변화

산업 환경이 급변하고 있다. 하지만 인간이 굶주림으로부터 벗어난 지는 그리 오래되지 않았다. 그 기간은 대략 몇 천 년 정도로 불과 백여 년 전까지도 굶주림은 인류 역사에 남아 있었다. 인류는 원래 유목민으로 따뜻한 곳을 찾아 이동해갔다. 그러던 인류는 밀을 재배하며 한곳에 정착해 살기 시작해 집단생활을 하게 되었다. 자신의 권력을 유지하기 위해 국가를 세우고, 신분제도를 수립했다. 당시에는 왕족과 귀족, 종교지도자들이 가장 큰 영향력을 행사했다. 생산력이 낮아 공동으로 작업을

산업 환경의 변화

	제 1물결 농업 혁명	제 2물결 산업 혁명 (1차 산업혁명)	제 3물결 정보 혁명 (2차 산업혁명)	제 4물결 지식 혁명 (3차 산업혁명)	4차 산업혁명
생산	소품종 소량(공동화)	18C 소품종 다량(표준화)	20C 다품종 소량(시스템화)	21C 현재 유연한 팀제 (다양한 가치)	AI, VR, 빅데이터, 사물인터넷 (초연결)
인재상	힘세고, 권력, 신분이 높은 사람	성실하고 책임감 있는 사람	학력, 학벌, 스펙, 정보가 많은 사람	IT, 창의성, 문화, 환경, 심리 등 통합적 사고가 가능한 사람	?
주도	종교지도자	국가 권력	언론	기업	개인

기업과 사회가 원하는 인재상도 계속 변화 ➡

했지만 작업효율이 낮아 소품종 소량생산을 했다.

그러던 인류는 18세기에 산업혁명이 일어나며 급변한다. 모든 생산품의 표준화 작업을 통해 비록 소품종이지만 다량생산할 수 있는 기반을 마련하게 된다. 이때는 성실하고 책임감 있는 사람들이 기회를 얻을 수 있었다. 모든 사회, 경제 체제는 국가 권력의 주도로 이루어졌지만 개인에게도 태어난 신분을 뛰어넘을 새로운 기회가 주어진 것이다. 아주 오래된 옛날이야기 같지만 한국은 불과 1960년대와 1970년대까지만 하더라도 그 수준에 머물러 있었다.

20세기로 접어들며 컴퓨터가 발명되었다. 덕분에 체계화된 시스템 구축이 가능해지자 다양한 제품들을 소량으로 만들어낼 수 있게 되며 2차 산업혁명이 일어났다. 누가 정보를 빠르게 습득하느냐가 무엇보다 중요해졌고, 개인은 어느 정도의 학위를 취득했느냐가 중요해졌다. 이 시기에는 다수의 정보를 선취한 언론이 상당한 영향력을 행사했는데 국가에서는 국가정보원이, 군대에서는 기무사가, 기업에서는 기획부서나 구조조정본부의 힘이 막강했다.

그러다가 21세기로 접어들며 정보통신기술이 급격하게 향상되어 3차 산업혁명이 일어났다. 거의 모든 제품들은 유연한 팀을 구성한 조직들이 다양한 가치에 부합한 다양한 제품을 생산해내기에 이르렀다. IT 기술과 창의성, 문화, 환경 등의 통합적 사고 능력을 갖추는 것이 무엇보다 중요해졌다. 국가에 버금갈 정도의 거대 기업들이 출현하면서 막대한 영향력을 가지게 되었다. 전 세계가 고도성장기로 접어들며 다량의 인력채용이 이뤄졌다. 한국은 그중에서도 가장 큰 수혜자로 뛰어난(사실은 '학교 성적이 좋은') 인력들을 선착순으로 뽑아 기본적인 실무교육만 시키고 현장으로 바로 투입했다.

그러는 사이 급속한 변화의 물결이 새롭게 시작되었다. 그렇게 4차 산업혁명은 2016년 다보스포럼(Davos Forum)에서 처음 언급되었다. AI와 VR, 빅데이터와 사물인터넷을 기반으로 초연결된 사회가 펼쳐졌다. 실제로도 스마트폰으로 모든 것들이 통합되며 개인이 다양한 분야에서 우위를 가지거나 주도할 수 있는 시대가 펼쳐졌다. 그렇지만 아직까지도 3차 산업혁명과 4차 산업혁명은 여전히 진행 중인지라 앞으로 어디로, 어떻게 나아갈지 향방을 지켜봐야만 한다. 분명한 것은 기업이나 개인의 통합적 사고 능력이 더욱 더 중요해지고 있으며 인간복지 향상을 위한 기술 또한 진보하고 있다는 사실이다.

산업 환경이 이렇게 급속하게 변화하고 있기 때문에 변화의 흐름을 제대로 읽지 못한 기업들은 몰락하거나 쇠망하고 있다. 그로 인해 기업들은 살아남기 위해 기존의 채용 방식과 인재상도 바꿔나가고 있다. 스펙 위주의 채용 방식보다 빠르게 변화하는 환경 속에서도 생존하고 적응하며 새로운 기회를 만들어나갈 수 있는 인재의 역량을 높이 평가하게 된 것이다. 채용관점에서도 정량적 평가가 아닌 정성적 평가 중심으로 이동했다. 그런데도 여전히 스펙 위주의 정량적 점수를 올리기 위해 혈안이 되어 있는 취준생들이 많다.

2) 달라진 변화와 흐름 – 인간 수명의 변화

인간 수명이 늘어났다는 이야기는 많이 들어봤을 것이다. 그러나 나는 불과 200여 년 전만 해도 당시 평균수명이 40대밖에 되지 않았다는 사실을 접했을 때 적잖은 충격을 받았다. 이제 한국은 장수사회로 평균수명이 2020년 기준 83.5세이며 이는 세계 2위다.

인간은 이론상으로 500세까지 사는 것도 가능하다는 한 TV 강연을 보고 '말도 안 돼, 누가 그렇게 오래 살고 싶어 할까' 싶었다. 실제로도 한국인들의 평균수명은 늘었지만 건강수명은 그다지 늘지 않았다는 뉴스를 접했기 때문이다. 그러니까 기대수명은 늘었지만 병원이나 요양원 같은 시설에서 건강하지 못하게 삶을 유지하는 경우가 많아졌다는 뜻이다. 그러니 누가 그렇게 오래 살고 싶어 하겠는가 생각이 든 것이다.

그러나 앞으로 유전학이 발달하면서 인간은 30대의 건강한 몸으로 계속 살아갈 수 있다고 한다. 그게 가능해지면 사람들의 관점 또한 달라진다고 한다. 만약 정말 그런 상황이 가능해진다면 모든 부분이 달라질 것이다. 실제로도 젊어지고 싶어 하는 사람들이 많기에 건강, 의료, 미용, 헬스 산업, 생명공학 분야의 발전을 예측할 수 있다.

이렇게 인간 수명의 변화는 광범위하게 영향을 끼친다. 실제로도 초고령사회로 인한 사회적 문제와 더불어 낮은 출산율로 유치원이나 보육 시설들이 줄어드는 현상은 우리가 사는 동네 인근만 살펴보더라도 감지할 수 있다. 이에 반해 어른돌봄센터와 요양시설은 늘어가는 현상도 알 수 있다. 그래서 전혀 생각지도 못했던 분야의 일을 하게 되었다는 청년들도 제법 많다.

건강에 대한 욕구가 날로 높아져 실제로 헬스케어 산업은 2025년 600조 원 규모로 성장하리라 전망하고 있다. 젊어지고 싶은 욕구가 강하기에 예방의학, 운동, 스포츠, 미용, 화장품, 건강식품 산업 등 역시 폭발적으로 성장하고 있다.

더불어 개인주의화가 강화되면서 김난도 교수는 앞으로는 '나노사회 현상'이 더욱 더 강해지고 모든 트렌드에 영향을 끼칠 것이라 예측했다. 실제로도 1인 가구의 비중이 기하급수적으로 늘어 2022년에는 그 수치가 31% 정도지만 2045년에는 36%로 그 수는 810만 명에 이를 것이라고 통계청은 예측했다.

그런데 더 놀라운 사실은 행정안전부가 2021년 3분기에 1인 가구 수가 40%를 돌파했다고 밝혔다. 물론 이는 주민등록상 수치이기에 실거

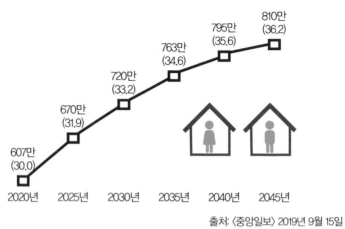

국내 1인 가구 추이	(단위 : 가구, %)

전체 가구의 30% '나 혼자 산다'　　　※괄호는 전체 가구 중 비율

- 607만 (30.0) 2020년
- 670만 (31.9) 2025년
- 720만 (33.2) 2030년
- 763만 (34.6) 2035년
- 795만 (35.6) 2040년
- 810만 (36.2) 2045년

출처: 〈중앙일보〉 2019년 9월 15일

주와는 차이가 있긴 하지만 예상 년도보다 무려 20년 이상 단축되었기에 1인 가구로 인한 엄청난 주변 변화들이 일어나고 있는 현상은 분명 다가온 현실이다.

나노사회 현상이란[8]?

초연결 사회를 살아가는 현대의 사람들이 모래알처럼 흩어지고 있다. 가족 공동체가 지닌 결속력이 약해지고, 가정이 수행하던 역할은 외주화되면서 구성원 각자가 홀로 살아가는 개체가 됐다. 나 중심의 나노사회는 사회 전반에 지대한 영향력을 끼치고 있다.

불과 40~50년 전만 해도 하루 세끼 배불리 먹어보는 것이 우리나라

8　출처: 『트렌드 코리아 2022』, 김난도, 전미영, 최지혜, 이향은, 이준영 외 6명 공저

국민들의 소원이었던 시대가 있었다. 한국전쟁이 발발하고 폐허가 된 대한민국은 1953년 기준으로 1인당 국민소득이 67달러였다. 그렇게 세계 최빈국이었던 대한민국은 눈부신 발전을 거듭하며 2022년 기준 1인당 국민소득이 3만 2,661달러로 집계되었다. 70년도 안 되는 기간 동안 무려 500여 배에 이르는 폭발적 성장을 하여 선진국에 진입했으며 경제 규모도 세계 10위로 도약했다.

그렇지만 각 개인의 자산증식 방식이 많이 바뀌었다. 과거에는 주식

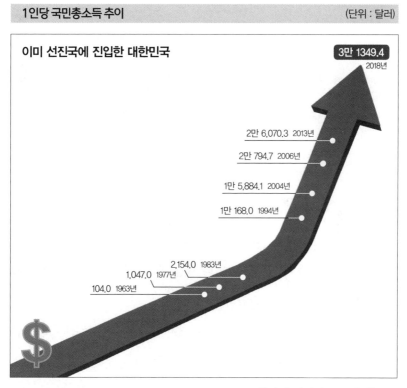

1인당 국민총소득 추이　　　　　　　　　　　(단위 : 달러)

이미 선진국에 진입한 대한민국

3만 1349.4
2018년

2만 6,070.3 2013년
2만 794.7 2006년
1만 5,884.1 2004년
1만 168.0 1994년

2,154.0 1983년
1,047.0 1977년
104.0 1963년

$

출처: 〈문화일보〉, 2019년 3월 08일

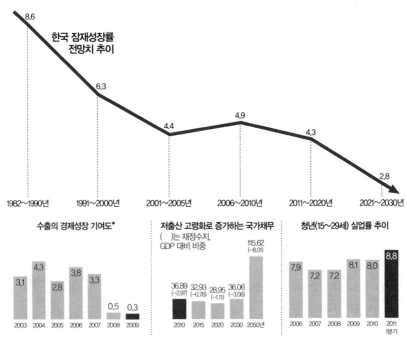

고용 환경의 변화 (단위 : %)

8.6

한국 잠재성장률
전망치 추이

6.3

4.4

4.9

4.3

2.8

1982~1990년 1991~2000년 2001~2005년 2006~2010년 2011~2020년 2021~2030년

수출의 경제성장 기여도*

3.1 4.3 2.8 3.8 3.3 0.5 0.3

2003 2004 2005 2006 2007 2008 2009

저출산 고령화로 증가하는 국가채무
( )는 재정수지,
GDP 대비 비중

115.62
(-8.01)

36.89 32.93 28.95 36.06
(-2.97) (-0.78) (-1.11) (-3.08)

2010 2015 2020 2030 2050년

청년(15~29세) 실업률 추이

7.9 7.2 7.2 8.1 8.0 8.8

2006 2007 2008 2009 2010 2011
1분기

* 기여도는 수출에 의한 경제성장률, 수출에 의한 실질부가가치유발액의 증감을 전년도 실질국내총생산(GDP)으로 나눈 뒤 100을 곱한 값.

출처: 〈동아일보〉

과 부동산이 대부분이었다면 지금의 부동산 환경은 과거와는 많이 달라

졌다. 각종 코인과 주식, N잡, NFT와 긱노동 등으로 파이프라인을 늘리

고자 하는 Z세대들이 늘어나고 있다. 어떻게 자산을 증식해나갈 것인지

모두가 고민하는 시대가 되었다.

우리나라는 2017년 1인당 국민소득 3만 달러를 넘으며 선진국 진입

에 성공했으나 고령화와 저출산으로 인해 경제엔진이 식으면 저성장 고

실업이 고착화될 우려가 있다는 뉴스가 보도된다. 10여 년이 훌쩍 지난

2011년도 신문기사를 살펴보면 앞으로 우리나라는 2020년에서 2030년대 사이 성장률이 2.8%대로 떨어질 것이라 예측했다. 이 시대를 살아온 분들은 이미 느꼈겠지만 실제로 성장률은 2%대로 떨어졌다. 코로나19 상황이 벌어지지 않았더라도 1%대까지 추락했을 것이다.

사실 1% 성장은 그렇게 큰 문제가 되지 않는다. 유럽선진국의 경제성장률 역시 1%에 머물러 있기 때문이다. 문제는 속도다. 그들이 200여 년에 걸쳐 일궈낸 성장을 우리는 불과 50여 년 만에 이뤘기 때문이다.

그런데 문제는 저성장으로 내려오는 내리막길 속도가 너무 빠르다는 것이다. 사회, 경제, 문화 전반에 걸쳐 안전판이 없는 상황에서 추락하는 속도가 빠르다 보니 전 국민적으로도 그 파급여파가 클 수밖에 없다.

이러한 변화를 마주하며 이 변화의 특징은 무엇인지, 이 변화는 우리 삶에 어떤 영향을 미치는지, 우리 자신은 이런 변화에 어떻게 대처해야 하는지, 이런 변화 속에서 찾을 수 있는 기회는 무엇인지를 고민하고 탐색해봐야만 한다.

> 한국이 지금보다 더 성장해나아가기 위해서는 노동력과 자본을 키우는 데만 집중하지 말고 '기술혁신과 신성장 산업 육성 등'을 통해 생산성을 높여야만 1인당 소득이 4만, 5만 달러를 넘어설 수 있다. 우리 경제가 지속적으로 성장하고 국민 모두가 경제성장의 과실을 나눌 수 있으려면 소득 불평등을 줄이고 4차 산업혁명 시대에 걸맞는 신성장동력을 찾는 데 힘써야 할 것이다[9].

---

9 '국민소득 3만 달러… 우리도 선진국인가요? ', 〈동아일보〉

3) 달라진 변화와 흐름 – 자연 환경의 변화

2020년 새해가 밝으며 코로나19가 전 세계를 뒤덮었다. 코로나 팬데믹으로 무려 690만여 명[10]의 사람들이 목숨을 잃었다. 이 재앙의 근원이 어디에 있는가를 두고 설왕설래가 많았는데 한 다큐멘터리를 보고 충격을 받았다.

그 다큐멘터리에 의하면 코로나19와 같은 바이러스나 이상기후 등의 자연적 재앙들은 우리 인간들이 소고기를 많이 먹게 되어 발생했다고 한다. 이게 도대체 무슨 해괴한 소리인가 하고 보니 결국 인간이 자연을 많이 파괴해 발생한 문제라는 것이다. 소의 입김이나 방귀, 분비물의 이산화탄소 배출로 인해 지구에 안 좋은 영향을 끼쳤다고 한다.

그렇지만 보통은 자연회복력이 있어서 지구의 허파라고 불리는 아마존 같은 밀림과 산림에서 정화된 공기로 되돌려준다. 그런데 점차 자연이 훼손되어 가다 보니 그러한 자연회복력이 떨어져 정상적으로 순환하지 않게 되면서 재앙이 발생했다는 것이다.

2019년 8월, 우주에서도 관측될 정도의 거대 아마존 산불이 무려 1,600여 건 발생했다. 사실상 브라질에서 산을 개간해 사료 농장을 만들 목적으로 고의적으로 산불을 내 결과적으로 세계적인 재앙을 불러왔다는 빈축을 사고 있다. 일일이 개간하기 힘드니 한반도의 여덟 배 규모의 면적을 불로 모두 태워버린 뒤 그곳에 소 사료를 만들기 위한 농장을 개

---

10 WHO, 2023년 10월 기준

간했다고 한다. 그로 인해 서식지를 잃은 야생동물들이 인간이 거주하는 지역까지 침범해 코로나19 사태까지 벌어졌으며 앞으로 더 큰 재앙들도 이어질 수 있다고 하니 섬뜩했다.

코로나19와 같은 바이러스로 인해 전 세계가 몸살을 앓았을 뿐만 아니라 황사를 뛰어넘는 초미세먼지와 열대지역에서만 일어나는 스콜성 폭우와 같은 각종 자연이상 현상들이 전 세계적으로 발생하고 있다.

김난도 교수는 『트렌드 코리아 2022』를 통해 환경은 80억 지구인이 함께 풀어야 할 조별과제와 같은 중요한 과제라고 설파했다. 다만 앞으로는 기업들이 실질적인 친환경과는 거리가 있으면서도 녹색경영을 하는 것처럼 홍보하는 '그린워싱(Green Washing)'과 같은 가짜가 아닌 진짜 지구를 생각하는 기업이나 상품이 더 크게 주목받을 것이라 전했다.

그동안 환경을 배려하는 친환경 소비는 하면 좋은 것, 즉 '선택'의 문제였다면, 이제는 살아남기 위해서 반드시 해야 하는 '필수'의 문제로 바뀌었다. 프리사이클링과 제로 웨이스트 운동으로 소비자들의 자발적인 참여가 이어지는 가운데 기업들의 친환경 캠페인도 확대되는 추세다[11].

1. 더 쉽게, '쉽'환경
2. 더 근사하게, '힙'환경
3. 이제는 진짜 '찐'환경

11　출처: 『트렌드 코리아 2022』, 김난도, 전미영, 최지혜, 이향은, 이준영 외 6명 공저

ESG 고려 요소

환경(E) 이슈	사회(S) 이슈	지배구조(G) 이슈
− 기후변화 및 탄소배출 − 대기 및 수질오염 − 생물의 다양성 − 삼림 벌채 − 에너지 효율 − 폐기물 관리 − 물 부족	− 고객만족 − 데이터 보호 및 프라이버시 − 성별 및 다양성 − 직원 참여 − 지역사회 관계 − 인권 − 노동 기준	− 이사회 구성 − 감사위원회 구조 − 뇌물 및 부패 − 임원보상 − 로비 − 정치 기부금 − 내부 고발자 제도

출처: 금융투자협회, 〈서울신문〉

이에 따라 기업들도 앞다퉈 환경의 중요성을 강조하며 ESG 경영까지 강조하고 있다. ESG 펀드까지 설립되어 그렇지 못한 기업들에 각종 제재까지 가해지고 있다. 그러니까 환경적인 이슈뿐만 아니라 사회적 이슈와 지배구조 이슈까지 투명하게 관리하고 있지 못한 경우에는 소비자들로부터 외면받게 되었다는 것이다. 반면에 이 모두를 철저히 지키는 기업들은 소비자들로부터 돈으로 혼내준다는 '돈쭐' 세례를 받기에 이르렀다**12**.

---

12 '그레타 신드롬… 세계 휩쓰는 착한 소비', 〈매일경제〉

4) 달라진 변화와 흐름 - 인간 욕구의 변화

다양한 기술과 도구의 발전으로 과거에는 미처 상상할 수 없을 정도로 인간 삶은 편리하고 풍족해졌다. 그 반면 인간의 욕구도 끊임없이 날로 커져가고 있다. 현대인들은 조선시대의 왕족들이 누리는 것 이상으로 풍족한 혜택을 누리고 있지만 만족도는 그다지 높지 않아 보인다. 지금보다 더 많은 편리와 욕구를 충족시킬 수 있는 상품과 서비스가 넘쳐나고 있기 때문이다. 그래서 더 많은 것들을 탐하고 또 탐해도 부족함을 느끼도록 만드는 것이 자본주의의 시대가 아닐까 싶기도 하다.

이러한 시대 변화를 매슬로우의 욕구 5단계와 산업혁명을 결합해보면 재밌는 결론이 도출된다. 생리적 욕구는 1차 산업혁명에 빗댈 수 있

인구 욕구의 변화

자아 실현의 욕구 (Self-Actualization)	4차 산업혁명 ▶▶	성장, 잠재력 달성, 자기충족성, 자신이 될 수 있는 것이 되고자 하는 욕구
존경 욕구 (Esteem)		자기존중, 자율성, 성취감 등 내적인 ▶▶ 자존 요인과 지위, 인정, 관심과 같은 외부적인 존경 요인
	3차 산업혁명	
사랑, 사회 소속감 추구 욕구 (Love & Belonging)		▶▶ 애정, 소속감, 받아들여짐, 우정
안전 욕구 (Safety)	2차 산업혁명 ▶▶	안전과 육체적 및 감정적인 해로움으로부터의 보호 욕구
생리적 욕구 (Physiological)	1차 산업혁명 ▶▶	먹을 것, 마실 것, 쉴 곳, 성적 만족, 그리고 다른 신체적인 욕구

다. 1차 산업혁명의 경우 원시산업이라 주로 농업, 임업, 어업, 축산업 등을 지칭하기에 인간이 고민하던 먹을 것, 마실 것, 쉴 곳 등의 생리적 욕구를 해결하는 것으로 빗대어 말할 수 있다.

안전의 욕구는 2차 산업혁명에 빗댈 수 있다. 2차 산업혁명으로 식료품, 의류, 신발, 가전제품 등의 경공업과 기계, 철강, 조선, 건설, 자동차, 기관차 등의 중공업이 발달했기에 사람들의 안전과 육체적이고 감정적인 해로움으로부터 보호받고자 하는 욕구를 해소할 수 있었다.

소속의 욕구와 존경의 욕구 두 가지는 3차 산업혁명으로 빗댈 수 있다. 3차 산업혁명의 경우 주로 인간에게 제공하는 교통, 상업, 무역, 관광업, 통신, 금융, 미용, 영화, 방송 등의 다양한 서비스 산업이 부각하며 사람들이 무리로부터 소속되고 우정과 애정을 쌓으며 소속감을 느끼고 서로 교류하고자 하는 욕구를 충족시킬 수 있었다. 조금 더 나아가 스스로 하고자 하는 자율의지를 가지고 성취를 일구며 사회적으로 지위를 가지며 인정받고 존경받고자 하는 것이다.

매슬로우의 욕구 5단계 중 최고 단계인 자아실현의 욕구는 4차 산업혁명에 빗댈 수 있다. 요즘 청년들 대부분은 자신의 잠재 능력을 발휘해 성장하고, 자신이 되고자 하는 최고의 5단계에 이르고 싶어 한다는 것이다.

지금의 Z세대는 매슬로우의 욕구 5단계 중 기본적으로는 3, 4단계 이상에 위치하고 있다. 대부분의 사람들은 인정받고 존경받고 싶어 하며 자신의 잠재 능력을 최대치로 발휘하고 싶어 한다. 따라서 4차 산업혁명이 온전하게 잘 발전해나간다면 이러한 사람들의 욕구도 실현되는 인류 최고의 축복이 될 수도 있을 것이다.

　이런 식으로 이전 시대와 달라진 변화와 흐름읽기를 위해 스스로 노력해나가야 한다. '변화의 특징은 무엇인지, 변화가 우리 삶에 어떤 영향을 끼치는지, 자신은 이런 변화에 어떻게 대처하는 것이 좋을지, 변화를 통해 성장한 기업은 어디인지, 변화에서 찾을 수 있는 기회는 무엇인지' 늘 고민하고 또 답변을 찾아가려는 노력이 미래를 대비하는 통찰력을 제시하게 될 것이다.

이전 시대와 달라진 변화와 흐름, 우리가 던져야 할 질문들

1. 산업 환경의 변화
2. 인간 수명의 변화
3. 경제 환경의 변화
4. 고용 환경의 변화(저성장시대 고실업 고착화)
5. 자연 환경의 변화
6. 교육 환경의 변화
7. 인간 욕구의 변화
8. 취업, 채용 환경, 직업 세계, 질병, 일상의 변화 등

- 이런 변화의 특징은 무엇인가?
- 이런 변화는 우리 삶에 어떤 영향을 끼치는가?
- 우리는 이런 변화에 어떻게 대처하는 것이 좋을까?
- 이런 변화를 통해 성장한 기업은 어디인가?
- 이런 변화에서 찾을 수 있는 기회는 무엇인가?

실제로 이러한 변화의 흐름을 읽고 현명하게 대처하며 기회를 발굴해 성공한 사례를 언급해볼까 한다. 코로나19가 시작되던 2020년 상반기만 해도 마스크 공급량이 부족해 주 5일제로 마스크를 구매할 수밖에 없었던 시절이 있었다.

국민 모두가 이로 인해 불편함을 겪어야만 했지만 그 속에서도 기회를 찾아낸 사람들이 있었다. 발빠르게 마스크를 생산하거나 유관한 사업으로 뛰어들어 성장한 기업들도 있었겠지만 그러한 경우는 평범한 사람들이 실제로 행하기에는 거리가 있기에 평범한 사례를 언급해보도록 하겠다.

한 청년사업가는 마스크 부족 문제를 해결하기 위해 마스크 공장 여섯 곳을 견학했다. 그렇게 마스크 공장 담당자들의 생산 방식을 접하다 보니 마스크 재질이나 원료, 용도가 모두 다 다르다는 사실을 알게 되었다. 그러다 신기하게도 마스크에 연결한 네 개의 끈에 사용하는 본드가 오공본드 회사의 특수 본드라는 사실을 알게 되었다.

남들이 미처 주목하지 못할 시기에 그 청년은 오공본드 기업을 분석했는데 그 결과 무조건 뜰 수밖에 없는 기업이라고 판단되어 그 기업에 투자하게 된다. 실제로 3,000원대에 머무르던 회사의 주가는 한때 네 배에 이르는 1만 4,000원대까지 치솟으며 이 청년사업가는 큰 이익을 볼 수 있었다.

5) 달라진 변화와 흐름 - 코로나19로 뒤바뀐 환경

〈뉴욕타임스〉의 칼럼니스트 토머스 프리드먼은 "세계는 코로나 이전[13]과 코로나 이후[14]로 나뉠 것이다"라고 전망했다. 실제로 코로나19로 '경제의 변화 흐름에 따른 새로운 기준'이라는 '뉴노멀'이 새로운 표준이 되었다. 이렇듯 새로운 경제 흐름에 제대로 대처한 국가나 기업, 개인은 코로나19 이후에도 새로운 기회를 잡을 것이다.

철학자 세네카는 "신은 역경을 주어 위대한 사람을 단련시킨다"고 하지 않았던가. 코로나19에서 살아남은 인류는 보다 더 강해질 것이다. 1347년부터 1351년까지의 4년, 길게는 5년 동안 당시 2,000만여 명이 넘는 사람들이 사망했던 인류역사상 가장 암흑 같은 시기인 흑사병이 그 예다.

'흑사병'으로 세계사는 뒤바뀐다. 그 힘든 시기가 끝나자 인류역사상 가장 화려했던 르네상스 시대가 열렸기 때문이다. '신대륙 발견, 지동설의 등장, 봉건제의 몰락, 상업의 성장, 종이·인쇄술·항해술·화약과 같은 신기술의 발명, 문화·예술의 발전 등이 흑사병이 지난 뒤 이루어졌다. 인류의 역사는 그렇게 퇴보와 성장을 통해 나아가고 있다. 우리 역시도 그러리라 믿음을 잃지 않고 앞으로 나아가는 것이 중요하다.

그러나 코로나19가 끝나더라도 경기는 K자형 회복이 될 것이기에 양

---

[13] BC: Before Corona
[14] AC: After Corona

극화 현상은 심화될 수 있겠다. 다시 말해 코로나19가 지나고 나서는 준비된 자와 준비되지 않은 사람들과의 격차가 더 벌어질 수 있다는 의미다. 같은 직장인이나 소규모 자영업자라도 격차가 더 벌어질 수 있으며 국가적으로도 국가 간 차이가 벌어질 것이다.

그러니 이제는 사회적으로도 보다 탄탄한 제도적 장치로 미래를 대비할 필요가 있다. 개인적으로도 조금 더 지식사회로 전환하기 위한 준비가 필요하다. 그러기 위해서는 새로운 기술과 도구, 다양한 세계적 가치관을 받아들일 필요가 있다.

3

변화대응과 트렌드 중심에
서기 위한 전략

나는 트렌드 강의를 할 때면 자신을 둘러싼 우리 사회의 핫트렌드가 무엇인지 사람들에게 질문하곤 한다. 그리곤 '경제·기업 분야, 정치·사회 분야, 교육 분야, 도서 분야, 항공·여행 분야, 건강·의료 분야, 창업 분야, 방송·언론 분야, 기술·정보통신 분야, 패션 분야, 문화·예술 분야 등'으로 나눠 각 개인 또는 조별로 해당 트렌드를 5분 동안 검색해 발표하도록 유도한다. 그러면 놀라울 정도로 많은 정보를 짧은 시간 안에 얻어낼 수 있다. 즉, 짧은 시간만으로도 다양한 분야의 트렌드를 배울 수 있음을 깨닫게 해주고자 하는 의도다.

트렌드 유형을 이해하는 것은 트렌드 학습의 기본이다. '어떤 특정한 행동 양식이나 사상 등이 일시적으로 많은 사람의 추종을 받아서 널리 퍼지거나 그런 사회적 경향'이 일어나 '3개월 정도 지속되고 끝날 때'를 페드(Fed)라고 부른다. 쉽게 말해 '짧게 끝나는 유행'이라고 이해하면 된다. 보통은 패션업계에서 계절별로 옷 스타일이나 색감을 바꿔나가려고 할 때 계획적으로 활용하는 용어다. 그 개념을 이해하면 '세상 사람들의 옷장에는 늘 입을 옷이 없다'는 웃픈(?) 이야기가 이해된다. 멀쩡하던 옷도 '유행이 지났다'는 생각이 드는 순간 다시 입지 않기 때문이다. 자본주의 사회에서 공급은 언제나 넘치기 때문에 소비를 유도하기 위해서라면 유행을 짧게 돌고 끝나도록 의도적으로 만드는 것이다.

1) 트렌드 중심에 서기 위한 트렌드 이해

이런 사회적 동조현상이나 경향이 '1년 정도 지속되고 끝날 때'를 비로소 유행이라고 한다. 만일 이런 경향이 3년 정도 지속된다면 '마이크로 트렌드'라고 부른다. 보통은 새롭게 떠오르는 프렌차이즈 업종 등이 그렇게 불린다. 그래서 유행이 단기간이 그칠지 아니면 중장기적으로 이어질지 해석할 필요가 있다.

대중적 현상이 중장기적으로 10년 이상 지속될 때를 '메가 트렌드'라고 볼 수 있다. 메가 트렌드가 되면 사회 전반에 대중들이 인식할 정도가 된다. 만일 이러한 현상이 30년 이상 지속된다면 그런 현상은 하나의 문화로 자리 잡게 된다고 김난도 교수는 한 특강에서 말했다.

나는 그러한 문화 현상이 100년 이상 지속된다면 '역사'가 된다고 본다. 역사는 그렇게 미세하게 시작되어서 거대하게 자리 잡게 되는 것이다. 그러니까 한 사회의 대다수 구성원들이 가지고 있는 의식이 '역사'를 만들어간다는 사실을 잊어서는 안 될 것이다. 그것이 바로 역사의식이다.

만일 그러한 의식수준이 1,000년 이상 지속된다면 그것은 하나의 '문명'이 된다. 그것은 눈으로 드러나는 거대한 문명이든 정신적으로 드러나는 형태로든 어떻게든 문명으로 잉태되기 마련이다. 그러니 리더라면 조금 더 큰 관점으로 세상을 내다보며 보다 더 나은 지향점으로 향해야 할 것이다.

그런 측면에서 사회지도자들의 리더십이 무엇보다 중요하지만 종종 아쉬운 순간들도 있다. 하지만 중요한 것은 우리 자신의 의식수준과 행동수준을 끌어올린다면 어제보다 더 나아질 뿐만 아니라 결국 세상도 더 나은 세상으로 바꿔나갈 수 있다는 믿음이다. 그래서 우리는 이런 거대한 경제사회적 트렌드는 무엇이며 변화에 대응하기 위한 전략은 무엇인지 고민할 필요가 있다.

김난도 교수의 강의 내용을 참조하면 무엇보다 '진정성'이 제일 중요하다고 강조한다. 다수의 대중들과 '공감하고 소통'을 해야 하며 '자기만의 핵심가치'를 가져야 한다. 그래서 대중에게 지속적으로 '자기 색깔을 가진 스토리'를 전달하며 브랜드 구축을 위한 자기노출 작업을 해야 한다. 그러기 위해 변화를 수용하고 유연한 대처 능력을 발휘할 필요가 있다.

변화와 트렌드 중심에 서기 위해서는 나만의 전략은 무엇일지 고민해 볼 필요가 있다. 그 첫째는 이슈화 전략으로 논란거리를 만드는 방법이 있다. 위험한 전략이지만 역사적으로도 증빙된 전략이다. 다시 말해 사람들의 주목을 이끌기 위한 전략으로 유효하다. 많은 연예인이나 정치인, 기업인, 예술가들이 사용하는 전략이다. 다만 지나치게 부정적인 논란거리는 자칫 견디기 어려운 악평으로 남을 수 있기에 조심스럽게 구사해야 하는 전략이다.

두 번째는 미리 준비하는 것이다. 우리가 변화에 대응하지 못하는 이유는 미리 준비하지 못했기 때문이다. 작은 문제가 발생했을 때 더 커지지 않도록 미리미리 대비해둬야 한다. 그러나 대부분의 사람들은 변화를 온몸으로 실감하기 전까지는 움직이지 않으려는 경향이 있다. 모든 것을 완벽하게 대비하고 준비하긴 어렵겠지만 최소한 조금만 더 발 빠르게 준비한다면 변화에 슬기롭게 대처해나갈 수 있다.

그러기 위해서는 평소 시대변화의 흐름과 트렌드를 읽으려 노력해야 한다. 그것이 책, 신문, 잡지, 블로그, 유튜브, 방송이든 어떤 매체라도 살펴보며 발 빠른 사람들의 이야기를 들으며 변화 흐름을 읽으려 애써야 한다. 처음에는 흐름이 보이지 않더라도 조금씩 들여다보면 트렌드의 물결이 보이기도 하고 결국 조금 더 빠르게 대응하는 힘도 생기기 마련이다.

트렌드를 읽기 위해서는 아무래도 부지런히 배우고 학습해야 한다. 요즘은 워낙 다양한 학습매체들이 많으니 어떤 도구가 좋다, 나쁘다고 단정하기 어렵다. 추천하자면 자신이 선호하는 도구와 더불어 의무적으로 한두 개의 도구를 더하는 것이 바람직하다. 어떤 사람은 논문만 파고드는 사람이 있고, 어떤 사람은 신문만 파고드는 사람이 있다. 그러나 조금 느리더라도 전체적인 관점을 배울 수 있는 책을 읽는다든지, 다양한 경험과 지식을 가진 전문가를 만난다든지, 심층적인 정보를 다루는 강사나 블로거, 유튜버를 찾아낸다든지 하는 자기만의 방식으로 학습을 이어나갈 필요가 있다.

우리가 모든 분야를 잘할 수는 없기에 자신의 강점을 바탕으로 승부를 보려는 전략을 구사하는 것이 좋다. 그러기 위해서는 자신이 어떤 사람인지, 어떤 특성을 가지고 있는지, 어떤 역량을 가지고 있는지, 어떤 지식과 경험이 있는지, 또 어떤 경력을 거쳐왔는지 등에 대한 자기이해가 선행되어야 한다.

자신만의 강점을 찾았다면 그것을 브랜드화할 필요가 있다. 기업이라면 기업이미지가 되겠지만 개인이라도 퍼스널 브랜드를 구축할 필요가 있다. 자신만의 핵심가치를 설정하고 그 가치를 담은 자기만의 스토리를 발굴해서 SNS나 블로그, 유튜브 등의 매체를 통해 지속적으로 전달할 필요가 있다. 정리만 잘해둔다면 한 권의 책으로 출간도 가능하리라.

그러기 위해서는 다양한 분야의 사람을 많이 만날 필요가 있다. 단순히 여러 사람을 만나고 사귀는 것보다는 가능한 자신보다 뛰어나거나 한 분야에서 출중한 역량을 가진 전문가들을 만나는 것이 좋다. 그들만이 가지고 있는 독특한 정보와 지혜들이 있기에 그런 노하우를 흡수하려는 노력이 필요하다.

아무래도 우리는 모든 정보를 다 받아들일 수 없기에 트렌드 수집의 목적을 먼저 정해두어야 한다. 그것은 한 개인의 생애비전이 될 수도 있고 직업적 포부가 될 수도 있다. 자기만의 의미 있는 삶의 목표를 수립하고 목적에 따라 정보를 타겟팅해서 조금 더 깊이 있게 파고들 필요가 있다.

또한 트렌드의 중심에 서기 위해서는 누구보다 철저한 자기관리가 필요하다. 자신만의 루틴을 설정하고 지속적으로 자기관리를 해나가야 한다. 정해진 시간에 정해진 만큼의 목표를 달성할 필요가 있다.

원하는 회사에 입사에 성공하고 큰 조직에 재직하더라도 꾸준하게 경력을 관리해나가야 한다. 설령 원하는 목표를 달성하지 못하고 조그만 기업이나 마음에 들지 않는 직무를 맡게 되더라고 꾸준하게 경험을 쌓고 학습하면서 경력을 관리해나간다면 반드시 좋은 기회가 오기 마련이다.

사실 트렌드를 따라가기란 쉽지 않다. 트렌드는 끊임없이 역동적으로 변화하기 때문이다. 때론 어떤 부분은 개의치 않아도 되는데도 우리는 쓸데없는 유행에 몸과 마음이 흔들리는 경우가 제법 있다. 그런 측면에서 시류에 흔들리지 않도록 마음훈련이 무엇보다 중요할 수 있다. 어지러운 혼란 속에서도 평정심을 유지할 수 있다면 조금 더 냉정하게 변화의 흐름을 바라볼 수 있지 않겠는가.

자, 변화와 트렌드 중심에 서기 위한 당신의 전략은 무엇인가?

(1) Trend Tip 1 트렌드의 속성을 이해할 필요

트렌드란 '일정범위의 소비자들이 일정기간 동안 어떤 것을 향해 동조하며 소비 가치에 대한 열망을 품을 때'라고 김난도 교수는 말한다. 그러면 소비자는 '언제, 어떻게, 왜' 열망을 품을까? 어떻게 하면 사람들의 열망을 불러일으킬 수 있을까? 일단 트렌드의 속성을 먼저 이해할 필요가 있다.

트렌드의 첫번째 특성은 동조성이다. 한두 사람이 아니라 다수의 사람이 뒤따를 때 일어나는 속성을 말한다. 트렌드를 이끌어가려면 다수의 사람들이 뒤따르도록 만드는 과정이 중요하다. 어떤 브랜드나 상품, 기술, 서비스 등을 알리기 위해서는 얼리어댑터들이 적극적으로 동참하도록 만드는 것이 무엇보다 중요하다.

두 번째는 시기성이다. 시간, 시기에 따라 단기적으로 일어나는 속성을 말한다. 트렌드는 아주 짧은 기간에 걸쳐 순간적으로 단기간에 일어나는 속성을 띠고 있다. 따라서 지나치게 완성도를 높이느라 시간을 투자하기보다는 오히려 다소 부족한 면이 있더라도 빠르게 시장에 출시하는 것이 유리할 수 있다. 이는 청년들에게도 해당되는 말일 수도 있다. 지나치게 모든 것을 다 갖추고 사회에 진출하려 하기보다는 조금 부족하더라도 빠르게 사회에 진입해 실무를 해나가면서 자신의 역량을 수정 보완하며 업그레이드해나가는 전략이 유효하리라 싶다.

세 번째는 역동성이다. 트렌드는 빠르게 변하고, 예상하기 어려울 정도로 변화하는 속성을 띠고 있다. 그래서 어떤 면에서는 따라잡기 힘든 부분이 있다. 사실 어떤 트렌드는 굳이 따라가지 않아도 되는 부분이 있다. 그런데 사람들은 불필요한 유행이나 트렌드는 굳이 따라가려 하고, 꼭 따라가야 할 추세는 따르지 못하는 우(愚)를 범하기도 한다. 여러분이 빠르게 따라잡아야 할 흐름은 무엇이고, 굳이 따라가지 않아도 될 유행은 무엇인가?

(2) Trend Tip 2 시청(視聽)이 아니라 견문(見聞)으로 바라보기

박웅현 CD(Creative Director)는 광고 제작을 많이 하다 보니 창의력이나 트렌드 관련 주제의 강의를 많이 의뢰받는다. 그는 세상의 흐름을 읽기 위해서는 무엇보다도 '보는 것'이 가장 중요하다고 강조한다. 그가 한 TV 강연에서 볼 '견(見)'이라는 한자 한 자를 가지고 한 시간 특강을 하는데 무척 인상 깊었다. 우리가 사람의 마음을 읽지 못하고, 세상의 흐름을 읽지 못하는 이유가 TV 시청하듯 멍하니 보기 때문이라는 것이다. 마음으로 바라봐야 제대로 볼 수 있다고 그는 강조한다.

그는 『대학(大學)』에서 증자가 한 말을 인용했다. 곱씹어 볼수록 깊은 내용이 담겨 있어 그 전문을 여러분들에게도 공유해보려 한다.

심부재언(心不在焉), 마음이 있지 않으면

시이불견(視而不見), 보아도 보이지 않고

청이불문(聽而不聞), 들어도 들리지 않고

식이부지기미(食而不知其味), 먹어도 그 맛을 알지 못한다

증자(曾子), 『대학(大學)』 정심장(正心章)

(3) Trend Tip 3 낯선 것을 거부하지 않고 선의의 태도로 바라보기

글을 쓰든 강의하든 기업을 경영하든 누구나 가지고 싶은 능력 중 하나가 '통찰력'이다. 그렇다면 통찰력을 가지고 싶다면 어떻게 해야 할까? 시골의사로 잘 알려진 박경철 원장은 '익숙하지 않은 것에 호의를 가지는 태도'가 그 첫 번째 방법이라고 강조한다. 자신이 서 있는 곳에서 한 발짝 뒤로 물러서서 자신이 서 있던 자리를 바라보려는 객관적 태도가 필요하다고 말이다.

현재보다 한 발 더 멀리 바라볼 수 있는 것, 세상을 제대로 바라보기 위해서는 좀 더 다양한 관점의 시선과 넓은 스펙트럼으로 세상을 바라봐야 한다. 그러기 위해 필요한 것은 '새로운 것에 대한 선의'다. 우리는 새로운 것에 대한 거부감을 느끼는 경향이 있지만 새로운 것에 선의를 갖고, '익숙하지 않은 것에 호의를 가지는 것'이야말로 무엇보다 중요하다고 볼 수 있다[15].

한국인들은 동일, 동질성을 가진 민족적 특성이 있어서 자신도 모르는 사이에 낯선 것, 새로운 것, 이질적인 것을 불편해하거나 배척하는 경향이 있다. 그런 측면에서 새로운 것들에 편견을 가지지 않고 호의를 가지고 바라보려는 태도는 트렌드를 파악하고 통찰력을 기르는 중요한 자세라고 볼 수 있겠다.

시시각각 변화하는 뉴스보다 더 빠르게 거시적 흐름 읽기

- 기본적으로는 일주일에 최소 1~2시간 정도 투자해 신문이나 잡지, 블로그 등의 정보매체를 통해 최신 정보와 지식, 기획기사 등을 꾸준하게 읽고 스크랩하며 흐름을 읽으려 노력하기
- 뉴스 이면의 거시적 흐름을 읽기 위해 기획기사, 심층기사 중심으로 읽기
- 거시적 역사, 경제, 사회, 산업의 트렌드 흐름 읽으려 노력하기

---

15 출처: '행복한 삶을 어디에서 찾을 것인가', 아주대학교 강의, 박경철

4
변화된 변화환경 이해 필요

　과거에 비해 지금의 환경은 놀라울 정도로 급변했다. 앞으로 다가오는 미래는 더 큰 변화의 물결이 더 빠르게 닥쳐올 것이다.

　그래도 과거와 현재를 크게 구분한다면 과거는 산업화 시대로 스펙 위주의 우수한 인재를 채용하려고 한 반면에 지금은 지식화시대로 무작정 쌓은 스펙형 인재가 아니라 포지션에 적합한 경험과 역량을 갖춘 비정형화된 인재를 선호한다.

　과거에는 단품 위주의 제품이 생산되었다면 이제는 모든 제품과 산업을 뛰어넘은 융복합 제품이 주목받고 있다. 과거에는 성실하고 근면한 인재를 선호했다면 이제는 통섭형 인재를 선호하고 있다. 예전에는 모든 부분을 골고루 잘 알고 있는 범용적 인재를 선호했다면 이제는 하나를 알아도 남다르게 접근해온 창의적 인재를 선호한다.

　과거에는 지역 내에서 성실하게 출퇴근할 인재를 찾았다면 이제는 세계 구석구석을 뛰어다닐 수 있는 인재를 선호한다. 기업마다 한 해 채용

규모를 언론에 게시하며 대규모 공개채용 방식을 선호했다면 이제는 언제 어느 때나 필요한 인력을 채용하는 소규모 수시채용 방식으로 바뀌었다. 과거에는 꼭 직접 대면하는 채용 방식이 이뤄졌다면 이제는 다양한 방식의 비대면 채용 방식이 자리 잡고 있다.

과거에는 채용한 인재가 약간의 차이를 냈다면 이제는 뛰어난 인재 한 명이 엄청난 차이를 벌일 수 있는 시대가 되었다. 과거의 성공구조는 공부를 잘해서 좋은 대학을 나오고 스펙이 뛰어나면 성공할 수 있는 단순한 구조였다면 이제는 성공하는 사람들마다 제각각 그 길이 다 달라서 성공구조나 방식도 복잡하고 다양해졌다.

이 모든 변화 속에는 '경영환경 변화, 조직문화 변화, 직업환경 변화, 정보기술 변화, 자연환경 변화, 인간욕구 변화, 인재가치 변화, 비대면 선호 현상, 인재를 바라보는 시각'에 변화가 생겼다는 사실을 알 수 있다.

변화된 변화환경 이해 필요

변화하는 환경 흐름을 읽으며 통찰력을 키운 인재가 대우받을 것이다!

과거의 환경 (산업화 시대 : Best People)	경영환경 변화 조직문화 변화 직업환경 변화 정보기술 변화 자연환경 변화 인간욕구 변화 **인재가치 변화**	미래의 환경 (지식화 시대 : Right People)
단품 위주 제품 성실, 근면한 인재 범용적 인재 지역형 인재 스펙 우수형 인재 대규모 정규채용 콘택트(대면) 채용 인재: 약간의 차이 **단순한 성공구조**		융복합 제품 통섭형 인재 창의적 인재 세계형 인재 역량우수형 인재 소규모 수시채용 언택트(비대면) 채용 인재: 엄청난 차이 **다양한 성공구조**

결국 취업을 하고 몸값을 제대로 받으려면 변화하는 환경 흐름을 읽으며 통찰력을 키운 인재가 되어야 할 것이다.

5
취업과 노동동향 이해

취업도 감각이다. 둔감하면 흐름을 놓친다. 그런 면에서 취업과 채용의 흐름이 어떻게 변하고 있는지 잘 살펴볼 필요가 있다. 변화하고 있는 최근의 취업 동향은 무엇일까? 채용 방식의 변화로는 무엇이 있는지 하나씩 살펴보자.

취업 트렌드 1 - 일자리 감소

코로나19가 닥치기 바로 전해에도 금융위기급 고용참사에 대한 뉴스가 연일 보도되었다. 그러나 상상하지도 못했던 팬데믹까지 덮치면서 수십만 개의 일자리가 사라졌고, 통계에도 잡히지 않는 '그림자 실업'까지 포함하면 무려 150만여 개의 일자리는 사라졌을 것이라 한다. 코로나 팬데믹의 찬바람은 20대 취준생에게 유독 가혹했는데 20여 년 만에 최악의 고용률이 그 증거다. 하지만 코로나19의 요인으로만 일자리가 줄어든 것은 아니었다. 산업 구조적으로 일자리 수는 제한적으로 늘어날 수밖에 없는 환경적인 요인도 한몫했기 때문이다.

게다가 양질의 일자리는 더더욱 줄어들었다. 그럼에도 불구하고 분야마다 조금씩 다르긴 하지만 디지털 분야의 인력채용은 꾸준히 증가하고 있는 추세다. '콘텐츠 기획, 서비스 기획, 검색 기획, 데이터 개발과 활용, 플랫폼 개발, 백엔드·프론트엔드 개발, 각종 앱 개발, IT 개발, 시스템 운영, 정보 보안, AI·IOT·블록체인 등의 신기술을 적용한 디지털 전략 수립과 비즈니스 모델 개발 등'의 업무를 수행하는 디지털 부문 채용은 꾸준하게 늘고 있다.

기존 직업 분야에서도 디지털 역량을 갖춘 융복합 인재를 선호하는 만큼 디테일한 기술은 모르더라도 최소한 새롭게 떠오르는 산업과 직무와 변화 흐름에 대한 이해는 필요하다.

취업 트렌드 2 – 새로운 채용 풍토, 언택트 채용

코로나19 이전에도 비대면 채용은 있었으나 코로나19 이후 언택트 채용은 새로운 채용 방식의 한 모습으로 자리 잡았다. 구직자의 70% 이상이 코로나19 이후 채용시장이 달라졌다고 말한다. 기업들도 2020년 31.2%의 기업이 언택트로 채용했으나 다음 해에는 50.1%로 확대되었다. 이 중 대기업은 67.7%가 언택트 채용을 도입했다. 코로나19 이후 언택트 채용 비율은 감소했지만 최근에는 대면과 비대면을 동시에 활용하는 하이브리드 채용 방식이 활용되고 있다. 1차 면접은 비대면, 2차 면접은 대면 혹은 그 반대로도 진행하고 있다.

비대면 채용의 일환으로 디지털 채용도 하나의 형태로 자리 잡고 있다. 단순히 온라인 채용을 뛰어넘어 메타버스의 가상공간에서 채용이 진행된다든지, SNS나 유튜브 라이브방송에서 채용설명회를 진행하며 취준생과 현직자들이 서로 소통하는 장이 열린다든지, 자기소개 영상을 제출해 검토한다든지 하는 방식이다.

취업 트렌드 3 - AI 채용 방식을 도입하는 기업들

AI를 채용제도에 도입하는 기업들이 늘어나고 있다. 사실 코로나19 이전에도 기업들이 서류심사에서 AI 평가를 해왔다. 그러나 그전까지는 시범적으로 운영이 되었다면 코로나19 이후에는 본격적으로 AI가 채용의 한 형태로 등장하게 되었다.

논문표절을 검사하는 AI가 자기소개서 평가시스템에 도입되며 타인의 자기소개서를 복제하거나 인터넷으로 배포된 합격한 채용자의 자기소개서를 도용하는 지원자들을 솎아내고 있다. AI 채용 방식은 이렇듯 불성실한 지원자를 식별할 뿐 아니라 지원자 성향까지 식별하고 직무적합성 여부까지 구분하며 진화해나가고 있다.

그뿐만 아니라 AI는 직무적성검사에서 가장 강력하게 활용되었고 앞으로도 더 강화될 것으로 보인다. 삼성그룹에서는 자체 직무적성검사를 지원자들이 원하는 장소에서 온라인으로 볼 수 있도록 한다는 소식에 찬반론이 들썩거렸다.

하지만 삼성의 인사담당자들은 거짓과 속임수를 쓰려는 지원자들은 모두 선별할 수 있다고 자신했다. 면접은 한 감독관이 CCTV를 보듯 9명의 지원자들의 모습을 모니터를 통해 일일이 살펴보는 방식이다. 면접을 보는 동안에는 외부인 출입금지는 기본일 뿐만 아니라 화면에서 손이 밖으로 계속 나간다든지, 눈동자가 특정한 쪽으로 계속 쏠린다든지 하면 경고음이 울리면서 지원자들을 원격으로 감독할 수 있게 되었다. 게다가 회사에서 제공한 거치대를 통해 자신이 치루고 있는 시험장면을 영상으로 촬영하도록 했기에 사실상 부정행위를 저지르기란 거의 불가능에 가깝다.

이는 단지 팬데믹 상황에서만 적용되는 면접 방식은 아닐 것으로 보인다. 왜냐하면 이러한 방식은 막대한 비용절감과 시간절감 효과 등의 다양한 이점이 있기 때문이다. 그렇다면 생각해보자. 삼성전자의 경우 GSAT 시험에 보통 10만여 명의 응시자들이 지원한다. 그러면 10만여 명을 수용하기 위해서는 전국적으로 최소 3,000여 개 이상의 고사장을 마련해야 한다. 여기에 투입될 인력을 포함하면 최소한 2만~3만여 명 이상의 감독관이 필요할 것이다. 게다가 시험 전에 출력한 시험지를 안전하게 보관해야 하는 보안 물류창고가 필요하며 3,000여 개 고사장으로 보안장치가 마련된 차량을 보내야 할 것이다. 이후에도 시험지를 수거하고 채점하고 평가하는 복잡한 과정을 거쳐야만 한다.

그런데 이 모든 과정을 온라인으로 치르게 된다면 경제적으로도 이익일 뿐만 아니라 훨씬 더 간편하고 빠르고 편리해진다. 팬데믹은 종식되었지만 모든 것을 오프라인 방식으로 다시 되돌리지는 않을 것이다.

비단 삼성전자만의 이야기가 아니다. 상당수의 대기업과 중견기업들도 온라인으로 인적성검사를 보게 될 것이다. 인적성검사와 별도로 AI가 직무 역량을 측정하는 AI 역량검사를 본다든지, AI가 면접을 본다든지 하는 방식이 하나의 채용 형태로 자리 잡게 되었다.

사실 베테랑 인사담당자들조차 짧은 시간 안에 인재를 판단하기란 쉽지 않다. 그래서 AI 면접관을 채용의 한 형태로 도입해보았는데 실제로 도입해보니 반신반의했던 인사담당자들의 60%가 도움이 되었다고 한다. 일단 시간과 노동력 투입감소로 비용이 절약됐을 뿐만 아니라 채용의 효율성과 공정성, 객관적 평가도 가능하게 되었다.

그런 만큼 취준생들도 이제는 이에 대비해야 한다. 참조로 AI 면접과 AI 역량검사 등을 무료로 체험해볼 수 있는 곳은 '서울시 인공지능(AI) 면접체험', '잡아바', '꿈날개' 등의 사이트가 있고, 마이다스 아이티와 같은 기업에서도 일부 무료로 체험해볼 수 있다.

취업 트렌드 4 - 채용 형태 변화

채용 시기의 변화, 채용 방식의 변화, 공채의 종말

과거와 달라진 부분 중 하나가 바로 채용 형태의 변화다. 과거에는 졸업시즌 전인 9월부터 12월까지가 신입사원 집중 채용 기간이었다. 그렇지만 이제는 거의 1년 내내 채용이 이뤄지고 있다고 해도 과언이 아닐 정도다. 그만큼 필요한 인재를, 필요한 시기에, 즉각적으로 채용하겠다는 것이 기업의 입장이다.

이에 따라 채용 방식도 뒤바뀌었는데 주로 하반기에 집중되었던 공개 채용 방식을 수시채용으로 전환했다. 2000년대 초반까지만 해도 신입 사원은 공개채용 방식으로 거의 80~90% 가량을 채용해왔다. 그러나 그 이후 반대현상이 일어났다. 수시채용이 조금씩 늘더니 거의 70~80% 가량을 수시로 채용하는 형태로 바뀌게 된 것이다.

이 모든 것은 공채의 종말로 귀결되고 있다. CJ제일제당의 최현수 인사기획팀장은 공채 종말의 원인으로 첫째 코로나19로 인한 경쟁 환경의 변화와 불확실성의 고조, 둘째 기업의 디지털 트랜스포메이션과 AI 기술의 도입, 셋째 스킬 중심의 인재 확보 니즈 극대화라고 말했다.

채용 패러다임의 변화

이런 채용 형태의 변화는 단순한 변화가 아니다. 과거 한국은 일본기업의 채용 방식을 받아들여 일 년에 한 번 공채로 채용하는 방식으로 대규모 인력을 한꺼번에 채용했었다. 당시는 별다른 채용 조건도 없이 스펙이 높고 두루두루 우수한 인력을 채용할 수밖에 없었다. 빠르고 신속하게 인재를 채용하고 바로 현직에 배치하기 위한 가장 무난한 방법은 스펙으로 구분하는 것이었다. 말 그대로 지원자 입장에서는 여러가지 취업 스펙을 구축할 필요가 있었다.

그러나 이제는 서구화된 방식으로 적재적소에 적합한 능력을 구축한 사람을 수시로 뽑는 시대로 접어들었다. 즉, 한 분야의 전문성을 구축하는 것이 무엇보다 중요해졌으며 그러한 사람들이 살아남는 시대가 되었다는 뜻이다. 공채의 종말은 사실상 신입직 시장이 끝나고 경력직 시장이 도래하고 있다는 뜻이기도 하다.

따라서 만약 졸업 전까지 희망하는 곳으로의 취업이 어렵다면 무작정 스펙 쌓기로 시간을 보내기보다는 일단 취업을 한 뒤에 향후 장기적으로 경력직 시장에서의 업그레이딩을 도모하는 일이 보다 유용한 전략이 될 수 있다.

2강

—

흥미 이해를 통한
직업 탐색

1

흥미와 적성에 딱 맞아떨어지는 완벽한 검사

많은 학생들이 자신의 흥미와 적성에 딱 맞아떨어지는 직업을 찾길 원한다. 그러한 고민은 구직자들 앞에 서야 했던 직업상담 초창기의 나의 고민이기도 했다. 내담자들이 찾아와 자신의 흥미와 적성에 맞는 그런 직업을 찾고 싶어 하는데 그런 직업을 찾아주지 못하는 내가 무능해보였기 때문이다. 그래서 '사람들의 적성과 흥미에 딱 맞아떨어지는 직업을 찾아주는 검사가 있다면 얼마나 좋을까'라는 바람으로 다양한 진로, 직업, 성격검사들을 배웠다.

그렇게 오랫동안 다양한 검사를 공부하면서 느꼈던 점은 아이러니하게도 완벽한 검사는 존재하지 않는다는 사실이었다. 만약 완벽한 검사가 존재한다면 오히려 잿빛 미래가 될 수도 있겠다는 생각마저 들었다. 검사로 인간의 운명을 정하고 인간의 자유의지마저 꺾어버릴 수 있겠다는 생각이 들었기 때문이다.

SF영화 〈가타카〉를 본 후에 그런 생각이 더 확고해졌다. 영화에서는 그러한 미래는 유토피아가 아닌 디스토피아가 될 수 있음을 경고한다. 영화 속으로 들어가보자.

그렇게 멀지 않은 미래. DNA 조작을 통해 우성인자를 만들어낼 수 있는 시대다. 에단 호크가 연기한 주인공 빈센트 프리맨은 열등한 인물이다. 그는 지금 우리와 같이 부모님의 사랑으로, 자연적으로 태어난 평범한 인간이다. '그런데 그게 무슨 문제냐?'고 의문이 생길 수도 있겠지만 영화의 배경은 유전자를 완벽하게 조작할 수 있는 먼 미래다.

그렇기에 유전자 조작 없이 태어나는 자연인들은 열등인자로 낙인찍히게 된다. 열등한 유전자를 가진 사람들은 하는 일도 보잘것없는 직업에만 종사해야 한다. 사회적으로 성공할 수 있는 모든 통로가 막히게 되는 셈이다.

실제로 주인공 빈센트는 유전적으로 열성인자이다 보니 허약하다. 병에도 잘 걸리고, 근시로 어릴 때부터 늘 안경을 써야만 했고, 심약해서 친구들로부터도 수시로 따돌림을 당했으며, 공부도 잘 못하고, 체력도 약한 데다 심장질환에 우울증 발병률이 높아 나이 서른을 넘기기 어려울 것이라는 의사의 소견도 있었다.

이런 실수를 다시 범하지 않기 위해 부부는 완벽한 유전자 조작을 통해 둘째 아이를 가진다. 그렇게 태어난 둘째 안톤은 형과 달리 체력도 뛰어나고, 공부도 잘하고, 예체능을 비롯해 여러 분야에서 다재다능할 뿐만 아니라 자신감과 사교성도 넘쳐 주변 사람들로부터도 인싸로 인정받는다. 이런 우성인자에게는 자신이 꿈꾸는 모든 직업을 가질 권리가 주어진다. 교사, 경찰, 의사, 변호사, 판사, 정치인, 우주조종사 등 그 무엇이든 다 도전해볼 수 있다.

그러나 열성인자로 구분이 된 첫째 빈센트와 같은 사람은 그럴 수 없다. 원천적으로 허락되지 않기 때문이다. 오직 온갖 허드렛일만 할 수 있다. 배관공이나 청소부, 식당 서빙, 공사장 노동자 등의 직업이다. 그렇지만 빈센트의 꿈은 어릴 때부터 원대했다. 우주를 날아다니는 우주 비행사였다. 문제는 그런 일을 할 수 있는 자격 조건조차 되지 못한다는 규정 때문이다. 열등인자의 인간은 열등한 직업만 가질 수 있고, 우성인자의 인간만이 오로지 멋진 직업을 가질 수 있도록 규정되어 있기 때문이다.

아버지나 어머니조차 우주 비행사는 결코 네가 이룰 수 있는 꿈이 아니라며 꿈을 포기하고 현실에 순응하라고 말한다. 그렇게 형 빈센트는 늘 동생 안톤에게 뒤처진 열등한 인간으로 성장한다.

그러던 어느 날 형 빈센트는 동생 안톤에게 수영 내기를 제안한다. 무엇을 하든 형을 이겼던 동생 안톤은 기꺼이 내기를 받아들인다. 당연히 이길 것이라고 생각해 가볍게 시작했지만 예상 외로 결과는 형 빈센트의 승리로 끝난다.

도저히 패배를 받아들이기 어려웠던 동생 안톤은 '어떻게 열등한 형이 나를 이길 수 있지' 의아해하며 따진다. 속임수를 쓴 것이 아니냐고 말이다. 그때 형 빈센트는 "너는 우성인자이니까 이 섬에서 저 섬까지 갈 때 돌아올 힘을 남겨뒀겠지. 하지만 난 열등인자라 되돌아갈 힘을 남겨두지 않았지. 저 섬에서 죽을지도 모른다는 각오로 온 힘을 다했기에 너를 이길 수 있었던 거야"라고 대답한다.

전율이 느껴지지 않는가. 내 목숨을 다할 각오로 매진한다는 것. 그 정도는 되어야 전력을 다한다고 말할 수 있지 않을까.

자신에게도 우성인자를 이길 잠재력이 있다는 사실을 깨달은 빈센트는 그렇게 꽉 막힌 사회구조 속에서는 더 이상 살아갈 희망이 없다고 결론을 내린다. 편안하고 안락한 집을 벗어나 자신의 꿈을 펼쳐야겠다는 생각에 정든 가족을 두고 몰래 고향을 떠난다.

1997년도에 개봉한 이 영화는 개봉 당시 에단 호크, 주드 로, 우마 서먼이라는 초호화 캐스팅에도 불구하고 한국 흥행에는 참패하고 말았다. 영화의 주제가 명확하지 못하고 너무 철학적이어서 SF영화로서는 어렵게 느껴지기 때문이라고 누군가는 말한다. 하지만 내가 볼 때는 지금 봐도 충분히 뒤떨어지지 않는 영상과 주제, 철학, 스토리 전개력 등을 담고 있어 자신 있게 추천할 수 있는 영화다.

적합한 직업흥미를 찾는 과정을 이야기하기에 앞서 이렇게 영화 이야기를 먼저 꺼낸 이유는 지나친 환상을 내려놓자는 의미에서다. 나의 흥미와 적성과 가치관에 꼭 맞는 그런 일을 찾기 위해 분명 우리는 노력해야 한다. 하지만 그런 직업을 찾지 못했기에 자신의 진로를 찾지 못했고, 그로 인해 열정적으로 살지 않았을 뿐이라는 변명은 하지 말자.

지나치게 완벽한 검사, 군더더기 없는 완벽한 조작, 완벽에 대한 지나친 환상들을 내려놓으면 오히려 길이 보인다. 그러니 검사결과는 참조하되 나 스스로의 의지력을 가지고 나아가자고 다짐해보자. 영화 속 주인공 빈센트가 어떻게 열악한 환경 속에서도 불굴의 의지를 가지고 자신의 운명을 개척해나갔는지 되새겨보자.

Tip 1

너무 완벽하게 자신의 흥미와 적성에 맞는 직업을 찾으려는 환상 내려놓기!

만약 빈센트처럼 자신이 우주 비행사가 되고 싶다거나 가수나 배우 혹은 자신이 꿈꾸는 직업인이 되고 싶다는 꿈, 즉 흥미와 관심사는 있으나 그에 적합한 적성이나 역량이 없다면 어떻게 문제를 해결해야 할까?

어릴 때 꿈이 있던 친구들도 현실의 벽에 부딪혀 절망하는 경우가 많다. 경찰대, 사관생도, 교사, 의사, 변호사나 판검사가 되고 싶었으나 성적이나 여러 조건들이 부족해 절망하는 경우가 그러하다. 그런데 정말 자신이 꿈꾸는 직업을 가지지 못했기에 우리는 그 일을 할 수 없는 것일까? 물론 일의 외양만 보면 우리가 꿈꾸던 직업을 가지지 못할 수도 있다. 의대를 졸업해 의사가 되어야만 의료행위를 할 수 있기 때문이다. 그러나 일의 속성을 이해하면 꼭 그렇지만도 않다.

나 자신이 꿈꾸는 일을 하고 싶다면 왜 그 일을 하고 싶은지 먼저 그 이유부터 찾아봐야 한다. 왜 의사가 되고 싶은지, 왜 교사가 되고 싶은지, 왜 경찰이 되고 싶은지, 왜 공무원이 되고 싶은지 자신의 욕구와 욕망을 들여다봐야 한다. '다른 사람들을 도와주고 싶다, 아플 때 병원에서 친절하게 대해준 의사 선생님이 고마웠다, 멋져 보였다, 아픈 사람을 치유해주고 싶었다, 사람들에게 건강을 지키도록 도와주고 싶었다, 돈을 많이 번다는 이야기를 들었다 등등'의 근본적 동기부터 찾아봐야 한다.

그런 다음 그 일을 수행할 다른 방법은 없는지 찾아봐야 한다. 만일 아픈 사람을 치유하고, 건강을 지키도록 도와주고 싶었기 때문이라면 아픈 사람을 치유할 다른 방법을 모색해보는 것이다. 아픈 사람을 직접적으로, 즉시 치료할 수 없을지는 모르겠지만 그 사람에게 적절한 운동치료법을 제시한다든지, 음식으로 식단조절을 해준다든지, 마음 프로그램으로 정신건강을 회복하도록 도와준다든지 하는 방법들이 있겠다.

예를 들어 현대인들은 손목, 허리, 어깨, 목 등의 근육통증을 많이 호소하는데 이런 통증들을 미리 예방해서 수술까지 가는 문제상황이 벌어지지 않도록 도움을 줄 수도 있다. 그런 행위를 통칭해서 '예방의학'이라고 한다. 실제로도 예방의학은 한 개인의 건강을 유지하는 데도 크게 도움이 될 뿐 아니라 사회경제적으로도 매우 유용한 행위라고 볼 수 있다.

내 이야기를 해보자면 나의 어린 시절의 꿈은 가수였는데 다시 태어난다면 꼭 가수가 되고 싶을 정도다. 좀 오버스럽게 말하자면 악마 메피스토펠레스에게 영혼을 팔아서라도 바꾸고 싶은 재능이다. 그 정도로 간절히 원했다. 그런데 문제는 내가 가수를 할 실력과 적성이 없다는 점이다. 음치에 박치에 몸치다. 그러니 지금 상황으로는 아무리 내가 열심히 노력하고 간절히 원하고 바란다고 해서 이뤄질 수 있는 꿈이 아니다.

탁월한 재능을 가지고도 꿈꾸는 직업을 가지지 못하거나 그 분야에서 성공하지 못할 수도 있다. 그렇다면 어떻게 대처해야 할 것인가. 나 같은 경우에는 노래를 좋아하긴 했지만 가수가 되고 싶다는 마음속에는 '사람들의 주목을 받는다, 대중들로부터 사랑을 받고 존경을 받는다, 음악을 통해 사람들에게 위로를 전한다, 완벽하게 몰입해서 노래 부르는 모습이 너무 아름답게 생각되었다' 등의 이유가 있었다. 그러다 강의를 하면서부터 강사라는 직업 역시도 가수와 비슷하지 않은가 하는 생각이 들었다. 강사라는 직업의 속성은 앞서 말한 가수가 되고 싶은 이유와도 거의 비슷하지 않은가. 물론 강사로서의 역량이 부족한 점이 다소 아쉽긴 하지만 가수처럼 완전히 불가능한 도전은 아니었기에 성실하고 꾸준한 자세로 강사로서의 역량을 채워나갈 수 있었다.

 그런 식으로 여러분들도 여러분의 꿈인 교사, 판검사, 경찰, 모델, 배우, 연예인 등의 직업을 자기만의 방식으로 적용해볼 수 있겠다.

자신에게 질문을 던져보자.
Q 보수가 적더라도 꼭 해보고 싶은 일이 있다면 그 일은 무엇인가?
Q 만약 어떤 제약 조건에도 상관없이 할 수만 있다면 꼭 해보고 싶은 일은 무엇인가?

2

꿈꾸던 요리사로 일하면서도 불만인 청년의 진로 고민

중학교 시절 요리 만화책 보길 좋아하는 학생이 있었다. 그는 만화 속 주인공인 요리사가 힘든 일로 고향을 떠나려는 사람에게 "잠깐, 너에게 마지막으로 맛있는 식사 한 끼를 대접하고 싶어"라고 하는 말에 반해 부모님 반대를 무릅쓰고 특성화 고등학교의 요리학과에 입학해 졸업했다.

그는 일식을 배우려는 마음으로 일본으로 유학을 떠났고 한국으로 돌아와 일단 기내식 조리사로 취업한 뒤에 좀 더 장기유학을 계획하며 일식 요리사로서의 꿈을 품었다. 문제는 조리 일이 자신과 너무나도 맞지 않는다는 사실을 뒤늦게 깨달았다는 점이다. 하지만 부모님에게 억지를 부려 선택한 진로인지라 막상 뛰쳐나오지도 못한 채 하루하루 힘든 생활을 견뎌나가고 있었다. 이 청년의 문제는 무엇이었을까?

우리가 살펴봐야 할 점은 그 청년이 왜 조리사를 직업으로 선택했느냐는 근본적인 동기다. 청년은 요리 만화책에서 주인공이 "마지막으로 너에게 맛있는 한 끼의 식사를 대접하고 싶어"라는 말에 반했다고 한다. 그렇다면 이 청년이 '조리사나 요리사'라는 직업에 대한 열망을 품게 된 것이 실수일까.

엄밀하게 말해서 실수는 아니다. 상당수의 사람들이 그런 마음을 품는다. 문제는 특정 대상에 현혹되어 실수를 하는 경우다. 무슨 말이냐 하면 이 청년이 만화 주인공의 대사에 반한 이유는 주인공이 요리사이기 때문이 아닌 주인공이 한 말, 그 의미에 반한 것이다. 그러니 그 청년은 요리사가 아니라 해도 다른 누군가에게 따뜻한 대접과 위로를 전할 수 있는 직업이라면 어떤 직업을 선택하더라도 만족했을 것이라는 뜻이다. 누군가에게 힘과 위로를 전해주고 싶었던 것이다.

요리사는 요리로, 교사는 교육으로, 개발자는 프로그래밍으로, 디자이너는 디자인으로, 건축가는 건축으로, 가수는 노래로, 연기자는 연기로 모두 다 제 각각의 수단으로 누군가에게 힘과 위로를 불어넣는다. 그런데 그러한 동기조차 모른 채 무작정 요리사로만 달려왔기에 실제로 요리 쪽으로는 그다지 흥미나 적성이 맞지 않을 수 있다는 것이다. 요리에 흥미와 적성이 딱 맞아 떨어질 수도 있겠지만 확률상 낮다. 사람들은 이렇게 메시지를 전하는 메신저에 쉽게 속는다.

따라서 조금 더 자기 자신을 들여다보면서 '자신이 왜 그런 생각이 들었는지, 자신이 무엇을 원하는지, 자신에게는 어떠한 강점이 있는지 등'을 잘 살펴볼 필요가 있다. 그래서 어떤 감정이 물밀듯 밀려올 때 덜컥 다른 분야로 뛰어들기보다는 조금만 더 천천히 살펴볼 필요가 있다.

문제의 해결점을 찾기 위해서는 오늘 현재, 지금 나 자신으로부터 출발해야 가능해진다. 그러니 내가 하고 싶은 일의 근본적인 동기를 살펴보자. 그 가운데서 현재 자신이 잘할 수 있는 일에 초점을 맞춰 역량을 키워 나간다면 분명 좋은 기회가 다시 찾아올 것이다. 그러기 위해서는 주변에 현혹되지 말고 자기 내면의 울림에 조금 더 진지하게 귀 기울여 보며 그 길을 따라 걸어가 보자. 신화학자 조셉 캠벨은 그것을 천복(天福)이라고 불렀다. 내 마음에서 우러나오는 진정한 소리를 따라 두려움 없이 세상을 살아나가면 하늘이 내려준 천복을 누릴 수 있다.

Tip 2

사람은 현혹되기 쉽다. 하고 싶은 일의 근본적인 동기와 속성 찾아보기!

3
좋아하는 일 찾는 법,
덕업일치

누구나 자신이 좋아하는 취미나 활동을 직업으로 삼아볼 수도 있다. 평소 즐겨왔던 것이기에 그만큼 만족도가 높을 가능성이 크다. 그렇다면 평소의 취미나 흥미를 목표로 하는 직업에 접목할 수 있는 방법은 무엇일까. 일단 취미나 흥미를 직업으로 삼아서 성공한 사례를 살펴보자.

취미가 직업이 된 캘리그라퍼 이시연 씨의 사례를 들고 싶다. 그녀는 아나운서를 꿈꾸던 대학생이었는데 자기계발 차원에서 내 교육과정을 듣게 되었다. 어느 날 그녀는 교육을 함께 수료한 분들에게 감사의 의미로 초콜릿과 더불어 각자가 들려준 비전을 손글씨로 담아서 선물했다. 그런데 손글씨 솜씨가 예사롭지 않은 것이 전문 캘리그라퍼를 뛰어넘을 정도의 실력이었다. 그때 그녀의 재능이 보통이 아님을 일깨워준 덕분에 그녀는 용기를 내어 학교 공모전에 도전해 당당히 2위에 오르며 150만 원의 장학금을 받을 수 있게 되었다. 하지만 당시 휴학생은 공모전에 입상할 수 없다는 규정으로 안타깝게 수상 취소를 통보받았지만 자신은 괜찮다고 전했다. 무엇보다도 자신의 캘리그라피 재능을 인정받아서다.

실제로 그녀는 내가 쓴 『따뜻한 독설』의 표지 손글씨를 작업하기도 했다. 이후 캘리그라피 교육도 하고 특강도 했지만 당장 큰 수익으로 이어지지 않아 대기업에 강사로 취업했다. 그녀는 입사 후에도 틈틈이 손글씨를 쓰고 새로운 분야도 배워가며 후일을 도모하고 있다.

그녀는 어릴 때부터 손글씨에 남다른 재주가 있었다고 하는데 에피소드로 성적표 사건(?)을 들었다. 예전에는 성적표가 나오면 부모님에게 확인을 받은 뒤 사인을 받아 선생님에게 제출해야 했는데 워낙 손글씨를 잘 쓰다 보니 마치 부모님이 쓴 것처럼 이름과 서명을 써서 제출했던 적도 꽤 있었다며 웃으며 말했다.

결국 부모님에게 발각되어 더 이상 그런 시도는 하지 않았지만 친구들이나 선생님, 부모님의 생일이나 축하할 일이 생겼을 때는 정성스러운 손글씨에 작은 선물을 담아서 전해줬다. 그러면 비싸지 않은 작은 선물이었음에도 무척 기뻐하는 모습을 보고 자신도 흐뭇했다고 한다. 이렇듯 아주 어린시절의 기억에서부터 현재에 이르기까지 자신의 재능과 흥미와 취미, 강점 등을 찾아볼 필요가 있다.

취미가 직업이 된 또 다른 사례로 사커TnP의 김민주 대표를 들고 싶다. 어릴 때부터 축구를 좋아했던 김민주 대표는 국가대표로 그라운드를 누비고 싶은 꿈이 있었다. 그러나 뜻대로 되지 않았고, 한국축구의 경직된 한계를 바로잡고 싶다는 새로운 꿈이 생겼다. 그렇게 그는 20대 중반의 이른 나이에 축구 지도자로서의 길을 걷게 되었다.

그는 선수들이 그라운드에서 다른 선수에게 공을 양보하느라, 또 여기저기 눈치 보느라 골문 앞에서 주저주저 하다가 골슈팅 기회를 날려 버리는 경우를 많이 보게 되었다. 그래서 그 단점을 보완하기 위해 직관적으로 자신의 느낌에 따라 빠르게 찬스를 살릴 수 있는 마인드 교육도 잊지 않았다.

이렇게 그는 유소년부터 성인에 이르기까지 다양한 연령대의 사람들을 대상으로 축구라는 하나의 스포츠를 가르칠 수 있게 되었다. 지금은 전국적으로 사커TnP가 자리 잡아 취미로 축구를 배우려는 사람들이 많이 찾아오게 되었다고 한다.

이번에는 영화 감상 취미가 직업이 된 사례를 들어보겠다. 여러분은 영화를 좋아하는가. 영화감독 쿠엔틴 타란티노는 어릴 때부터 영화 덕후인지라 여러 가지 영화에 대해 줄줄줄 외울 정도였다. 영화를 깊게 배우고 싶어 영화학교에 진학했으나 딱딱한 커리큘럼에 실망해 자퇴한 타란티노 감독은 생계를 위해, 또 한편으로 영화계 인맥을 쌓기 위해 할리우드 인근의 비디오 가게에 알바생으로 취업했다.

가게를 찾는 손님들이 원하는 영화가 있으면 그 사람이 평소 좋아하는 영화 장르를 눈여겨봐 두었다가 그가 좋아할 만한 영화를 추천해줘 영화계 사람들에게 유명해질 정도였다. 지금으로 치자면 넷플릭스의 알고리즘을 머리에 꿰차고 있었던 것이다. 덕분에 할리우드에서 "당신이 쓴 시나리오를 한 번 제출해보라"는 제안까지 받으면서 감독 데뷔가 이뤄졌다. 그러다 두 번째 영화 〈펄프픽션〉으로 칸영화제 황금종려상까지 받으며 세계적인 명감독 반열에 올라설 수 있었다.

취미가 직업이 된 덕업일치의 사례로 네이버웹툰의 김준구 대표를 들 수 있겠다. 김준구 대표는 만화책 8,800권을 사 모을 정도로 만화를 좋아했다. 좋아하는 만화라면 대사를 모두 외울 정도의 만화덕후였다. 김 대표는 덕업일치가 갖는 장점으로 지속가능한 동기 유발을 꼽았다. "사업을 위한 아이템과 내가 좋아하는 창업 아이템은 퀄리티 측면에서 2%가 다르다. 작은 일이라도 좋아하는 일을 하게 되면 롱런할 수 있는 지속적인 동기 유발이 되고, 결국 성공률이 높아진다. 그러면서 자신이 좋아하는 일을 취업이나 창업 자체로 목표로 삼기보다는 좋아하는 일, 하고 싶은 일을 위한 능동적인 수단으로 여길 것[16]"을 조언했다.

아마도 음악이 없다면 견디지 못할 정도로 음악을 좋아하는 사람들이 많을 것이다. 요즘은 스마트폰을 통해 유튜브와 각종 다양한 음악 앱으로 쉽게 노래를 들을 수 있다. 그렇지만 예전에는 LP판으로 직접 DJ가 선곡해서 노래를 들려주던 시대가 있었다. '음악의 숲' 김재원 대표는 젊은 시절의 취미였던 그런 LP감상을 업(業)으로 바꿔 을지로에 LP바를 개설해 핫플로 등극하기도 했다. 아날로그 감성이 유효하게 맞아 떨어졌던 것이다. 우리는 덕업일치하면 이렇게 무엇인가를 꼭 좋아하고 잘해야 한다고 생각하곤 하는데 싫어하는 것을 통해서도 직업을 찾을 수 있다.

마켓컬리 김슬아 대표는 어린시절부터 입맛이 다소 까탈스러웠다. 맛을 보는 것만으로도 원재료의 신선도를 느낄 수 있었기 때문이다. 그녀

---

16 "사내 창업 가능한 기업문화 덕", 〈디지털투데이〉

는 그토록 좋은 음식에 대한 남다른 감각을 가지고 있었기에 사과는 어디 과수원의 사과가 맛있는지, 어느 축산농가의 고기가 좋은지 꿰차고 있었다. 그래서 농가에서 직접 식재료를 주문해서 요리를 해 먹는 것이 취미였다. 그런데 종종 식재료가 배송과정에서 더운 날씨나 늦은 배송 등으로 인해 신선도가 떨어지는 경우가 있었다. 자신 같이 신선한 재료를 빠르게 배송받고 싶어 하는 사람들이 있지 않을까 싶어 새벽배송을 실시하는 마켓컬리를 창업하기에 이르렀다.

이런 사례는 비일비재하게 많다. 어린 시절 책장을 넘기면 책에 그린 그림이 만화영화처럼 보이는 것을 좋아했던 아이는 모션캡쳐 회사에 입사해 컴퓨터 애니메이터로 도약했다. 마인크래프트 게임을 좋아하다가 건축학과를 전공하고 건설회사에 입사한 사례도 있고, 여행을 너무 좋아해 여행사에 입사하기 위해 기록했던 글들로 여행블로거가 되고 여행 유튜버로 독립한 사례도 있다.

Tip 3

취미생활과 흥미, 관심사, 좋아하는 것 등을 통해 미래 직업 탐색해보기!

4

오랫동안 해왔던 일,
학습, 경험에서 찾기

대학교 4학년이 되어서도 전공이 마음에 들지 않는다며 바꾸고 싶어 하는 학생들도 있다. 학생들만 그런 것이 아니라 10년, 20년 동안 직장 생활을 한 직장인들도 자신이 하는 일에 흥미나 적성이 없다고 불만을 토로하는 경우도 제법 있다.

물론 도저히 맞지 않는다면 전공을 바꾸거나 이직을 통해 커리어 체인지를 할 필요도 있다. 그러나 자신이 오랫동안 지속해왔던 일이나 학습, 전공, 활동, 경험, 경력 등을 살펴보면 의외로 그 속에서 자신의 흥미와 적성에 맞는 천직을 찾을 수도 있다.

실례로 내가 직장에 다닐 때 재무팀의 한 직원이 그러한 케이스였다. 그 직원은 경력이 5~6년 정도 되는 20대 후반의 직장인이었다. 그는 일이 재미없다며 의무적으로 출근해서 근무하고 퇴근 후에는 늘 매일같이 술을 즐기는 직장인이었다.

그에게 '회계 업무 특성상 매일같이 숫자를 들여다봐야 하니 힘들겠다'고 위로하는 식의 말을 건넸다. 그런데 그가 오히려 내가 더 힘들지 않느냐고 반문하는 것이다. 여러 가지 업무를 동시에 처리해야 하니 더 어렵지 않겠느냐고 말이다. 실제로도 그랬다. 며칠 만에 끝나는 프로젝트도 있었지만 몇 개월간 붙들어야 하는 프로젝트가 동시에 수십여 가지가 넘을 때도 많았다. 프로젝트가 촘촘한 그물망처럼 연결되어 있어 하나하나를 잘 따라가지 못하면 엉켜서 엉망이 될 수 있기 때문이다.

반면 그는 매일같이 매출, 매입을 마감해야 한다. 수치가 맞지 않을 때는 스트레스를 받긴 하지만 1원 하나 틀리지 않아야 일을 마감할 수 있기 때문에 매일같이 하루를 완성하는 느낌을 가질 수 있다고 했다. 놀라웠다. 나 같은 경우에는 단지 숫자를 좋아하지 않기 때문에 숫자 그 자체를 매일같이 들여다본다는 것이 스트레스가 되지 않을까 싶었다. 하지만 그는 나와 달리 정확하게 숫자로 마감할 수 있다는 사실에서 기쁨을 느꼈던 것이다.

그만큼 사람의 흥미는 서로 다르기 마련이다. 그래서 그에게 수리 쪽에 재능이 있고 재무, 회계 쪽으로 분명 흥미와 적성이 있으며 그 분야의 전문가들의 특성이 본인에게도 있음을 일깨워주었다. 이후 그는 퇴근 후 매일같이 가지던 술자리를 줄이고 공부하기 시작했다. 퇴근 후에는 도서관에 들르기도 하면서 기존과 다른 직장생활을 했다. 그 사이 나는 퇴사를 하고 한동안 그를 잊고 있었는데 어느 날 그로부터 전화가 왔다.

자신도 퇴사했고 직장생활을 하는 동안 세무사 자격증을 취득해 이제는 회계사무소를 개업하게 되었다고 했다. 그러면서 자신을 일깨워준 것에 대해 감사인사를 꼭 전하고 싶었다고 했다. 나 역시 깜짝 놀랐고 또

한편으로 무척 기뻤다.

이와 같이 오랫동안 해왔던 업무일수록 자신의 업무를 가치 없게 여기는 사람들이 의외로 많다. '이 정도는 누구나 다 하는 거다'라는 식으로 말하곤 한다. 그렇지만 대부분의 사람들은 그 분야 업무에 대해 거의 모른다. 오랫동안 해올 수 있었다는 것 그 자체가 어느 정도 흥미가 있다는 사실도 반증한다.

그런데도 정말, 도저히 자신과 맞지 않는 일이라면 사람들은 그 일을 견디지 못한다. 생각을 한 번 해보자. 자신과 정말 맞지 않는 이성과 10년, 아니 1년을 지속적으로 만날 수 있겠는가. 난봉꾼이 아닌 이상 결코 쉽지 않은 일이다.

어떤 학생들은 대학교 4학년이 되어서야 전공이 맞지 않는다며 다시 자신이 꿈꾸는 전공을 위해 재입학하고 싶다고 말하는 경우도 있다. 특수한 경우를 제외하고는 일단 4학년까지 전공해왔다는 것은 기본적인 흥미가 있다는 것으로 볼 수 있다. 그럴 때는 일단 졸업하고 이후 재입학이나 석사과정으로 보완하는 전략으로 재구성하는 편이 좋다.

가업을 이어받는 사례도 그러하다. 우리나라 사람들의 경우 가업을 이어받는 것에 대한 부정적 인식이 강하다. 그런데 어릴 때부터 평생토록 부모님이 해오던 일을 지켜본 사람이라면 남보다 그 일을 수월하게 해낼 가능성이 크다.

아버지가 어묵공장을 운영하고 있어서 어릴 때부터 오뎅보이라고 놀림을 받던 삼진어묵의 박용준 대표가 그랬다. 그는 어묵과 관련된 일을 죽었다 깨어나도 하지 않겠다는 마음을 품고 있었다. 그래서 한국을 떠나 미국에서 공인회계사 공부를 하며 전혀 다른 인생을 꿈꾸고 있었다.

그렇지만 아버지의 건강이 안 좋다는 소식을 듣고 어쩔 수 없이 어묵 사업에 뛰어들었다. 당시로서는 조건이 열악했을 뿐만 아니라 이미 사양산업으로 인식되던 때였다. 그런데 그로부터 10년도 안 되어 그는 20배가 넘는 매출 성장을 일궈낼 수 있었다.

성장의 비밀은 그가 기울인 정성과 노력도 한몫했겠지만, 오랫동안 자신이 해왔던 일, 학습, 경험을 무시하지 않는 태도도 한몫했다. 다만 기존산업과 똑같이 판매하는 방식이 아닌 조금 더 고급스럽게 카페나 베이커리 빵집처럼 '어묵 베이커리'를 통해 고급 먹거리로 재탄생하도록 만들었다. 어묵을 바라보는 소비자들의 인식을 근본적으로 바꾸는 패러다임을 전환시켰다. 그러니 당신이 오랫동안 해왔던 일, 학습, 경험, 활동 속에서 찾을 수 있는 직업이나 직무는 무엇이 있을지 다시 한번 생각해보자.

5

꿈꾸는 직업을 찾기 위해 깨트려야 할 5가지 고정관념

인생을 살아가다 보면 잘못된 편견과 고정관념으로 인해 오해가 생기거나 어려움을 겪는 경우가 종종 생긴다. 나만의 흥미와 적성을 찾기 위해서도 마찬가지다. 성장하면서 가정에서나 학교, 언론 매체, 디지털 매체를 통해서도 어떤 믿음이 생긴다. 때론 그 믿음이 잘못된 정보일 수도 있고 시대가 바뀌어 변했을 수도 있다. 그런데도 고정관념으로 굳어져 버릴 경우 흥미와 적성도 찾기 어려워질 수 있다.

고정관념을 타파하면 직업이 보인다. 그러니 흥미와 적성을 찾기 위해 우리가 깨트려야 할 고정관념에 대해 살펴보자.

첫째, 내가 가진 믿음과 고정관념을 먼저 검토해볼 필요가 있다. 본인은 믿음이라고 생각하겠지만 그것이 오히려 자신의 꿈이나 진로로 나아가기 위한 길을 가로막는 경우가 많다. 실례로 한 트로트 가수를 들어보겠다. 누군지 맞춰보길 바란다. 이 재능 있는 가수는 강변가요제 대상을 거머쥐며 인기가수로 데뷔를 꿈꿨지만 곧 절망감을 느끼게 되었다. 강변가요제라는 큰 가요제에서 우승하면 전 국민이 알아줄 정도로 유명가수가 될지 알았다. 그래서 후드티에 모자도 눌러 쓰고 마스크도 쓰고 다녔다. 하지만 이미 강변가요제의 인기는 시들해진 상태였다. 아무도 알아보지 못할뿐더러 모자와 마스크를 벗어도 알아보는 사람이 없어 좌절감에 빠졌다.

이때 소속사 대표가 "이번에 좋은 트로트 곡이 나왔는데 그 곡에 어울릴 만한 트로트 가수를 추천해달라"고 요청해왔다. 당시에 그녀는 '트로트는 나이든 사람들만 부르는 장르'라고 생각하며 자신은 발라드만 고집했었다. 그러나 막상 발라드를 불러 보아도 사람들이 몰라줄 바에야 트로트 가수로 한 번 전향해보자고 마음을 고쳐먹었다.

그렇게 소속사 대표에게 셀프추천을 하며 트로트를 발매했는데 빅히트를 치며 성공가도로 접어들게 된 가수가 있다. 한때 트로트계의 요정, 행사의 여왕으로 불리었다가 이제는 트로트계의 대모로까지 불리게 되었다. 누굴까. 맞다, 장윤정이다. 그녀는 그렇게 자기만의 색깔을 찾아 트로트 가수로서 승승장구해나가고 있다.

'나이 든 사람이 취업하는 곳이야, 남자라서 안 돼, 여자라서 안 돼, 20대라서 안 돼, 불안정한 직업이야, 재미없는 일이야, 힘든 일이야'라며 특정 직업에 대해 자기만의 믿음을 가지고 있는 경우가 종종 있다. 그런 믿음으로 인해 특정한 직무나 직업, 회사, 진로만을 고집하거나 특정한 일은 아예 생각도 하지 않으며 기회를 놓치고 있지는 않은지 검토해봐야 할 필요가 있다.

흥미와 적성을 찾기 위한 두 번째 방법으로는 밑바닥을 두려워하지 않는 태도다. 많은 사람들이 밑바닥이라고도 볼 수 있는 허드렛일, 몸 쓰는 일, 일용직, 프리랜서직, 계약직 등의 일을 하기 싫어한다. 남들이 알아주지도 않는 밑바닥의 일을 누가 하고 싶어 하겠는가.

영화 제작을 꿈꾸던 한 학생이 있었다. 그러나 영화계로 입문하는 과정은 쉽지 않았다. 그는 취업한 것도 아닌데 무작정 매일같이 영화 스튜디오로 출근했다. 그러자 사람들이 잡일을 그에게 시키기 시작했다. 워낙 어려 보였기에 말단 직원이라고 생각하고 잡무를 시켰다. 어느 날 그가 건강이 좋지 않아 한동안 스튜디오에 나가질 못했는데 한 영화 관계자가 "왜 그동안 소식도 전하지 않고 출근하지 않았느냐"고 혼낼 정도였다.

그제야 그가 직원이 아니라는 사실을 알고 바로 채용해서 보다 실질적인 업무를 하나씩 맡기기 시작했다. 그렇게 그는 영화의 자잘한 잡무부터 다양한 업무까지 섭렵할 수 있었다. 그렇게 쌓은 경험으로 자신이 쓴 시나리오로 영화감독으로 데뷔 기회까지 얻었다. 그렇게 그는 세계적으로도 가장 유명한 영화감독 중 한 사람이 되었다. 영화감독 스티븐 스필버그의 일화다.

첫 직장부터 누구나 알아주는 좋은 직업이나 좋은 직장을 가지게 된다면 더할 나위 없이 좋겠지만 사실 그런 경우는 많지 않다. 그래서 어쩔 수 없이 취업전선에서 미끄러지고 있다면 조건을 따지지 말고 밑바닥이라도 한 번 들어가 보겠다는 각오를 다져보자. 가장 밑바닥 경험을 해본 사람이 가장 높은 자리에도 올라갈 수 있는 법이다. 스필버그 감독

뿐만 아니라 예수님이 그랬고, 부처님도 그랬다. 너무 대단한 인물들을 언급해서 거리감이 느껴질 수도 있겠지만 실제로도 그런 사례는 비일비재하게 많다. 바닥을 두려워하지 않는 사람은 어떤 일도 해낼 수 있다.

흥미와 적성을 찾기 위한 세 번째 방법으로는 변화를 두려워하지 않기다. 많은 사람들이 안정을 선호한다. 미래가 어떻게 바뀔지도 모르는 변화 속에서 매일같이 불안정하게 일해야 한다면 견디기 어려운 고통일 수 있다.

배우가 되고 싶었던 한 학생이 있었다. 그는 몇 번이나 도전했지만 배우의 꿈이 실패를 거듭하자 새로운 커리어 로드맵을 짜게 된다. '일단 어디든 뚫어보자'는 마음으로 개그맨 시험을 봤고 개그맨으로 데뷔했다. 하지만 그 자신도 자신이 그렇게 재밌는 개그맨이 아니라는 사실을 알고 있었다. 개그맨 선배들로부터도, 시청자들로부터도 재밌다는 소리를 듣기 어려웠다.

그렇게 무대에 설 자리가 줄다 보니 MC나 리포터로도 활동했다. 배우로 무대에 설 기회가 간혹 있었으나 대부분 단역으로 그쳤다. 그러다 방송이 아닌 자신의 노래 실력을 살려 뮤지컬 무대에 뛰어들었다. 처음에는 개그맨이 무슨 뮤지컬 배우를 하느냐며 어울리지 않는다고 혹평 세례를 받기도 했다. 그렇지만 그의 노래와 연기력을 본 관객들은 점점 더 그에게 매료되어 갔다. 마침내 그는 영화에도 출연하게 됐으나 배우로는 큰 빛을 발하지 못했다. 그러다 그는 인생작을 맡으며 주연배우로서 많은 관객들로부터 사랑을 받을 수 있었다. 안중근 의사의 일생을 다룬 뮤지컬영화 〈영웅〉을 통해 관객들의 극찬을 받았던 배우 정성화의 인생스토리다.

우리 역시도 어쩔 수 없이 꿈길이 아닌 현실의 길로 접어들 가능성이 크다. 빠르게 변화해나가는 시대 속에서 내 의지와 상관없이 변화의 물결에 휩쓸려 밀려나갈 수도 있다. 그렇지만 그런 변화를 거부하지 않고 그 상황에 맞춰 나아가다 보면 자신의 흥미와 적성에 맞는 꿈의 진로를 찾아갈 수 있다.

흥미와 적성을 찾기 위한 네 번째 방법으로는 정해진 틀을 뛰어넘어 보기다. 우리는 흔히 '남자는 이런 일을 해야 해, 여자는 저런 일을 해야 해, 20대는 이런 일을 해야 해, 50대는 저런 일을 해야 해, 인문계열은 이런 일을 해야 해, 이공계열은 저런 일을 해야 해'라는 틀에 정해진 사고를 하곤 한다.

그런데 내가 상담했던 한 학생은 전혀 엉뚱한 경험을 통해서 자신의 적성을 찾게 된 사례가 있다. 이 학생은 군 제대 후 복학하기 전에 다양한 경험을 해보자는 다짐으로 여러 가지 하고 싶은 경험도 시도했다. 또 한편으로는 20대 남자라면 절대 하지 않을 것 같은 경험 리스트도 작성했다. 그중에는 피부미용사도 있었는데 왠지 도전해보고 싶었다고 한다. 피부미용사가 되기 위해서는 자격증시험을 봐야 하는데 교육받지 않고는 직업을 갖기 힘든 구조였다. 문제는 수강료가 200만 원이나 되는 거금이라는 점이었다. 망설여졌지만 200만 원어치의 화장품 세트를 실습용으로 받는다고 해서 그 정도라면 화장품이라도 건질 수 있겠다는 생각으로 교육과정에 등록했다.

교육생들은 다들 현직 미용실 원장님이거나 미용실을 차리려는 경력직이 대부분이었다. 그것도 전원 여성이었다. 게다가 20대는 그가 거의 유일하다시피해서 교육받는 동안 동기생으로부터 많은 사랑을 받았다.

그렇게 피부미용사 자격증을 취득한 다음, 실습을 위해 평소에 친하게 지내지도 않던 친누나에게 접근해서 피부미용과 피부마사지를 해주겠다고 했다. 못 미더운 듯하던 누나가 2시간 정도의 피부미용을 받고는 평소에 주지도 않던 용돈까지 주면서 다음 주에도 한 번 더 해달라고 했다. 그렇게 어머니에게도 실습해보고, 여자친구에게도 실습하며 실력을 가다듬었다.

그렇게 방학을 보내고 복학을 했는데 같이 교육을 받았던 원장님들이 자신의 피부미용실로 아르바이트 하러 올 생각은 없느냐고 전화가 오더란다. 시급은 최저시급으로 낮았지만 팁이 있어서 나쁘지 않을 거라며 유혹했다. 그렇게 학교를 다니면서 주 2~3일 정도 피부미용실에서 알바를 했다. 실습도 하며 실력도 키울 수 있고 돈도 벌 수 있으니 1석 2조라는 생각으로 열심히 근무했다.

피부미용실의 손님들 80% 이상이 여성이었는데 그중에는 50~60대 여성들이 많았다. 그런데 이 젊은 20대 청년이 피부미용실에서 일한 이후 손님들이 더 자주 방문하고 새로운 고객들도 더 늘어나 원장님이 좋아했다고 한다. 무엇보다도 손님들이 팁을 줬는데 알바 급여는 한 달에 50만~60만 원 정도밖에 안 되었지만 팁만으로도 200만~300만 원 넘게 받을 때도 있었다. 게다가 원장님까지 시급을 더 올려줄 테니 근무시간을 더 늘리자는 제안까지 받았다.

그런 그가 나를 찾아왔다. 요즘에는 대학을 졸업해도 취업이 안 된다는데 차라리 대학을 그만두고 피부미용실에서 풀타임으로 일하면 500만~600만 원 정도는 벌 수 있을 것 같다고 했다. 나 역시 그 정도면 나쁘지 않겠다 싶었지만 현재 전공 만족도가 궁금해 물었다. 그는 독일어를 전공했는데 전공 공부도 나름 재미있다고 했다. 그렇다면 이야기가 달라질 수 있다.

나는 최근의 안티에이징 추세를 이야기하며 젊어지고 싶어 하는 사람들이 많은 만큼 앞으로도 꾸준하게 피부미용에 대한 수요가 늘어날 것이라고 말해줬다. 그러면서 유럽의 최대 강대국이 어느 나라인지 그에게 물었다. 물론 답은 독일이었다. 만일 그러하다면 대학을 다니는 동안 아르바이트를 지금처럼 유지하고 졸업 후에 독일 쪽에서 피부미용관련 일을 하거나, 경험을 쌓거나, 학업을 이어나가는 것이 어떻겠느냐고 했다. 그렇게 한국으로 돌아와 5~6년 정도 일해서 모은 자본으로 자기만의 샵을 운영하면 대박이 나지 않겠느냐고 말해줬다. 그 학생은 앞으로 열심히 학교를 다니면서 피부미용사로서의 역량도 키워보겠다고 다짐했다.

우리가 하고 싶은 분야의 흥미를 통해 직업을 찾는 방법도 있지만 전혀 생각지도 못했던 분야에서 우리의 적성을 찾을 수도 있다. 그런 측면에서 이 청년처럼 조금 더 열린 마음으로 조금 더 다양한 관점으로 접근해볼 필요가 있다.

흥미와 적성을 찾기 위한 다섯 번째 방법으로는 온몸으로 도전해나가기다. 한 여자 아이가 있었다. 어렸을 때부터 누구에게도 지고 싶어 하지 않는 불같은 성격이었다. 남자 아이들에게도 지고 싶지 않아 주먹질을 하기도 해서 어릴 때부터 말썽꾼으로 불렸다. 몸을 더 강하게 단련하기 위해 유도를 배웠는데 열심히 하다 보니 학교대표 유도선수로 대회에 출전할 정도의 실력이 되었다. 그러다 보니 여자들을 이기는 것은 시시해졌다. 남자들과도 대련을 시켜달라며 졸라 대련도 해봤지만 남자를 이기기란 쉽지 않았다.

그렇게 유도에 대한 열정이 시들해질 무렵 책을 읽게 되었는데 몸으로만 살게 아니라 머리로 살아야겠다는 생각에 학업에 뜻을 세우고 공부에 도전했다. 기왕이면 좋은 대학에 가보자는 욕심으로 열심히 공부해서 목표로 한 대학에 입학했다.

단지 좋은 대학을 졸업하는 것으로 그칠 것이 아니라 '앞으로 의미 있는 일을 하고 싶다'는 바람으로 국제구호단체에 취업하기로 마음먹었다. 학교생활을 하면서 열심히 취업 준비를 한 덕분에 국제구호단체에 취업할 수 있었다.

해외 본사에서 근무할 수 있게 되어 무척 기뻤지만 근무를 할수록 내근직인지라 어려운 사람들에게 직접적으로 도움을 주는 일을 하고 있지 못하다는 자괴감이 들었다. 테레사 수녀님처럼 가장 가난한 사람들 곁으로 먼저 다가가 보자는 마음으로 방글라데시를 찾았다. 일단 그 나라 분위기와 국민 분위기를 이해하는 시장조사 차원에서 2박 3일 일정으로 찾아간 여행이었다.

여러 안내 책자에서 가난한 사람들에게 돈을 나눠주는 그런 행동은 하지 말라고 경고했지만 그녀는 공항을 내리자마자 불쌍한 사람들이 내미는 손을 차마 거절할 수 없었다. 그래서 손 내미는 족족 수중에 있던 돈을 건네줬다. 그랬더니 사람들이 하나둘 몰리더니 나중에는 사람들이 구름떼처럼 몰려 그녀를 에워쌌다. 그녀는 덜컥 주저앉아 버렸다. 놀란 공항경비원이 무슨 일인지 확인 후 그녀를 부축해 택시를 태워 숙박지로 보내줬다.

그녀는 호텔 밖을 벗어나지도 못하고 이틀 내내 울었다. 말로만 가난한 사람을 돕겠다고 생각했지 정작 가난한 사람들 앞에서 주저앉아 버리는 나약한 자신의 모습에 크게 실망했다. 그렇게 이틀을 눈물만 흘리다 이대로 포기할 수 없다는 생각에 사표를 던지고 방글라데시로 이사한 뒤 기업까지 설립했다. 가난한 방글라데시 사람들에게 돈 몇 푼을 건네는 일보다 그들에게 더 큰 자부심을 불어넣어야겠다는 결심을 했기 때문이었다.

그녀는 그렇게 방글라데시에서 생산되는 가죽으로 피혁제품을 만들기 시작했다. 회사 이름도 존경하는 테레사 수녀님 칭호에 맞춰 마더하우스라 이름 지었다. 이상은 『26살, 도전의 증거』를 쓴 마더하우스의 창업자 야마구치 에리코의 인생도전 스토리였다.

나는 그녀의 책을 읽으며 전율을 느꼈다. 처음 책 몇 장을 넘길 때만 해도 싸우길 좋아하는 불량소녀의 자서전 정도로만 생각했다. 그렇지만 읽어갈수록 그녀가 얼마나 치열하게 자신의 한계를 향해 도전해나갔는지를 느낄 수 있어 깊은 존경심이 느껴졌다. 젊음의 가장 큰 특권 중에 하나가 이런 과감한 도전이 아닐까 싶다.

흥미와 적성에 맞는 일은 저절로 우리 자신에게 떨어지지 않는다. 그러니 내 꿈에 맞는 일을 찾기 위해 조금 더 과감하게 도전해보자.

6

베테랑 인사담당자가
흥미를 가장 중요하게 보는 이유

한 기업의 인사담당자는 직원 채용 시에 가장 중요하게 생각하는 요인 중에 하나로 흥미를 손꼽는다. 스펙보다 더 중요한 요인으로 손꼽는다고 해서 그 이유를 물어보았다. 그는 흥미란 바뀌지 않는 특성을 가지고 있기 때문이라고 대답했다.

> **Q** 나는 흥미를 무엇이라고 생각하는가?

사람들은 어떤 특정한 일에 대해 관심을 보이거나 보이지 않기도 하는데 그러한 흥미는 타고나거나 아주 오래 전에 형성되었기에 좀처럼 바뀌지 않는 특성이 있다는 것이다. 말하자면 흥미는 교육으로 바뀔 수 없다는 의미다. 그래서 이 베테랑 인사담당자는 자기소개서나 면접을 통해 지원자가 어린 시절부터 가지고 있었던 흥미나 관심대상, 본질적으로 좋아하는 것이 무엇인지 주의 깊게 살펴본다고 한다.

흥미가 있다면 관련된 일을 잘할 가능성이 높을 뿐 아니라 오랫동안 일을 지속할 가능성이 높다. 오랫동안 지속하기에 해당 분야의 역량이 커지고 성장할 가능성도 커지고 일에 대한 만족감 역시 높아질 수 있다.

그의 의견에 100% 동의하기는 힘들지만 중요한 것은 흥미가 취업의 당락에서 중요할 뿐만 아니라 향후 직업만족도 측면에서도 중요한 역할을 한다는 것은 분명한 사실이다. 그런데 많은 사람들은 자신의 흥미가 무엇인지 잘 알지 못한다. 이유가 뭘까. 그것은 대개 흥미를 느낄 만한 경험노출의 범위가 제한적이었기 때문일 가능성이 높다.

그래서 우리는 흥미 하면 '노래 부르고, 춤추고, 그림 그리고, 게임하고, 스포츠 활동하고 취미 활동하는 정도'로 범위를 좁혀서 받아들이는 경우가 많다. 조금 더 범위를 넓혀봐야 학교 교과목 수준으로 그치는 경향이 있다.

그러나 흥미의 범위는 상당히 광범위하다. 내가 육체 중심의 사람인지, 두뇌 중심의 사람인지, 예술 중심의 사람인지, 관계 중심의 사람인지, 사업 중심의 사람인지, 행정 중심의 사람인지, 물질 중심의 사람인지, 가치 중심의 사람인지, 기술 중심의 사람인지, 감성 중심의 사람인지, 리더가 되길 좋아하는지, 팔로워가 편한지 등의 근본적인 자기이해와 자기탐색 과정이 필요하다. 그러기 위해서는 자신이 시각, 청각, 후각, 미각, 촉각 등의 오감 중심의 사람인지 직관 중심의 사람인지 등도 알아야 한다.

흥미를 찾아내기 위해서는 평소에 자신이 좋아하는 공부나 좋아하는 학습 스타일, 관심 가는 분야, 신문에서 가장 자주 보는 기사, 인터넷에

접속해서 주로 보는 사이트나 글, 유튜브에서 좋아하는 영상, 좋아하는 책 장르, 좋아하는 작가, 좋아하는 인물·친구·연예인, 좋아하는 사람 스타일, 좋아하는 기업·상품·방송, 좋아하는 장소, 백화점에 갔을 때 가장 끌리는 코너, 기분 좋았던 일·느낌·상황 등에서 찾아봐야 한다. 더불어 여러 가지 직무나 직업의 특성들을 찾아보고 어떤 직무에 더 끌리는지도 탐색해봐야 한다. 그러기 위해서는 보다 다양한 상황과 경험에 자신을 노출해볼 필요가 있다.

이런 직간접적인 경험과 더불어 자신의 흥미 유형에 대해 이해하고 있으면 더 좋다. 참고로 홀랜드 직업흥미 유형을 알아보면 도움이 될 것이다. 워크넷의 직업선호도검사 내용을 바탕으로 우리 자신의 흥미에 대해 조금 더 구체적으로 알아보도록 하겠다.

> **Q** 내가 가지고 있는 흥미에는 무엇이 있는가?

라틴어의 흥미(Inter est)라는 단어를 분석해보면 흥미란 어떤 특정 분야나 대상에 관심이 끌린다는 뜻이다. 정신분석학 용어 사전에서는 흥미를 '물건이나 사건이 만드는 변화에 대한 태도나 감정, 혹은 자신에 대한 관심 대상의 특징에 대하여 완전히 알려고 노력하기'라고 정의한다. 미국의 행동과학 사전은 흥미를 '어떠한 물건이나 활동에 선택적인 주의를 끌게 하는, 그 물건이나 활동을 중요하게 느끼는 감정의 지속적인 태도'라고 정의한다.

두 사전 모두 학습을 위해서는 흥미가 필요하다고 말하고 있다. 본질적으로 이 정의들은 흥미가 있다는 사실에 대해 두 가지 주장을 한다. 첫째, 흥미는 어떠한 것을 자신에게 유익하다고 평가하는 태도나 유쾌함을 느끼는 감정이다. 두 번째로 흥미는 어떤 사람이 특정 대상에 관심을 쏟게 하는 원인이 된다.

직업흥미를 알기 위해서 단어를 조금 분해해서 살펴본다면, '흥(興)'이란 재미나 즐거움이 일어나는 감정을 말한다. 그러니까 자기 스스로 느끼는 순수한 감정을 말한다. 이는 개인적인 측면이 강해서 기업에서는 이런 부분에는 관심이 거의 없다. 사적 영역이기 때문이다.

다시 말해 흥미(興味)란 어떠한 사물, 대상 또는 현상에 대해 느끼는 긍정적인 느낌, 호감, 애착, 끌리는 마음, 특별한 관심을 말한다. 그러니까 흥미란 혼자만 느끼는 것이 아닌 어떤 사물이나 대상이 투여되기 때문에 기업은 실제로 지원자들이 가지고 있는 이런 흥미에 대해 어느 정도 관심이 있다.

그렇지만 기업들은 '직업흥미'에 더 관심이 높다. 직업흥미란 '어떠한 작업 특히 특정 직업이나 수행하는 직무 분야에 대해 보이는 한 개인의 관심과 호감과 열의'를 말하기 때문이다. 따라서 흥미를 표현할 때도 지나치게 개인적인 부분에 초점을 맞추기보다는 지원한 기업의 직무에 초점을 맞춰 강조할 필요가 있다.

그렇다면 흥미와 역량은 일치할까? 그럴 수도 있고, 그렇지 않을 수도 있다. 그 답을 찾기 위해서는 흥미에 대해 조금 더 자세히 이해하고 스스로의 탐색 과정이 필요하다. 흥미의 특성은 다음과 같다.

흥미의 특성

- 흥미와 역량은 당장에 일치하지는 않을 수도 있다
- 역량이 올라가면 흥미도 올라간다
- 흥미가 없으면 해당 분야를 지속해나가기 어렵다
- 흥미가 없으면 학습이나 일의 능률이 떨어진다
- 흥미가 없으면 재미가 없고 성공가능성이 낮다
- 흥미는 선천적인 면도 있지만 환경적으로 형성되기도 한다
- 자신이 한 일에서 성취감(혹은 만족감)이 생길 때 흥미도 커진다
- 흥미에 맞는 직업을 선택하면 만족감을 느낄 가능성이 크다
- 흥미에 맞는 직업을 선택하면 성취해나갈 가능성이 크다

그렇다면 '적성'이란 무엇일까? '적성(適性)'이란 어떤 일에 알맞은 성질이나 소질이나 적응 능력을 말한다. '직업적성'이란 적당한 교육훈련을 받음으로써 어느 특정한 직업이나 직무를 효과적으로 수행하여 만족을 얻을 수 있다고 예측되는 능력이나 성격특성, 즉 교육훈련을 받거나 혹은 경험을 쌓기 이전에 소질로서 잠재적으로 존재하는 특정 직무나 작업을 효과적으로 수행하며 그 환경에 적응할 수 있는 상태 또는 그 경향을 말한다. 협의로는 '지능, 운동 기능, 감각 기능, 언어 기능, 수리 기능 등'에 관계되는 능력적 특성만을 말한다. 광의로는 체력과 같은 신체적, 정신적 기능 등의 비능력적 특성을 포함하는 의미로 쓰인다[17].

따라서 기업의 채용 측면에서 바라보는 적성이란 개인의 기질, 성격,

---

17   출처: 『인적자원관리 용어사전』, 지은실 저

흥미, 재능, 장점, 가치관, 지적 능력, 업무수행 능력, 인성, 정신적 특성 등이 희망하는 직무와 어느 정도 부합되는지의 여부를 말한다.

적성 = 역량 ± 흥미

심리학자 스트롱(E.K. Strong)은 흥미를 "특정한 대상에 관심을 쏟고 열중하려는 경향"이라고 말하며 흥미의 정의를 네 가지 속성으로 확대하여 설명하였다.

첫 번째 속성은 그 대상에 대한 지속적인 관심(Attention)이고, 두 번째 속성은 좋아하는 느낌(Feeling of Like)이다. 세 번째 속성은 방향(Direction)이라고 표현했는데 좋아한다는 것은 사람이 그 대상을 향해 행동하도록 조정하고, 싫어함은 다른 방향으로 행동하게끔 조종하기 때문이다. 네 번째 속성은 활동(Activity)인데 이는 흥미를 가진 사람은 그 대상에 관해 무엇인가를 하도록 만들기 때문이다.

스트롱은 흥미를 이 네 가지 본질적인 특징으로 묘사함과 더불어 흥미의 두 가지 양적인 특징도 구분했다. 이를 강도와 지속기간이라 칭했다. 강도는 어떠한 활동을 다른 것에 비했을 때의 선호도와 관련된다. 한편 지속기간은 명백한 반응을 나타내는 시간의 길이를 가리킨다.

흥미는 우리가 좋아할지 또는 싫어할지, 우리가 향해갈지 또는 피해갈지에 대한 활동이거나 적어도 그 현상을 계속 유지할지 아니면 그만둘지에 대한 관심이다. 더군다나 흥미는 다른 흥미들보다 선호되거나 그렇지 않을 수도 있고 그

것들은 다양한 기간 동안 지속될 수 있다. 또한 흥미는 어떤 활동을 수반하는 좋아하거나 싫어하는 마음의 상태이거나 혹은 그 활동을 수행하고자 하는 생각으로 정의되어질 수 있다.

E.K. 스트롱

한국어 사전을 찾아보면 흥미란 '어떤 사람이나 활동 또는 사물에 대해 가지는 특별한 관심'이라는 것을 알 수 있다. 그러니까 개인이 평상시 하는 행동과 하고 싶은 행동이 자신의 흥미가 무엇인지를 가르쳐주는 주요한 기준이 될 수 있다. 그러나 많은 사람들은 자신의 흥미를 찾아내고 이에 적합한 직업을 갖는 것이 자신의 삶을 행복하고 보람되게 만드는 중요한 요인임을 간과하는 경우가 많다. 따라서 행복한 삶을 누리기 위해서는 자신의 진정한 흥미가 무엇이며, 무엇이 자신의 흥미에 적합한 일인지를 알기 위한 노력이 필요하다.

만약 자신이 흥미가 없다고 생각된다면 관련 분야의 학과 공부도 하기 싫어질 것이고, 관련 분야의 일도 하기 싫어진다고 볼 수 있다. 단순히 어떤 일을 하기 싫을 뿐 아니라 업무 능률도 떨어질 것이다. 능률이 떨어진다는 말은 해당 분야의 학문이나 직업에서 성공하기도 힘들어진다는 것을 의미한다.

이러한 흥미에 영향을 미치는 요소로는 유전, 성격, 기질, 부모, 학습, 전공, 재능, 능력, 노출 경험, 선생님, 책, 강연, 방송, 영화, 학교, 국가, 사회, 시대적 상황과 환경 등으로 폭넓고 광범위하다.

Q 내가 가진 흥미를 직업적으로 접목할 수 있는 방법으로는 무엇이 있을까?

7

직업선호도검사의 이해

인생을 살아가면서 우리는 참 다양한 선택과 결정을 하게 된다. '무엇을 먹을까, 무엇을 입을까'와 같은 간단한 질문에서부터 어떤 학교를 가고, 어떤 전공을 하고, 어떤 회사를 가고, 어떤 직업을 선택해야 할지, 언제 결혼할지, 어디로 이직해야 할지, 언제 독립할지'와 같은 어려운 질문들도 있다. 선택과 결정을 해야 하는 상황이나 대상은 참으로 다양하다. 이 중 '어떤 직업을 선택할 것인지'와 관련한 결정들은 인생에서 가장 중요한 결정 중 하나다. 일은 생계수단에 그치는 것이 아니라 행복하고 만족스러운 삶과 직접적으로 연관이 있기 때문이다.

1) 흥미와 적성을 찾기 위한 심리검사 도구, 워크넷 '직업선호도검사'

이렇듯 중요한 직업을 결정하기 위해서 우리는 어떤 점들을 고려해야 할까? '연봉, 안정성, 기업 규모, 기업인지도, 복지제도 등'도 분명 중요한 요인이다. 그렇지만 나만의 진로와 직업 선택을 하려면 나에 대한 이해와 직업 세계에 대한 이해가 우선되어야 한다. 나를 이해한다는 것은 '내가 어떤 사람인지' 알아야 한다는 의미다. 그러니까 자신이 '무엇을 좋아하고, 무엇을 싫어하며, 무엇을 잘하고, 무엇을 못하는지, 무엇을 중요하게 생각하는지 등' 나 자신의 특성을 아는 것이다.

직업 세계에 대해서 알아본다는 뜻은 '세상에 어떤 직업들이 있고, 어떤 직업들이 유망한지, 그 직업은 어떤 일을 수행하는지, 그 일을 하기 위해서는 어떤 역량을 갖추어야 하는지, 그 일에는 어떤 보람과 어떤 어려움이 있는지, 그 일이 자신과 어떤 부분에서 어울리는지 등'의 정보를 찾아보는 것을 의미한다.

이러한 두 가지 측면의 특성, 즉 나와 직업 세계의 특성이 잘 맞는 분야로 진출했을 때 적합한 직업을 선택했다고 할 수 있다. 이러한 진로 선택은 향후 직업에서의 만족과 행복을 예측할 수 있게 한다. 심리검사는 이러한 직업 탐색의 과정에서 내가 어떤 특성을 가지고 있는지, 나를 이해하는 데 사용하는 보다 과학적이고 객관적인 측정도구다.

진로 선택을 잘하기 위해서는 나의 특성을 잘 알아봐야 한다. 여러 특성들 중에서 진로 선택에서 적성과 함께 가장 많이 고려하는 것이 '나 자신이 어떤 것을 좋아하고, 어떤 분야의 일이 끌리는가'와 관련된 흥미특성이다.

직업흥미는 어떤 종류의 일에 관심이 있고 좋아하는가에 대한 정보를 의미한다. 특정 직업 활동에 종사하는 사람들 사이에는 공통적인 흥미 패턴이 있으며, 이 특정 직업에 종사하는 사람들이 갖는 흥미 패턴과 유사한 흥미 패턴을 가진 사람들은 그 직업을 잘 수행하고 만족할 가능성이 높다고 볼 수 있다.

이런 직업흥미 패턴을 알기 위해서는 워크넷의 직업선호도검사를 들 수 있다. 검사는 S형이 있고 L형이 있다. S형은 홀랜드 이론을 바탕으로 한 20~30분 내외의 짧은 검사다. L형은 홀랜드 이론을 포함해 Big5 이론을 바탕으로 한 성격검사와 10가지 차원에서 개인의 다양한 생활경험을 파악할 수 있는 생활사검사를 포함한 긴 검사로 60~90분 정도의 시간이 소요된다.

직업선호도검사 L형은 흥미나 성격 유형, 과거 생활경험 등을 측정하여 자신이 만족할 만한 직업 분야를 예측해주는 검사다. 검사는 직업심리학자인 홀랜드(Holland)의 6가지 흥미 유형에 기초하여 개인의 흥미 유형을 측정할 뿐 아니라 성격특성과 과거 생활경험에 대한 정보를 함께 측정하여 직업 선택과 관련된 각 개인의 특성을 다각도로 탐색하는 검사다.

검사의 결과는 자신의 흥미 유형과 성격특성 등을 측정하여 향후 만족하고 잘 적응할 만한 직업 분야를 추천해주는 결과를 제시한다. 그렇지만 검사결과만으로 해당 분야를 잘한다거나 성공한다고 볼 수는 없다. 적성과 태도에 따라 그 결과가 다를 수 있기 때문이다. 중요한 것은 흥미가 높으면 앞으로 그 분야에서 만족할 가능성이 높으며 잘해나갈 가능성도 크다는 사실이다. 이 책에서는 지면 관계상 홀랜드 이론을 바탕으로 한 이야기만 전해보도록 하겠다.

8

직업흥미 유형 추정검사

여러분은 자신의 흥미 유형에 대해 알고 있는가. 간단하게 자신의 직업흥미 유형을 찾아보자. 보다 정확한 검사는 워크넷에서 직업선호도 검사를 해보자.

- 선호하는 단어는 1점, 문장은 5점으로 체크한 뒤 항목별로 총 점수를 더한다.

Group 1 (총점 점)		Group 2 (총점 점)		Group 3 (총점 점)	
강건한		비판적인		창의적인	
순응하는		호기심 많은		비우호적인	
물질적 성취 중시		창의적인		정서적인	
완고한		독립적인		표현적인	
규칙적인		지적인		비현실적인	
현실적인		논리적인		독립적인	
엄격한		수학적인(계산적인)		혁신적인	
안정적인		방법적인		통찰력 있는	

무뚝뚝한		합리적인		자유분방한	
검소한		과학적인		예민한	
손이나 육체활동, 도구를 사용하여 놀기, 일하기 물건을 수선하거나 만드는 일·놀이 선호 공구, 기계, 기술을 다루는 일·놀이·학습 선호		수학, 물리학, 생물학, 사회과학과 같은 학문 분야에서 연구, 추상적인 문제풀기 선호 분석적인 사고, 복잡한 원리나 방법 이해하기 어려운 과제, 프로젝트, 문제풀이 선호		자신을 표현하기, 작가나 음악가, 연극인과 같은 예술적인 창의성 선호 미술, 문학, 음악, 희곡 작품창작, 미적 감각 활용 일·놀이 선호	

Group 4 (총점 점)		Group 5 (총점 점)		Group 6 (총점 점)	
수용적인		야망 있는		조직화된	
배려하는		분명한		책임질 수 있는	
공감적인		자기주장적인		효율적인	
우호적인		확신하는		질서정연한	
도움을 주는		결정을 잘하는		순응하는	
친절한		지배적인		현실에 바탕을 둔	
인간적인		열정적인		정확한	
책임질 수 있는		영향력 있는		체계적인	
가르치는		설득력 있는		보수적인	
이해하는		생산성(성과) 있는		잘 통제된	
다른 사람들과 협력하여 일·놀이·학습 다른 사람들의 복지에 대한 관심 사람들을 교육하거나 치유하는 일·놀이·활동에 관심		개인 혹은 조직의 목적을 위해 타인을 지도, 통제, 설득 선호 권력, 지위, 성취에 대한 야망과 열정 강한 편 경제, 경영, 관리, 리더, 판매 설득, 조정, 정치적 활동 등 선호		세부적이고 질서정연한 것, 자료의 체계적인 정리 자신에게 기대되는 것이 무엇인지, 정해진 방식과 절차 선호 무엇이든 정확히 구조화된 일·놀이·학습·과제 선호	

• 나의 직업흥미 유형 탐색 (나의 흥미 유형:)

나의 직업흥미 육각형 그려보기

※ 나의 추정 흥미

Group1 = 현실형(Realstic)   Group2 = 탐구형(Investigative)

Group3 = 예술형(Artistic)   Group4 = 사회형(Social)

Group5 = 진취형(Enterprising)   Group6 = 관습형(Conventional)

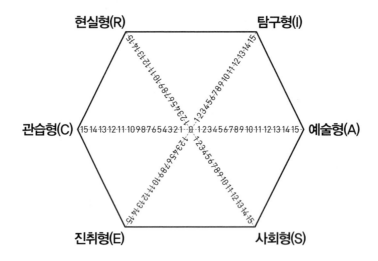

- 육각형 중심 안쪽에서부터 1점 기준으로 해서 15점 만점

- 각 유형에 자신이 받은 점수를 표시한다

- 점으로 표시한 6개 점을 선으로 잇는다

※ 이 중에서 점수가 가장 높게 나온 흥미 유형의 2개 코드를 '나의 흥미 유형'에 적어보자. 만일 Group5의 점수가 제일 높게 나오고 Group4의 점수가 그다음으로 높게 나왔다면 ES가 여러분의 흥미 유형이 된다.

122

대표적인 5가지 직업흥미 발달 유형

여러분이 기록한 점수를 육각형 도형에 점을 찍어보면 여러 가지 모습이 나타난다. 모양에 따라 5가지 유형으로 구분해볼 수 있다.

유형 1: 비교적 흥미 성숙이 잘 발달된 유형

특징 흥미 방향이 한쪽 방향으로 찌그러진 형태의 흥미로 비교적 흥미가 잘 발달된 유형이라고 볼 수 있다.

- 현재의 행동 양식과 사고과정을 통찰할 수 있음
- 다양한 대안들에 대해서 효과적으로 선택의 폭을 좁힐 수 있음
- 생각해볼 수 있는 생애·진로의 대안을 제공해줌
- 개인의 자원과 능력을 확인할 수 있음
- 필요한 시험, 훈련, 교육 등에 어떤 것들이 있는지 확인 가능
- 자기만족과 생애 만족을 고양시킬 수 있음

유형 2: 원하는 흥미는 있으나 그 크기가 작은 유형

특징 대체로 흥미발달이 잘 이루어지지 않은 경우로 특정 분야에 관심이 있긴 하지만 그 정도가 크지 않다.

- 조금이라도 관심이 있는 분야에 대한 적극적인 탐색을 시도해보는 것이 바람직함
- 자신감을 회복하면 빠르게 자신의 직업을 찾아나갈 가능성이 큰 유형

유형 3: 흥미가 없거나 낮은 유형

특징 흥미 육각형의 크기가 매우 작은 유형으로 흥미와 관심사가 거의 없는 유형. 내담자의 심리적 상황을 헤아려볼 필요가 있다.

- 자신과 직업, 일에 대한 정보가 결여되어 있음, 해당 분야에 대한 무관심
- 낮은 자아 존중감을 가지고 있어서 자아존중감 회복 훈련이 필요. 이때는 능력이 없는 것이 아니라 흥미가 낮은 것임을 일깨워 줄 필요
- 만일 근본적인 정서문제가 있다고 보이면 진로상담 이전에 심리상담부터 진행할 필요
- 자기탐색으로 내담자의 한 주간 생활에 대해 기록하게 하여서 내담자의 행동을 분석할 필요
- 흥미확인을 위해 본인이 떠오르는 직업목록을 30개에서 50개 정도

작성하게 함. 취업 사이트의 취업정보 스크랩 방법도 좋음

• 일과 관련된 직업적인 경험을 하도록 유도하는 것도 좋음. 직접적이면 좋으나 짧은 기간이나 간접적인 경험만으로도 좋음

유형 4: 비현실적인 소망을 지닌 유형

특징 흥미 육각형이 양극단이나 서로 다른 세 극단으로 뾰족한 모양을 띠고 있는 유형으로 어떤 흥미로부터 출발하면 좋을지 탐색할 필요가 있다.

• 잘못된 자아인식으로 너무 원대하거나 혹은 반대로 너무 낮은 소망을 갖고 있음
• 현실적인 직업 선택을 할 수 있도록 도움 필요
• 비현실적인 소망에 대한 비판보다 격려하면서, 자신의 강점과 약점을 이해하도록 도움 필요
• 자신의 적성과 능력을 올바르게 이해할 수 있도록 적성검사 필요
• 자신의 전혀 다른 두세 가지 흥미를 모두 시도할 수도 있으나 일단은 하나를 파고든 뒤 그다음 다른 흥미 분야 일을 시도할 수 있다고 격려 필요
• 경우에 따라 전혀 다른 흥미를 결합해 새로운 직업 분야로의 진출도 모색할 수 있음을 알려줌

유형 5: 다양한 관심과 잠재력을 지닌 내담자

특징 흥미 육각형이 매우 큰 유형으로 대체로 긍정적이고 낙관적인 유형. 다만 지나친 낙관주의에 빠져 과다행동을 하고 있는지는 않은지 살펴볼 필요가 있음.

- 과다 선택에 직면해 있으며, 호기심이 많고 긍정적인 성격 유형이나 우유부단한 의사결정 특성을 가지고 있을 가능성이 커서 불필요한 곳에 시간을 낭비할 우려 있음
- 내담자의 흥미와 관심, 욕구, 꿈 등을 확인하고 그에 따른 현실적인 대안과 정보 수집을 하도록 도움 필요
- 직업가치관을 점검해보고 조금은 원시안적인 계획을 잡도록 도움. 초점을 하나로 잡아보도록 독려
- 여러 가지 관심이나 재능을 동아리, 여가활동, 공공봉사 등에 활용할 수 있도록 격려 필요

10

홀랜드 직업흥미 유형 이해

직업심리학자 존 홀랜드(J. Holland)는 사람들이 각기 다른 생물학적 능력과 인생의 역사를 갖고 있다고 믿었다. 이 때문에 사람들은 각기 서로 다른 능력이 발달되는데 이런 능력은 개인과 환경 간의 상호작용을 통해 발달한다고 봤다.

각 개인의 성격 유형은 생물학적인 유전이나 부모, 사회계층, 물리적 환경 등을 포함한 개인적인 요인과 다양한 문화 간의 독특한 상호작용의 결과라는 것이다.

1) 홀랜드의 믿음

홀랜드는 최대한 간단한 검사결과를 추구해서 6가지의 성격 유형과 6가지의 직업환경이 유전적 기질과 환경적 영향을 통해서 한 개인의 성격적 특성이 발달한다고 봤다.

홀랜드는 제2차 세계대전 동안 군대에서 복무하면서 군인들의 직업 특성을 몇 개의 유형으로 설명할 수 있다는 생각을 했다. 전쟁이 끝난 후 그는 대학으로 돌아와 연구를 거듭하며 분류체계를 발전시켰다. 서로 다른 흥미를 가진 학생들은 서로 다른 성격적 특성을 갖는다는 확신을 하게 되었다.

그는 흥미검사를 이용해 다양한 직업을 가진 사람들의 성격적 특성에 대한 밑그림을 그려 나가면서 어떤 성격이 어떤 직업과 적합한지 연구하기 시작했다.

그는 직업흥미를 6가지 유형으로 분류했다. 실제형(현실형), 탐구형, 예술형, 사회형, 기업형(진취형), 관습형으로 구분하여 수차례 수정을 거쳐 오늘날에 이르기까지 가장 많이 사용하는 직업흥미검사가 되었다[18].

홀랜드 이론의 세 가지 기본적 질문을 이해하면 우리 자신의 취업과 진로 문제를 해결하는 데도 힌트를 얻을 수 있다.

첫째, 진로만족과 방해 요인 알아보기다. '나의 어떤 개인적(또는 환경적 특성)이 진로 선택과 진로참여에 대해 만족할 수 있게끔 이끄는가? 나의 어떤 특성이 진로를 결정하는 데 있어 방해를 하고 있는가?'라고 질문을 던지고 그 해답을 모색해봐야 한다.

둘째, 직업안정과 변화 요인이다. '나의 어떤 개인적(또는 환경적 특성)이 직업의 안정을 가져오고 있는가? 변화를 불러일으키는 요인은 무엇인가? 평생 동안 계속해서 직업에 종사하도록 하는 요인은 무엇인가?'

---

[18] 출처: 『진로상담이론』, 김봉환, 이재경, 유현실 공저

라고 질문을 던지고 그 해답을 모색해본다.

셋째, 진로 문제 해결방법이다. '내가 마주친 진로 문제를 해결할 방법은 무엇인가? 내 문제를 도와줄 수 있는 가장 효과적인 방법은 무엇인가?'라고 질문을 던지고 나 혼자만 그 해답을 모색할 것이 아니라 외부 전문가로부터도 도움을 구해보자[19].

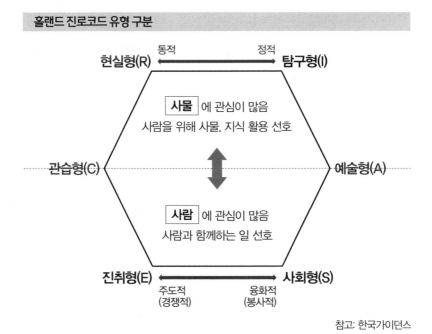

홀랜드 진로코드 유형 구분

참고: 한국가이던스

사람들 중에는 사람에 대한 관심이 많은 유형도 있지만 사람보다는 사물에 관심이 많은 유형도 있다. 물론 이들이 사람에 관심이 없는 것이 아

---

19 출처: 『진로상담이론』, 김봉환, 이재경, 유현실 공저

니라 사람을 위해 어떠한 사물이나 대상, 지식, 기술을 활용하는 것을 선호한다고 볼 수 있다. 이런 유형이 현실형과 탐구형이다. 이들은 사물에 관심이 있다는 점에서는 공통점이 있지만 또 다른 측면에서 다르다. 현실형은 활동적이고 몸을 움직이는 것을 더 선호하는 반면 탐구형은 몸을 움직이지 않고 정적인 것을 더 선호한다.

사람에 관심이 많은 유형은 진취형과 사회형이다. 이들은 사람들과 함께 상호작용하는 일을 선호한다. 그렇지만 사회형은 사람들과 함께 융화되어 지원하는 측면의 활동을 좋아하는 반면 진취형은 사람들과 함께 하되 본인이 조금 더 주도적으로 일을 추진할 때 더 높은 만족감을 느낀다는 측면에서 서로 다르다.

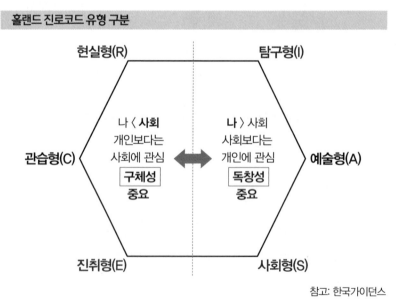

홀랜드 진로코드 유형 구분

참고: 한국가이던스

나보다는 사회나 조직에 더 큰 관심이 있는 사람이 있고, 사회나 조직보다는 자신에게 더 많은 관심이 있는 유형의 사람들이 있다. 자기를 더 중요시하는 유형은 예술형으로 이들은 무엇보다 자유롭게 독창적으로 활동하길 원한다. 이에 반해 관습형은 설령 자신이 중요하다고 생각하더라도 행동은 조직이나 사회를 더 중요시한다. 그래서 이들은 단체 속에서 보이는 듯 보이지 않는 듯 묻혀 있길 원한다. 이들은 창의적으로 무엇을 자율적으로 하는 일보다는 구체적이고 명확하게 정해진 틀이나 규칙에 따라 진행되는 업무 방식을 선호한다.

2) 홀랜드의 6가지 직업흥미 유형

(1) 현실형 특징과 어울리는 직업적 특성

현실형(Realstic)은 분명하고 질서정연하고 체계적인 활동을 좋아하며 연장이나 기계, 도구를 조작하는 활동이나 기술을 선호하는 흥미 유형이다. 기계나 도구를 다루는 소질이 있는 반면 사교 능력이 부족한 편이다. 사교 능력이 부족하다 보니 현실형 사람들은 자신의 생각이나 감정을 타인에게 말로 표현하기 어려워한다. 물질 지향적·구체적·실용적이며, 기능성과 예측가능성을 선호한다.

현실형은 현장에서 신체적으로 움직이는 활동이나 기계를 조작하는 작업을 선호한다. 일반적으로 공구나 기계를 다루는 업무나 현장 기술직과 관련된 직업과 관련이 있다. 현실형의 사람들이 사용하는 장비는 불도저, 크레인, 트렉터, 대형 트럭과 같은 중장비일 수도 있고 엑스레이

촬영기나 현미경, 반도체 장비와 같은 정밀한 기계일 수 있다. 이 분야는 선박, 자동차, 비행기, 펌프, 고속 회전기계, 반도체 장비 등을 다루는 일과도 관련이 많다. 또 현실형 직업은 종종 집, 기계, 도로, 다리와 구조물을 만드는 일이나 이런 구조물을 유지하는 직업을 포함한다.

군대와 같은 특수한 상황이 전형적으로 현실형의 특성을 가장 잘 보여주고 있다. 기본적으로 인간지향적(Person-Oriented)인 일이나 아이디어 지향적(Idea-Oriented)이라기보다는 도구 지향적(Things-Oriented)인 일을 선호한다. 군대나 군수업체에서 주로 하는 일은 장비나 기기 중심적인 활동, 즉 무기, 전차, 비행기를 가지고 전투하는 일, 기계를 조작하는 일 등이다. 군인은 온정적이고 지지적으로 묘사되는 경우가 거의 없으며 업무를 완수하기 위한 '도구'로 간주되는 특징을 지닌다.

유니폼을 입는 것에서부터 행동예절(예, 경례)까지, 권위에 대한 복종과 행동 규칙의 준수를 중요시한다. 위상은 계급에 의해 결정되며 계급장에 의해 명백히 표시된다. 전략과 전술상의 이유로 예측가능성이 우선시되며, 부대는 외형에서 배치까지 거의 비슷하다. 창의성보다는 기능성이 요구된다. 전반적으로 현실형은 실용성과 기능성을 중시하며, 구체적이고, 예측가능성 그리고 질서정연함을 지향한다.

현실형은 현실적이고 신중한 성격으로 눈에 보이는 성취에 대한 물질적 보상을 희망한다. 타인은 이들이 겸손하고 솔직하지만 독단적이고 고집이 센 사람으로 평가한다. 현실형은 타인과의 상호작용을 선호하지 않는데 특히 미묘한 감정이 얽히는 관계나 그런 상황이나 업무를 회피하는 경향이 있다.

대표직업으로는 군인, 경호요원, 경찰관, 자동차 경정비원, 컴퓨터·전자·전기 장비 수리원, 귀금속 세공원, 항공기 조종사, 기계설계 기술자, 컴퓨터 프로그래머, 컴퓨터 조립원, 항공기 정비사, 조리사, 특용작물 재배자, 프로 운동선수, 소방관, 안경사, 주방장, 집배원, 기관사 등이 있다. 이들은 주로 도구를 사용하거나 몸을 움직이는 활동적인 직업에서 많이 발견된다.

(2) 탐구형의 특징과 어울리는 직업적 특성

탐구형(Investigative)은 관찰적, 상징적, 체계적이며 물리적, 생물학적, 문화적 현상 등의 창조적인 탐구 활동을 선호하는 흥미 유형이다.

과학자 직업을 가진 지적인 사람들은 이 유형의 사람들이 많다. 탐구형은 사람보다는 아이디어를 강조하고 높고 추상적인 지능의 소유자다. 사회적인 관계에는 별로 관심이 없고 다른 사람의 감정을 못 읽어 정서적으로 미묘한 상황에서 불화를 일으킬 수 있다.

다른 사람들이 보기에 차갑고 거리감을 느끼게 한다. 탐구형의 학력 수준은 여섯 가지 유형 중 가장 높다. 따라서 높은 지적 능력을 가지고 있는 것이 이 유형의 특징이 될 수 있다. 또한 탐구형 유형의 직업은 여섯 가지 유형 중에서 가장 높은 사회적 지위를 차지하고 있다.

군대에 현실형이 많은 반면 의사, 연구원 중에는 탐구형이 많다. 탐구형은 수학, 물리학, 생물학, 사회과학과 같은 학문적 분야에서 연구하는 것을 선호한다. 추상적인 문제를 풀기 좋아하며 분석적으로 생각한다. 탐구형은 주위의 간섭 없이 독립적으로 일하기를 좋아한다. 필요할 경우에는 같은 탐구형의 사람들과 연구팀을 구성하여 공통의 문제를 풀어 나가는 것을 선호한다.

탐구형 직업은 각종 연구소나 병원 업무와 관련이 있지만 그 이외에 다른 여러 분야에서도 찾아볼 수 있다. 교통 흐름 통제나 고속도로 표지의 구성과 같은 문제를 연구하는 건설교통부, 시장조사에 관해 연구하는 광고회사, 음식의 영양을 연구하는 식품 회사, 신무기나 새로운 군사 전략을 연구하는 군대 또는 경영전략, 현금유동성, 재고조사와 같은 문제를 다루는 회사나 부서에서도 찾아볼 수 있다.

일반적으로 탐구형 직업은 다양한 문제를 체계적이고 과학적인 방식으로 다루는 곳 어디서나 볼 수 있다. 탐구형 업무는 컴퓨터, 현미경, 망원경, 전압계, 고속 원심분리기, 반도체 장비 또는 기타 과학 기구를 사용한다. 탐구형 직업이 현실형 직업과 다른 점은 현실형 직업이 물건을 만드는 기계나 도구에 보다 많은 초점을 두는 반면 탐구형 직업은 각종 기계나 컴퓨터에 들어가는 각종 데이터, 정보를 산출하는 기계, 기술, 측정 도구, 프로그램에 더 많은 관심을 둔다.

탐구형은 분석적이고 지적인 성격으로 자연이나 사회현상의 탐구와 학습에 관심이 높다. 타인은 이들을 지적이고 현학적이며 독립적이지만 내성적인 사람으로 간주한다. 실제로도 탐구형은 타인을 설득하거나 영업 활동하는 직업에서는 찾아보기 어려울 정도로 적다.

이들의 대표직업으로는 연구원, 프로그래머, 조사 분석가, 통계 전문가, 대학교수, 과학자, 환경공학자, 기술서적 저자, 천문학자, 사설탐정가, 수의사, 웹·앱·모바일 개발자, IT·기술 분야 강사, 기상연구원 등을 들 수 있다. 이들은 대개 어려운 과제들을 조사, 연구하여 풀어나가는 작업을 선호한다.

(3) 예술형의 특징과 어울리는 직업적 특성

예술형(Artistic)은 예술적 창조와 표현, 변화와 다양성을 선호하고 틀에 박힌 활동을 싫어하며 자유롭고 상징적인 활동을 선호하는 흥미 유형이다.

예술형의 사람들은 창의성을 지향하며 아이디어와 재료를 사용해서 자신을 새로운 방식으로 표현하는 작업을 선호한다. 예술형의 직업은 예술형 사람들의 분포에 비해 상대적으로 적은 편이다. 예술가 유형의 사회적 지위는 중간 정도에서 높은 정도까지 그리고 학력 수준은 여섯 가지 유형 중에서 두 번째로 높다.

예술형의 사람들은 자신을 표현할 수 있는 기회를 좋아한다. 작가나 음악가, 연극인과 같은 예술적인 창의성을 가지고 있다. 이 유형의 사람들은 매우 구조화된 상황이나 틀에 박힌 작업환경을 좋아하지 않는다. 직관적이며 상상력이 풍부하고 창조적이며 예술적인 재능과 심미적 성향을 발휘하는 작업을 선호한다. 미술, 문학, 음악, 드라마 작품, 공간연출 등을 창작하는 직업들과 관련이 있다.

예술형 직업과 관련된 업무는 종종 글, 음악 또는 기타 예술적인 방법으로 예술품을 창작하는 것과 연관된 활동이다. 예술형의 활동을 구체적으로 살펴보면 그림을 그리거나 스케치하거나 디자인하는 것, 음악을 작곡하거나 연주하는 것, 연극무대에 서거나 희곡을 쓰는 것, 오케스트라나 밴드에서 연주하거나 노래를 부르는 것 등이다. 그리고 사무실 장식, 홈인테리어, 설계, 조경이나 사진 촬영 등도 예술형 직업에 해당하는 활동이다.

예술형 직업은 미술관, 화랑, 음악 공연장, 인테리어 장식 사무실, 음반매장, 극단, 예술사진 스튜디오, 방송국 그리고 예술적 기교를 가르치는 음악대학, 미술대학, 연극영화과에서 많이 찾아볼 수 있다. 다소 예술적으로 보이지는 않지만 신문방송학과나 건축학과 등에서도 찾아 볼 수 있다.

예술형은 혼자 작업하는 것을 좋아한다는 점에서 탐구형과 유사하지만 탐구형 직업의 사람들보다는 자기표현에 대한 열망이 더 강하다. 자신의 두뇌 능력에 대해서는 탐구형 직업의 사람만큼 자신만만하지 않는 반면 그런 사람보다 감성적이고 민감성이 발달해 있다. 예술적인 사람들은 다른 어떤 유형보다 창의성을 높이 평가한다.

이들은 문학, 음악, 미술, 패션, 디자인을 비롯한 아름다운 것들을 선호하며 창조적 표현을 높이 평가한다. 경험에 대해 개방적인 성격을 가지고 있으며 남다르게 사고하고 행동하길 좋아한다. 타인은 이런 이들을 보고 유별나고 혼란스러워 보이며 예민해 보이지만 또 한편으로는 창조적인 사람이라고 평가한다. 예술형이 회피하는 활동은 틀에 박힌 일이나 규칙을 지켜야만 하는 활동이다.

이들의 대표직업으로는 예술가, 연기자, 만화가, 카피라이터, 패션 디자이너, 시인, 배우, 소설가, 화가, 가수, 작곡가, 성악가, 웹툰·웹소설 작가, 만화·영화대본 작가, 시나리오 작가, 사진기자, 음악 교사, 방송자료

사서, 그래픽 아티스트, 플로리스트, 프로게이머, 건축가, 시각 디자이너, 메이크업 아티스트, 헤어디자이너, 여행가, 창작자 등이 있다. 이들은 무엇이든 남다르게 표현하는 작업을 선호한다.

⑷ 사회형의 특징과 어울리는 직업적 특성

사회형(Social)은 타인의 문제를 듣고, 이해하고, 도와주고, 치료해주는 활동을 선호하는 흥미 유형이다. 이들은 다른 사람들과 더불어 일하는 것을 좋아한다. 다른 사람들을 이롭게 하는 활동에 관심이 많다. 대체로 협동적이며 친절하고 배려심이 있다. 휴머니스트이며 사교성과 재치가 있는 편이다.

사회형 사람들은 다른 사람들과 상호 작용하는 것이 필요한 환경, 즉 사람들을 교육하거나 상담하거나 치료하는 직업 또는 사람들을 돕는 일에 관심이 있다. 대인관계와 관련된 일을 좋아하므로 사회형은 대인관계 기술이 좋을 뿐 아니라 심리적으로도 미묘한 감정을 잘 파악한다. 양육과 지원을 하되 리더십은 발휘하지 않는 것이 이 유형의 전형적인 특성이다. 상대를 향한 거절이나 비판을 잘 못 해서 따뜻하고 부드러운 사람이라는 평가를 받는다.

이들이 종사하는 사회적인 직업은 그 사회적 중요성 때문에 칭송을 받기도 하지만 금전적인 보상은 적은 편이다. 사회형에게는 외적인 보상보다는 다른 사람을 육성하고 후원하고, 미래 세대에 도움을 주며, 문화적 규범을 전달할 수 있다는 내재적 가치에 더 중요한 의미를 부여한다.

사회형과 연관된 직업은 다른 사람들과 어울려 일하는 것, 다른 사람

을 돕는 것, 돌보고 이끌고 계도하는 것, 교육, 상담, 훈련 등과 관련이
있다. 사회형 업무는 다른 사람들에게 무엇인가를 설명하고, 다른 사람
들을 즐겁게 해주고, 어려움을 겪는 사람들이 문제를 해결하도록 돕고,
자선사업을 주선하고, 사람들 간의 이견을 좁혀주는 것 등이 포함된다.

사회형의 사람들은 기계를 작동시키는 일이나 군대처럼 규율 속에 꽉
짜인 곳에서 일하기를 싫어한다. 반면 인생의 목적이나 선악의 근원 같
은 철학적인 문제를 토론하는 것을 좋아한다. 이들은 사교적인 재능이
있으며 그룹 토의를 주도하는 것 같이 자신의 사교적 가치를 발휘할 수
있는 환경을 좋아한다. 사회적 직업환경은 온정적이고 사람을 키워주는
분위기를 선호한다. 이런 직업에서 다른 사람들에게 도움을 주는 것이
가치 있다고 평가하기 때문이다.

사회형은 참을성이 있으며 동정심이 많은 성격으로 타인이 잘되는 것
이나 사회적 서비스 제공에 높은 가치를 둔다. 타인은 이들을 이해심이
많고 사교적이고 동적이고 이타적인 사람이라고 생각하지만 기계나 도
구를 다루는 데는 소질이 낮다고 평가한다. 그래서 사회형은 기계나 기
술을 다뤄야 하는 직업들을 회피하는 경향이 있다.

대표직업으로는 사회복지사, 복지기관 종사자, 간호사, 심리상담사,
직업상담사, 보육교사, 코치, 초·중등학교 교사, 물리치료사, 음악치료
사, 성직자, 학원강사, 고객상담원, 응급구조사, 헤어디자이너, 작업치료
사, 건강컨설턴트, 스튜어디스, 파티 플래너, 레크리에이션 강사, 각종
서비스 종사원 등이 있다. 이들은 타인과 소통하는 직업에서 흔히 발견
되며 사람들을 위로하고, 기쁘게 만드는 직업을 선호한다.

⑸ 진취형의 특징과 어울리는 직업적 특성

진취형(Enterprising)은 조직의 목적과 경제적 이익을 얻기 위해 타인을 지도, 계획, 통제, 관리하는 일과 그 결과로 얻게 되는 지위, 명예, 인정, 권위를 선호하는 흥미 유형이다.

진취형은 물질이나 아이디어보다는 사람에 관심을 가지고 있다. 기업가적인 기질이 강한 진취형은 특정 목표의 달성을 위해 타인을 리드하거나 통제, 관리하거나 영향력을 끼치는 데 관심이 있다. 진취형은 자신이나 조직의 목표를 달성하기 위해 여러 사람들의 협력을 조정하는 데 능숙하다.

남보다 앞서 나가기를 좋아하며 직장의 위계 구조에서 책임을 지는 직위에 올라가려고 한다. 권력과 통제를 강조하기 때문에 대인관계에서는 어느 정도 거리감을 갖는다. 과제를 성취하려고 몰두하는 경향이 진취형의 본질적인 특징이다. 대개는 잘 정의되고 모호하지 않은 목표를 선호한다. 따라서 지나치게 단순한 과제나 실용적이지 못한 과제는 이들의 흥미를 불러일으키지 못한다.

진취형은 각 개인의 지위와 위치가 분명하고 권위나 권력의 위계질서가 잘 구조화된 체계에서 편안하게 작업한다. 성취욕이 강하고 열정적이며 자기 능력 활용과 모험심이 강한 편이다. 이들은 어려운 상황조차 잘 통제할 수 있다고 믿는다. 화술이 뛰어나 연설을 잘하고 리더십을 발휘할 수 있는 환경을 선호한다. 판매업이나 정치 혹은 매매업처럼 개인이나 조직의 목적 달성을 위해 다른 사람들을 설득하기와 조정, 운영, 관리하는 직업과 관련이 있다.

다만 진취형이 자신의 힘을 마음껏 발휘할 수 없는 환경에서는 만족감이 떨어질 수 있다. 특히 조직의 분위기나 위계질서상 낮은 위치에 있을 경우 더 그럴 가능성이 크다. 그렇지만 직급이 올라가고 권한이 많이 부여되면 만족해할 수 있으므로 특히 경력 초기에 조금 더 근무를 지속하며 상황을 살펴볼 필요가 있다.

진취형은 경제적 성취나 사회적 지위, 명예를 중요시하는 성격으로 타인을 리드하고 설득해 목표를 달성하는 것에 높은 가치를 두고 있다. 타인은 이들을 열정적이고 외향적이며 모험적이고 야심 있는 사람으로 평가하지만 때로 지시적이라고 느낀다. 진취적인 행동을 방해하거나 틀에 박힌 일, 규칙, 자신의 권한이 제한된 환경을 싫어한다.

진취형 직업은 다른 사람이 나와 같은 견해를 갖도록 설득하는 일과 관련 있는 경우가 많다. 이와 같은 업무에는 각종 영업, 정치 활동, 경영, 관리, 감독 업무, 회사 중역 업무 등이 포함된다.

대표직업으로는 관리자, 경영자, 기업 임원, 변호사, 아나운서, 세일즈맨, 상점판매원, 레스토랑 경영인, 호텔 지배인, 호텔 매니저, 여행 안내원, 군장교, 식당 지배인, 카페 사장, 영화배급 관리자, 보험·자동차 영업인, 마케터, 정치인, 언론인, 사업기획, 동기부여 강사 등이 있다. 이들은 자신의 힘과 권위를 자유롭게 펼치는 환경을 선호한다.

(6) 관습형의 특징과 어울리는 직업적 특성

관습형(Conventional)은 정해진 원칙과 계획에 따라 자료를 기록, 정리, 조작하는 활동을 좋아하고 사무 능력, 계산 능력을 발휘하는 것을 선호하는 흥미 유형이다.

관습형은 일반적으로 잘 짜인 구조에서 일하길 선호한다. 세밀하고 꼼꼼한 작업에 능숙하며, 정확하고 수리적인 관계를 잘 처리해낼 수 있다. 관습형은 일의 목표나 수단이 명백하게 제시되는 구조화된 상황에서 일을 잘한다. 그들은 자신에게 기대되는 것이 무엇인지, 자신에게 정해진 과업이 무엇인지 정확히 알고 싶어 한다. 고정되어 있는, 변화가 별로 없는 상태를 선호하며 체계적이고 인내심이 많다. 사무직처럼 세부적이고 질서정연하고 자료의 체계적인 정리 같은 업무와 관련된 직업을 선호한다.

조직 내 문서 처리부서 직원들이 관습형 직업흥미가 가장 높은 것으로 나타났다. 관습형 직업에서 사서, 통계 관리, 은행창구 업무, 재고 관리, 임금 업무, 비서, 재무분석가, 일반관리자, 은행환전 담당자, 회계사 등이 있다. 관습형의 사람들은 대체적으로 성실하며, 효율적이고, 자기를 잘 통제하며, 위계질서에 순응하며, 인내심이 강하고 조용한 편이다.

관습형은 자신에게 맡겨진 일을 묵묵히 수행해나가는 것을 좋아한다. 규칙적인 업무 시간과 편안하게 실내에서 하는 일을 선호한다. 관습형은 대기업 같은 큰 조직에 잘 적응하지만 조직 내에서 리더십을 발휘하기보다는 잘 조직화된 명령 체계 아래에서 일하기를 좋아한다.

관습형은 현실적이고 성실한 성격으로 금전적 성취와 단계적인 성취를 선호한다. 따라서 규칙대로 따르는 것을 선호한다. 타인은 이들을 안정을 추구하고 유능한 사람으로 평가하지만 규율에 얽매인 사람으로 평가한다.

관습형은 일이나 프로젝트를 진행할 때 명확하지 않은 모호한 과제를 싫어한다. 자신과 반대 유형인 예술형이 "알아서 해보세요"라는 말을 좋아하는 반면 관습형은 이런 모호한 요구나 상황을 싫어한다.

대표직업으로는 사무직, 경리회계, 도서관 사서, 우체국 사무원, 은행원, 비서, 공인회계사, 관세사, 법무사, 특허사무원, 홍보 사무원, 유가증권매매원(증권거래인), 보험 사무원, 선물 포장원, 운동선수 매니저, 일반직 공무원, 출판편집 사무원, 자료 조사원, 인바운드 텔레마케터, 기록원 등이 있다. 이들은 정해진 과업을 정확하게 수행하는 직업을 선호한다[20].

---

20 출처: 〈한국심리검사연구소〉 교육자료, 워크넷 '직업선호도검사'

11

우연인듯 행운을 부르는
5가지 요인

다음은 새 학기를 시작하면서 첫 시간에 학생들에게 들려줬던 이야기다. 존 크롬볼츠(John D. Krumboltz)의 계획된 우연이론인데 독자들에게도 도움이 될듯하여 내용을 전해본다. 독자 여러분과 저와의 만남으로 가정해도 좋으리라.

오늘 여러분은 이 교과목이 정확히 무슨 내용인지도 잘 모르고, 담당교수가 누구인지도 잘 모르고 우연히 신청하신 분들도 많을 겁니다. 저 역시도 마찬가지입니다. 여러 가지 우연적 요소로 오늘의 이 수업을 맡게 되었는데요. 그렇지만 이 두 가지 우연이 만나 여러분에게 행운을 가져다드리는 멋진 경험이 될 거라 확신합니다.

제가 어떻게 여러분 대학에 이 교과목을 맡게 되었는지 여러분은 상상도 못할 겁니다. 물론 첫 번째로는 모 교수님이 제 프로필을 보고 수락했기에 가능했지만요. 그 전에 이 수업을 맡았던 모 대표님이 공공기관으로 발령받지 않았더라면 여러분은 저를 만나지 못했을 겁니다. 그 대표는 제 친구이자 제자이기도 한데요. 만일 그 분이 제가 하는 교육을 안 받았다거나 무엇보다도 그 전에 다니던 글로벌기업의 CEO에서 퇴직당하는 일이 없었더라면 여러분을 만날 기회도 없었을 겁니다.

대학 첫 수업에 들려준 존 크롬볼츠의 계획된 우연이론

저 역시 마찬가지입니다. 제가 강의를 나가던 대학이 있었는데요. 정말 말도 안 되는 상황 때문에 이번 학기부터 나가지 않게 되어 오늘 이 날짜의 시간이 비게 된 겁니다. 그 이전으로 거슬러 올라가면 저도 젊은 날에 잠시 전문경영인 생활을 했는데요. 만일 그때 제가 퇴직하지 않고 서울 생활을 계속 했더라면 또 여러분을 만나지 못했겠지요. 더 거슬러 올라가면 제가 첫 직장을 좋은 직장에 다니지 못하고 여기저기 불안정하게 사회생활을 한 덕분에 오늘 여러분을 만나게 된 거라 볼 수 있습니다. 그런 직업적 방황 덕분에 취업전문가가 되었기 때문입니다.

만일 제가 살아오면서 지내왔던 사건 중에 어느 하나만 뒤틀렸다면 결코 여러분을 만나지 못했을 겁니다. 여러분 역시도 각기 서로 다 다른 사연으로 오늘의 이 자리에 앉아 있을 겁니다. 어쩌면 여러분이 꿈꿨던 자리가 아닐지 모릅니다. 여러분 역시도 굉장히 우연적 요소로 오늘 이 자리에 계실 겁니다. 만일 그 이전에 어떤 사건이 조금만 뒤틀려졌더라도 저와 여러분의 만남은 없었을 겁니다. 그 정도로 오늘의 만남은 무수한 우연적 요소가 작동했으니 결국은 필연인 셈이겠죠.

어쩌면 우리 삶에서 벌어지는 모든 일들이 다 그러하지 않을까 싶기도 합니다.

아마도 오늘 수업을 아무렇지도 않게 참여한 학생 분들도 많을 겁니다. 하지만 저는 엄청나게 설레는 마음으로 달려왔답니다. 우리는 오늘 이렇게 우연히 만났지만 오늘의 이 만남이 서로에게 큰 울림이 될 거라 믿음이 있었기 때문입니다. 저를 믿고 한 학기를 뜨겁게 보냈으면 좋겠습니다.

존 크롬볼츠라는 직업심리학 분야의 세계적 대가가 있습니다. 이 분이 '커리어의 80%는 예기치 않은 우연한 사건으로 형성된다'는 우연이론을 발표했는데요. 모든 성공이 결국은 우연이라는 거죠. 처음에 그 이론을 어느 강연에서 듣고 대단히 마음에 들지 않았던 기억이 떠오릅니다. 만일 세상의 모든 현상이 우연으로 이뤄진다면 도대체 인간이 할 수 있는 역할이 무엇이 있을까 하는 의문이 들었기 때문이었습니다. 그중에서도 부모나 교육자로서는 절망감을 느끼게 만드는 이론이라 반감마저 들었습니다.

우리가 살아가면서 마주치게 되는 다양한 우연적인 사건들이 있는데요. 이런 우연적 사건이 긍정적인 효과를 가져와서 이것이 자신의 진로에 연결된다는 개념이 우연이론입니다. 진로 결정에 있어 자신의 지능, 성격, 적성, 환경, 능력, 흥미 등도 중요한 요소이긴 하지만 사실 이런 요소보다는 우연한 사건으로 인해 자신의 진로를 발견하는 경우가 더 많다는 주장이었습니다.

그런데 크롬볼츠는 자신의 이론을 수정해서 발표합니다. 모든 우연적 사건들이 누구에게나 긍정적 효과로 연결되는 건 아니라는 사실을 발견하게 된 거죠. 똑같은 사건과 경험을 하고도 누군가는 성공하고 누군가는 실패했기 때문입니다. 그 이유가 뭘까 고민했던 크롬볼츠는 그 개인이 가지고 있는 태도나 마음 자세에 따라 달라질 수 있다고 추정했습니다. 우연해 보이는 사건들이 자신의 진로에 긍정적으로 작용하기 위해서는 호기심, 낙관성, 끈기, 융통성, 위험감수 등의 요소가 필요하다는 사실을 발견합니다. 모든 성공에는 우연적 요소가 있기는 하지만 행운을 부르는 우연에는 5가지 중요한 요인이 작용한다는 겁니다.

행운을 부르는 첫 번째 요소는 호기심(Curiosity)입니다.

여러분은 지금 수업 첫 시간에 무슨 이야기를 이렇게 왔다 갔다 하며 늘어놓나 의문이 들기도 할 겁니다. 하지만 저 사람이 왜 저렇게 확신하며 떠벌이나 궁금하지 않나요. 어떤 사람인지, 어떻게 수업을 할지 호기심이 생기지 않나요. 사람은 호기심이 사라지면 새로운 것을 배울 수 있는 기회도 잃게 됩니다. 우리는 매사에 호기심을 잃지 않고 살아가야만 행운도 잡을 수 있습니다. 여러분 주변에서 벌어지는 현상과 사람, 세상에 조금 더 호기심 어린 눈으로 찬찬히 살펴보세요. 그 속에 행운이 숨겨져 있을 겁니다.

행운을 부르는 두 번째 요소는 낙관성(Optimism)입니다.

인생을 살아가다 보면 별의별 일을 다 겪습니다. 그러나 좋은 일이든 나쁜 일이든 우리 자신에게 벌어지는 모든 일에는 그 나름대로 의미가 있다고 받아들이는 태도가 중요합니다. 여러분이 저를 만나게 된 것도 낙관적으로 바라봐야 할 이유가 거기에 있겠죠. 우리는 좋은 일도 겪고, 원치 않지만 나쁜 일도 겪게 됩니다. 그럴 때 좋은 일이든 나쁜 일이든 자신에게 벌어진 사건을 보다 긍정적으로 해석하는 사람에게 행운이 돌아온다는 겁니다.

만일 나쁜 일이 이미 벌어졌는데 그런 상황에 절망하고 누군가를 비난하고 복수하기 위해 분노해봐야 뭐가 달라지겠습니까. 분명 어려운 상황일 수 있겠지만 그 고난과 역경 속에서도 자신에게 좋은 부분은 무엇이 있을지 낙관적으로 바라보는 겁니다. 거기에서 새로운 의미를 찾아보려고 노력해야만 합니다. 여러분이 만나는 사람들과 세상을 조금 더 낙관적으로 바라봐야만 행운 찾기가 보다 쉬워집니다.

행운을 부르는 세 번째 요소는 끈기(Persistence)입니다.

앞으로 여러분은 여러 가지 선택의 기로에 서게 될 건데요. 그럴 때 어떤 선택을 하든 잘 될 거라 믿는 낙관성과 더불어 자신이 한 선택을 줄기차게 밀고 나아가려는 끈기가 필요합니다. 앞으로 여러분이 선택할 직업도 마찬가지입니다. 앞으로 여러분은 여러분이 상상하지도 못했던 직업을 가질 가능성이 높습니다. 적어도 절반은 전공과 다른 직업을 가지게 될 거니까요.

저 역시도 제가 지금의 직업을 가지게 될 거라고는 젊은 날에 상상도 못했거든요. 오히려 아버지에게 꾸지람을 들었죠. 대학물이나 먹은 놈이 직업소개소 같은 회사에나 들어간다고요. 사실 당시에 마땅히 들어갈 만한 회사도 없어서 들어간 것도 사실입니다. 정말 우연이었죠. 일자리가 없어 취업 사이트를 들락날락 거리다 취업 사이트에서 직원 채용한다는 공고를 보고 그 회사에 지원해 취업했거든요. 그렇게 저는 커리어 분야로 들어와 오랫동안 이 분야 일을 해왔습니다. 벌써 20여 년의 세월이 훌쩍 흘렀습니다.

그 전에는 직장을 옮길 때도 전혀 다른 분야로 직무를 옮기는 경우가 많았는데요. 커리어 분야에서는 한 분야를 끈기 있게 밀고 온 덕분에 이 업계에서는 나름대로 이름을 알리게 된 부분도 있었다는 겁니다. 재능이 없는 사람이었지만 부지런히 인내하고 끈기 있게 배우고 익히고 경험한 덕분에 전문성을 쌓을 수 있었습니다. 사실 직무는 조금씩 바뀌었지만 배움의 끈을 놓지 않고 끈기 있게 공부해온 덕분이었습니다.

여러분 인생에서 새로운 일을 하게 될 때도 마찬가지입니다. 단순한 우연이 아니라 필연으로 만드는 비밀은 간단합니다. 자신이 맡은 일에 애정과 관심을 가지고 노력을 지속해나가는 겁니다. 끈기 있게 행동을 지속하는 겁니다.

행운을 부르는 네 번째 요소는 융통성(Flexibility)입니다.

성공하기 위해서는 일관성 있게 인내를 가지고 끈기 있게 나아갈 필요가 있습니다. 그러나 우리의 삶은 무한대의 변수에 놓여 있습니다. 목표를 향해 전력을 다해 나아가다가도 도저히 아니다 싶을 때가 있을 겁니다. 이때 지나친 고집을 피워서는 안 될 때가 있는 거죠. 물론 전력을 다해보지도 않고 조금 시도해보고 쉽게 포기해버리는 태도와는 구분해야 할 겁니다.

크롬볼츠는 우리 인생에서 일어나는 모든 사건은 예측할 수 없다고 말합니다. 그러니까 결국 자신이 소망했던 바를 도저히 해낼 수 없는 상황에 놓인다면 그럴 때는 현실에 절망할 것이 아니라 융통성 있는 태도로 방향을 바꿔야만 합니다.

융통성은 고도의 지혜입니다. 자신이 걸어왔던 삶의 괘도와 관점을 조금만 뒤틀어보면 새로운 길이 보이기 마련입니다. 자신을 행복하게 만드는 우연은 세상을 바라보는 관점이나 상황을 인식하는 나 자신의 자세와 태도입니다.

그런 만큼 인생에서 마주치는 어쩔 수 없는 상황에서는 때로 융통성 있게 대응할 필요가 있습니다.

사랑하던 연인과 헤어지면 때론 죽을 것 같은 아픔에 시달리기도 합니다. 그렇지만 결국 우리는 또 다른 사람을 만날 수 있습니다. 우리가 꿈꿨던 직업이나 직장을 이룰 수 없게 될 때는 절망감에 빠져들기도 합니다. 앞으로 어떻게 살 수 있을지, 무엇을 해야 될지 고통스러울 수 있습니다. 하지만 진로는 수십여 가지의 길만 있는 것이 아니라 수백, 수천만여 가지 이상의 길이 있음을 깨달아야 합니다.

행운을 부르는 다섯 번째 요소는 위험감수(Risk Taking)입니다.

많은 사람들이 안전과 안정을 꿈꿉니다. 그러나 이 세상에 안전한 곳은 그 어디에도 없습니다. 집이라고요? 최고의 안전한 곳은 집보다 무균실이 될 수 있겠지요. 모든 바이러스로부터 보호받을 수 있으니까요. 많은 비용이 드는 것이 문제이긴 하겠지만요. 그것보다 더 큰 문제는 평생을 거기서 홀로 살아가야 한다는 겁니다. 여러분은 그런 외로움을 견딜 수 있나요. 외로움보다 더 큰 문제는 인간이라는 존재의 목적을 상실하게 되는 것이 아닐까요.

실패를 하지 않는 최고의 방법은 무엇일까요. 아무런 도전을 하지 않는 겁니다. 아무런 위험을 떠안지 않으려는 태도는 자칫 현명한 판단으로까지 보일 수 있겠죠. 그러나 그것은 대단히 비겁한 선택입니다. 물론 우리는 최악의 상황이나 위험도 예측하려 노력해야 합니다. 고의로 실패할 필요는 없겠죠. 그렇지만 모든 것이 확고할 때 그때 도전하겠다는 생각보다는 불확실한 결과에도 과감하게 도전하려는 용기가 필요합니다. 모든 것이 준비되어 완벽해질 때 그때 시도하겠다는 믿음으로는 그 어떤 것도 성취하기 어렵습니다.

행운은 저절로 굴러들어 오지 않습니다. 성공하고 싶다면 우리 자신의 태도와 사고방식부터 바꿔야만 한다는 겁니다. 실제로 이 이론을 주장한 크롬볼츠는 여러 사람들의 사례로부터 이런 5가지 요인이 모두 있다는 사실을 발견하게 되었는데요. 본인의 커리어도 유명한 사례로 언급됩니다.

유년 시절의 크롬볼츠는 마을 밖을 절대 나가지 말라는 어머니의 경고를 받았는데요. 어느 날은 도대체 마을 밖에는 무엇이 있을지 호기심이 생기더라는 겁니다. 그래서 어머니 몰래 자전거를 끌고 마을 밖의 또 다른 동네에 놀러 갔죠. 그곳에서 또래 친구를 만났는데요. 이 친구가 테니스 칠 줄 아느냐고 묻는 겁니다. 그는 테니스를 쳐본 적은 없지만 '한 번 해보지' 하는 낙관적인 태도로 "네가 가르쳐주면 나도 해볼게"라고 테니스를 배우기 시작합니다. 그것이 인연이 되어서 대학생활 때까지 테니스를 취미생활로 계속했다고 합니다.

자유학부제로 입학했기에 대학교 1학년 동안 전공을 선택하지 않아도 되는 자유가 있었는데요. 2학년에 올라가기 위해서는 세부 전공을 정해야만 했답니다. 크롬볼츠는 어떤 전공을 선택하면 좋을지 골몰하다가 선택하질 못하고 마지막 경고장까지 받게 된 겁니다. 오늘 오후 5시까지 결정하지 않으면 한 해 유급된다는 통보까지 받은 거죠.

어찌할 바를 모르던 그 순간까지 크롬볼츠는 테니스를 치고 있었는데요. 우리는 대개 이렇게 문제가 곪아 터져도 적극적으로 대응하지 않고 고민만 늘어놓거나 그냥 평소에 하던 행동을 그대로 하는 경향이 있죠.

크롬볼츠 역시 그랬던 겁니다. 그는 테니스 코치에게 자신의 전후 사정을 흘러가듯 이야기하며 어떤 전공을 선택해야 좋을지 아직도 모르겠다고 토로합니다. 그랬더니 테니스 코치가 '전공하면 아무래도 심리학이 최고지' 하더라는 겁니다. 그래서 그는 전혀 생각지도 않았던 심리학을 전공하게 되었답니다. 그렇게 우연히 전공하게 된 심리학 분야에서 본인이 대가가 되었다는 사실에 본인도 놀라게 된 겁니다.

그럴 수 있었던 이유는 그의 끈기 있는 태도 덕분이었죠. 우연히 선택한 전공이지만 그래도 열심히 공부해보자는 마음으로 학업에 임했는데요. 아무것도 몰랐지만 인내심을 가지고 꾸준하게 공부한 덕분에 심리학에 재미도 생기고 성공도 하게 되었다는 겁니다.

그렇게 심리학을 전공하던 그가 주류심리학에서 다소 벗어난 직업 분야 심리학으로 눈을 돌리게 됩니다. 당시 직업 분야는 심리학계에서는 대접을 받지 못했던 분야였지만 그에게는 흥미 있는 주제였던 겁니다.

그는 융통성 있게 변신합니다. 그는 자신이 만든 우연이론에 실수가 있었다며 '계획된 우연이론' 조차 자신의 잘못을 인정하고 융통성 있게 자기 이론을 변형합니다. 사실 위험요소는 있었지만 그렇게 세부 전공을 바꾸는 위험을 감수한 덕분에 더 많은 사람들에게 사랑받을 수 있게 된 거죠.

많은 사람들은 위험을 감수하지 않으려고 합니다. 끝이 보이는데도 끝이 날 때까지 기다리다 구조조정으로 나와 망연자실하게 삶을 살아가는 사람들이 많습니다. 준비가 덜 되었다는 겁니다. 그러나 완벽한 준비는 없습니다. 우리는 최대한 완벽하게 준비하려고 노력은 해야 되겠지만 완벽을 기다리기보다는 먼저 작은 것이라도 시도해보는 행동이 중요합니다.

저 역시도 그렇게 수많은 일들을 시도해보며 지금의 삶을 누릴 수 있었습니다. 돌이켜보면 기적과 같은 삶입니다. 열악한 환경을 벗어나는 과정은 길고 고단했지만 원칙은 간단했습니다. 중요한 순간에는 가능한 빠르게 결단하고 위험을 감수하고 실행했다는 겁니다. 앞으로 여러분이 삶을 살아갈 때도 행운을 부르는 이 5가지 요인을 결코 잊지 마시고 행운을 거머쥐시길 바랍니다.

제가 말씀드린 5가지 요인이 뭐였죠? 벌써 다 까먹으셨네. 네, 맞습니다. '호기심, 낙관성, 끈기, 융통성, 위험 감수'입니다.

이번 한 학기 동안 여러분과 함께 행운을 부르는 시간을 만들어나갔으면 좋겠습니다. 앞으로도 더 멋진 행운을 만들어나가시길 응원하겠습니다.

우연 같아 보이는, 행운을 부르는 5가지 요인

1. **호기심**(Curiosity) : 궁금한 것이 사라지면 새로운 것을 배우는 기회도 잃게 된다. 매사에 호기심을 잃지 않고 살아간다.

2. **낙관성**(Optimism) : 인생에서 벌어지는 모든 일에는 다 의미가 있다. 따라서 좋은 일이든, 나쁜 일이든 자신에게 벌어진 사건을 보다 긍정적으로 해석할 필요가 있다.

3. **끈기**(Persistence) : 인생에서 발생한 일을 단순한 우연이 아니라 필연으로 만드는 비밀은 그 일에 애정과 관심을 가지고 노력을 지속해나가려는 끈기 있는 행동이다.

4. **융통성**(Flexibility) : 나를 행복하게 만드는 행운은 세상을 바라보는 나 자신의 자세와 태도가 상황을 인식하는 것인 만큼 인생에서 마주치는 사건에 융통성 있게 대응한다.

5. **위험감수**(Risk Taking) : 이 세상에 안전한 것은 없다. 최악의 상황이나 위험도 예측하려 노력한다. 그렇지만 꿈(혹은 하고 싶은 일)을 찾았다면 포기하지 않고 불확실한 결과에도 도전하려는 용기를 가지고 위험을 감수한다.

– 존 크롬볼츠, 계획된 우연이론

3강

—

실전 취업
성공 전략

1

취업에 성공한 학생들에게서 찾은
9가지 공통점

만일 우리가 부자가 되고 싶다면 부자가 된 사람들의 공통점을 살펴볼 필요가 있다. 돈을 많이 벌고 싶다면 돈을 많이 번 사람들의 공통점은 무엇인지, 성공하고 싶다면 성공한 사람들의 공통점은 무엇인지, 행복하게 살고 싶다면 행복한 사람들의 공통점은 무엇인지 살펴볼 필요가 있다.

취업도 마찬가지다. 취업에 성공하고 싶다면 취업에 성공한 사람들의 공통점을 살펴볼 필요가 있다. 물론 제각각 독특한 상황 속에서 개별적으로 성공을 거둔 경우도 있지만 그 속에서 우리 자신에게 적용할 수 있는 전략들이 숨어 있다. 취업에 성공한 사람들의 공통점은 뭘까?

한 대학에서 취업에 성공한 학생들의 수기를 읽고 순위를 매겨달라는 의뢰를 받은 적이 있었다. 100여 명이 넘는 학생들의 취업 성공 수기를 읽으며 그들만의 공통점이 있다는 사실을 발견했다. 그래서 순위와 더불어 그들에게 어떤 공통점이 있는지 내용을 정리해서 담당자에게 전해줬다. 이를 본 담당자는 내용이 너무 좋다며 학보사에 내용을 싣고 싶다고 했다. 취업을 준비해야만 하는 학생들에게도 도움이 될듯하여 그 내용을 여러분에게도 전해본다.

1) 놀더라도 지켜야 할 기본은 지킨다

우리는 한 분야의 대가들을 부러워하며 바라보곤 한다. 하지만 아무리 한 분야의 프로라도 그들도 흔들리거나 슬럼프에 빠질 때가 있기 마련이다. 성공한 사람들은 어떻게 슬럼프를 극복할까. 사람마다 다 다를 수 있으나 공통적으로 기본기부터 다시 바로잡는 경우가 많다.

그것이 당구든, 볼링이든, 골프든, 예체능 분야 뿐 아니라 건축이나 디자인이나 어떤 분야든 모두 마찬가지다. 학교생활이나 사회생활도 마찬가지다. 기본기를 지키지 않는 사람들에 대해 기업은 곱지 않은 시선을 보낸다. 아무래도 기업은 규칙적이며 규범적으로 생활해야 하는 측면들이 있기 때문이다.

사실 기업뿐만 아니라 우리도 마찬가지다. 기본기가 안 되어 있는 사람들을 계속 만나기 어렵다. 일이나 놀이도 마찬가지다. 기본기가 안 되어 있으면 무엇이든 잘 해내기 어렵다. 기본기란 재능 있는 사람조차 뛰어넘을 수 있는 힘을 제공한다. 그러니 기업들이 기본기를 중요하지 않게 여길 수 없는 것이다.

학생들의 기본기는 뭘까. 뭐니 뭐니 해도 출석과 학점이다. 기업들은 그것만으로도 1차적인 기본기는 되었다고 본다. 높은 학점은 취업에 유리한 고지를 점령하는 전략임은 분명하다. 오래된 이야기지만 내가 대학을 다니던 시절에도 학점이 높은 학생들은 대기업을 비롯해 좋은 기업에 많이 취업했다.

지금도 어느 정도 마찬가지다. 지방의 한 평범한 대학을 다니던 학생이 들려준 이야기다. 비록 좋은 대학은 아니지만 대학생활 동안 최선을 다해 최고의 성적을 만들어보자고 학업에 매진했다고 한다. 그 덕분에 4.5 만점에 4.3의 높은 성적을 취득해 모 대기업 중공업체에 취업했다. 물론 학점이 높다고 취업이 되는 시대는 지나갔다. 그렇지만 최소한의 학점은 유지해야 한다. 취업에 성공한 학생들은 아주 높은 학점은 아니더라도 최소한의 학점은 유지하고 있었다.

직장생활을 하면서 볼링 동호회에 가입하기 위해 볼링을 배웠던 적이 있다. 3개월 과정으로 입과해 한 달 가량이 흘렀지만 가르치는 선생님이 볼링공을 잡지 못하게 했다. 오로지 스텝과 포즈 연습만 반복해서 훈련했다. 볼링을 한다면 공을 넘어뜨리는 재미가 있어야 하는데 공을 못 잡게 하니 뽀루퉁해 있는 교육생들이 제법 있었다.

내가 총대를 메고 선생님에게 따져보기로 했다. "선생님, 우리가 볼링 배우려고 한 지가 벌써 한 달 가량이 다 되어가는데요. 아직까지 공 한 번 제대로 못 잡아봤습니다. 우리가 군대에 입대하면 총을 잡고 발사해봐야 하는데요. 공 한 번 제대로 못 굴려보니 실전 경험이 부족하지 않나 싶습니다"라고 구구절절하게 말을 늘어놓았다.

그랬더니 당시 체대를 다니던 젊은 여선생님은 단호하게 말했다. "안 됩니다. 너무 빨리 공 잡고 경기하다 보면 자세가 흐트러집니다. 그러면 교정이 안 됩니다. 일단 시키는 대로 하세요"라는 것이다.

볼링을 배우면서 볼링 경기 한 번 제대로 못 한다는 것이 불만이었지만 선생님의 엄격한 지시를 따라 훈련을 이어갔다. 나중에 볼링공을 잡고 던지는 훈련을 할 때도 스트라이크를 넣는 것보다 올바른 자세에서 올바르게 공을 놓는 것을 강조했다. 그렇게 3개월 교육을 받고 회사 볼링 동호회에서 활동했다.

볼링 게임을 하면 할수록 경기력이 좋아졌다. 내 손에 맞는 볼링공과 볼링 장비까지 마련하니 점수가 더 올라갔다. 급기야 쳤다 하면 스트라이크까지 나왔다. 한 번은 스트라이크를 연속해서 치기 시작했는데 7개 연속해서 스트라이크가 나왔다. 8 플레임부터는 사람들이 몰려서 내가 던지는 공을 지켜봤다. 퍼펙트게임을 하면 볼링 경기장에서 주는 선물들이 나름대로 있었는데 당시에 금 10돈을 주는 경우도 있었다.

장난치듯 동료들에게 선물이 뭔지 알아보라고 했다. 그런데 볼링 쿠폰 100장을 준다는 것이다. 안 그래도 동호회에 가입되어 있었기에 쿠폰은 무의미하다는 실망감이 들었다. 그래도 8 플레임까지는 스트라이크를 이어갔다. 그런데 9 플레임에서 스플릿이 났다. 그러자 구름 떼같이 몰렸던 사람들이 다 흩어져버렸다. 하지만 그래도 10 플레임에서 연속 3개의 스트라이크를 쳐서 총 12개의 스트라이크를 칠 수 있었다. 내 인생 최고의 기록이었다.

그것은 오로지 엄격한 선생님의 가르침 덕분이었다. 기본에 충실하라는 선생님의 이야기를 온몸으로 체감했다.

2) 부정보다 긍정으로 바라본다

성공한 사람들이 빠지지 않고 강조하는 부분 중에 하나가 긍정성이다. 어쩌면 식상하게 들릴 수도 있겠지만 그 정도로 긍정적 태도는 중요하다. 취업이 잘 안 되는 사람들은 자신들이 해놓은 것이 없기 때문에 취업이 안 될 것이라고 지레짐작한다.

그러나 취업에 성공한 사람들은 다소 모자란 부분이 있지만 그래도 자신은 취업할 수 있다고 믿는 경향이 있다. 어떤 어려운 상황에서도 긍정적 시각으로 나아가는 사람이 결국은 취업에 성공하기 마련이다. 기업 인사담당자에게도 그런 긍정성을 보여줄 필요가 있다. 기업들은 그런 관점을 유지하는 사람을 선호할 수밖에 없다.

무엇보다도 기업은 부정적 태도를 가진 사람을 좋아하지 않는다. 직장생활 그 자체가 어느 정도 힘들고 고단한 일이기에 부정적 태도를 가진 사람일수록 근로 의욕이 떨어짐을 알고 있기 때문이다. 따라서 아무리 힘든 일이 있었더라도 과거를 부정하는 태도를 보여서는 안 된다. 어려웠던 과거는 어려웠던 대로 의미가 있었다고 전하고 즐거웠던 경험은 그만큼 가치가 있었다고 전했다.

3) 적극적인 태도

배가 고프면 배가 고프다고 말해야 한다. 힘이 들면 힘이 든다고 말해야 한다. 그래야 누군가가 여러분의 사정을 알고 도와줄 수 있기 마련이다. 취업도 마찬가지다. 적극적인 태도로 "일자리를 찾고 있다"고 주변 사람들에게 알려야 한다. 부모나 가까운 친인척, 학교 선배, 교수님, 취업지원 유관기관에다 모두 도움을 구해야 한다.

조금 귀찮다고 여길 정도로 취업담당자들을 만나서 도움을 요청할 필요도 있다. 고학년이 되면 학교 취업지원 관련 부서를 찾아가서 인사도 자주 나눌 필요가 있다. 큰소리로 밝게 인사하면서 "여기 행복한 커피 한 잔 부탁해요"라고 뻔뻔하게 말할 정도의 배짱도 필요하다.

교직원들이 '뭐, 저런 녀석이 다 있어'라고 생각할지 모르겠지만 그 교직원의 마음 속에는 일자리 추천이 들어올 때 가장 먼저 그런 똘아이(?)가 떠오르기 마련이다. 아마도 가장 먼저 그 친구에게 일자리 정보를 제공할 것이다. 그런 적극적인 태도로 일자리를 찾아 나선 사람들이 빠르게 취업에 성공했다.

4) 스토리가 될 만한 다양한 경험이 있다

취업에 성공한 학생들은 자기만의 차별화된 스토리가 있었다. 그런 스토리를 이야기하면 다들 특수한 사례라고 고개를 절레절레 내두른다. 그렇게 남들이 보기에는 그런 사연들이 모두 다 특수하게 보이기 마련이다. 자신에게 그런 스토리가 없다고 한탄하지 말고 일단 다양한 경험을 시도해보는 것이 좋다. 그 과정에서 자기만의 스토리가 자연스레 만들어지기 마련이다.

억지로 성공스토리를 만들려 집착하지 말고 일단 경험과 도전을 다양하게 시도해나가다 보면 성취 경험 뿐 아니라 실수나 실패했던 경험조차 훌륭한 스토리로 탄생되기 마련이다. 그러니 일단 겁내지 말고 다양한 경험을 시도해보자.

무엇이든 괜찮다. 평소에 자신이 하고 싶었던 경험들을 시도해보면 된다. 취업에 성공한 학생들은 다양한 경험이 있었다.

5) 스펙 이상의 자기만의 차별화 포인트가 있다

취업에 성공한 사람들은 자기만의 남다른 차별화 포인트가 있었다. 심지어 경험이 많지 않더라도 남다른 특이한 경험들이 있었다. 그것이 학교 내 생활이든, 학교 밖 생활이든 자기만의 차별화된 색깔을 가지고 있었다.

그것이 Z세대로는 어울리지 않을 것 같은 풍물패 동아리 활동이지만 거기에서 몸과 마음을 단련하고 협동심을 배웠다든지, 대리기사로 활동하면서 누구보다 친절하게 일한 덕분에 대기업 급여 수준으로 돈을 벌었다든지, 영화 단역으로 시체로 출연하며 거의 하루종일 엎드려 있어야 했지만 혼신의 힘을 다해 죽은 연기를 했다든지 등의 이야기가 있었다. 겪은 경험이 무엇이든 독특한 차별화 요소들이 있었다.

남다른 차별화 포인트 역시 저절로 생기는 것이 아니다. 움직이고 활동하다 보면 어느새 생기기 마련이다. 그러니 안락한 곳을 벗어나 일단 움직여라.

6) 저학년 때부터 시작하는 차분한 취업 준비

취업에 실패하는 학생들은 보통 졸업을 앞둔 고학년이 되어서야 취업 준비를 시작하는 경우가 많다. 그러나 취업에 성공하는 학생들은 저학년 때부터 차근하게 하나씩 준비를 해나가는 경우가 많았다. 그러니까 목표 업종이나 기업에서 요구하는 필수자격 요건을 저학년 때 구축해놓는다든지 아니면 아예 실컷 놀면서 다양한 경험을 쌓았든지 무엇을 하든 미리 준비하면서 하더라는 것이다. 취업은 지식이 아니다. 배우는 것으로 그칠 것이 아니라 실행하고 시도하는 것이다. 당연히 미리 준비해두면 좋다.

어떤 학생들은 대학생활의 재미도 느끼지 못하고 저학년 때부터 취업에 몰두하는 것은 문제가 있다고 지적한다. 일부 맞는 말이다. 그렇지만 취업에 성공하는 꽤 많은 학생들은 오히려 시간적 자유와 여유가 더 있었다. 충분히 놀 것도 다 놀면서 취업 준비도 병행해나가는 모습을 볼 수 있다. 오히려 취업 준비가 안 되는 학생일수록 더 놀지도 못하고 취업 준비도 못하는 어정쩡한 모습을 볼 수 있었다. 조금만 더 일찍 준비해보자.

7) 간과할 수 없는 취업 스킬의 위력

막상 대학 졸업이 다가오면 학생들은 앞이 깜깜해지기 마련이다. 그제야 이력서, 자소서 쓰며, 취업 사이트 들락거리며 정신없이 시간을 보낸다. 그런데 사람들은 이력서, 자기소개서, 면접, 취업 전략 등의 취업 스킬을 자잘한 것이라고 여기고 대단치 않게 생각한다.

물론 대단히 어려운 작업은 아니지만 이런 자잘한 기술이 자신을 조금 더 두드러지게 보이도록 만들 수 있다. 그러니까 취업에 성공한 학생들은 이런 기술적인 요인까지 좋았다. 기업에서 요구하는 본질적인 역량이 가장 중요하겠지만 최소한의 취업 기술은 익혀야 한다.

이력서, 자기소개서, 면접 요령, 취업 포트폴리오 등은 한 번으로 완성되지 않는다. 어느 정도의 훈련과 노력이 필요하다. 제일 좋은 방법은 학교 내 취업, 진로교과목 수업을 듣는 것이다. 다른 과목처럼 억지로 들으려 하지 말고 조금 더 적극적인 자세로 수업을 듣고 담당교수님에게도 자문을 구하는 것이 좋다.

학교 내 다양한 취업진로지원 프로그램들이 운영되므로 이런 행사에도 적극적으로 참여하면서 취업 스킬을 익혀두는 것이 좋다. 취업 스킬은 듣는 것으로 끝나지 않는다. 시도하고 행동하고 수정보완하며 업그레이드 해나가야 한다.

8) 대학이나 외부 취업 진로 제도와 시스템 활용

학생들을 상담하다 보면 대학이 졸업할 때까지 뭐 하나 제대로 해준 게 없다고 투덜거리는 경우가 종종 있다. 그런데 학교 담당자들을 만나 보면 학생들을 위해 다양한 취업지원 프로그램을 운영하는데 학생들 모집이 안 되어서 애로를 겪는다고 토로한다. 누구 말이 맞는 걸까?

대학생은 분명 성인이다. 누구도 자신이 먹어야 할 밥까지 떠먹여 주는 사람은 없다는 사실을 자각할 필요가 있다. 스스로 찾아 먹어야 한다. 지방 소도시의 조그만 대학을 찾아가도 1년 내내 다양한 취업지원 프로그램이 운영된다. 한 조그만 대학에서 학생들을 위해 운영하는 다양한 취업프로그램 팸플릿을 보고 깜짝 놀랐던 기억이 있다. 그런데 정작 학생들은 그런 취업교육 팸플릿을 광고 전단지 수준으로 여긴다는 것이다. 학교에서 문자로, 이메일로 취업 관련 정보나 교육정보가 와도 스팸으로 취급하는 경우가 많다.

진짜다. 평범한 대학에도 취업, 진로 프로그램은 넘쳐난다. 학교를 벗어나도 다양한 공공기관에서 국민취업지원제도와 같은 다양한 취업지원 프로그램을 운영하고 있다. 그만큼 많은 프로그램이 있으니 학교와 인근 지역 공공기관과 교육기관의 시스템을 찾아보고 활용할 수 있어야 한다. 이런 다양한 취업지원 제도와 시스템을 활용하지 못한다면 그 손해는 고스란히 자신에게로 돌아온다.

9) 실패에 절망하지 않고 용기 있게 도전한다

취업지원을 하다 보면 실패도 겪기 마련이다. 지원하는 족족 합격하는 학생들은 찾아보기 어렵다. 그런데 몇 번의 도전으로 크게 절망하고 집안으로 들어가 버리는 은둔형 외톨이들이 제법 있다.

실패하지 않는 완벽한 방법은 도전하지 않는 것이다. 만일 이런 이야기를 꺼내면 일부 학생들은 항변한다. 도전해봐도 안 되더라는 것이다. 그런데 자세히 들여다보면 대단한 도전도 아니고 여러 차례의 도전도 아니고 몇 번의 도전으로 쉬이 포기하는 경우도 많다. 물론 취업은 쉽지 않다. 결코 녹록지 않은 환경이다. 그래도 포기하지 않고 용기를 가지고 도전해나가면 분명 기회도 생기기 마련이다. 포기해버리면 기회도 오지 않는다.

취업에 성공한 사람들의 이야기를 들어보면 도저히 안 될 것 같은 상황에서도 성취를 일군다. 한 번은 승무원 시험에서 매번 떨어지는 여학생의 이야기를 들은 적이 있었다. 워낙 맥주병 체질이라 수영 시험에서 계속 떨어진다는 것이다. 어렵게 시험에 도전했는데 떨어지면 오랜 시간 다시 기다려야 했기에 수영 시험에서 떨어지면 포기하지 말고 그 자리에서 다시 한 번 더 도전 기회를 달라고 요청하라고 했다. 그랬더니 채용담당자가 컨디션 회복해서 다시 도전해보라고 기회를 주더라는 것이다. 그렇게 해서 최종합격에 이른 지원자도 있다. 그러니 어떤 상황에서든 쉽게 포기해서는 안 된다.

한 번은 모교에 특강을 나갔다가 조금 심하게 독설을 날린 적이 있다. 평소 강연장에서라면 그렇게까지 하기 어렵지만 내가 졸업한 대학 후배들이라 생각하니 조금은 독하게 마음먹어 보라고 몰아친 적이 있었다.

당시 대학교 2학년 학생과 공개적으로 질문과 답변을 나누고 있었다. 내가 '공부를 못해서 이 대학 들어온 것 아니냐'고 조금 공격적으로 질문했다. 그 학생은 아니라며 자신이 하고 싶었던 특화된 외국어를 전공할 수 있었기에 입학한 것이라고 대답했다. 내가 곧바로 여기 말고도 더 좋은 대학이 있는데 군이 왜 이 대학을 다니느냐며 결국 학교 다닐 때 공부를 못해서 입학한 것 아니냐고 되물었다.

다수의 학생들이 있는 자리에서 그런 이야기가 오갔으니 본인으로서도 무척 곤혹스러웠을 것이다. 그래서 특강을 마무리할 때 내 의도를 전했다. '중요한 것은 어떠한 상황에서도 절대 포기하지 말라'는 뜻이었다고 말이다. 상대가 나를 싫다고 하더라도 나는 세상을 향해 내가 원하는 것을 요구하고 도전할 필요성이 있음을 강조했다.

그로부터 2년 후 놀라운 소식을 들었다. 그 후배가 모 공공기관 통역 업무에 지원했다는 소식이었다. 그는 면접장에서 만족스럽지 못한 답변을 하고 나와 아쉬웠다고 했다. 그런데 그때 불현듯 내가 한 이야기가 떠올랐다고 한다. '어떤 순간에서도 포기하지 말라'는 그 말이다.

그는 다시 면접장으로 혼자 들어갔다. 면접관들이 순간적으로 얼음이 되어 '뭐지?'라는 당혹스러운 표정을 보였다. 후배는 자신이 이 일을 하기 위해 얼마나 열심히 준비해왔으며 통역을 하기 위한 역량도 얼마나 잘 갖췄는지 강조했다. 자신이 그 나라 사람들과 문화에 대해 얼마나 잘 이해하고 있는지를 제대로 이야기 드리고 싶었는데 그런 부분을 제대로 어필하지 못한 것 같아 아쉬운 마음에 다시 들어왔다고 말하며 면접장을 빠져나왔다. 결과는 어땠을까? 최종합격이었다. 최종합격!!!

이때 만일 불합격했다 하더라도 최선을 다했기에 후회가 크지 않기 마련이다. 또 다른 일에서 최선을 다해 결과를 만들어 낼 것이기 때문이다. 그런 자세야말로 진정한 도전정신이다. 결국 도전정신이 기적을 이루는 것이다. 취업에 성공한 사람들은 실패에 절망하지 않는 그런 도전정신이 엿보였다.

취업에 성공한 학생들에게서 찾은 9가지 공통점

1. 놀더라도 지켜야 할 기본은 지킨다

2. 매사에 부정보다 긍정적으로 바라본다

3. 적극적인 태도를 가진다

4. 스토리가 될 만한 다양한 경험이 있다

5. 스펙 이상의 자기만의 차별화 포인트가 있다

6. 저학년 때부터 시작하는 차분한 취업 준비를 한다

7. 간과할 수 없는 취업 스킬의 위력을 가진다

8. 대학이나 외부 취업 진로 제도와 시스템을 활용한다

9. 실패에 절망하지 않고 용기 있게 도전한다

2
취업 성공을 위한
5단계 준비 전략

많은 학생들이 취업 고민을 하지만 막상 어떻게 취업 준비를 하면 좋을지 망설이는 경우가 많다. 그래서 취업을 위한 준비 과정을 5단계로 정리해보고자 한다. 1단계는 자기분석 단계이다. 2단계는 취업 목표를 점검하는 단계이다. 3단계는 취업 역량 키우기 단계이다. 4단계는 취업 스킬 익히기 단계이다. 5단계는 취업 목표를 달성하는 단계이다. 취업이 되었다 하더라도 다 끝난 것이 아니라 지속적으로 경력 관리를 도모해나가는 것이 중요하다. 취업 5단계를 하나씩 살펴보자.

1단계 – 자기분석

첫 번째로 가장 중요한 1단계는 자기분석이다. 내가 어떤 선상에서 출발하고자 하는지에 대한 이해가 가장 중요하다. 그러한 자기이해를 위해서는 평소 자신의 내면과 외면을 잘 들여다보려는 사색의 과정이 중요하다. 이런 과정이 어려울 경우 조금 더 객관적으로 자신을 들여다볼 수 있는 지표를 가지는 것이 좋다. 역량진단을 위해서는 워크넷의 다양한 직업심리검사를 해보는 것도 도움이 된다.

자신이 어떤 부분에 직업적 흥미가 있는지 유추해볼 수 있는 '직업선호도검사 S형이나 L형 검사'를 하면 좋은데 더불어 내가 무엇을 잘하는지 알아볼 수 있는 '직업적성검사'도 좋다. 이와 더불어 자신이 직업 세계에서 무엇을 중요하게 여기는지에 대한 검사도 해볼 수 있는 '직업가치관검사'도 실시해보는 것이 좋다. 이외 나 자신의 성격을 알아보기 위한 'MBTI나 에니어그램, Big5 등의 성격검사'도 좋다. 이러한 기본적인 검사를 통해 자신을 확인하고 자신의 현재 상황을 객관적으로 탐색해볼 필요도 있다.

전공과목, 복수전공, 부전공 혹은 좋아하는 학문이나 관심 있게 파고든 분야에 대해 기록해볼 필요도 있다. 현재 학점은 어떤지 기록을 해보고 졸업 후 예상 학점도 기록을 해봐야 한다. 마찬가지로 현재 어학 점수와 목표 어학 점수도 기록해본다. 자격증 역시 현재 보유한 자격증을 기록해보고 필수자격증이 무엇인지 확인한 뒤 취득해야 할 자격증을 정리해본다. 불필요하게 지나치게 많은 자격증을 취득하기보다는 필수적인 자격증을 우선적으로 취득하고 시간적 여유가 있을 때 유관자격증 취득을 목표로 한다. 공모전 도전상황을 기록해보고 시도해본 적이 없다면 도전해보거나 다른 활동으로 보충할 수 있다. 공모전과 유사할 정도로 깊이 있게 과제물 수행을 했다든지 스스로 체험한 경험이나 프로젝트 등을 수행했다든지 하는 식이 될 것이다.

특정 기업을 제외하고 봉사활동 그 자체에 가산점을 주는 기업은 많지 않다. 다만 봉사하는 마음과 태도 그 자체를 높이 평가하는 경향은 있으므로 자신의 재능을 살리면서도 사회적 가치를 빛낼 수 있는 봉사활동도 참여해보도록 한다.

자신이 잘하는 것은 무엇이고 못하는 것이 무엇인지 알아두어야 한다. 그러기 위해서는 먼저 자신의 강점과 단점을 살펴볼 필요가 있다. 강점은 별것 아닌 것 같아 보이는 소소한 장점이라도 일단은 브레인스토밍하듯 100가지를 쓴다는 마음으로 최대한 나열해본다. 그런 다음 3가지 정도로 추려보도록 한다.

1단계에서 가장 중요한 점은 이렇듯 자신이 처한 개인적 상황을 객관적으로 점검하는 것이다. 취업시장으로 나아가기 전 자신의 상황을 점검해보는 셈이다. 현재 처한 경제적 상황이나 가족의 지지 여부도 살펴봐야 한다. 마지막으로 자신이 가지고 있는 진로, 취업, 직업 세계에 대해 잘못된 편견이나 왜곡된 관점은 없는지 살펴봐야 한다. 의외로 많은 사람들이 스스로 자신의 한계를 그어두어 생애진로를 가로막게 되는 경우가 많기 때문이다.

2단계 - **취업 목표 점검**

내가 어디로 나아가고 싶은지 명확한 목표가 있어야만 목적지에 도달할 수 있다. 내가 어디로 가는지 모르는데 다른 사람이 길까지 안내하긴 쉽지 않다. 따라서 내가 가고 싶은 '목표 기업과 산업 분야, 목표 직무'를 선정해야 한다.

과거 고도성장기에는 기업이 제일 중요한 취업 목표였다. 대규모 공채에서는 기업을 먼저 목표로 했고 산업은 자연스레 따라가는 정도였다. 직무 교육은 직장에 입사해서 진행되는 경우가 많았다. 하지만 이제 기업은 최대한 직무 역량을 갖춰온 인재를 선호하는 만큼 직무 목표를 정하는 것이 제일 중요하다고 볼 수 있겠다. 그래야 취업타깃이 보다 명확해질 수 있다.

1단계 자기분석 과정을 통해서 목표 직무나 직업을 선정해야 한다. 아직 뚜렷하게 무엇을 해야 할지 잘 모르겠다 싶으면 일단은 전공과목을 살릴 수 있는 분야나 자신이 잘 알고 있는 분야, 끌리는 분야로 가상의 직무 목표를 선정해본다. 이렇게라도 목표가 생겼다면 그 목표를 달성해나가는 과정에서 새로운 직무들도 보이기 마련이다. 그러나 아무런 목표가 없다면 이것저것 잡다하게 애만 쓰고 좌충우돌할 우려가 있다.

직무나 직업만으로 완벽한 목표가 되긴 어렵다. 창업이나 전문직이 아니라면 목표 기업을 선정해야만 완성된다. 대학교 4학년이 되어서야 취업정보를 확인할 것이 아니라 가능하면 조금 더 이른 시기부터 목표를 확인할 필요가 있다.

목표로 하는 기업에서 요구하는 채용자격 요건을 확인해야만 한다. 운전면허증같이 말도 안 되는, 별것 아닌 자격 조건 때문에 서류전형에서 탈락하는 경우도 있다. 따라서 기업에서 요구하는 최소한의 자격 요건을 확인하고 그 부분은 반드시 갖춰 놓도록 한다.

취업 목표가 높을수록 취업이 쉽지 않을 수 있다. 그로 인해 취업시장에서도 재수, 삼수를 하는 취준생들도 많지만 가능한 취업시한을 설정하고 무작정 매달리지 않도록 정해 놓는 것이 좋다. 졸업하기 전까지나 졸업 후 6개월, 1년, 2년 이내로 목표시한을 설정해야 한다. 무엇보다 내가 목표로 한 기업에 입사 가능한지에 대한 목표달성 가능성을 예상해 봐야 한다. 지나치게 높은 목표는 자신을 지치게 만들거나 포기하게 만들어버릴 수도 있다. 그래서 1순위 기업이 안 되었을 때는 2순위, 3순위 기업을 정해 놓고 순서대로 지원해보도록 한다.

취업 목표가 뚜렷해도 장애물이 생길 수 있다. 그러니 자신이 마주하고 있는 장애물도 검토해봐야 한다. 장애물에는 외부적 장애요인이 있고, 내부적 장애요인이 있다. 외부적으로는 부모님의 강압적 요구가 될 수도 있겠고, 경제적 상황, 전공이나 자격증, 어학점수 등의 취업자격 요건이 안 되거나, 나이나 성별, 지역 등이 될 수도 있다.

내부요인으로는 자기 자신이다. 어떤 잘못된 편견이나 게으름 혹은 지나치게 잘하려고 하는 마음의 강박증 등이 장애물이 될 수 있다. 이런 장애물에 어떻게 대응해나갈지 전략을 세워봐야 한다.

스스로 준비 가능한 부분도 있겠지만 학교취업지원센터, 지역 고용안정센터, 심리지원기관, 민간 전문가 등의 외부 전문가를 통해서도 도움을 구할 수 있다.

3단계 - 취업 역량 키우기

취업에서 제일 중요한 것은 취업하겠다는 단호한 의지다. 취업마인드

가 없는데 취업이 되긴 어렵다. 그런 측면에서 취업마인드를 고취할 필요가 있다. 왜 내가 일을 해야 하는가에 대한 진지한 접근이 필요하다. 생각을 거꾸로 뒤집어 '직장을 다니지 않고도 어떻게 생계를 이어갈 수 있을까'라고 질문을 뒤집어 볼 수도 있겠다.

상당 수의 학생들은 처음 직장이라는 조직에 들어가는 경우가 많으므로 구직준비도검사를 통해 자신이 취업을 하기 위해 어느 정도 준비가 되어 있는지 확인할 필요가 있다. 목표로 하는 직무 역량을 키우는 것도 중요한데 인터넷 검색도 좋지만 가능하면 현직자 인터뷰를 해보는 것이 더 좋다. 조교나 선배, 교수님을 통해 목표 직무나 목표 기업에 다니고 있는 선배를 소개받아 인터뷰해보면 좋다.

요즘은 링크드인이나 리멤버 같은 사이트나 SNS를 조금만 정성스레 뒤적거려봐도 목표 기업에서 일하거나 목표 직무를 수행하는 사람들을 찾아볼 수 있다. 이들에게 정성을 다해 자신의 간절함을 표현하면 충분히 만날 기회도 생길 수 있다. 오프라인 만남은 힘들 수 있을지라도 온라인 만남이나 답변은 들을 수 있다. 그러니 정성을 기울여보자.

목표 직무 분야에 종사하는 사람들 중에서도 고성과자의 특성이 무엇인지 살펴보자. 고성과자란 똑같은 일을 해도 성과를 많이 내는 우수한 인재라고 볼 수 있다. 따라서 목표 직무에서 요구하는 역량, 지식, 기술, 태도 등을 확인하고 해당 역량을 키우기 위해 학습하고 경험과 경력을 쌓아나가는 것이 중요하다.

4단계 - **취업 스킬 익히기**

　직무 역량을 쌓았다면 이제는 입사지원하기 위한 취업 스킬을 익혀야 한다. 구직자에게 이력서와 자기소개서는 총기와 탄알이라고 볼 수 있을 정도로 중요하다. 따라서 이력서와 자기소개서 작성법에 대해서 배워두고 남보다 조금 더 빨리 작성해 철저하게 완성도를 높여나가는 것이 좋다. 경우에 따라 외부 전문가를 통한 유료컨설팅도 받을 수 있겠지만 학교와 공공기관을 통해서도 무료로 지원받을 수 있는 기관이 많으므로 먼저 도움을 구하는 것이 좋다.

　포트폴리오 작성도 도움이 된다. 자신이 얼마나 유능한 인재인지를 탑재할 개인용 커리어 포트폴리오와 목표 기업이 속한 산업과 업종을 분석하고 기업분석 자료를 담은 기업용 포트폴리오로 구분해볼 수 있겠다.

　소위 말하는 우수한 스펙이나 조건을 다 가지고도 면접에 탈락하게 되는 경우를 많이 봤다. 아무래도 학생들이 낯선 사람들 앞에서 평가받는 자리가 익숙하지 않고, 대면해서 자신의 의견을 펼치는 일에 익숙하지 않아 더 어려움을 겪을 수 있다. 따라서 실전 면접을 대비하기 위한 전략을 수립해야 한다.

　무엇보다도 학교에서 진행하는 모의 면접을 봐두면 도움이 된다. 모의 면접이라 해도 여러 사람들 앞에서 말을 한다는 점에서 많이 긴장되기도 하고 부끄럽기도 할 것이다. 하지만 사람이 많을수록 오히려 더 실전 같은 느낌이 들 수 있으므로 특히 취업을 앞둔 고학년들이라면 이런

174

모의 면접을 피하지 않고 참여해보는 것이 좋다. 정히 부끄럽다면 혼자 있을 때 조용한 공간에서 삼각대를 설치해 셀프 면접을 보는 것도 도움은 된다.

스피치 역량을 키워두면 면접에서 더 도움이 되므로 스피치 학원을 찾지 않더라도 유튜브의 스피치 역량향상 영상, 발음, 발성법 영상 등을 통해 스피치 역량을 키워두면 좋다. 커뮤니케이션 역량을 키우기 위해서는 평소 대화도 조금 더 논리정연하게 펼치도록 주의를 기울여야 한다.

면접은 다양한 방식이 있는데 PT 면접, 토론 면접, 영상 면접, AI 면접 등이 있으므로 다양한 면접 방식을 이해하고 거기에 따른 면접실습을 해보는 것이 좋다. 무엇보다 가장 좋은 것은 실전 면접으로 실제로 면접 현장에서 라이브로 면접을 해봐야 한다. 이 면접이 어떤 느낌인지는 경험해봐야 알 수 있다. 백지장처럼 얼굴이 하얗게 질려 아무런 생각이 나지 않을 때도 있고 너무 부끄럽고 창피하게 느껴질 수도 있다. 그래도 실전 면접을 보다 보면 실력이 늘기 마련이다. 면접 역량이 늘 뿐만 아니라 기업과 산업을 바라보는 안목도 커진다.

자신이 정한 기업을 목표로 삼았다고 하더라도 하나의 기업에만 목매달면 안 된다. 취업정보를 꾸준하게 살펴보면서 기업별로 입사지원 자격조건을 검토하고 차별화된 취업 전략을 수립해서 꾸준하게 취업지원을 해봐야 한다. 기업별로 인적성검사를 본다든지 언택트 채용과 AI 채용을 보는 경우가 있으므로 확인해 준비토록 한다.

큰 기업일수록 워낙 많은 지원자들이 지원하다 보니 1차 스크리닝은

AI 자소서로 검토하는 경우가 많다. 이럴 때는 직무에서 요구하는 주요 키워드 중심으로 자기소개서를 작성하는 것이 중요하다. 영상 면접이나 AI 면접의 경우에도 사람이 아니라 화면을 보고 면접을 봐야 하므로 경험이 없다면 어렵다고 느낄 수 있다. 따라서 동영상 촬영을 통해 모의 동영상 면접을 보거나 AI 면접관을 통해 시뮬레이션으로 모의 면접을 거쳐보는 것이 좋다. 코로나 이후 오프라인으로 진행하던 인적성검사나 역량검사를 온라인 AI 역량검사로 대체한 경우가 많다. 따라서 이 역시도 활용법에 익숙해지는 차원에서 모의검사를 많이 해보면 좋다.

본인의 취업시즌에 취업 환경이 어떠한지 분석도 해야 한다. 활황기에는 조금 더 눈높이를 높여도 되지만 경기가 어렵거나 본인이 취업할 준비가 안 되어 있다면 눈높이를 확 낮추는 것도 하나의 전략이 될 수 있다. 그렇지만 꾸준하게 기초적인 비즈니스 직무 역량을 키워나가도록 노력해야 한다. 먼저 취업에 성공한 선배나 실패한 사례들 찾아서 준비 대책을 마련하는 것이 좋다.

궁금하거나 어려운 부분이 있을 때는 챗GPT를 적절히 활용해서 자기소개서 작성이나 면접 질문, 기업분석에 활용할 수도 있다. 굳이 유료로 챗GPT를 사용하지 않아도 괜찮다. https://openai.com에 접속해서 질문하면 된다. 예를 들어 '나는 NGO단체와 피자헛과 복지단체에서 경력을 쌓았어. 영업관리 업무로 첫 직장을 시작하고 싶은데 자기소개서에 쓸 강약점을 써줘'라고 질문하면 놀라울 정도의 답변을 쏟아낸다. 자기소개서 항목별로 질문내용을 달리해서 답변을 수정보완 업그레이드 해나가면 된다.

취업을 앞두고 스펙적인 요소 뿐 아니라 외적 이미지와 내적 이미지도 점검하고 업그레이드 시킬 필요가 있다. 외적 이미지로는 운동을 통한 건강한 기운이 분출되도록 해야 한다. 몸이 건강하면 밝은 기운이나 에너지를 가질 수 있으므로 바쁘더라도 하루 30분이라도 운동에 시간을 배분하는 것이 좋다. 이미지 메이킹도 별도로 교육이나 훈련을 받으면 좋다. 그럴 시간적 여유가 없다면 평소에 좀 더 밝은 표정과 미소를 짓도록 노력하고 인사하는 예법도 익히고 몸가짐과 제스처를 매력적으로 바꿔나가는 노력이 필요하다.

내적 이미지 개선을 위해서는 무엇보다 자신감 고취가 중요하다. 졸업을 앞둔 학생이 갑자기 역량이 좋아지기는 어려운 측면이 있다. 그렇지만 자신이 현재 가진 조건만이라도 최대치를 보여주기 위해서는 자신감으로 무장할 필요가 있다. 그렇기 위해 육체 운동하듯 멘탈 트레이닝을 통해 멘탈을 강화시켜 나갈 필요도 있다.

근본적으로는 자존감을 끌어올리는 것이 핵심이다. 설령 취업전선에서 내가 원하는 목표를 달성하지 못하는 경우가 있더라도 자존감을 지켜나가면서 실력을 키워나가면 보다 더 좋은 기회를 찾을 수 있다.

5단계 – 취업 목표 달성

대학생활의 목표가 취업이 될 수는 없다. 하지만 시작과 끝을 매듭지을 필요는 있지 않을까 싶다. 취업은 학교와 가정이라는 안정적인 울타리를 벗어나 새로운 전장의 세계로 접어드는 중요한 첫 시작이라고 할 수 있다.

새로운 세상으로 접어들기 위해서는 낯설고 두렵고 어려움이 있기 마련이다. 고학년이 되면 부끄러워하지 말고 적극적으로 취업활동을 개시해야 한다. 그러기 위해 서너 군데의 취업 사이트에 이력서를 등록해두고 정성스럽게 이력서와 자기소개서를 입력해두는 것이 좋다. 기업들이 자신을 찾아올 수 있는 통로를 연다는 생각으로 조금 더 개방적으로 접근할 필요가 있다.

취업도 인생도 일종의 확률게임으로 볼 수 있는 만큼 취업할 확률을 높여야 한다. 그렇게 취업 사이트에 올라온 채용공고를 통해 수시로 지원하도록 한다. 맞춤채용정보 설정을 해두면 더 좋다.

나 혼자 힘으로만 해결하려 하지 말고 학교 내 취업을 지원해주는 센터를 찾아보고 일자리를 찾고 있다고 적극적으로 도움을 구해야 한다. 전공교수님 뿐 아니라 관심 있는 교과목 교수님들에게도 직접적인 일자리 뿐 아니라 해당 분야에 취업한 선배들을 소개해달라고 해야 한다. 그렇게 알게 된 사람들 뿐 아니라 평소에 알던 주변 인맥도 최대한 활용해야 한다. 자신이 무엇을 잘 할 수 있는지 미니명함을 만들어 친인척, 선후배, 사회생활에서 만난 분들에게 자기PR을 해야만 한다.

취업박람회라면 온라인이든 오프라인이든 적극적으로 참여하도록 해야 한다. 그로 인해 현장에서 채용될 기회도 얻을 수 있겠지만 취업을 준비하는 과정에서 간절함과 절박함이 생겨 향후 면접에서 적극적인 인재로 높이 평가받을 수 있다.

여러 취업 준비 과정에서 겪게 되는 어려운 점들은 때로 전문가에게 도움을 구하라. 유료가 아니라 무료로도 도움을 구할 수 있는 분들이 많은 만큼 자신이 적극적으로 찾아 나서야 한다. 무엇보다 몇 번의 취업지원으로 어떻게든 되겠지라는 마음을 버리고 보다 적극적으로 입사지원을 해야만 한다.

처음에는 조건을 따지지 않고 상위목표로 지원하는 것도 하나의 전략이 될 수 있다. 인연이 되면 상상하지도 못했던 좋은 회사에 취업 기회가 생기기도 한다. 그렇지만 좋은 직장일수록 목표 시한을 설정하고 만일 목표 기한 내 취업이 되지 않을 경우 눈높이를 조금 낮춰야 한다. 경우에 따라 눈높이를 확 낮춰서 입사지원해 일단 사회 진입을 목표로 사회생활을 시작해보도록 해야 한다.

경력 관리

마지막으로 경력 관리 도모하기다. 앞서 말한 5단계 과정만 잘 거쳐도 취업할 수 있는데 그렇게 취업만 하면 모두 끝이라고 생각할 수 있다. 그렇지만 취업은 커리어의 시작일 뿐이다. 중요한 것은 이제부터다. 자신이 원했던 좋은 기업이든 아니든 취업 후에도 꾸준히 장기적 목표를 가지고 경력 관리를 해나가는 것이 중요하다. 그러니 보수가 많든 적든, 회사 환경이나 직무가 마음에 들든 안 들든 일단 나 자신이 업무에 임하는 태도부터 바로잡으며 실무역량을 키우는 데 집중해야 한다.

먼저 시간 관리를 해야 한다. 대다수의 업무라는 것이 동시다발적으로 여러 프로젝트를 수행해나가야 하는 경우가 많기에 업무 스케줄러를 마련해서 맡은 업무를 기대 이상으로 처리해 내도록 해야 한다. 취업 후 직장생활은 무엇보다도 힘들고 지치고 바쁘겠지만 그렇기에 오히려 더 자기관리와 자기계발이 필요하다. 무엇보다 해당 분야의 직무지식과 기술을 익히기 위해 꾸준히 학습하고 근본적인 역량을 키우기 위해 자기계발을 지속해나가야만 한다. 필요하다면 자격증이나 석박사 학위를 직장생활을 하는 동안 취득해보는 것도 하나의 방법이 될 수 있다. 물론 학위는 학위 그 자체로 보장되는 것이 아니기에 해당 분야의 전문가라는 소리를 들을 정도로 자신이 맡은 분야에서 성과를 일구거나 전문역량을 키우는 일에 더 힘을 써야 한다.

어느 정도 역량을 키우면 조직 내에서도 인정받을 수 있다. 만일 도저히 조직 내부에서 성장하기 어렵다는 판단이 든다면 그때 이직이나 창업을 결단해도 늦지 않다. 너무 섣불리 판단하고 결정하는 것은 본인에게나 회사에게나 모두 손해가 될 수 있으므로 근무하는 동안은 성실한 태도로 업무에 임해야 한다.

결국 사회생활의 성공요인은 태도 관리다. 태도를 바로잡으면 성공궤도로 접어들 수 있다.

3

목표에 대한
일관성 VS 융통성

여러분은 목표에 대한 일관성을 유지하는 것이 중요하다고 생각하는가? 아니면 융통성을 발휘하는 것이 더 중요하다고 생각하는가? 아무래도 목표가 없는 학생들은 목표를 가지고 취업 준비를 해나가는 학생들을 부러워하기도 한다. 물론 뚜렷한 목표를 가지고 일관되게 나가는 태도는 분명 중요하다. 그렇지만 목표로 한 진로, 직장, 직업 목표를 달성하기 어려울 때도 있다. 이럴 때 고집을 부리면 낭패를 겪을 수 있다. 그럴 때는 융통성을 발휘할 필요가 있다.

내가 기업에서 채용대행 업무를 하면서 겪었던 에피소드를 전해본다. 나는 대기업에서부터 공공기관에 이르기까지 200여 차례 채용대행을 진행했다. 모 대기업의 신입사원 공개 채용을 직접 대행하던 때였다. 부적합한 지원자들의 지원을 최소화하기 위해 나름 까다로운 자격 조건을 내걸어 입사지원서를 받았다. 그럼에도 10여 명 모집에 1,000명 이상의 입사지원서가 날아왔다. 그중에는 조건이 우수한데도 탈락한 지원자들이 적지 않았다. 그래서 문의 전화가 꽤 걸려왔는데 같은 내용의 전화를 수차례 반복해 채용담당자를 힘들게 만드는 지원자가 있었다. 서류전형에서 이미 탈락한 그는 도대체 채용 기준이 무엇이냐, 내가 떨어진 이유가 무엇이냐며 담당자를 윽박지르다가 마지막엔 면접시험이라도 보게 해주면 안 되느냐며 매달렸다.

직원들에게 이 이야기를 전해 듣고 해당 지원자의 입사지원서를 자세히 훑어봤다. 모든 조건이 상위권이었다. 이런 지원자가 왜 서류전형을 통과하지 못한 걸까 의아해하며 좀 더 꼼꼼하게 모집 공고와 입사지원서를 대조해봤더니 회사가 원하는 전공과 달랐다. 나는 기업 담당자에게 전화를 걸어 "비전공자지만 유능해 보이는데 면접시험을 보고 나서 평가하면 어떻겠느냐"고 조심스레 물었다. 돌아온 대답은 "불가능"이었다.

하나의 직장, 하나의 직업만 고집하는 청춘들

나는 안타까운 마음으로 해당 지원자에게 상황을 설명했다. 그런데도 그는 막무가내였다. 자신이 업무를 얼마나 잘 수행해낼 수 있는지에 대해 호통치듯 설명을 계속 늘어놨다. 처음의 안타까운 마음은 다른 의미의 안쓰러움으로 바뀌었다. 무수히 많은 직장 중에서 굳이 이 회사만 고집하는 그가 답답했다.

비슷한 사례는 또 있다. 한 공기업 채용대행 업무를 맡고 있을 때 지원했던 K군의 이야기다. K는 해당 공기업에 들어가겠다는 뚜렷한 목표를 이루기 위해 대학생활 포함 무려 7년이나 준비해온 명문대 졸업생이었다. 스펙도 실로 화려했다. 준수한 외모의 공대 인기 학과 출신, 해외연수 경험, 토익 900점대, 일본어 중상급, 전문 자격증 2종 보유, 공모전 수상, 그 밖에 다양한 사회 경험 등 모두가 바라는 스펙을 두루 갖추고 있었다. 그런데도 K는 서류전형에서 탈락했다.

여기까지 들으면 누구라도 의구심이 들 것이다. 당사자인 K는 오죽했을까. 앞서 얘기한 사례 속 주인공처럼 K군 역시 채용대행을 맡고 있는 우리 직원들에게 매일같이 전화를 걸어 담당자를 힘들게 했다. 면접만이라도 보게 해달라고 애원하기도 하고, 협박조로 으름장을 놓기도 했다. 견디다 못한 직원들이 K의 마음을 달래달라며 내게 전화를 연결했다.

처음엔 나도 K의 입사지원서를 보고 왜 탈락했는지 선뜻 원인을 찾지 못했다. 혹시나 싶어 모집 공고와 입사지원서를 비교해본 후에야 비로소 고개를 끄덕일 수 있었다. 학점이 0.01점 모자랐던 것이다. 모집 공고에는 '졸업 학점 4.5점 만점 기준으로 3.5점 이상인 자'라고 되어 있었는데 K의 졸업 학점은 3.49점이었다. 고작 0.01점 때문에 꼭 입사하고 싶은 곳의 서류전형에서 탈락했다는 사실을 K는 받아들이기 힘들었을 것이다. 지켜보는 내가 안타까울 정도였다.

그 정도면 조직에 대한 열정도 있어 보이고, 괜찮은 인재로도 보여서 면접 정도는 보고 판단해도 좋지 않을까 싶은 생각이 들었다. 인사담당자에게 전화를 걸었다. 지원자 K에게 면접의 기회를 주고 나서 나중에 채용 여부를 결정해도 되지 않겠느냐고 물었다. 하지만 인사담당자는 단호했다. 공기업인 만큼 누구보다 공정하게 평가해야 한다고 강조했다.

안타깝지만 어쩔 수 없이 K에게 전화를 걸어 사정을 설명하고 위로했다. 그런데 K는 막무가내였다. 도대체 학점 0.01이 일하는 데 무슨 상관 있느냐며 무조건 면접을 보게 해달라고 졸랐다. 나는 공기업 특성상 어쩔 수 없으니 다른 좋은 기업들을 추천해주겠다고 했다. 마침내 K는 작년에도 그 공기업에 도전했다가 탈락했음을 고백했다. 올해도 안 되면 내년에 또 도전할 거라고 으름장까지 놨다.

"오직 이 길뿐, 다른 길은 생각해본 적 없어요!"

순간 말문이 막혔다. 이미 졸업했는데 학점을 바꿀 수 있겠는가. 그렇다고 그 공기업에서 채용 기준을 바꾸겠는가. 목표가 뚜렷한 것은 좋다. 뜨거운 열정도 좋다. 도전정신도 좋다. 하지만 기본 조건이 충족되지 않아 해당 기업이 나를 받아주지 않는다면 다른 방법을 모색해야 한다. 그런데 K는 너무도 맹목적으로 하나의 목표에만 꽂혀 매달리고 있었다. 그의 말마따나 취업 삼수는 본인의 자유지만 가능성 제로에 가까운 도전에 아까운 시간과 노력을 낭비할 필요가 있을까 싶었다.

더구나 7년 전부터 그 공기업 입사를 준비했다는 사람이 어떻게 기본적인 입사자격 요건조차 모를 수가 있단 말인지 반문하고 싶었다. 최소한 대학 재학 기간 중 해당 조직의 전년도 채용공고라도 미리 보고 준비만 했더라도 이런 억울한 일은 없었을 것이다. 아마도 K는 '꼭 그 회사에 들어가야지'라는 마음만 먹고 열심히 이런저런 스펙 쌓기에만 몰두하지 않았을까 싶다.

목표가 명확한 건 좋다. 그러나 살아가다 보면 때론 내 뜻대로 풀리지

않을 수 있다. 이럴 때의 융통성은 얄팍함이 아니라 고도의 지략이라는 사실을 잊지 말자. 목표를 재점검하라. 길은 얼마든지 열려 있다. 세상은 넓고 할 일은 많다!

4
잘못된 직종설계 한계에
갇히지 마라

20대 중반의 여성을 취업 컨설팅 진행한 적이 있다. 그녀의 희망 직종은 비서직이었다. 경력은 3년가량 있었지만 전문적인 비서 업무를 수행한 경험은 없었다. 그녀는 비서직과 유사하게 병원에서 원장을 도우면서 행정 업무를 동시에 맡았던 경험이 있었다. 성격은 비교적 밝고 발랄했으며 출중한 외모는 아니었으나 평범하지만 호감 가는 인상이었다. 하지만 첫 직장인 병원 일자리도 아는 사람을 통해서 들어가게 되다 보니 이력서 작성에 대한 기본 요령이라든지 취업이나 이직을 위한 준비가 전혀 되어 있지 않았다.

그녀는 최근 부득이하게 일을 그만둔 이후로 일자리를 찾기 위해 취업 사이트에 게재된 채용정보 중에서 비서직만 찾아보았다고 전했다. 일자리를 찾는데 굳이 한 가지 직종만 찾는다는 것은 문제가 있겠다 싶어서 꼭 비서직이 아니더라도 다른 직종도 많으니 다른 직종을 고려하는 것이 어떻겠느냐고 권유했다.

우선 본인이 희망하는 직업관은 어떤 것이고 희망하는 일자리는 어떤 것인지 신중하게 고려해 커리어 컨설팅을 진행했다. 처음에는 그러한 제안을 거절했지만 컨설팅 과정에서 그녀가 원하는 직업은 비서직이 아니라 본인의 밝은 성격과 원만한 대인관계를 활용할 수 있고 결혼 후에도 지속적으로 근무할 수 있는 일자리를 찾고 있음을 알게 됐다.

상담 이후 그녀에게 이직을 하게 될 경우 처음에는 연봉을 많이 받지는 못할 수도 있지만 본인의 적성이나 향후 비전 등을 내세워 여행사나 항공사 등의 서비스직을 권유했고 그녀는 흔쾌히 수락했다. 현재 그녀는 모 여행사에서 근무하며 즐겁게 직장생활을 해나가고 있다.

이런 사례들은 제법 많다. 내가 출강하던 한 대학에 S라는 조교 이야기도 전해본다. S는 키도 크고 체격도 건장하고 활달한 청년이었다. 교수가 되기 위해서라기보다는 아무래도 취업 준비를 하고 있는 듯했다. 취업을 위한 자격증 관련 서적들을 뒤적이는 모습이 자주 눈에 들어왔기 때문이다. 명색이 취업 전담 교수인지라 도움을 주고 싶긴 했지만 본인이 원하지 않는데 괜스레 나서는 것 같아 모르는 척 지켜봤다. 원래 코칭은 상대가 원하지 않으면 먼저 관여하지 않는 게 원칙이다.

그런데 평소 S가 하는 이야기를 자세히 들어보면 학부 생활을 화려하게 수놓았다는 무용담이 대부분이었다. "수업을 쨌다(수업에 들어가지 않았다), 화끈하게 놀았다, 취업 같은 건 염려하지도 않았다, 축제 때는 제대로 놀았다, 요즘 애들은 이도 저도 아니다" 등의 무용담이었다. 결국 그렇게 놀았던 결과 취업이 안 돼 임시로 학교에 다시 들어왔던 것이다.

그러던 어느 날 S가 내게 자기소개서를 봐달라며 내밀었다. 답답했던 모양이다. 내가 본 그의 자기소개서에는 자신이 꼼꼼하고 치밀한 성격이며 그런 자신의 성격대로 대학생활과 경험을 해왔다고 일관성 있게 강조되어 있었다. 궁금했다, 정말 사실인지.

나는 S에게 정말 그러냐고 물었다. 평소 언행으로 봤을 때 그렇지 않은 것 같아서였다. 역시나 대답은 아니란다. 그런데 왜 군이 꼼꼼함을 이렇게 강조하느냐 했더니 회계학과 특성상 그렇게 강조하는 게 좋다는 말을 취업 강좌에서 들었단다.

S는 지방대 회계학과 출신에 졸업 학점은 3.1점, 토익 점수는 600점대. 이것이 스펙의 전부였다. 공모전 입상이나 사회봉사활동, 해외연수, 전공 관련 사회경력, 자격증 등은 전무했으며 나이는 스물아홉이었다. 여러모로 불리한 상황에서 S는 중소기업부터 대기업까지 재무회계 쪽으로만 입사지원을 해왔고 2년째 취업을 못 하고 있었다.

"전공 분야로 취업하는 게 당연하지 않나요?"

왜 재무회계 쪽으로만 입사지원을 했느냐고 S에게 물었다. S는 회계학과 출신이다 보니 딱히 다른 직종은 고려해보지 않았다고 했다. 만일 재무회계 쪽으로 취업하면 일이 만족스러울 것 같으냐고 물어봤다. 그렇지도 않을 것 같다고 한다. 그런데 군이 한 직종에만 매달릴 필요가 있겠느냐고 재차 물었다. 그러자 S는 어떤 직종이 좋을지 몰라 전공관련 직종으로만 지원했단다. 그러면서 자신에게 적합한 직종을 추천해달라고 했다.

그동안 봐온 S의 행동과 성격을 고려해봤을 때 활달한 일을 하는 직종이 더 어울리겠다 싶어 영업직을 추천했다. 평소 아무리 봐도 영업직 사원으로서의 자질과 적성을 갖추고 있다는 생각이 들었기 때문이다. 건장한 체격에 인상도 강하고 말도 잘하고 활발하고 힘든 일도 가리지 않으며 사람들 만나 어울리길 좋아하니 제격이겠다고 설명해줬다. 내 말을 듣더니 자신도 영업직이 성격에 맞을 것 같다며 이런저런 무용담까지 늘어놓는다.

나는 당장 자기소개서부터 완전히 바꾸라고 했다. 일단 기존 자기소개서 형식을 토대로 영업직 지원자 입장에 확실히 포커스를 맞춰 내용을 수정한 다음 입사지원을 다시 해보라고 했다.

며칠 후 S는 영업직 지원자에 걸맞게 바꾼 자기소개서를 가지고 왔다. 나는 또 한 번 당황했다. 한 유명 소셜커머스 업체에 보낼 내용이었는데 그 회사의 대표 이미지 컬러인 녹색을 언급하며 녹색이 좋아서 이 회사에 지원하게 됐다고 지원동기를 써낸 것이다. 세상에! 초등학생도 아니고 입사지원동기가 어쩜 그렇게 단순하냐며 쏘아붙였다. S는 기가 한풀 꺾여 어떻게 고쳐 쓰면 좋겠느냐고 내게 물었다.

해당 기업의 서비스를 이용해본 적은 있느냐고 물었더니 다행히 이용 경험은 많다고 했다. 나는 '해당 기업의 서비스를 이용하면서 느낀 점, 그러니까 좋았던 점과 나빴던 점, 개선했으면 하는 점, 경쟁사 대비 장단점 등'을 써보라고 했다. 그런 다음 자신이 입사하면 어떤 어떤 기업의 제품과 서비스 상품 등을 더 유입해 일반 고객들을 만족시키겠다든지, 중소기업이나 영세 상인들의 판로 개척에도 도움을 주고 싶다는 식으로 써보라고 권했다.

코칭 덕분이었을까. 2년간 취업 문턱에서 미끄러졌던 S가 단번에 취업했다는 소식을 전해왔다. 합격한 바로 다음 주부터 출근해야 해서 조교 계약 기간을 다 채우지도 못한 채 꼼꼼하게(?) 업무 인수인계도 하지 않고 중도하차했다. 조교 자리가 갑자기 공석이 되는 바람에 조금 힘들긴 했지만 기분은 좋았다.

S처럼 자신이 원하는 직종이 무엇인지 모르는 상태에서 막연하게 하나의 방향을 정해 그쪽으로만 입사를 지원하는 청춘들이 의외로 많다. 하지만 애초에 목표 설정이 잘못되면 그 뒤 모든 일이 다 엉킬 수 있다. 잘못된 방향으로 취업을 준비하는 실수를 범하지 않으려면 어떻게 해야 할까.

첫째, 현재 자신이 목표로 삼고 있는 직업 또는 직무가 스스로에게 적합한 것인지 근본부터 다시 검토해본다. 그 결과 적합하지 않다고 생각되면 취업 목표를 당연히 재설정해야 하고, 목표가 적합하다면 올바른 방식으로 준비해나가고 있는지 점검해본다. 좀 더 크게는 인생의 목적이나 삶의 방향성과 부합하는지도 점검해본다.

둘째, 진로에 대한 당신의 기존 관점을 검토하면서 새로운 관점으로 바라봐야 할 부분은 없는지 살핀다. 미처 발견하지 못한 당신의 흥미와 적성, 강점은 무엇인지도 함께 탐색한다.

참고로 이런 과정이 또 한 번의 무의미한 시간이 되지 않으려면 조언해줄 사람을 구하는 게 좋다. 당신을 잘 아는 주변 사람들에게 당신에 대한 객관적 평가를 최대한 이끌어내기 위해 질문해보는 것이다. 경우에 따라 나와 같은 취업, 진로 전문가나 현직 종사자에게 질문을 던지며 답을 찾아보는 방식이다. 혼자서만 고민하다 보면 아집에 빠지기 쉽고, 결국 길을 잃게 될 수 있음을 기억하자.

대학 전공을 살려 취업하는 사례는 생각보다 많지 않다. 여전히 취업의 문턱을 넘어서지 못하고 있다면 잘못된 직종설계의 한계를 뛰어넘어 보자.

5

취업 사이트 100% 활용하기

대학 졸업을 앞둔 4학년이 되기까지 취업 사이트 한 번 방문하지 않은 학생들이 의외로 많다. 취업 사이트는 취업할 시기에 방문하면 된다는 안일한 생각 때문에 중요한 정보들을 놓치는 경우가 많다. 입사지원을 하기 위해 4학년 2학기에 취업 사이트를 찾게 되면 익숙지 못한 디지털 환경 때문에 난감함을 느낄 수 있다. 어떤 업종의, 어떤 기업의 채용정보를 어떻게 검색하고 수집하는지조차 모르는 학생들이 많다.

당연하다. 대학 다니는 동안 한 번도 제대로 방문하지 못하다 보니 감각이 없는 것이다. 성공 취업을 위한 중요한 요소 중에 하나가 절박함이다. '내가 원하는 곳에 꼭 취업할 거야'라는 절박함으로 취업정보를 물색해야만 한다. '뭐, 어쨌든 되겠지'라고 생각만 하는 학생과는 확연한 차이를 나타내기 때문이다.

그러니 대학 1, 2학년 때부터 취업 사이트를 방문해봐야 한다. 무엇보다도 내가 입사하고 싶어 하는 기업에서 요구하는 자격 요건 정도는 알고 있어야 한다. 무작정 도서관에 앉아서 공부한다고 요구하는 자격 요건을 채울 수는 없다. 기업의 채용자격 요건이 해마다 바뀌는 것이 아니라 거의 몇 년간 동일한 경우가 많다. 따라서 자격 요건을 미리 확인해 낭패를 겪는 경우가 없도록 해야 한다.

예를 들어 앞서 말한 것처럼 한 공기업 입사지원자는 학점이 0.01점 기준치에 못 미쳐 서류전형에서 탈락한 사례도 있다. 그 흔한 운전면허증이 없어 탈락한 사례도 있다. 모든 조건이 맞았지만 기업에서 요구하는 손쉬운 조건 하나가 갖춰져 있지 않아 탈락하는 경우도 많다. 그러니 대학 저학년 때부터 취업 사이트에 방문해봐야만 취업정보도 인지하고, 취업 의지도 다지고, 미리 준비해야겠다는 취업동기도 고취할 수 있다.

사실 취업 사이트를 처음 방문하는 경우라면 어떤 콘텐츠가 있는지, 어떻게 봐야 하는지 알기 어렵다. 하지만 몇 번 방문하다 보면 필요로 하는 정보를 빠르게 확보할 수 있는 요령도 생긴다.

입사하고 싶은 기업 한 군데의 동향만 볼 것이 아니라 동종업체의 채용공고도 봐야 한다. 경우에 따라 4학년이라면 직접 입사지원해서 자신의 역량을 미리 테스트해볼 수도 있다. 저학년이라면 산업 전체의 흐름을 알기 위해서라도 관련 업종과 관련 기업들의 산업동향과 채용공고도 미리 봐둬야 한다. 그것만으로도 비즈니스 감각을 어느 정도 익힐 수 있다.

취업 사이트의 제일 중요한 콘텐츠는 채용정보다. 채용정보에는 모집하는 직무에 대한 상세한 자격 요건과 더불어 해당 기업에 대한 정보를 수집할 수 있다. 맞춤 메일링을 설정해두면 굳이 매일 방문하지 않더라도 자신이 희망하는 조건의 채용정보를 메일로도 받아볼 수 있다. 취업 사이트마다 다소 차이가 있기는 하지만 '기업 규모, 업종, 직종, 자격 요건, 학력, 성별, 지역 등'을 지정하면 해당 조건에 부합되는 채용정보만을 받아볼 수 있다.

채용정보 다음으로 중요한 것이 입사지원서다. 취업 사이트에 이력서와 자기소개서를 작성하는 것은 번거로운 작업이다. 어쩌면 번거로움보다 더 힘들게 만드는 것은 쓸 내용이 별로 없다는 부끄러움일 수도 있다. 괜찮다. 저학년 때 미리 등록해두면 앞으로 자신이 입사하려는 입사지원서에 무엇을 채워야 하는지 미리 알 수 있게 된다.

입사지원서는 이미 다 이룬 업적만을 기록하는 공간이 아니다. 앞으로 일어날 성과를 미리 대비해서 기록하게 만드는 힘도 있다. 그런 면에서 입사지원서 작성 당시에 스펙이 있고 없고가 중요한 것이 아니다. 작성하다 보면 경력 관리에 대한 경각심이 저절로 든다.

취업 사이트에서는 부수적인 콘텐츠들을 제공하는데 그러한 부분에서도 도움을 받을 수 있다. '취업 동향, 기업채용 진행사항, 취업 뉴스, 인적성검사, 취업 전략, 이력서 & 자기소개서 작성 요령, 취업수기, 나의 취업 가능성, 전현직자들의 조언, 직무정보, 산업정보 등'의 다양한 부가정보를 활용할 수도 있다. 무료 기능만을 이용해도 좋지만 입사지원서 클리닉이나 커리어 컨설팅 등의 유료서비스도 활용할 수 있다.

취업 사이트로부터 유용한 정보도 취득하고, 취업 감각도 익히고, 취업 의지도 불태워 보자.

6

헤드헌터 100% 활용하기

헤드헌터는 통상 경력직 채용정보를 많이 다룬다. 그렇지만 기업이 비밀리에 진행해야 하는 TF 프로젝트에서 종종 신입직을 채용하기도 한다. 무엇보다도 채용전문가인 헤드헌터로부터 전문적인 조언도 구할 수 있으니 그들과의 관계를 친밀하게 이어나갈 필요가 있다.

1) 헤드헌터에게 이력서 발송하기

본인의 직무 역량이 잘 드러나는 이력서를 작성해 헤드헌팅 업계나 잘 알고 지내는 헤드헌터들에게 이력서를 발송해 취업을 의뢰해두는 것도 좋은 방법이다. 일반적인 구직자의 경우 헤드헌팅을 통한 취업 기회가 많지는 않지만 고급직이나 전문직에 해당하는 구직자의 경우에는 헤드헌팅을 통해 좋은 일자리를 소개받는 경우가 제법 있다. 대개 이런 경우는 신입직보다는 경력직의 채용이 많은 편이어서 신입에게는 기회가 많진 않지만 간혹 TF 채용이 있으므로 미리 보내두면 좋다. 추후 경력 관리차원에서도 헤드헌터 업체를 잘 활용하는 것이 중요하므로 눈여겨볼 필요는 있다.

경력직의 경우에도 이직, 전직을 희망한다면 사전에 헤드헌터들에게 이력서를 발송해 좀 더 장기적인 관점에서 자신이 희망하는 일자리를 장기적으로 모색해보는 것도 좋은 방법이다. 요즘은 헤드헌팅 업체들도 거의 온라인으로 이력서를 등록하도록 시스템이 되어 있어 취업 사이트와 같이 온라인으로 쉽게 등록할 수 있다.

2) 헤드헌터에게 이력서 수정받기

채용 사이트마다 이력서 작성 요령이 소개되고 있기는 하지만 구직자들에게 실질적인 도움을 제공하고 있는 취업 사이트는 많지 않다. 실제적으로 본인의 이력서에서 잘못된 점을 콕 집어서 이야기해준다든지 아니면 샘플 이력서 등을 제공해준다면 훨씬 더 좋은 이력서를 작성할 수 있다.

그런 면에서 헤드헌터들은 나름대로 좋은 이력서를 작성하는 방법을 감각적으로 잘 알고 있는 사람들이다. 이들은 잘 만든 이력서 양식에 대해 잘 알고 있으며 무엇보다 전문화된 산업 분야에 해박한 경우가 많다. 따라서 본인의 이력서를 보낸 후에 본인이 부족한 점이나 잘못된 점을 지적해달라고 부탁해서 이력서의 수정 작업을 거치는 것도 좋은 방법이다.

물론 최근에는 취업 사이트나 전문 사이트에서 이력서를 전문적으로 컨설팅해주는 곳도 있으므로 참조하길 바란다.

3) 헤드헌터에게 면담 요청하기

누가 뭐라 해도 무엇인가를 배울 때에는 직접 대면하고 부딪쳐보는 것이 가장 빠른 지름길이다. 본인이 취업전선에서 부족한 부분이 무엇인지, 어떻게 하면 좋은지 헤드헌터를 찾아서 면접을 요청하라.

보통은 일정을 잡는 것이 쉽지는 않겠지만 헤드헌터와 미팅일정을 잡는다면 취업이 수월할 수 있다. 그뿐만 아니라 이력서 작성 요령이나 면접 요령, 취업 전략 등에 대한 노하우도 직접 배울 수 있다.

4) 헤드헌터와 인맥 쌓기

직장인들 중에 능력자들이라면 헤드헌터들에게 전화 한 통 이상씩은 받아보았을 것이다. 선진국에서는 헤드헌터에게 전화 한 통 받지 못하면 능력이 없는 사람으로 낙인찍힐 정도라고 한다.

헤드헌터와 개인적으로 인맥을 잘 쌓아두면 추후 본인의 업무 역량에 부합되는 '잡포지션(Job Position)'이 나왔을 때 최우선 고려대상이 될 수 있다. 무엇보다도 이력서 작성 요령에서부터 연봉협상 방법에 이르기까지 다양한 커리어 관리 노하우들을 배울 수 있다.

경력 초기에 헤드헌터와의 친분을 쌓았는데 후에 10여 년이 흘러 임원급 자리나 심지어 CEO 포지션으로 추천받아 스카우트 되는 경우도 있으므로 유능한 헤드헌터와 인맥관계를 유지해두면 좋다.

7

기업정보, 산업정보 탐색법

우리는 자신이 지원하고 싶어 하는 기업이나 산업에 대해 얼마나 알고 있을까? 기업 이름 정도밖에 모르는 상태에서 입사지원하는 경우도 많을 것이다. 젊은 날의 나 역시도 롯데 야구단이 좋아서 "졸업하면 롯데에 가야지" 이렇게 단순히 생각했다. 혹시나 여러분 중에서도 "삼성, 현대, LG, SK, GS 가야지" 하고 있다면 실패할 확률이 높다. 그룹이 아니라 계열사 내 어떤 업종의, 어떤 기업으로 가고 싶은지 정해야 한다.

한 번은 상담받았던 직장인이 자신의 여동생을 내게 보내온 적이 있었다. 이 여학생은 당시 일본에서 대학을 다니던 4학년 졸업반이었다. IT 전공이었는데 전공을 살린 ERP(전사적 자원관리) 기업으로 갈지 HR(인적 자원관리) 기업으로 갈지 고민이라는 것이다. 철저한 분석으로 두 회사를 비교분석한 자료가 놀라웠다.

그런데 대다수 사람들이 전공을 살리는 ERP 기업 쪽을 추천하는데 자신은 HR 기업 쪽이 더 끌린다는 것이다. 어떤 선택을 하면 좋겠느냐고 물어왔다. 무엇을 해도 잘할 친구로 보였지만 나는 HR쪽을 추천했다. 전사적 자원관리에서 채용 업무는 하나의 파트이긴 하지만 HR쪽이 전문화의 폭이 넓고, 앞으로 갈수록 인재채용의 중요성이 더 강조될 거라 성장 가능성이 있으며, 그동안 쌓아둔 IT 역량이 HR 분야에서도 중요한 자산으로 활용될 수 있을 거라고 봤기 때문이다. 이 학생은 그만큼 기업조사를 철저히 했기에 당연히 취업에 성공할 수밖에 없었다.

그런데 우리는 어떤가? 포털 사이트 한 번 검색하고, 기업 홈페이지 딸랑 한 번 들어가는 것으로 기업조사를 끝내버리는 학생들이 많다. 그래서는 안 된다.

기업과 산업 이해가 부족한 학생들

기업이 많은 만큼 모든 기업을 혼자 다 분석하긴 어렵다. 아무래도 다른 사람들과 기업분석을 위한 기업 스터디를 운영해보는 것도 좋다. 일단 혼자서 해보는 방법을 구체적으로 제시해볼 테니 나중에 함께 스터디해보는 것도 고려해보길 권한다.

취업을 준비할 때 중요한 분석 대상이 기업, 산업, 직무다. 여기에서 기업 선택이 먼저냐, 산업 선택이 먼저냐, 직무 선택이 먼저냐 궁금하겠지만 어느 것이 먼저라는 정답은 없다. 사람에 따라, 상황에 따라 다 다를 수 있다. 다만 과거에는 기업중심이었다면 요즘은 직무 선택이 더 중요한 측면은 있다. 직무분석에 대해서는 별도로 언급한 부분이 있으므로 여기에서는 기업분석에 초점을 맞춰 이야기해보겠다.

아직 목표 기업을 선정하지 못했다고 고민하는 학생들이 있는데 이런 학생들은 업종을 먼저 선택하는 것이 좋다. 업종을 잘 모르겠다면 취업포털 사이트 2~3군데를 접속해서 산업별(업종별) 채용정보 중에서 '전공, 적성, 흥미, 관심사 등'을 고려해 2~3개 정도의 업종을 임의 선정 후 해당 업종을 중심으로 탐색해보면 좋다. '정보통신업, 제조업, 유통업, 서비스업, 교육업, 제조업 등'으로 분류된 업종 중에서 2~3가지를 선택해보는 방식이다.

그런 다음 취업 사이트에서 추출한 기업 2~3군데를 선정해서 집중 분석해보는 것이다. 해당 목표 기업의 홈페이지를 찾아서 대충 훑어보는 정도로는 안 된다. 회사소개와 기업연혁에서부터 주력상품과 서비스, 기술, 전략, 신년사 등의 정보를 낱낱이 살펴봐야 한다. 제일 하단에 보면 투자자들을 위한 회사정보까지 상세히 나와 있는 고급자료들도 찾아낼 수 있다. 기업채용란을 살펴보면 본인 분야뿐 아니라 다양한 분야의 직무도 살펴보며 기업구조도 어느 정도 파악할 수 있다. 최대한 목표 기업에 대한 정보들을 수집해둬야 한다. 언론의 보도자료도 살펴봐야 하겠지만 포털 사이트가 아닌 언론사 홈페이지를 통해 해당 기업의 정보라든지 해당 기업이 속한 산업분석 자료들도 살펴봐야 한다.

기업분석에서 아무래도 가장 큰 도움이 되는 부분은 현직자들의 조언이다. 모교의 동일학과를 졸업한 선배를 찾아보는 것이 제일 좋다. 그냥 무턱대고 찾는 것보다는 선배, 조교, 교수님으로부터 소개받아 찾아가면 좋다. 한 사람 만나는 것으로 그치지 말고 두세 사람 이상 만나면 더 좋다. 온라인의 '잇다, 코멘토, 취업카페' 등의 사이트를 통해서 도움을 구할 수도 있다.

목표 기업의 '연봉, 업무 환경, 면접 후기, 승진, 업무 강도, 조직 분위기' 등의 정보를 얻으려면 잡코리아, 사람인 등의 취업포털 사이트도 좋고 '알리오, 대나무, 링크드인' 등의 사이트를 통해서도 기업정보와 기업 평판까지 들을 수 있다.

포털 사이트를 활용한 기업정보를 찾을 수 있는데 단순한 기업명 검색보다는 구글링을 통한 파일 검색이 좋다. 검색창에 'filetype ppt or hwp'라고 입력하고 찾고 싶은 주제인 기업명이나 산업명 등의 정보를 검색하면 유용한 파일을 들여다볼 수 있다. 예를 들어 'filetype ppt 반도체장비산업'이라고 검색해보는 것이다. 그러면 반도체 후공정, 반도체 산업의 최근 트렌드나 미래전망까지 살펴볼 수 있다. 그렇게 살펴보면서 그 속에 속한 기업체까지 하나씩 들여다봐야 한다.

취업합격률을 높이기 위해서는 업종별 취업 전략을 구사해야 한다. 네이버에서 무작위로 단어 검색을 하기보다는 '증권' 카테고리[21]로 들어가서 기업분석하는 것이 좋다. 네이버 증권 카테고리를 통해 종목명에 '입사희망기업' 입력해서 찾아보면 된다. 해당 기업의 '종목 분석, 기업 개요, 업종 분석, 동일업종 내 경쟁 기업 비교 분석, 관계사, 연결대상 회사 현황' 등의 정보를 입사지원에 활용한다. 목표로 했던 기업에서 떨어졌을 경우 '경쟁사, 관계사, 연결대상 회사' 등은 기업명만 바꾸고도 쉽게 입사지원이 가능하다. 이것이 업종별 취업 전략의 최고 장점이다.

네이버 증권 내 리서치 카테고리에 들어가서 산업동향을 살펴보는 것

---

21 http://finance.naver.com

도 중요하다. 이곳에 들어가면 매일같이 '산업분석 리포트, 경제분석 리포트'가 올라오는데 자신이 지원한 기업과 그 기업이 속한 '산업정보, 경쟁기업 정보, 해외동향' 등을 집중적으로 취합해서 전체적인 흐름을 읽으려 노력해야 한다.

조금 더 자세한 기업정보를 알고 싶으면 금융감독원의 공시시스템 DART 홈페이지[22]를 활용하면 더 좋다. 기업명을 검색해서 해당 기업의 '분기보고서, 투자설명서' 등의 공시정보를 살펴보면 된다. 꼼꼼히 읽어보면 일반 포털 사이트에서 얻기 어려운 상세한 기업정보들이 쏟아져나온다. '회사의 현재 상황, 회사 연관 기업, 신용 평가, 사업 개요, 산업의 현황, 회사 생산 설비 현황, 매출 실적, 시장 위험요소, 위험관리, 연구개발활동, 실적, 조직도, 임원 현황, 직원 근속연수, 직원 급여 평균액 등'의 정보까지 상세히 다 나온다.

회사소개를 꼼꼼하게 읽다 보면 이 기업이 속한 산업 전반의 정보와 흐름을 자세히 알 수 있으며 관련 산업이나 전혀 다른 기업으로까지 이해의 폭을 넓힐 수 있다. 다만 어느 정도 규모가 되는 회사여야 찾을 수 있다. 그래서 일부 학생들은 아무리 찾아봐도 기업정보를 찾을 수 없다고 하소연하는 경우가 종종 있다. 그럴 때 좋은 사이트가 중소기업 현황 정보시스템[23]이다. 웬만한 중소기업에 대한 기초적인 정보들은 다 있다. 하지만 사업을 시작한 지 얼마 안 되는 중소기업이거나 벤처기업의

---

22 http://dart.fss.or.kr
23 http://sminfo.mss.go.kr

경우에는 보이지 않을 수도 있다. 그래서 아무리 뒤적거려봐도 회사 홈페이지도 없고 회사정보도 찾을 수 없다고 하소연하는 학생들이 있다.

그렇게 찾아도 기업정보가 없을 때는 어떻게 해야 할까. 그런 기업을 무시하거나 포기해서는 안 된다. 경우에 따라 이름은 많이 알려져 있지 않지만 떠오르는 유망기업일 수도 있다. 그럴 때는 일단 해당 기업이 속한 동종업계의 대표기업을 찾아봐야 한다. 산업 규모가 크면 거의 대기업인 경우가 많고 산업 규모가 작으면 중견기업 정도가 될 것이다. 이런 경쟁기업을 찾아서 이들 기업의 기업정보와 채용정보 등을 찾아 참조해보면 좋다.

그렇게 업종이라는 것을 이해하면 취업공략에 유리하다. 산업 전반을 이해하고 있으니 개별기업은 기업명만 바꾸면 손쉽게 지원해서 공략할 수 있다. 1, 2위 기업에는 조금 안정적으로 수성전략을 펼치고 3, 4위 이하의 하위 기업권에는 다소 공격적이고 저돌적인 메시지를 전달하면 좋다. 기업에서도 업종이해가 높은 지원자를 다른 지원자에 비해 준비를 철저히 해온 지원자로 인식하는 경향이 있다.

그러니까 평소에 금융기관이나 경제연구소 등을 통해 산업동향을 분석하며 기업분석을 많이 해둘 필요가 있다. 어떤 경우에는 회원가입을 일일이 다해야 하는 번거로움이 있지만 그 정도 수고는 감수하자. 기업분석 리포트를 읽는 것만으로 끝내지 말고 목표 기업이 정해지면 그 기업의 분석과 산업분석까지 직접 작성해보자. 그 정도 노력을 기울이면 기업과 산업전반을 바라보는 안목과 혜안이 조금씩 생기기 마련이다.

산업동향과 기업분석 참고 사이트

- 맥킨지 인사이트 : www.mckinsey.com/insights
- 하나금융경영연구소 : www.hanaif.re.kr
- 산은경제연구소 : https://rd.kdb.co.kr
- 대신경제연구소 : www.deri.co.kr
- 삼성경제연구소 : www.seri.org
- 현대경제연구원 : www.hri.co.kr
- LG경제연구원 : www.lgeri.com
- 포스코경영연구소 : www.posri.re.kr
- 동아일보미래전략연구소 : www.dongabiz.com

이렇게 기업분석을 해나가는 과정에서 취업공략 기업리스트를 작성해보면 좋다. 자신이 가장 가고 싶은 1그룹군 회사는 2~3개 정도로 축약해둔다. 이들 기업은 다른 어떤 회사보다 조금 더 체계적인 분석을 통해 철저히 준비한다.

꿈의 회사라고도 볼 수 있는 1그룹 회사는 최고 기준을 적용한다. 나의 직업 선택 기준에 가장 잘 부합되는 기업들이다. 향후 나의 커리어 발전을 구체적으로 그려볼 수 있는 기업들이 되겠다. 현재 스펙이나 조건으로 가능성이 있니 없니 따지지 말고 최고의 기업을 선정해보자. 그것이 꿈의 기업이다.

2그룹군은 1그룹군 만큼은 아니어도 나의 성장과 커리어에 긍정적인 영향을 줄 수 있는 기업들이다. 최소한의 기본적인 분석은 반드시 해야 할 기업들이다. 4~5군데 정도 리스트업 해두면 좋다.

3그룹군은 1, 2그룹 분석 경험을 활용할 수 있는 작은 기업들이다. 나의 전공, 적성, 역량, 자격 등을 고려할 때 지원 기회를 놓쳐서는 안 될 최후의 보루다. 따라서 기대를 너무 높게 잡아서는 안 된다. 최소 10~20군데 정도 리스트업을 해두고 경우에 따라 유사한 기업이 있다면 리스트에 없더라도 즉각적으로 지원해야 한다. 기업리스트를 정리할 때 업종이 들쭉날쭉하면 안 된다. 가능하면 동일 업종 내 순위별로 리스트업을 해두면 더 좋다.

취업을 희망하는 목표 기업을 분석하기 위한 자료를 아래와 같이 정리해보자. 워크숍을 할 때는 이 자료만으로 기업분석을 하고 발표까지 하는데 학생들의 수준이 놀랍다. 5~6여 명이 불과 1시간 만에 수집한 자료라고는 믿기지 않을 정도다. 그만큼 우리가 조금만 노력을 기울여 기업자료를 수집하기만 해도 유용하게 활용할 수 있다는 사실을 반증한다.

목표 기업분석에 필요한 정보
- 목표 기업(상세정보, 연혁, 특징, CEO, 인재상, 신년사, 기업 강·약점 등)
- 선정 동기(입사하려는 이유, 관심 계기, 흥미, 적성, 비전, 각오, 향후 입사지원동기로 활용 등)
- 목표 기업의 분류 업종(업종 정의, 탄생 계기, 역사와 흐름, 특징 등)
- 업종 대표기업(경쟁기업-중견, 중소, 공기업, 해외기업 현황 등)
- 핫이슈(업종 내 떠오르는 기업, 상품, 기술, 인물, 서비스 등)

해당 정보만으로도 여러 대학에서 취업을 독려하기 위해 기업분석 경진대회를 펼치기도 한다. 아무래도 학생들의 경우에는 기업분석만으로 그칠 것이 아니라 기업분석을 하면서 어떻게 그 회사에 입사할 것인지에 대한 전략을 수립할 필요가 있다. 아래와 같은 보다 실질적인 취업정보를 바탕으로 준비하면 더 도움이 될 것이다.

목표 기업 입사에 필요한 채용정보
- 채용정보 : 채용동향, 목표 기업 채용정보, 모집직무, 채용 일정, 자격 조건, 적성검사 & 시험 여부, 요구 역량, 필요한 지식·기술·태도, 우대사항, 자소서·면접에 자주 나오는 질문 등
- 취업공략 : 직무 역량 향상에 기울여 온 노력, 자격, 스펙, 강점, 열정, 업무 준비 상태, 경험, 스토리, 보유 역량 등
- 기업공략 전략 : 소비자인터뷰, 기업발전 방안, 본인이 기여할 수 있는 부분, 기업분석 도구(SWOT, ERRC, 3C, 3TP, 7P 등) 활용한 기업·상품·기술·서비스 발전 방안(입사 후 포부로도 활용)

8

디지털 미디어를 활용한
취업 전략

독자 여러분은 SNS 활동이 취업이나 경력 관리에 도움이 된다고 생각하는가, 아니라고 생각하는가? 아마도 많은 분들이 서로 답변을 냈으리라 싶다. 그런데 과거에는 도움이 안 된다는 의견이 더 많았다면 이제는 도움이 된다고 답변하는 사람들이 더 많아졌다. 그만큼 유용성을 발견하게 된 것이다.

SNS를 통한 전략적 취업 접근

그렇다면 취업이나 커리어 관리에 도움이 되도록 하려면 어떻게 운영해야 할까? 내가 SNS를 통해 만났던 한 청년 이야기를 먼저 꺼내볼까 한다. 어느 날 트위터에서 트친을 하자던 한 대학생의 제안에 나는 시큰둥하게 반응했다. 하지만 그의 트위터를 보고 깜짝 놀랐다.

당시 트위터 팔로워만 11만 명이 넘었기 때문이었다. 나는 바로 태세전환을 하고 '방가방가' 하는 인사말로 트친을 먼저 요청해줘서 고맙다며 정성스레 답변을 보냈다. 그런데 그의 트위터를 살펴보니 팔로잉한 숫자만 보면 무려 12만 명, 그러니까 나에게 메시지 보내는 것처럼 트친하자는 요청만 무려 12만 번 이상 보냈다는 뜻이다. 그만큼 뻘짓(?)이 필요한 것이 SNS이기도 하다. SNS를 활성화 시키려면 초기에 그 정도의 삽질정신으로 파고들 필요도 있다.

속으로는 그렇다고 취업이 될까 싶었다. 하지만 다음 해 졸업하게 된 그로부터 놀라운 소식을 접하게 되었다. 대기업에 입사하는 족족 합격하는 사례가 늘었다는 자랑 때문이었다. 혹시나 스펙이 좋아서 그런 것 아닌가 하고 이력서를 보내줄 수 있느냐고 조심스럽게 묻자 바로 보내주었는데 그는 소위 명문대나 대단한 스펙을 갖추고 있지 않았다. 무엇보다도 SNS 활동이 큰 몫을 한 덕분이었다. 박진명 씨의 실제 사례다.

나 역시도 마찬가지다. 블로그를 오랫동안 써온 덕분에 여러 가지 상도 받았고, 자동차 몇 대를 살 수 있을 정도의 돈도 벌었고, 블로그에 올린 글들로 책을 쓰기도 했고, 심지어 오바마 전 대통령이 한국에 왔을 때 초대받을 정도로 큰 역할을 했다. 무엇보다도 한 대학의 교수까지 되었다.

나는 내가 인생에서 마주친 힘든 일, 좋은 사람, 깨달음이 있으면 블로그에 올리고 나를 만난 지인들에게 뉴스레터를 보내기도 했다. 사실 수천여 명의 사람들에게 그런 이야기를 보내도 회신은 그리 많지 않다. 그렇지만 중요한 것은 꾸준함이다. 좋은 생각을 전한다는 마음으로 부지런히 글을 썼다. 지금도 그런 마음으로 유튜브에도 영상을 올리고 있다.

내가 오랫동안의 직장생활을 그만두고 이제 본격적으로 강의를 하겠다는 마지막 메일을 보내자 한 대학에서 연락이 왔다. 우리 대학에서 겸임교수를 채용 중에 있는데 한 번 지원해주시면 안 되겠느냐고 말이다. 덕분에 대학강단에도 오를 수 있었다. 그러니까 중요한 것은 단순한 인기만을 노리기보다는 지속적으로 자기 분야의 콘텐츠를 생산해나가는 것이다.

직장생활 당시에도 한 포털 사이트에 카페를 개설했었다. 이력서, 자기소개서 작성 요령과 잘된 샘플들과 더불어 면접 요령과 취업 전략까지 올려나갔는데 카페 회원이 20만여 명에 육박할 정도로 회원 수가 늘었다. 당시 함께 일하던 직원에게 관리를 맡기고 나는 퇴사 후에는 한동안 잊어버리고 있었다.

그 친구는 그 카페의 힘으로 취업이나 이직을 할 때도 손쉽게 할 수 있었다. 심지어 인터넷 카페 수익으로 한 달에 많을 때는 700만 원까지 벌었다는 이야기를 듣고는 깜짝 놀랐다. 그런데도 밥 한 끼 안 사주는 그 후배에게 섭섭함도 있었지만 나는 이미 이 분야 전문가로 도약했기에 그것으로 충분하다고 받아들였다. 그만큼 SNS를 조금만 잘 활용해도 취업뿐만 아니라 장기적 수익창출에도 도움이 된다는 것이다.

페이스북과 인스타를 활용해 성공한 SNS 시인 하상욱 씨를 들 수도 있다. 이렇게 말하면 너무 특수하게 생각하는 경향이 있어 내가 만났던 사례들을 주르륵 언급해본다.

모든 행정부처들이 자신들의 사업을 국민들에게 알리기 위해 블로그를 운영하는데 블로그 운영 노하우를 가져 공무원으로 취업한 경우도 있었다. 지금은 SNS와 유튜브 운영중심으로 바뀌었는데 공무원이 되진 않더라도 그 능력으로 사업체를 운영하고, 회사원이 되고, 파트타임으로 소소하게 수익을 벌어들이는 사람들도 많다.

좋아하는 취미를 블로그에 올려 취업에 성공한 사례도 많다. 정년이 보장된 공공기관을 퇴사해 프로축구 사무국에 취업한 블로거도 있다. 프리미어 축구 소식만 전하다가 아예 전문지를 창간한 경우도 있다. 마케팅 관련한 글을 쓰다가 마케터로 취업에 성공한 사례도 있다. 정치인들을 날카롭게 비판하는 글을 논리적으로 쓰다 기자가 된 사례도 있다.

블로그와 SNS 활용 노하우를 알려주다 IT 전문강사가 되거나 아예 사업체를 차린 경우도 있다. 낚시 이야기만으로 블로그에 글을 올리다 블로그 대상을 받고 각종 방송과 이제는 100만 유튜버로 성장한 입질의 추억 같은 분도 있다. 집에서 요리하던 내용을 블로그에 올리다 책을 쓴 작가가 되기도 하고 쇼핑몰까지 차리게 된 요리 블로거들도 많다. 해외 생활 경험을 써 올리다 해당 분야로 취업한 분들도 있고 작가로 변신하거나 강사로 변신에 성공한 사례도 있다. 자신이 좋아하는 여행 경험담을 써 올리다 여행 블로거로, 여행 칼럼니스트로, 여행사로 취업하거나 아예 여행을 업으로 삼고 프리하게 살아가는 사례들도 많다.

지역 신문기자로 활동한다는 것은 여간 어려운 일이 아니다. 낮은 보수에 척박한 환경으로 자신의 이야기가 대중에게 전달되기도 어려운 구조다. 그렇지만 김주완 기자는 SNS 활동을 통해 지역 신문기자로 전국에서 가장 유명한 기자로 등극할 수 있었다. 기자직을 은퇴한 그는 예전에는 나쁜 놈들만 들춰내는 일들을 해왔는데 이제는 '어른 김장하'처럼 착한 분들만 찾아내서 그들의 선행을 알리는 작업을 하고 있다.

이제는 카페, 블로그 뿐 아니라 트위터, 페이스북, 인스타그램에 이어 틱톡, 유튜브와 같은 영상 미디어까지 너무도 많은 사람들이 각자의 방식으로 성공해나가는 사례가 헤아릴 수 없을 정도로 많다.

다만 트위터나 페이스북, 인스타그램과 같은 SNS는 유통채널로 활용하고, 블로그나 유튜브 중심으로 콘텐츠 생산에 집중할 필요가 있다. 내용은 자신의 퍼스널 브랜드를 담아낼 수 있는 글들이 좋다. 그러니까 자신의 업(業)인 전문성, 비전, 정체성 등이 드러낼 수 있는 글이나 이미지나 영상을 50% 이상 담고, 나머지는 본인의 일상, 흥미, 취미, 관심사, 광고, 기타 내용 등을 다루면 좋다.

이제는 기업들도 지원자들의 SNS를 들춰보는 시대가 되었다. 그러니 아무렇게나 내지를 것이 아니라 조금 전략적으로 활용할 필요가 있다. **디지털 시대인 만큼 자기자신을 어디에서도 검색되도록 만드는 것이 중요하다. 그렇게 되기 위해 세상 사람들이 자신을 쉽게 찾아올 수 있도록 씨앗을 뿌려나가야 한다. 최고의 마케팅은 사람들이 자신을 찾아올 수 있도록 만드는 것이다!**

9

나만의 색깔을 활용한
차별화 전략

무수한 지원자들이 취업전선으로 뛰어든다. 우리는 다른 사람들과 구분될 수 있는 나만의 차별화 전략이 있어야만 성공확률을 높일 수 있다. 어떻게 하면 차별화에 성공할 수 있을까.

차별화 전략 1 - 1+1 전략

여러 가지 방법이 있겠지만 먼저 첫 번째로 '1+1 전략'을 추천하고 싶다. 방법은 간단하다. 내가 잘한다고 생각하는 일(장점, 능력 등)에 플러스알파 요인을 하나 더 덧붙여 강조하는 방식이다. 사실상 무엇인가 하나를 압도적으로 잘하는 사람은 플러스알파도 그렇게 필요 없다. 그것만으로 인정받을 수 있기 때문이다. 만일 여러분이 외국어 능력, 영업 능력, 스피치 능력, 글쓰기 능력, 프레젠테이션 능력, 디자인 능력, 프로그래밍 역량, 설계 역량 등이 압도적이라면 이것저것 하지 않아도 된다.

그렇지만 대부분의 평범한 사람들은 무엇인가를 그렇게 압도적으로 잘하기 어렵다. 실력 차이는 조금 있을지라도 실무 전문가들이 보기에는 도낀개낀이다. 우리가 보기에는 엄청나게 차이나 보이는 친구들이라도 그들이 볼 때는 그렇게 특별하게 차이나 보이지 않는다는 의미다. 그래서 누구를 채용해야 할지 고민할 수밖에 없다.

쉽게 표현하면 편의점에 가서 물건을 고를 때를 생각하면 된다. 우리가 이미 마음에 정한 브랜드가 있을 때는 물건 값을 더 치르더라도 그 상품을 고른다. 하지만 특정 브랜드에 고착되지 않았을 때는 여러분은 어떤 선택을 하는가. 그렇다, 끼워 파는 상품에 흔들린다. 아무래도 더 저렴하기 때문이다. 채용도 마찬가지다. 지원자들이 비슷비슷해 보이는데 무

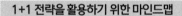

1+1 전략을 활용하기 위한 마인드맵

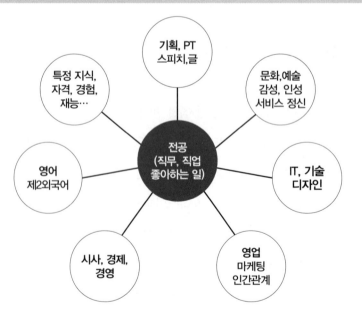

엇인가 남다른 플러스 요인이 있으면 그에게 가산점이 간다는 의미다.

먼저 자신이 강조하고 싶은 강점부터 강조해야 한다. 전공 분야나 직무 역량을 중심으로 다른 종이 한 장을 펼쳐서 중앙에 강점부터 기록한다. 전공을 살린다면 전공이 될 수 있겠다. 만일 전공학과를 살리지 않고 취업지원을 할 경우에는 골머리 앓을 것 없다. 전공 이외 자신이 잘하는 분야를 중심에 두면 된다. 지원 직무나 직업에서 요구하는 역량이나 자신이 좋아하거나 잘하는 역량을 기록하면 된다. 그런 다음 플러스 알파로 작용할 수 있는 자신의 지식, 기술, 경험, 재능, 태도, 장점 등을 자유롭게 기술하면 된다. 외국어 역량, 시사·경제·경영 트렌드나 상식, 영업·마케팅 능력, 대인관계 역량, IT 분야의 기술이나 디자인 능력, 문화·예술 분야의 감성, 인성이나 서비스 정신, 기획·PT 역량, 말이나 글 재주, 특정 분야의 지식, 자격, 재능, 경험 등을 강조하면 된다.

물론 모두를 강조해서는 안 된다. 처음에는 마인드맵으로 자유롭게 기술하되 그중에서 가장 어필하기 좋은 요인 하나를 부각시키는 것이 키 포인트다.

차별화 전략 2 - 열정적으로 행동하기

정말 가고 싶은 회사가 있다면 열의를 보여야 한다. 보이지 않는 열정을 어떻게 보이도록 할 것인가. 당연히 행동으로 옮겨야 한다. 그 예는 다음과 같다. 회사 홈페이지 꾸준히 방문, 흔적 남기기, 관계 맺기.

실제로 한 여행사 대표로부터 전해들었던 이야기다. 여행사 홈페이지 회원 중에 가칭 '딸기공주'라는 닉네임을 가진 분이 있었다고 한다. 이분이 홈페이지에 올라오는 고객들의 질문들을 여행사 직원보다 더 빨리, 일일이 답변을 계속해서 달아줬다. 회사 직원 중에 모르는 사람이 없을 정도로 닉네임이 알려졌다.

그런데 어느 날 이 사람이 면접장에 나타났다. 면접시험 중에 본인이 홈페이지에 올라오는 고객들의 질문에 답변을 줬던 '딸기공주'라고 언급하자 너도나도 할 것 없이 면접관들이 화색을 띠며 말을 건네더라는 것이다. 결과는 어떻게 됐을까. 뭐, 더 볼 것도 없이 합격되었다.

이런 사례는 다양하게 찾아볼 수 있다. 단지 좋아하는 회사를 알리기 위해 그 회사 소개 글을 계속 올리던 직장인이 있었다. 당시에는 그 회사 이름이 많이 알려지지 않을 때라 회사명 검색을 하면 그녀가 쓴 홍보글이 가장 먼저 떠올랐다. 결국 그 회사에서 '이 사람 누구냐'고 할 정도였다. 급기야 홍보, 마케팅 팀으로 스카우트 제안까지 받아 채용되었다. '배달의 민족'에 스카우트 된 이승희 씨의 입사스토리다.

결국은 발로 뛰는 열정

31살이라는 불리한 나이에 3년이라는 공백에도 불구하고 대기업 취업에 성공한 사례가 있다. 이 분은 내 교육생 중에 한 명이었다.

그는 아무리 취업 교육을 받고 취업상담을 받아봐도 결국은 발로 뛰는 열정이 최고라고 스스로 결론을 내렸다. 단순히 발로만 뛸 것이 아니라 지원회사에 대해 조사하고, 회사의 지역 지점들을 방문해서 인증하고, 본사 담당자까지 찾아가는 열정 끝에 대기업 합격에 성공할 수 있었다.

공정하게 평가해야 한다는 공공기업도 마찬가지다. 한 지원자는 전국 100군데 지사를 방문한 열정을 보여줘 최종합격했다. 최고의 합격 전략은 결국은 발로 뛰는 열정이다.

차별화 전략 3 – 자기만의 분야 개척하기, Only 1전략

자기만의 분야를 개척한 사례로 소통테이너 오종철 씨를 들고 싶다. 그는 개그맨으로 첫 직업을 시작했지만 개그맨으로 빛을 발하지 못했다. 그는 입담을 바탕으로 MC, 아나운서, 라디오 프로그램 진행자로 활동하며 빛을 발휘했다. 하지만 프로그램 개편으로 하차하는 일이 잦았다. 그러다 세바시의 강연전문 MC 활동을 하면서 많은 사랑을 받았다. 그 어떤 MC보다 청중들의 분위기를 띄워줘 강연자들이 마음껏 강연할 수 있는 분위기를 만들어주는 최고의 강연전문 MC가 되었다. 이 경험을 바탕으로 그는 교육기업을 운영하고 SNS 마케팅 회사까지 만들었다. 그는 사람들과 소통하며 즐겁게 만드는 사람이라는 '소통테이너'라는 직업을 만들어 자기만의 분야를 개척해나갔다.

또 다른 사례로는 아띠의 이인재 대표를 들 수 있다. 그는 전형적인 엄친아 스타일로 미국의 한 대학에서 역사학을 전공하고 화이트칼라의 꽃이라 불리는 증권사에 취업해 높은 연봉을 받으며 일하고 있었다. 하지만 땀 흘려 돈을 벌지 않는다는 생각에 회의감이 들었다. 차라리 땀 흘리며 우리나라의 아름다운 모습을 외국인들에게도 소개해주고 싶다는 마음에 사표를 던지고 사라진 인력거꾼으로 창업한다. 자신이 전공한 역사 지식을 활용하면서도 도시관광의 하나로 새로운 기회를 창출한 것이다. 우리가 흔히 사무직 종사자를 화이트칼라, 생산직 종사자를 블루칼라하고 하는데 이 두 가지를 모두 버무린 브라운칼라 직업을 창출한 것이다.

직장에서도 마찬가지다. 똑같은 직무를 똑같이 준비해온 인재보다는 같은 직무라도 조금 남다르게 보고, 남다른 고객 타켓층을 취향이나 연령이나 성별에 따라 정의하는 인재들을 더 선호한다. 따라서 남들이 다 가는 길에서 안주하지 않고 끊임없이 변화하며 자기만의 분야를 개척해나가보자.

차별화 전략 4 - 끊임없는 도전정신

취업이 어렵다는 체육학과를 졸업하고도 동아오츠카 영업관리팀에 합격한 박종진 씨의 취업 전략이다. 그는 입사희망 기업의 지점을 방문한 경험들을 기록하고 직무포부를 밝히며 자신이 근무할 때 어떠한 각오로 근무할지 다짐했다. 이를 입증하기 위한 다양한 활동경험 등을 포트폴리오로 제출해 최종합격할 수 있었다.

서른 살이라는 늦은 나이에 3년의 공백을 딛고 특 1급 호텔 파르나스 호텔에 취업한 양경식 씨의 취업 전략이다. 그는 해외여행을 하면서 세계 각국의 호텔에서 머물던 경험을 바탕으로 각 호텔의 장단점을 밝혔다. 정부지원사업 참여경험과 더불어 직장인들을 응원하는 오프라인 캠페인 등을 통한 열정을 밝히고 신입사원으로서의 각오와 앞으로 입사 후 어떻게 호텔 발전에 기여할 것인지 밝힘으로서 나이라는 핸디캡을 극복할 수 있었다[24].

이외에도 다양한 이벤트나 특수한 경험, 도전으로 성공한 사람들은 넘쳐난다. 서울에서 울산까지 500km 달리기로 현대 중공업 입사에 성공한 김동완 씨, 50cc 스쿠터로 2만 km의 유라시아를 횡단한 권준오 씨, 돈 한 푼 없이 비행기표 한 장으로 354일 동안 31개국의 CEO를 만나며 세계여행을 한 류광현 씨, 돈 한 푼 없이 다큐멘터리 영화를 제작하겠다는 열정으로 비행기조정 면허증을 취득하기 위해 끝없이 도전한 끝에 파일럿이 된 이동진 씨 등을 들 수 있다.

---

24 출처: 『리얼스펙』, 박장호 저

4강

누구도 알려주지 않는
이력서 작성 요령

1

이력서 한 장으로 1억 원 손실

이력서를 잘 쓴다는 것은 생각보다 쉽지 않다. '이력서는 형식적인 것 아니냐'라고 반문하는 사람도 있을 것이다. 일정 부분 맞는 말이지만 틀린 부분도 있다. 아무래도 온라인으로 입사지원하는 경우에는 지원자의 개성을 이력서에 담기 어려운 면이 있다. 소위 스펙 위주로 지원자들의 데이터를 분류하기 때문이다. 그래서 기업들은 스펙으로만 볼 수 없는 인재의 진가를 보기 위해 면접을 더 중점적으로 보려는 경향도 있다.

자신의 진가를 더 보여주고 싶다면 본인 고유의 이력서를 만들어두길 권한다. 그래야 남들과 차별화할 수 있기 때문이기도 하고, 스펙으로 드러나지 않는 자신의 역량을 표현할 수 있기 때문이다. 본인 고유의 이력서를 제출하면 차별점이 확연하게 드러난다. 실제로도 외국계 기업이나 일부 기업들은 회사에서 요구하는 특정한 양식이 없는 경우도 많다. 그래서 본인 고유의 색깔이 드러나는 이력서 하나 만들어보길 권한다.

1) 이력서 잘 쓰면 좋은 6가지 이득

첫째, 취업에 유리하다. 이력서나 자기소개서 잘 써봐야 뭐 결국엔 스펙으로 판가름나지 않느냐고 생각하는 사람들도 많다. 물론 취업 역량 차이가 현격하게 나타나는 경우라면 잘 만든 이력서만으로는 부족하다. 하지만 비슷한 조건이나 경우에 따라 경쟁자보다 조금 부족한 상황이라 하더라도 입사지원서 작성을 잘 쓴 사람은 취업에서 유리한 고지를 차지할 수 있다.

둘째, 인사담당자는 이력서를 잘 작성한 지원자를 문서작성 능력이 있는 것으로 평가한다. 직장인으로서 가장 기본적으로 갖춰야 할 능력 중 하나가 문서작성 능력이다. 상당 수의 일들이 각종 보고서나 문서작성을 해야 하는 업무가 많기 때문이다.

셋째, 비즈니스 실무 역량이 있는 것으로 평가받는다. 구직자들은 이력서 한 장쯤이야라고 생각할 수도 있지만 기업에서는 이력서 한 장으로도 지원자의 비즈니스 실무 역량을 평가한다.

좋은 이력서를 쓰려면 좋은 이력서의 조건이나 형식이 무엇인지 정보를 수집할 수 있어야 한다. 단순히 정보만 모아서 될 것이 아니라 정보를 자신의 것으로 만들어내기 위해 그 정보를 분류하고, 편집해서 그것을 하나의 방향으로 초점을 만들어낼 수 있는 능력이 있어야 한다. 즉, 한 개인의 정보수집 능력, 편집 능력, 해석 능력, 기획 능력 등을 종합적으로 평가한다. 더불어 컴퓨터 활용 능력, 문서작성 능력, 작문실력, 표현력, 논리력, 호소력, 설득력, 차별화 능력, 세일즈 역량 등까지 포괄적으로 평가한다고 볼 수 있다.

정말이냐고, 정말이다. 기업은 자기 자신 하나 세일즈하지 못하는 사람을 어떻게 기업의 제품과 서비스를 세일즈하겠느냐고 판단한다. 여러분은 자신이라는 상품이 취업시장에서 어떻게 보이도록 만들고 싶은가?

넷째, 더 높은 연봉을 받을 가능성이 크다. 신입직은 보통 연봉이 정해져 있어 연봉협상 권한이 없는 경우가 많다. 큰 기업의 경우 정해진 연봉이 대부분 있으나 작은 조직의 경우 연봉협상이 개별적으로 이뤄지는 경우가 많다. 이럴 때 입사지원서를 잘 쓴 사람은 연봉협상에 유리하다.

실제로도 똑같은 나이의 지원자 두 사람이 비슷한 직무에, 비슷한 경력을 갖추고도 채용 시에는 직급과 연봉에서 차이가 났다. 당시 연봉으로 700만 원 정도가 차이가 났는데 실제로는 더 큰 차이가 날 수도 있다. 후일담이지만 근무해본 결과 직무 능력으로는 오히려 직급도 낮고 연봉도 낮았던 직원이 일을 더 잘했다. 그렇지만 기업이라는 것이 아직도 여전히 연공서열적인 부분이 있어서 처음 연봉이 조정되지 않는 경우가 많다. 만일 두 사람이 같은 회사에서 10년을 근무한다면 연봉수령액에서 1억 원 이상의 차이가 날 수 있다는 의미다. 단지 이력서 하나 잘못 써서 이렇게 큰 손해를 보는 셈이다.

다섯째, 후광 효과를 볼 수 있다. 사람들은 보통 하나를 잘하면 다른 것도 잘할 것이라는 믿음을 가지고 있다. 실제로 그럴 수도 있지만 판단 오류인 경우도 많다. 사람들은 자신이 좋게 본 것을 믿으려고 하는 경향이 있다. 어떤 사람의 첫 인상이 좋았다면 그런 판단을 입증하기 위해서 그 사람의 모든 행동을 가능한 긍정적으로 보려는 경향이 있다. 반대로 첫인상이 나빴다면 계속해서 그 사람을 나쁘게 보려는 경향이 있다.

구직자들은 이런 판단의 오류를 역이용한다. 인사담당자를 대면하기 전에 첫 대면이 바로 서류전형이다. 그러니 잘 만들어진 이력서를 보면 인사담당자는 자신도 모르게 무의식적으로 그 지원자를 좋게 평가하려는 경향이 있다. 그것이 잘 만들어진 사진이 될 수도 있고, 문서 형식이 될 수도 있고, 설득력 있는 항목이나 내용이 될 수도 있다.

여섯째, 장기적인 경력 관리에 용이하다. 사람들은 이력서나 자기소개서를 입사지원 할 때만 쓰는 서류로 인식한다. 그래서 취업하면 더 이상 쓸 일이 없다고 믿는데 그렇지 않다. 의도하든 의도하지 않든 직업적으로 변화가 발생할 수 있다. 그럴 때 수시로 입사지원서를 잘 관리한 사람은 경력 관리를 보다 유리하게 대처해나갈 수 있다.

이직을 위해서가 아니라 스스로의 경력 관리를 위해서도 이력서를 수시로 업데이트해나가야 한다. 올 한 해 동안 무엇을 했는지 정리하지 않으면 이후에는 거의 모든 것들을 잊어버리기 마련이다. 그렇게 정리해둠으로써 앞으로 자신을 어떻게 발전시켜 나갈 수 있을지 그런 고민들도 하게 된다.

게다가 잘 만들어둔 경력 관리 서류는 직장 내에서 연봉협상에서도 유리하게 활용할 수 있다. 본인이 무엇을 했는지, 어떤 기여를 했는지 정확하게 기록해두는 것만으로도 동료보다 유리한 연봉협상 위치를 차지할 수 있다. 그래서 경력 관리의 기본은 이력서 관리다.

이력서 잘 쓰면 좋은 6가지 이득

1. 취업에 유리하다

2. 문서작성 능력이 있는 것으로 보인다

3. 비즈니스 실무 역량이 있는 것으로 평가받는다

4. 더 높은 연봉을 받을 가능성이 높다

5. 후광 효과를 볼 수 있다

6. 경력 관리가 용이하다

2

이력서에 대한
잘못된 5가지 통념

이력서는 구직자가 입사지원을 할 경우에 사용되는 비즈니스 양식으로서 그 고유의 형식과 특성을 가지고 있다. 그런데 우리는 지나치게 고정화해서 잘못된 통념을 가지고 있는 경우가 많다. 이러한 보편적 믿음을 깨뜨리지 못하면 잘못된 형식의 틀에 갇힐 수 있다. 잘못된 통념에 대해서 알아보자.

1) 이력서는 형식적인 문서일 뿐이다

많은 사람들이 이력서는 취업을 위한 형식적인 문서일 뿐이라고 생각하는 경향이 있다. 이력서에 스펙 이외에는 딱히 기록할 내용도 없고, 이력서 내용만으로 다른 사람과 차별화할 수 있을 것이라 생각하지 않는다. 그래서 텅 비어 있는 이력서가 많다. 자신이 무엇을 할 수 있는 사람인지를 전혀 알 수 없는 그런 경우가 그렇다.

2) 특정 양식의 샘플을 계속 사용한다

우리는 보통 졸업 시즌에 입사지원서를 처음으로 작성하게 된다. 이 시기가 되면 이력서나 자기소개서를 학교에서 제공한 양식이나 취업포털 사이트, 인터넷에서 검색해 다운로드 받거나, 지원한 회사양식 등을 그대로 사용하는 경우가 많다. 이렇게 처음에 쓴 특정 양식이나 특정 기업의 양식을 바꾸지 않고 10년, 20년이 지나도 그대로 사용하는 경우도 많다.

3) 본인 고유의 양식은 필요 없다

입사 초기 사용했던 특정 양식으로만 이력서를 사용했던 사람들의 경우라면 아예 본인 고유의 이력서조차 없는 경우가 많다. 그러다 보면 갑작스럽게 이직을 하거나 구직을 해야 하는 경우 난감해하는 사람들이 많다.

이력서는 구직할 때만 쓰는 서류가 아니다. 수시로 업데이트하면서 자신의 새로운 경력을 계속해서 추가해나가는 경력 관리 문서다. 그것이 프로 직장인의 현명한 커리어 관리다. 따라서 어떤 양식의 샘플이라도 자신에 맞게 재편집, 재구성해서 자신만의 세련된 양식을 만들어둘 필요가 있다.

4) 친한 사람에게도 보여주지 않는다

자신이 쓴 이력서를 부모님에게 보여주는 경우는 극히 드물다. 친구나 선후배에게도 마찬가지다. 물론 최근에는 직업상담사나 취업전문가들이 있어 그들에게 도움을 받는 경우는 있지만 나중에는 그들에게조차 조언받지 않는 경우가 많다. 아무래도 쑥스럽기 때문일 것이다.

하지만 가까운 지인들에게도 자문을 구해야 한다. 비록 전문가는 아니라 하더라도 타인의 시선을 통해 보다 객관적인 조언을 얻을 수 있다. 그러니 남에게 이력서를 보여주길 부끄러워하지 말고 주변으로부터도 조언을 구해보자.

5) 피드백을 받지 않는다

입사지원을 했다고 하더라도 기업의 인사담당자들이 이력서에 대해 피드백을 해주는 경우는 극히 드물다. 그래서 지원자들은 무엇이 부족한지 모르는 경우가 많다. 사실 본인 스스로 무엇이 잘못되었는지 알기는 힘들다.

아무래도 학교 취업지원센터나 공공기관이나 직업상담사분들에게 피드백을 받는 것이 좋다. 조금 더 냉정한 평가를 받고 싶다면 민간기관의 취업전문가로 해당 분야의 인사전문가에게 점검받고 개선해볼 필요도 있다.

3
입사지원서 작성의
핵심 포인트 3가지

이력서 클리닉을 받다 보면 '추상적이다, 모호하다' 이런 평가를 받을 때가 많다. 아무래도 지원한 직무에 초점을 못 맞춰서인 경우가 많다. 조금 더 구체적이고 명확하게 쓰기 위해 직무를 분석하고, 직무 역량 중심으로 기술하고, 목표 기업에 맞춰 작성해보자.

1) 지원 직무 철저히 분석하기

입사지원서 작성 중 잊지 말아야 할 사항 중에 하나가 목표 직종이다. 지원한 직종을 중심으로 자신이 얼마나 해당 직무에 적합한 인재인지를 효과적으로 설득해야 한다. 직종은 우리가 조직에서 수행해야 할 업무나 직무가 될 수 있는데 통상 직업이라고 폭넓게 볼 수도 있다.

따라서 채용공고를 보았을 때 기존에 만들어놓았던 입사지원서를 그냥 그대로 보내서는 안 된다. 목표 회사에서 채용하고자 하는 인재를 통해 수행하고자 하려는 직무가 무엇인지, 과업이 무엇인지 분석한 후에 모집 직종의 성격에 맞춰 입사지원서를 작성해서 보내는 것이 좋다.

어떤 채용공고는 모호해서 도대체 어떤 직무를 담당하는 것인지 알기 어려울 수도 있다. 하지만 채용공고를 평소에 자주 보고 꼼꼼히 분석해 본다면 해당 기업에서 어떤 업무를 수행해야 하는지 어느 정도는 파악할 수 있다. 그래도 잘 모르겠다고 생각이 들거나 궁금한 사항이 있다면 인사담당자에게 직접 연락해 모집 분야의 담당 업무가 무엇인지 좀 더 구체적으로 설명해달라고 요청하는 적극성도 보일 필요가 있다. 그러한 과정을 밟는 것도 예비 직장인으로서 중요한 자세라고 말할 수 있다.

하지만 이 경우 연봉, 직급, 복지환경 등 민감한 사안들에 대해서는 물어보지 않는 것이 예의다. 대학 저학년이라면 어떤 공부나 역량을 더 쌓아놓는 것이 좋을지 물어볼 수 있다. 대학 고학년이라면 조금 더 세분화된 직무나 향후 사업 방향이나 입사지원자에게 바라는 사항 등을 중심으로 물어볼 수 있겠다.

경력자라면 현재 모집하는 직종이 신규로 늘어나는 일자리인지 아니면 누군가 이직을 하여서 공백을 채우기 위한 것인지 등을 물어볼 수도 있다. 만일 해당 회사에서 전임자의 후임자를 찾기 위해 채용 중이라고 할 경우에도 "그 사람이 왜 이직했는지, 회사가 좋지 않은 상황이라 그런 것은 아닌지?" 하는 식의 민감한 사안들에 대해서까지 질문을 던져서는 안 된다. 전직자가 담당했던 업무는 주로 무엇이었으며, 앞으로 입사할 담당자가 해야 할 업무는 무엇인지, 해당 부서는 어떤 부서와 주로 협업을 해야 하는지 등에 대해 물어보는 것이 바람직하다.

직무정보는 워크넷의 직업진로 카테고리에서 해당 직업정보를 최대한 수집한다. 유관한 직무들도 여럿이므로 그러한 정보들도 함께 수집해둔다. NCS 홈페이지에서도 해당 직업이나 유사직업에서 요구하는 지식, 기술, 태도 등에 대한 정보를 수집한다. 이렇게 모집 직종에 대한 분석이 끝나면 해당 직종에 근접한 본인의 과거경력이나 능력 또는 경험, 지식, 대외활동 등 연관성이 있는 부분들을 강조해 작성하는 것이 효과적이다.

그런데 입사지원을 할 때 지원 부문이 어딘지조차 밝히지 않는 지원자들이 있다. 항상 이력서 오른쪽 상단에 자신이 지원하는 부문을 밝히는 것이 좋다. 한 회사에서 여러 직종을 동시에 채용하는 경우가 있는데 이 경우 지원 부문을 밝혀두지 않으면 이력서 분류가 제대로 되지 못할 수도 있다. 아무리 뛰어난 능력을 가진 소유자라도 지원 부문이 서로 다르다면 모집 직종에서 인정을 받지 못할 수도 있다. 2지망, 3지망도 기입해두면 도움이 될 수 있다.

2) 직무 역량 중심으로 기술하기

입사지원서에 직무관련 기록을 썼지만 인사담당자 입장으로서는 '지원자가 맡은 업무를 제대로 수행해낼 수 있을까' 하는 의문을 품을 수 있다. 그것은 해당 부서에서 필요로 하는 직무 역량을 중심으로 제대로 기술하지 않았기 때문일 수도 있다. 많은 역량을 작성했다고 하더라도 모든 내용을 무작위로 나열한 경우도 마찬가지다.

입사지원자가 어떤 직무에 지원했느냐에 따라 요구되는 자격이나 역량이 다를 수 있다. 영업직에 지원하는 사람이 너무 내향적 성격의 소유자라면 다소 불리하게 작용할 수 있다. 이런 우려 사항을 보완할 수 있도록 작성해야만 한다. 그러자면 지원한 직무에서 필요로 하는 역량이 무엇인지 정확히 알고 있어야 한다. 그래야만 해당 능력을 보유하고 있다는 것을 효과적으로 설득할 수 있다.

입사지원서를 작성하는데 구구절절 본인의 과거사를 모두 기록하거나 모든 분야를 다 잘한다거나 무조건 성실히 일하겠다는 식의 모호한 표현으로 자신을 강조하는 경우가 있다. 기업이 두세 장의 입사지원서에서 보고자 하는 바는 지원자가 과거에 어떤 경험이나 경력을 거쳐 왔고, 어떠한 업무 수행 능력을 가지고 있는지, 이 일을 위해 어떠한 지식과 기술을 갖춰왔는지 등을 빠르게 알고자 함이다. 따라서 불필요한 문장을 늘어놓느라 정작 중요한 내용을 놓치지 않도록 해야 한다.

따라서 이것저것 모두 다 잘 할 수 있다는 식의 전개는 어느 한 분야에 대해 전문적이지 못하다는 뜻으로 비칠 수도 있다. 게다가 나열형으로 재미없게 늘어놓기만 하거나 앞으로 더 배우고 잘 익혀나가겠다는 식의 막연한 다짐도 좋지 않다.

설령 많은 일을 잘할 수 있다고 해도 본인이 정말 잘하는 한두 가지의 역량을 집중적으로 강조한 뒤에 그 이외에도 이러이러한 능력까지 있다고 서술하는 방식이 좋다. 반대의 순서도 좋다. 여러 가지 능력을 먼저 나열한 다음에 그중에 지원한 업무와 가장 유관한 한두 가지의 역량을 집중적으로 강조할 때 더 빛이 난다. 말만 하기보다는 수행할 업무에 대한 역량이 있다는 사실을 적절한 경험을 바탕으로 한 스토리텔링 화법으로 전달하면 인사담당자를 사로잡을 수 있다. 직무에서 요구하는 핵심 역량과 부합되는 자기만의 지식, 기술, 태도, 경험 등을 강조하는 것이 키포인트다.

3) 목표 기업 철저히 분석하기

입사지원하기 전 기업 홈페이지나 신문, 인터넷 등을 통해 지원 기업에 대한 분석을 미리 해둔다. 만일 보수적인 성향이 강한 기업에 지원하면서 진보 성향을 강조한다든지, 진보 성향이 강한 기업에 지원하는데 보수적인 색깔을 강조한다든지 하면 좋지 않은 인상을 줄 수 있다. 기업의 인재상에서부터 종교 색깔 등에 이르기까지 조금 광범위하게 탐색해본다.

만일 창의성을 강조하는 기업인데 성실함만 강조해서 부각한다든지, 성실한 자세와 태도가 중요한 덕목이라고 강조하는 기업에 지원하면서 창의성을 내세운다면 좋은 평가를 받기 어려울 수 있다. 더불어 지원 기업의 산업 전체의 흐름을 읽을 수 있어야 한다. 관련 분야의 흐름과 트렌드, 자신의 소견을 반영해서 지원 기업의 경쟁력이나 차별화 전략을 제시하면 좋은 평가를 받을 수 있다.

더불어 기업의 핵심사업과 신규로 진출한 사업 등에 대한 정보도 알고 있는 것이 좋다. 그렇게 해서 자신이 어떠한 부서에서 어떠한 직무를 맡아서 어떠한 기여를 할 수 있을지에 대해 구체적으로 기술하면 높은 평가를 받을 수 있다.

최근에 입사지원자들의 이직률이 높아지면서 기업에 대한 애착과 충성도가 높은 지원자들을 찾으려는 경향이 있다. 따라서 오랫동안 목표 기업에 대해 입사하고 싶었다는 애착심을 감성적일 뿐만 아니라 논리적으로도 설득해서 자신이 기업인재상에 부합되는 인재임을 강조할 필요가 있다. 말만이 아니라 행동으로 오랫동안 준비해왔던 인상을 줘야 한다.

실례로 학교 내 취업 관련 교양과목을 열심히 듣고 그 내용을 행동으로 실천해 대기업에 합격한 학생도 있다. 그 학생은 3학년 때부터 가고 싶은 기업의 뉴스와 해당 업종에서 벌어지는 국내외 동향과 기술, 트렌드 소식 등을 2년간 스크랩해둔 덕분에 대기업 취업에 성공할 수 있었다. 서류통과 후 면접에서 여러 가지 질문이 나왔는데 어떤 질문이 오더라도 모두 대답할 수 있겠다는 자신감이 들더라고 후일담을 전해왔다.

그런데 이력서에 지원 회사명이나 지원한 직무명조차 잘못 기입하는 어이없는 실수를 하는 지원자들도 있으니 항상 꼼꼼하게 세부 내용까지 훑어보아서 이와 같은 실수를 범하지 않도록 해야 한다.

4

이력서에 들어가야 할
8가지 주요 항목

이력서에는 일반적으로 인적 사항, 학력 사항, 경력 사항, 자격 사항, 어학 능력, 대외활동 정도의 항목으로 생각하지만 실제로는 다음과 같이 더 많은 항목을 삽입해서 사용할 수 있다.

> **이력서에 들어가는 주요 항목**
> 인적 사항, 학력 사항, 경력 사항, 자격 사항, 주요 실적, 대외활동, 교육 사항, 어학 능력, 해외경험, 핵심 강점, 대인관계, 업무 능력, 전산 능력, 생활신조, 성격, 장래 포부, 취미활동, 봉사활동, 역경, 가족 사항, 신체 사항, 병역 사항, 특이활동, 기타 사항 등

이력서에 쓸 항목이 없다고 하지 말고 위와 같은 항목들을 적합하게 잘 써내 제출하면 보편적인 스펙까지 커버할 수 있다. 또한 이력서 뿐 아니라 자기소개서 항목으로도 활용 가능하고 자기 자신을 탐색하는 데

도 도움이 된다.

우리는 이 중에서 몇 가지 부분들만 알아보자.

1) 인적 사항 기재 방법

인적 사항에는 사진, 성명, 주민번호(보통은 생년월일), 나이, 주소, 이메일 주소, 전화번호, 휴대전화번호 등이 기본적으로 들어가야 한다. 다음으로 호적관계, 결혼 여부, 가족관계, 신장, 체중, 종교, 취미, 특기 등을 기록하는데 요즘은 이런 부수적인 항목들은 굳이 기록하지 않는 추세다.

디지털 시대이다 보니 개인 홈페이지, 블로그, 트위터, 페이스북, 인스타그램, 유튜브 등의 주소를 추가 기재할 수 있다. 나이의 경우 생년월일과 더불어 본인 나이를 덧붙여주는 것이 좋다. 예를 들어 '○○○○○○ - ○○○○○○(25세)' 혹은 '○○년 ○○월 ○○일(25세)'로 표기하는 식이다. 2023년 7월부터 만 나이로 통일된 만큼 이력서에도 만 나이로 기록하면 되겠다.

업무 능력이 있어 보여 면접을 보고 합격 여부를 결정짓고 싶은데 지원자 연락처가 없어 당황스러웠다고 밝히는 인사담당자들이 종종 있다. 안타까운 마음에 행정지원센터까지 연락해서 지원자에게 연락할 방법이 있을지 부탁한 적도 있다. 개인정보라 알려줄 수 없다는 말에 결국 채용을 포기했던 사례도 있었다. 기본적인 것이지만 놓쳐서는 안 되는 부분이다.

간혹 연락처를 잘못 적어 연락이 안 되는 경우도 있으므로 이력서를 보내기 전에는 연락처가 제대로 기입되었는지 반드시 확인해야 한다. 취업이나 이직을 준비하는 기간 동안에 휴대전화번호가 변경되었다면 기존의 번호와 연동되도록 하고, 모르는 번호라도 일단은 받고, 휴대폰 전원도 항상 켜 놓는 것이 좋다.

일부 기업에서는 면접 통보나 채용 여부 등에 대한 채용진행 과정을 이메일로 발송하여 처리하는 경우도 종종 있다. 이런 경우에 이력서에 이메일 주소를 적어놓지 않으면 채용진행 과정을 통보받지 못하는 등의 불이익을 당할 수도 있다. 더불어 이메일 주소가 틀리지 않게 확인하고 메일박스함도 잘 정리해둬서 인사담당자의 이메일이 반송되지 않도록 유의해야 한다.

미국과 한국의 이력서 중 가장 큰 차이가 있다면 개인 신상정보다. 서양의 경우에는 사진이 첨부된 이력서가 거의 없으며 나이까지 표기되지 않는 경우도 많다. 우리나라에서도 공공기관을 중심으로 사진이나 졸업한 학교, 결혼 여부, 가족 사항, 신체 사항 등에 대해서 기록하지 않도록 블라인드 채용으로 진행되고 있다.

하지만 아직까지 국내기업들은 이러한 요건들을 요구하는 편이다. 예전에 비해 신상정보로 인해 채용에 불이익을 받는 경우는 많이 줄어들었다. 하지만 업무특성상 채용공고에서부터 자격 요건을 언급한 기업체의 경우 그러한 내용들이 누락된 채로 작성된 이력서는 지원자에게 신뢰감을 느끼기 힘들다고 한다.

2) 학력 사항 기재 방법

학력 사항의 기재 순서는 회사마다 기준이 다를 수 있다. 한국 기업의 경우 대체로 연대기 순으로 기록하는 편이다. 외국계 기업의 경우에는 이와 반대로 최근순으로 기록하는 경우가 많다. 이유는 서류검토를 하는 인사담당자는 학력 내용 중 가장 최근 학력을 중요하게 보기 때문이다.

만일 석사 학위까지 받았다면 석사 학위를 한 대학을 먼저 기록하고, 그다음 학사 학위 한 대학과 전공을 기록하고, 마지막으로 고등학교를 기록하면 된다. 어느 쪽이든 굳이 초등학교와 중학교 등의 학력 사항까지 기재할 필요는 없다. 단, 해외에서 학교를 다녔거나 특수한 학교를 다닌 경우에는 기록한다.

학력 사항 기재 시 입학연도와 졸업연도를 별도로 한 줄씩 따로따로 기재하는 것보다는 입학과 졸업 등의 기간을 한 칸에 기재함으로써 이력서를 길게 늘어져 보이지 않도록 한다. 특히 전공, 복수전공, 부전공 등은 꼼꼼히 기재해야 한다.

학점을 구체적으로 기록하는 것도 좋다. 만점 기준이 몇 점인지 밝히고 자신이 받은 학점을 기록하면 된다. 장학금을 받았다면 몇 차례였는지 받은 학기까지 구체적으로 기록한다. 자신이 관심 있게 공부했던 과목이 있다면 그 부분을 강조하는 것도 좋다.

3) 교육 사항 기재 방법

교육 사항은 앞에서 언급한 학력 사항과는 다소 다르다. 학력 사항이 정규과정의 교육과정을 언급하는 항목이라면 교육 사항은 정규과정 이외의 입사지원자가 자발적으로 받은 모든 교육을 언급하는 항목이다. 교육 사항이 많다고 해서 서류전형에서 가산점이 있는 것은 아니다. 하지만 면접과정에서 중요한 영향력을 끼칠 수 있다.

교육 사항이 많은 경우 기업에서는 해당 지원자가 적극적으로 학습하는 인재라고 평가할 수 있기 때문이다. 직장생활을 하면서도 계속해서 새로운 분야를 공부하고 학습해야 하는데 교육 사항이 많은 경우에는 주도적 학습 능력이 있는 것으로 평가한다.

그래서 정규교육 이외 본인이 특별히 이수받은 교육이 있으면 교육과정 이름과 교육 기간, 교육 내용 등에 대해서 상세히 기록해둔다. 해외연수 경험도 기록할 수 있다. 연수를 다녀온 국가와 연수기간 그리고 연수 내용과 그곳에서 배우고 경험하면서 깨달은 점을 상세히 기록하는 것도 플러스 점수를 받을 수 있는 방법이다.

4) 경력 사항 기재 방법

기업에서 가장 중요하게 보는 항목이다. 그러나 경력이 없는 신규 대졸자는 부담이 느껴지는 항목이기도 하다. 실제로 1년 이상의 정규 직장생활을 한 경우에만 인정한다. 그러나 졸업예정자의 경우 각종 아르바이트나 사회활동 등을 활용해 서술할 수도 있다. 다만 대기업 같은 경우에는 그런 경험이 서류상으로는 인정받지 못하지만 면접에서는 좋은 평가로 작용할 수 있으니 일단 기록해두는 것이 좋다. 중소기업의 경우에는 서류전형에서부터 좋은 인상을 남겨줄 수 있다.

경력 사항에는 최근에 근무한 회사순으로 기록하는 것이 좋다. 현재 본인이 재직했던 회사명, 담당 업무, 직책, 근무기간 그리고 연봉, 과거 주요업무실적 등을 밝힐 수 있다.

경력직의 경우에는 간략하게나마 퇴사한 이유를 짧게 밝히는 것도 좋다. 채용 기업 입장에서 거의 빠지지 않고 나오는 질문이 퇴직 사유이기 때문이다. 자기소개서나 경력기술서에서 보다 구체적으로 기록하기로 하되 이력서 내에 간단명료하게 한두 마디로 퇴사 이유를 밝히면 더 신뢰감을 줄 수 있다.

모집 직종에 대한 총 경력과 자신이 지내왔던 총 사회 경력 등을 한눈에 볼 수 있도록 정리하여서 이력서를 작성해두면 상대편이 구분해서 보기가 쉽다. '총 사회 경력 ○○년, ○○직종 총 ○년 ○개월(예: 총 경력 7년, DB설계 경력 2년 5개월)' 등으로 구체적으로 명기한다면 인사담당자에게 신뢰감을 줄 수 있다. 그뿐만 아니라 스스로의 경력 관리를 위해서도 자신이 어떻게 경력을 관리해나가고 있는지 체크할 수 있다.

5) 자격 사항 기재 방법

공식적으로 얻은 국가공인자격증과 민간자격증 등을 기록하는 란이다. 자격증의 경우에는 자격증명과 자격증을 발급한 기관명, 발급일자, 자격등급 등을 정확히 기록한다. 잘 알려지지 않는 자격증의 경우에는 어떤 내용의 자격증인지 간단한 설명을 덧붙일 수 있다. 더불어 상벌 관계나 직무를 수행할 수 있는 능력 등을 기재할 수도 있다.

6) 대외활동 기재 방법

대외활동은 학교 밖 활동을 쓰는 항목이다. 여러 사람들 앞에서 리더를 해본 경험이나 동아리활동, 봉사활동, 종교활동, 친목활동, 각종 동호회, 특이활동 등의 다양한 사회적 활동을 기록할 수 있다.

어떤 특정 활동 사항이 모집부문의 실무와 잘 매치될 경우에는 어렵지 않게 취업으로 연결되는 경우가 있으므로 가볍게 여기지 말고 지원한 회사에서 찾고자 하는 직무와 근접한 대외적 경험이 있다면 빠짐없이 기록하는 것이 좋다.

7) 주요성과 기재 방법

살아오면서 자신이 일군 성과나 실적, 업적 사항 등을 기록해본다. 아르바이트를 했다고 하더라도 단순하게 어떤 회사를 다녔다는 식으로 기술하기보다는 그 회사에서 어떠어떠한 업무를 맡았다고 쓴다. 그런 다음에 그곳에서 무엇을 배웠으며 어떠한 성과를 일궈냈다고 구체적으로 표현하거나, 어떤 실수를 통해 어떠한 교훈을 얻었다거나 하는 식으로 기록하면 된다.

이때 구체적이지 못하게 모호한 표현으로 일관하기보다는 정확히 본인이 성과를 일궈낸 결과를 수치로 나타내어서 제출하면 더 효과적이다. 어느 정도의 매출을 올렸는지, 어떤 업무를 어떻게 수행했는지, 어떻게 업무프로세스를 개선했는지 등으로 표현할 수 있다.

예를 들어 매출이 많이 올랐다고 말하기보다는 자신이 일을 시작할 때는 월평균 매출액이 1,000만 원 정도였는데 적극적인 영업 활동을 통해 2개월 후에는 150% 향상된 월 1,500만 원의 매출을 달성할 수 있었다는 식으로 언급하면 된다. 단, 너무 과장되게 거짓된 수치를 이야기하면 오히려 감점 대상이 될 수 있으므로 사실을 바탕으로 기술해야 한다. 어떠한 과정을 거쳐 좋은 결과를 맺을 수 있었다는 과정에 대한 이야기에 초점을 맞춰야 한다.

신입직의 경우에는 아르바이트나 사회 경험을 통해서 자신이 공헌한 실적이나 업적을 말하면 된다. 경우에 따라 학업이나 논문, 대외적으로 이룬 성과에 대해서도 언급할 수 있다. 만일 눈에 띄는 성과가 없다 하더라도 어떤 자세와 태도로 맡은 일에 임했는지에 대해 말해도 좋다. 물론 보다 구체적인 행동사례를 들어주면 더 좋다.

8) 근무·면접 가능 일자 기재 방법

소수 인원을 채용하는 기업에 지원할 경우 근무 가능 일자나 면접 가능 일자를 밝혀두면 꼼꼼하고 사려 깊은 사람으로 보일 수 있다.

구인 기업과 구직자가 서로의 조건이 맞다 하더라도 근무 가능 시기에 견해가 차이나면 채용이 확정되기 힘들다. 이 때문에 중소기업인 경우 근무 가능 일자가 취업의 당락을 좌우하는 경우도 있다. '즉시 가능'이라고 밝혀두는 것이 제일 좋긴 하다. 가능하면 합격 후 1~2주일 이내라고 이야기하는 것이 무난하다.

5

좋은 이력서 만드는 방법

좋은 이력서는 저절로 만들어지지 않는다. 가장 기본적인 이력서 사진과 제목에서부터 이력서에 들어갈 만한 커리어에 이르기까지 100번은 손을 보겠다는 각오로 꼼꼼하게 만들어 둘 필요가 있다. 한 번 잘 만들어둔 이력서는 평생의 자산이 된다.

1) 이력서에 들어갈 만한 커리어 쌓기

좋은 이력서는 지원자가 일할 만한 능력이 충분한 인재라는 느낌이 드는 서류다. 지원 직무와 관련한 지식, 경험, 경력 등이 충분하다고 느낄 때가 그렇다. 따라서 저학년이라면 이력서에 들어갈 만한 관련 지식, 경험과 경력 등을 미리 쌓아두는 것이 중요하다.

자격증이나 어학 점수를 올리는 것도 중요하지만 학교 내부 뿐 아니라 외부에서 학회나 협회 활동을 한다든지, 지원한 비즈니스와 관련한 모임에 활동을 한다든지 하는 등으로 다른 학생들이 하지 않는 경험을 쌓는 것이 좋다. 그런 외부 활동에서 어떤 역할이나 직책을 맡았는지, 자신이 설립했는지, 어떤 기여를 했는지 등을 적으면 더 좋다. 관련 분야의 전문가나 대가와 함께하는 프로젝트, 연구 논문 기고, 관련 경력과 경험, 지식 등을 쌓아나가는 것이 좋다.

취업 전에 이런 커리어를 쌓을 기회를 만들어두는 것이 가장 좋다. 만일 취업을 목전에 둔 졸업예정자라면 짧은 시간이라도 좋으니 커리어와 유관한 경험을 쌓아서 그러한 열정과 노력을 강조할 필요가 있다.

2) 매력적인 사진 활용하기

어떤 인사담당자는 사진이 서류전형의 당락 여부를 결정하는 가장 중요한 요소라고까지 주장한다. 실제로 합격자들의 이력서를 보면 참 매력적으로 잘 찍었다는 사진들이 제법 있다. 서양에서는 사진을 강제로 요구해서는 안 된다고 하지만 우리나라에서는 공기업을 제외하고는 아직도 이미지에 대한 집착이 있다. 그런 만큼 이력서에 매력적인 사진을 붙이면 인사담당자들에게 신뢰감과 친밀감을 전달할 수 있다.

그러다 보니 비용을 들여서라도 좋은 사진관을 찾아 나서는 구직자들도 있다. 만일 그럴 여건이 되지 않는다면 사진을 일부 수정보완해주는 취업 사이트와 공공기관도 있으므로 그런 곳들을 활용해야 한다.

사진관에서 촬영한 사진의 원본파일을 받아서 활용하면 가장 좋다. 만일 원본 수령이 불가능할 경우에는 촬영한 사진을 스캔해서 사진파

일을 컴퓨터에 저장해두고 활용하는 것이 좋다. 만일 본인 고유의 이력서 파일에 사진을 담을 경우 자신의 컴퓨터 저장 폴더 경로만 지정하면 상대편에서는 사진이 보이지 않을 수가 있다. 사진을 복사해서 붙여넣기 하면 사진이 깨어지지 않고 정상적으로 보일 수 있다. 다만 아는 지인들을 통해 메일로 보내보고 사진 이미지가 정상적으로 보이는지 확인할 필요가 있다.

이력서 사진 촬영 요령
- 가능한 검증된 사진관에서 비용을 투자하기
- 취업 사이트, 공공기관 등을 통한 무료 사진, 무료 클리닉 서비스 활용
- 입사지원 3~4개월 전이나 1년 전에 미리 촬영해두기
- 사진관에서 사진파일을 받거나 스캔해두기
- 너무 화려하거나 원색적인 의상은 피하고 깔끔한 정장 스타일 착용하기
- 자기만의 몸 균형 찾기(어깨를 살짝 돌리기, 몸을 살짝 틀어 정면 바라보기 등)
- (남자라도) 어느 정도의 기초화장과 메이크업, 헤어 연출하기
- 평소에 밝은 표정을 연습해 자연스러운 미소 연출하기

3) 매력적인 이력서 제목 만들기

이력서나 자기소개서에도 그냥 단순히 '이력서', '자기소개서'라고 무의미하게 쓰지 말자. 광고로 따지자면 이력서 제목은 가장 중요한 자리다. 나라는 상품을 홍보하는 슬로건이 캐치플레이라고 생각하고 압축해

서 표현해보자. 브랜드 시대인 만큼 나 자신을 하나의 브랜드라고 생각하고 만들면 좋다.

문구를 만들 때 '무조건 열심히 하겠습니다', '이 한 몸 불태우겠습니다' 등의 모호한 표현이나 다짐보다는 지원한 직종에 걸맞은 자신의 업무 강점이나 장점 또는 특기 사항이나 차별화 포인트 등을 담으면 좋다.

자신의 이름을 덧붙이는 것이 자신의 PR을 위해서나 인사담당자의 파일분류를 위해서도 좋다. 예를 들자면 이력서 제목에 '교섭력이 뛰어난 마케팅 전문가, 홍길동', '준비된 웹 기획자로서 지내온 이순신의 길', '끝없는 도전 속에 살아온 웹 개발자 정철상의 이야기' 등으로 기재하는 방식이다. 자신을 멋지게 드러낼 수 있는 문구를 간결하게 요약해서 인사담당자에게 한마디로 '나는 ○○한 인재이다'라는 인상을 주는 것이다. 카피라이터라는 느낌으로 짧은 글에도 핵심 내용을 모두 담아야 한다.

출간되는 도서의 성공 여부는 제목에 달려 있다는 것이 출판계의 속설이다. 그만큼 제목이 독자들에게 미치는 영향이 크기 때문이다. 입사지원서도 마찬가지라고 볼 수 있다. 어떻게 좋은 제목을 쓸 수 있을지 작성 요령을 읽어보고 자신이라는 상품을 드러내기 좋은 제목을 뽑아보자.

좋은 제목 쓰기 요령[25]
- 제목을 길게 적어서는 안 된다(10~20자 이내 사용)
- 글을 쓰는 동안 그 느낌이 살아 있을 때 제목을 뽑아야 한다
- 읽는 사람이 흥미를 유발할 수 있어야 한다

- 좋은 제목은 생각날 때마다 미리 기록해둔다
- 제목에서는 단어의 중복이 없어야 한다
- 말의 묘미를 살리면 좋다. 예를 들어 'KAL에 칼을 들이대다(대한항공 입사 희망자의 자기소개서 제목)'
- 상징적인 낱말 하나가 좋은 제목이 될 수도 있다
- 큰 제목 다음에 부제목이나 소제목으로 역할을 분담하라
- 설명하는 투가 아니라 독자가 직관적으로 느낄 수 있도록 해야 한다
- 카피라이터라는 느낌으로 핵심을 한마디로 요약하라

나를 매력적으로 표현할 수 있는 제목 만들기

이력서 제목

1)

2)

3)

※ 나를 대표하는 표현을 카피라이터라는 느낌으로 써보자. 제목으로 못다 한 부분은 부제목으로 보충하자.

---

25 출처: 조갑제, '좋은 글 빨리 쓰기 요령', 〈조갑제닷컴〉

4) 매력적인 디자인 선정하기

큰 기업의 경우에는 정해진 이력서 포맷이 있다. 따라서 입사지원자는 형식에 맞춰 작성하기만 하면 된다. 그러나 만일 외국계 기업이나 중소기업인 경우에는 본인 고유의 이력서를 제출해야 하는 경우가 많다. 대기업이라도 경력직은 본인 고유의 이력서를 요구하는 경우가 많으므로 별도양식으로 준비해둬야 한다.

무엇보다도 주요 이력 사항들이 잘 강조되어야겠지만 시각적으로 한눈에 들어올 수 있도록 깔끔하게 꾸미는 것이 중요하다. 세련된 색상이나 이미지를 적절히 삽입해서 만들 수도 있다. 하지만 색상이나 디자인을 잘못 고르면 낭패를 겪을 수도 있으므로 백지상태에서 깔끔하고 담백한 스타일의 양식으로 만들어볼 수도 있다.

이력서의 전체적인 구성이나 틀이 한눈에 들어오지 않을 경우 읽는 사람의 입장에서는 본능적으로 거부감이 들 수 있다. 산문형으로 늘어놓은 형태의 이력서라든지 어지러울 정도로 정리가 되지 않은 이력서라면 좋은 인상을 줄 수 없다.

아날로그 감성 입히기

예전에는 우편으로 입사지원서를 제출했기에 도장이나 서명이 필수였다. 그 당시 인사담당자들은 직인이나 서명이 되어 있지 않은 경우 지원자가 불성실하거나 무성의한 사람으로 구분하여 불이익을 주기도 했다.

이제는 온라인 접수가 대부분이라 도장이나 서명을 생략하고 보내는 경우가 많다. 하지만 디지털 시대에도 여전히 자신의 직인과 서명을 담아서 보내는 지원자들이 있다. 이들은 다른 지원자에 비해 호감과 신뢰감을 준다. 디지털에 아날로그 색깔을 살짝만 입혀보자.

경우에 따라 자신의 캐리커처나 캐릭터를 삽입하거나 배경화면으로 활용하면 자신만의 개성을 더 드러낼 수 있다. 물론 사진은 사진대로 이용해야 한다. 이력서 공백에 간단한 이미지 한두 개 활용하는 것만으로도 남다른 이력서를 연출할 수 있다.

자신이 직접 만들 수 있다면 좋겠지만 주변 인맥을 활용해서 만들어도 좋다. 경우에 따라 전문가에게 의뢰하여 제작한 캐릭터 등을 활용할 수도 있다. 단, 자신이 만들지 않은 것을 자신이 만들었다고 해서는 안 될 것이다. 정성을 다해 인맥이나 전문가를 동원했다고 말하면 더 높이 평가받을 수 있다. 만일 글씨체가 매력적인 사람이라면 자필로 써서 스캔한 이력서를 발송해 다른 경쟁자들과 차별화된 아날로그적 감성을 전달할 수도 있다.

단풍물 들이기

보수적인 이력서에도 하나둘씩 물들기 열풍이 불고 있다. 검은색 단색으로 이력서를 작성하던 방식이 관행처럼 여겨져 왔으나 이제 더 이상 그런 이력서로는 본인의 개성을 다 살릴 수 없다. 다채로운 폰트나 글자색을 사용할 수도 있고, 이력서 배경에 전체적으로 색감 있는 이미지를 사용할 수도 있고, 그러데이션 효과나 색감 등으로 효과를 줄 수도 있다.

아무래도 디자인 감각이 있는 주변 사람들로부터 도움을 받거나 피드백을 받아서 검수작업을 받아보면 더 좋다.

5) 잘 만들어진 이력서 따라하기

모방은 창조의 밑거름이다. 잘 만든 이력서를 보지 않고는 이력서를 잘 꾸미기 어렵다. 책이나 인터넷 사이트 혹은 선배나 직업상담사 등으로부터 잘 만들어진 이력서 샘플을 구해 그 양식을 활용해보는 것도 좋은 방법이다.

아무래도 좋은 이력서를 많이 보면서 안목을 기를 필요가 있다. 잘 만들어진 디자인 샘플을 구했다고 하더라도 그대로 쓰기보단 자신만의 개성을 살릴 수 있는 형태로 디자인을 변경해야만 한다.

6) 공백 기간 채우기

이력서 문서상으로 여백이나 공백이 많아서도 안 된다. 더불어 이력사항에 공백 기간이 길어도 좋지 않다. 최근 취업 스펙을 쌓느라 휴학기간이 길어지는 학생들이 늘어나고 있다. 이에 따라 자의든 타의든 이력사항에 공백이 생기는 경우가 있다.

공백 기간이 길 경우에는 회사 측으로부터 의문을 살 수도 있다. 실제로 인사담당자들의 경우에도 해당 지원자가 능력이 없어서 공백 기간이 발생한 것인지 아니면 그럴 만한 다른 이유가 있는지에 대해 의문을 가질 수 있기 때문이다. 공백 기간이 두세 달 미만이라면 큰 문제는 없다. 하지만 1~2년이 넘어갈 경우 어떤 이유로 공백 기간이 생겼는지 간단하게라도 설명해두는 것이 좋다. 그런데 말하기 민감한 부분이 있어서 글로 채우기가 쉽지 않을 수도 있다. 그러면 어떻게 이력서상에 공백 기간을 채워야 할까.

최근에는 비즈니스 역량을 키우기 위해서나 정보지식 산업 종사자들에게 흔하게 있을 수도 있기 때문에 공백 기간에 대한 합리적인 이유만 있다면 인사담당자도 이해할 수 있다. 다만 단순히 스펙을 쌓기 위해서라면 달갑지 않게 여길 수 있다. 그렇지만 그런 학습과정에서 목표 직무나 산업에 대한 이해를 높일 수 있었다고 강조한다면 좋은 평가를 받을 수 있다.

공백 기간이 생기지 않도록 하는 것이 좋겠지만 어쩔 수 없이 공백이 발생했을 경우에는 가능한 정직하게 언급하되 그 기간을 의미 있게 보냈다고 설득할 수 있을 만한 근거를 제시해야 한다. 그렇다고 거짓으로 꾸며서는 안 된다.

짧은 기간이라면 직업을 구하기까지 '재충전을 위해 여행을 갔다'거나 '형편이 어려워 집안 살림을 도왔다'거나 '새로운 분야의 일을 위해 공부를 했다'는 등의 설명을 구체적으로 말하는 것도 좋은 방법이다. 이는 종종 충분한 설명이 될 뿐만 아니라 오히려 가점 대상이 되기도 한다. 또는 지금과 같은 최고의 기회가 오기까지 준비하면서 여기까지 왔다고 말하는 것도 하나의 방법이다.

만일 그 공백 기간이 질병이나 출산 등과 관련됐다면 이력서에 굳이 적지 않아도 될 경우가 있다. 나중에 면접 때 질문이 오더라도 정직하게 대답하고 이제는 충분히 일할 수 있을 정도로 완전히 회복됐다고 언급하면 된다. 어떤 형태로든 공백 기간이 길 경우 면접 시에 질문을 받을 가능성이 높다. 그러니 '질문이 안 나오면 좋겠다'고 생각지 말고 설득력 있는 답변을 미리 준비해두는 것이 좋다.

7) 긍정적인 평판 쌓기

최종 합격통보를 받은 지원자가 근로계약서 작성 전에 공백 기간 동안 다른 기업에서 근로한 내용이 허위로 확인되어 출근 하루 전에 탈락 통보를 받은 경우도 있다.

엄밀하게 말해 다른 기업에서 근무했다고 해고된 것이 아니라 인사 담당자가 해당 기업에 전화를 걸어 지원자의 근무 태도와 퇴사 이유를 확인해보는 과정에서 벌어진 해프닝이다. 지원자가 중요한 프로젝트가 있었는데도 무책임하게 일을 갑자기 그만두는 바람에 회사 업무에 차질이 있었다면서 자신은 절대 해당 지원자를 추천하고 싶지 않다고 혹평하는 바람에 탈락했다.

따라서 평소의 행실이나 태도를 바로잡는 것도 중요하다. 요즘은 SNS 평판까지 체크하는 경우가 있으니 더더욱 바른 태도로 생활하는 것이 좋다.

8) 필요 없는 문구나 공백은 과감히 삭제하기

이력서를 처음 작성할 경우 눈앞이 깜깜해서 헤맸던 경험이 한 번쯤은 있으리라. 인터넷이 발달함에 따라 이제는 이력서 양식을 무료에서 유료 샘플까지 손쉽게 손에 넣을 수 있게 됐다. 공개된 샘플 이력서 양식을 이용하는 경우 학력 사항, 경력 사항, 교육 사항, 특기 사항, 자격증, 경력소개 등으로 각 항목이 구분되어 있는 경우가 많다.

이때 각 기입란에 본인의 이력이 해당되지 않을 경우 기입란을 공백으로 남겨두는 경우가 있는데 그럴 필요가 없다. 해당 항목에 대한 이력이 없다면 과감하게 그 항목을 없애버리고 자신에게 맞는 항목을 삽입해서 사용하는 것도 좋다. 이력서에는 가능한 빈 공백이 보이지 않는 것이 좋다.

예를 들면 자신은 전문대 졸업자인데 석사나 박사과정의 학위 기재를 요구하는 이력서 양식이 있다고 굳이 자신의 고유 이력서에 석박사 학위 과정 항목을 만들어 둔 채로 공백을 만들 필요가 없다. 해당 항목 자체를 과감히 삭제하는 것이 좋다.

마찬가지로 어학연수 갔다 온 경험이 없다면 어학연수라는 해당 항목 자체를 없애버리는 것이 좋다. 차라리 그 공백을 자신이 잘할 수 있는 업무를 기재할 지면으로 할애하는 것이 낫다.

더불어 문서에 공백이 너무 많아서는 안 된다. 문서 전체를 100으로 봤을 때 내용이 30% 이하는 좋지 않다. 최소한 절반에서 70% 정도의 내용으로 문서를 구성할 필요가 있다.

9) 어학 능력 효과적으로 기술하기

최근에는 상당 수의 기업들이 외국어 가능자를 우대하고 있으며 구직자들도 어학의 중요성을 인식하고 있다. 하지만 정작 이력서를 작성할 경우에는 어학 능력에 대한 부분은 소홀히 넘어가는 경우가 많다.

이럴 경우 인사담당자들의 입장에서는 지원자가 정확히 어느 정도의 실력을 가지고 있는지 판가름하는 데 종종 상당한 어려움을 겪게 된다. TOEIC이나 TOEFL, JPT, HSK 등의 공인된 어학 점수가 있을 경우에는 점수를 기록하면 된다. 그런데 해당 시험을 보지 못했거나 유효기간이 지났을 경우에는 '외국인과 식사하거나 일상적인 대화를 나누는 데 전혀 어려움이 없을 정도'라든지, '외화나 외국방송을 보고도 70% 이상 이해할 수 있다'는 등으로 보다 구체적으로 자신의 언어 능력을 언급하면 신뢰를 얻을 수 있다.

다만 문서에 그렇게 표현했다고 해서 그 말을 다 믿을 인사담당자는 없다. 그러니 면접장에서 외국어를 능숙하게 구사할 수 있도록 회화 연습을 해둘 필요도 있다.

10) 시간적 여유를 두고 미리 만들어두기

충분한 시간적 여유를 두고 이력서를 작성하는 것이 좋은 이력서를 만드는 요령이다. 만일 미리 작성해 놓지 못했을 경우 입사를 희망하는 기업의 모집이 시작된다면 회사별로 자기소개서까지 작성해야 되다 보니 시간적으로 촉박해져 어려움을 겪을 수 있다.

시간적으로 여유를 가지고 차분하게 이력서를 작성해두어야만 내용도 충실하고 외형적으로 깔끔한 디자인 형식을 갖춘 이력서를 만들 수 있다.

기업의 모집공고를 보고 그제야 입사지원서를 쓰기보다 본인 고유의 이력서와 자기소개서를 미리 만들어두는 것이다. 자신이 원했던 기업의 채용공고가 나왔는데도 미리 작성해 놓지 못해 입사지원 시기를 놓치는 경우도 봤다. 경력 관리에서 가장 기본 중에 기본이 이력서 작성이란 사실을 잊지 않아야 한다.

준비되지 않은 자에게는 기회가 오지 않는다. 기업에서 하나의 상품을 시장에 선보이기 위해서 철저한 제품 기획과정이 선행되어야 하는 것과 같이 입사지원서 작성에도 전략적 기획이 꼭 필요하다.

11) 희망 직종별로 여러 통의 이력서 작성하기

산업이 복잡 다양화되면서 직종 또한 다양화되고 있다. 과거에는 모든 일에 두루두루 업무를 할 수 있는 표준형 인재를 찾았다면 지금은 특정 부문에서 특정 역량을 발휘할 수 있는 전문형 인재를 선호하는 시대로 바뀌었다.

이에 따라 천편일률적인 이력서를 만들어 이곳저곳에 보내봐야 실패의 고배만 들이킬 수 있다. 지원하는 직종의 성격이나 직무 특성을 이해하지 못해 효과적으로 자신을 부각시키지 못해서일 수도 있다.

모집하는 직종이나 모집하는 회사의 업종 등에 따라 모집 인력의 채용기준이 달라질 수도 있다. 직무별로 여러 통의 이력서를 작성해 놓고 필요할 때마다 활용할 수 있는 지혜도 필요하다. 예를 들어 영업직, 기획직, 사무직, 교육직은 직종의 특성에 따라 직무 능력이 다르다. 같은 영업직이라고 하더라도 건설업이냐, 제조업이냐, IT 산업이냐에 따라 다를 수 있다는 것이다.

12) 100번 검토한다는 생각으로 꼼꼼하게 점검하기

(1) 정확한 연도와 날짜 기록하기

별것 아니라고 생각할지 모르지만 '경력 사항', '학력 사항' 그리고 이력서 제출일 등의 '연도와 일자' 적는 란은 빠트리지 말고 틀리지 않게 기재해야 한다. 이러한 사소한 것들을 등한시하는 지원자들은 불성실한 사람으로 인식될 수 있다.

'경력'이나 '아르바이트' 사항에도 근무 기간을 적고 총 재직기간 등을 한눈에 들어오도록 명기한다. '교육이수' 사항 등과 같이 기간이 필요한 부분들도 기간과 더불어 총 기간이나 교육이수 시간을 명기하는 것이 좋다.

이력서 제출일의 경우에도 과거에 써 놓았던 오래된 일자를 그대로 보내면 안 된다. 이력서 제출하는 일자로 수정해서 보내는 것이 좋다.

(2) 반복 점검으로 오·탈자를 피하기

직종에 따라 다소 다르긴 하지만 이력서에 오탈자가 많아서는 좋은 인상을 줄 수 없다. 무성의하거나 꼼꼼하지 못하고 문서작성 능력이 뒤떨어지는 사람으로 인식돼 그 자체만으로 탈락 요인이 될 수도 있다. 그러니 작은 것들이라 생각하지 말고 꼼꼼히 확인하자.

문서편집기의 맞춤법검사 기능을 활용하거나 작성한 이력서를 발송하기 전에 주위 사람에게 점검까지 받으면 좋다. 눈으로만 읽지 말고 소리 내어 읽어보면 오탈자 오류도 막고 매끄러운 문장을 만들 수 있다.

(3) 최근순으로 기재하기

이력서에 특정한 양식이나 형식이 있지 않듯 기재 순서도 정확한 순서가 있는 것은 아니다. 그렇지만 우리나라는 통상 '개인신상정보, 학력 사항, 경력 사항, 자격 사항, 교육 사항'은 기본적으로 지켜야 할 국룰에 가깝다. 그 외 내용은 자유롭게 기술하면 된다.

각 항목별로 활동 사항을 적어나갈 때는 가장 최근 순서부터 기록하는 것이 좋다. 채용하는 회사 입장에서 본다면 과거 행적보다는 가장 최근의 행적이 더 중요하기 때문이다. 예를 들어 학력 사항의 경우 중학교, 고등학교, 대학교 순으로 기록하는 것보다 대학교, 고등학교, 중학교 순으로 적는 것이다. 경력 사항도 마찬가지다. 가장 최근에 다닌 회사부터 먼저 적어야 한다. 교육 사항, 자격 사항, 봉사활동, 공모전, 해외경험 등도 마찬가지다. 다만 이런 부수적인 부분의 내용이 너무 길 때는 시간 순서보다는 직무와 유관한 부분을 먼저 배치할 수 있다.

⑷ 페이지 번호 기록하기 & 요약 페이지 만들기

2~3페이지의 이력서라면 굳이 문서에 페이지 번호를 남길 필요는 없다. 그러나 만일 그 이상이라면 페이지 번호를 남길 필요가 있다. 내가 본 가장 긴 이력서는 18페이지였다. 포트폴리오 같은 경우에는 50페이지가 되는 경우도 있었다. 내 이력서 같은 경우는 90페이지 정도가 된다.

이렇게 내용이 길 경우 기업에서는 지원자를 문서작성 능력이 있는 사람으로 볼 뿐만 아니라 다양한 경험과 경력이 있는 사람으로 볼 수 있다. 다만 길다고 다 좋은 것은 아니다. 긴 내용을 그대로 다 보내면 싫어하는 인사담당자들도 많다. 따라서 10여 페이지가 넘는 이력서라면 논문요약본처럼 첫 장에 별도로 경력 요약서를 쓰고 나머지 페이지를 함께 제출하는 방식이 좋다.

⑸ 약어와 속어 쓰지 않기

이력서는 일종의 공문서이므로 약어, 속어, 이모티콘, 줄임말 등을 사용하지 않도록 한다. 자기소개서에서는 경우에 따라 글맛을 내기 위해 일부 사용할 수도 있겠지만 가능한 쓰지 않는 것이 무난하다.

⑹ 입사 가능 일자 밝히기

이력서 제출 시 입사 가능한 일자를 기록해둔다. 회사 측에서 본인의 능력과 조건을 특별하게 선호하여 채용하고 싶어 해도 회사에서 채용하고자 하는 일정과 지원한 지원자의 희망 입사일이 다르다면 경우에 따라 채용이 되기 어렵기도 하다. 따라서 사전에 입사 가능한 일자를 정확히 밝혀서 양자 간에 번거로움이 없도록 해야 한다.

회사에서 채용을 하게 될 경우 시간을 두고 넉넉하게 인재를 찾는 경우도 있지만 최근에는 수시채용이 늘어나면서 보통은 즉각적으로 급하게 인재들을 찾는 경우가 늘어났다.

게다가 시간에 쫓기는 프로젝트를 진행하는 과정에서 인재를 선발하는 경우라면 입사 가능일이 그만큼 중요한 채용 조건이 될 수도 있다. 따라서 본인이 실제로 입사 가능한 일자를 적음으로써 서로 시간을 절약하거나 미리 조정하는 시간적 여유를 가질 수 있다.

(7) 이력서 100번 손보기

많은 구직자들이 입사지원서 작성에 심혈을 기울여 쓴다. 그렇기에 이력서 작성은 여러모로 번거롭고 어렵고 스트레스를 받는 일이다. 그 때문인지 한 번 완성하면 그다음부터는 별다른 작업을 하지 않고 그대로 반복해서 보내버리는 사람들이 의외로 많다.

그러나 귀찮더라도 취업시즌에는 수시로 업데이트해야 한다. 최소한 100번은 검토해서 보완하겠다고 다짐해야 한다. 그래야 완성도 높은 작품을 만들 수 있다. 꼼꼼하게 하나하나를 들여다봐서 실수가 없도록 해야 한다. 별로 다를 게 없을 것 같지만 그 미세한 차이가 성공과 실패를 가른다.

비단 입사지원서 뿐만 아니라 대부분의 일들 역시 그렇다. 그 정도의 노력도 없이 그저 공짜로 얻으려는 심보를 가져서는 안 될 말이다.

5강

—

매력적인
자기소개서 작성 요령

1

인사담당자를 사로잡는
자기소개서 작성 10계명

구직자로서 가장 어려운 부분 중에 하나가 자기소개서 작성이다. 하지만 기본 원리와 원칙을 이해하면 수월해진다. 나와 상대를 이해하고 상호 간의 이익에 초점을 맞춰 작성하는 것이다. 여기에다 몇 가지 기술적인 요소만 갖추면 조금 더 수월하게 매력적인 자기소개서를 완성할 수 있다. 인사담당자를 사로잡기 위한 방법을 하나씩 살펴보자.

1) 지원 직무와 나를 연결하기

자기소개서 작성이 어렵게 느껴지는 이유는 왜일까? 글쓰기 능력의 문제일 수도 있으나 자기소개서를 잘 쓰려면 근본적으로는 자신을 정확히 이해하고 있어야 한다. 한두 장의 문서 안에 복합적으로 얽힌 한 개인의 모든 인생을 담으면서도 핵심적인 내용만 담아야 하기 때문에 어려움을 느낄 수 있다. 게다가 취업이라는 목적을 가지고서 특정한 기업과 업종, 직종에 지원했기에 자신이 그 목적에 적합한 인재임을 부각시킬 수 있어야 한다. 이 때문에 보통의 글쓰기보다 더 어렵다.

취준생들에게 물어보면 이력서를 쓰기 가장 어려워하는 이유가 경험이 없다는 것이다. 막상 경험이 있어도 본인이 해왔던 경험을 지원한 직무와 연결하기 어렵다고 말한다. 그렇다면 직무와 연결해 좋은 평가를 받는 방법은 무엇일까. 전공, 교양과목, 책, 지식, 학업, 경험, 활동, 관심사 등 자신이 언급한 모든 항목을 직무와 연결하는 것이다.

작성 요령은 'A라는 전공, 학습, 경험, 활동 등을 통해서 저는 B라는 지식, 기술, 태도, 경험, 역량, 깨달음 등을 배우고 익혀왔습니다. 이러한 경험은 귀하의 Z라는 직무를 수행하기 위해서 이러이러한 부분에서 유용하게 활용할 수 있습니다. 향후 이 분야에서 이런저런 성과(결과물)까지 만들어보고(혹은 도전하고) 싶은 마음에 지원했습니다'라고 작성하면 된다.

2) 필력 키우기

작가처럼 글을 잘 쓸 필요는 없지만 이력서를 작성하기 위해서는 분명 글쓰기 능력이 어느 정도 있어야 한다. 자기소개서는 일반적인 에세이 글과는 다르다. 정확한 목적이 있는 글이라 비즈니스라이팅이라고도 불린다. 그러니까 채용담당자라는 독자의 마음에 들도록 하는 것이 중요하다.

필력을 키우기 위한 첫째는 합격한 자기소개서 샘플을 많이 봐야 한다. 누구는 보면 안 된다고 하지만 나는 봐야 한다고 믿는다. 보지 말아야 한다고 주장하는 사람은 카피 때문이다. 물론 다른 사람의 자기소개서를 그대로 카피하면 안 된다. 지금처럼 AI 기술이 발달된 시대에는 거의 모두 다 솎아낼 수 있다. 잘 쓴 자기소개서를 많이 보면서 패턴을 읽어야 한다. 어떤 형식으로 자기소개서를 썼는지 흐름을 읽고 자기만의 형식으로 맞춰 써야 하기 때문이다. 더불어 평소에 좋은 글, 좋은 책도 틈틈이 읽으면서 문해력도 높일 수 있도록 해야 한다.

둘째, 평소에 생각 담기 훈련을 통한 필력을 키워야 한다. 자신에게 떠오른 생각을 글로 표현하는 훈련을 반복해야 한다. 아무리 뛰어난 깨달음이나 아이디어를 떠올렸다 하더라도 기록하지 않으면 모두 다 잊혀진다. 생각은 휘발유처럼 공기 속으로 금방 날아가 버리는 특성이 있기 때문이다. 평소에 일기 쓰기로 생각을 붙드는 연습을 하자.

셋째, 책, 영화, 강연, 사람, 뉴스 등을 보고 듣고 만난 후 그 느낌을 글로 써보자. 처음에는 짧게, 나중엔 A4 용지 한 장 반 정도를 채우는 칼럼쓰기 훈련을 해보자. 이런 글을 블로그나 SNS, 학교 신문사 등에도 공개해보자.

넷째, 자서전을 쓴다는 생각으로 지나왔던 자기 삶의 경험, 사건 등의 글감으로 모아서 써보자. 목표는 내 삶에서 거쳐 왔던 에피소드를 100가지 써보는 것이다. 나도 학생들에게만 글로 쓰라고 말로만 하다 실제로 글을 정리하기 시작하면서부터 한 권의 자서전을 쓸 수 있었다. 내 인생의 소재가 많으면 많을수록 자기소개서 작성하기가 수월해진다.

다섯째, 지원한 직무나 기업 특성과 관련해 자신의 동기, 학습, 경험, 재능, 성격, 적성, 흥미, 취미 등을 기록해보라.

여섯째, 자신이 기록한 경험들을 정리한 다음에 직무연관성이 있는 에피소드들을 모아 연결고리를 만들어라. 예를 들어 왕성한 SNS 활동을 마케터의 경험과 태도로 강조한다든지 아니면 영상·이미지·트렌드·고객분석 등으로 다양하게 변형해서 활용할 수도 있다.

일곱째, 그동안에 준비해온 과정을 언급하고 지원 분야 업무를 수행해낼 수 있다는 역량이 있다는 사실을 스토리로 입증하기. 스타크(STARC) 기법으로 행동중심적인 사례를 언급하면 더 높은 평가를 받을 수 있다.

3) 매력적인 입사지원서 제목 만들기

취업포털 인크루트에서 밝힌 구직자들의 입사지원서 제목 유형을 살펴보면 첫 번째가 '무제(無題)형'(43.9%)이다. 그냥 '이력서입니다', '○○○의 이력서', '구직활동 중' 정도로 짧게 이력서인 것만 표기하고 따로 제목을 붙이지 않은 경우다. 신입 구직자들이 입사지원서 등록 시 제목의 중요성을 인지하지 못하고 있다는 것이다.

2위는 '인성, 열정 어필형'(18.2%)이다. '성실하고 책임감 있는 인재', '긍정적인 마인드의 소유자', '패기와 열정으로 최선을 다하겠습니다' 등의 제목이다. 많이 사용된 단어로는 '성실', '긍정', '책임감', '패기', '끈기', '노력', '최선', '도전', '신뢰', '열정', '활발' 등으로 직무와 큰 연관성이 없다.

3위는 '다짐, 좌우명형'(14.8%)이다. '적극적인 의지로 인정받는 사원이 되겠습니다', '열심히 일하겠습니다', '꿈은 꾸라고 있는 것이 아니라

도전하라고 있는 것이다', '노력 없는 성공은 없다' 등의 본인의 다짐, 입사 후의 포부, 좌우명, 유명한 격언 등을 쓰는 경우다. 본인이 해왔던 과정이나 실제 그런 사람인지보다는 미래에 그렇게 하겠다는 다짐이어서 헛되게 들릴 수 있다. 실제 행동을 담으려 노력해야 한다.

4위는 '직무중심형'(6.6%)이다. '영업과 관련된 일을 희망합니다', '사무, 경리, 회계 자신 있습니다', '웹프로그래머 개발자입니다' 등이다. 그나마 괜찮은 제목이긴 하지만 단순히 직무 포지션만 밝히는 것으로는 높은 점수를 받을 수 없다.

나는 가능하면 이력서에서 언급했던 제목과는 조금 다른 새로운 제목을 권한다.

첫째, 직무 강조형 제목이다. 단순한 직무만 언급하는 것이 아니라 지원 직무에 맞는 자격을 갖춘 사람이라는 사실을 보여줘야 한다. 그러기 위해 두드러지는 경력이나 경험, 지식 등을 언급할 수 있다.

둘째, 강점 부각형 제목이다. 자신의 직무강점을 부각하는 제목이다.

셋째, 수치 강조형 제목이다. 구체적인 수치를 언급해서 자신의 강점을 부각할 수 있는 제목이다.

넷째, 스펙 강조형 제목이다. 자신이 갖춘 직무 관련 스펙이나 역량 중에서 빼어난 부분이 있을 경우 그 부분을 부각시키는 제목이다.

다섯째, 인성 강조형 제목이다. 직무와 무관한 인성이 아니라 직무에서 요구하는 인성이나 태도 등을 매칭시켜서 강조하는 제목이다.

여섯째, 차별화 부각형 제목이다. 다른 사람들이 잘 경험해보지 못한 특이한 자신만의 차별화된 부분을 드러내기 위한 제목이다.

제목을 쓸 때는 자신의 전공, 동아리, 아르바이트, 경험, 경력 등을 모두 직무와 연결해 일관성을 가지도록 할수록 효과가 배가된다. 아무래도 읽는 사람의 시선과 흥미를 이끄는 독특한 제목으로 눈길을 끌어야한다. 너무 길지 않게 한 문장 이내에 모두 담아내는 것이 좋다. 조금 길다 싶으면 부제목으로 보충하면 된다. 세부적인 한 분야를 깊이 파고든 사람이라는 느낌을 주는 것도 좋다. 단, 지나친 과대 포장은 삼가는 게 좋다. 진짜 그 일에 흥미가 있는 오타쿠 같은 느낌이 좋다.

지원하는 직무나 업종이 다를 수도 있으므로 직무에 따라 서로 다른 제목을 3~4개 정도 만들어두면 좋다. 다음은 입사지원서 제목 샘플들이다.

- 교섭력이 뛰어난 마케팅 전문가, 홍길동
- 이순신이 웹 기획자로서 지내온 20년 동안의 길
- 끝없는 도전 속에 살아온 웹 개발자 스티브 잡스의 이야기
- 서른 가지 직업 경험과 HR 분야에 20여 년 종사한 '커리어 전문가'
- 3천 번의 특강과 3만여 명의 취업진로 상담을 거친 '실전 커리어 코치'
- 동기자극을 통한 잠재 능력을 이끌어내는 인재개발 전문가
- 200여 권의 심리학 서적을 읽으며 마음을 읽어내는 진로상담가
- 예비로 입학해 차석 졸업하는 성장형 인재 정철상

그런데 이렇게 이야기해도 자신에게는 매력적으로 뽑아낼 스토리가

없다고 토로하는 학생들이 제법 많다. 그래서 다음은 내가 학생들과의 대화와 자기소개서를 통해서 뽑아낸 제목들이다. 제목만 읽어봐도 무슨 이야기인지 감이 올 것이다. 그만큼 본인 고유의 스토리로 제목을 쓰면 강력해진다.

스토리가 없다고 말하던 모 대학 학생들을 취업컨설팅하면서 찾은 자기소개서 제목들

- 간호학도에서 엔지니어로의 변신
- 나이 서른에도 포기하지 않는 배움의 열정
- 꼴지에 가까웠던 성적에서 국립대 입학에 성공한 끈기
- 안정적인 사범대를 벗어나 기계공학도로의 도전
- 100번의 도전 끝에 들어간 사회복무요원
- 헬스트레이너에서 자산전문가로의 변신
- 평탄한 삶에서 삶의 희망을 찾다
- 시련이 나를 단련시키다

나를 매력적으로 표현할 수 있는 자기소개서 제목 만들어보기

1.
2.
3.

4) 만연체 지양하고 단문 쓰기

예전에는 문장이 화려한 만연체를 많이 선호했다. 하지만 이제는 짧고 명료한 단문 형태로 글을 작성하는 것이 훨씬 더 전달력이 높다. 문장이 길면 잘 읽히지도 않고 무슨 뜻인지 알기도 어렵다.

아래 자기소개서는 흔하게 볼 수 있는 학생들의 자기소개서다. 첫 문장만 읽어봐도 숨이 턱 막힐 정도로 길다.

클리닉 전 자기소개서

학창시절에는 반장 혹은 써클의 장을 맡으면서 친구들을 이끌었고, 미국에서의 교환학생 시절 학내의 다국적밴드의 보컬로 활동하며 파란 눈의 친구들과도 소통하였으며, 방학 때는 치킨 배달부가 되어 뉴욕 시내를 누볐습니다. 또 학업뿐만이 아니라 또한 3개월로 예정된 호주 인턴쉽을 적극적인 업무 태도와 퍼포먼스로 계약직원으로 연장하여 호주에서 1년을 근무하였습니다. 저는 국내뿐만이 아니라 국제적으로 다양한 배경에 대한 이해와 경험을 바탕으로 성장하였다고 믿습니다.

위의 문장을 조금 더 짧게 명료하게 고쳐보려 한다. 일단 제목부터 쓰고 문장을 짧게 간결하게만 써도 훨씬 더 세련되게 변한다. 단, 다짐으로 끝낼 것이 아니라 조직성장에 기여하겠다는 형식으로 쓰면 더 좋은 자기소개서가 될 수 있다.

클리닉 후 자기소개서

파란 눈의 친구들과 미국 뉴욕을 누비다!

학창시절에는 늘 반장이나 써클의 장을 맡으며 친구들을 이끄는 리더 역할을 많이 했습니다. 미국에서 교환학생 때 다국적 밴드의 보컬로 활동했습니다. 파란 눈의 외국인 친구들도 제 노래를 좋아했습니다. 덕분에 더 자유롭게 소통하며 지냈습니다. 방학 때는 치킨 배달부가 되었습니다. 뉴욕 시내를 누비며 전 세계 문화를 온몸으로 익혔습니다.

호주에 3개월간 인턴십을 갔습니다. 적극적으로 일하는 제 태도와 업무수행 능력을 인정받아 계약직 제안까지 받았습니다. 그 덕분에 1년 동안 근무하며 이런저런(구체적 내용 담을 필요) 부분의 프로젝트를 수행했습니다.

이런 글로벌 경험을 바탕으로 ○○ 지역에서 이러저러한 프로젝트를 통해 새로운 수요 창출을 해서 ○○ 기업에 기여하고 싶습니다(개인성장을 뛰어넘어 향후 조직성장에 기여하겠다고 제시하면 더 높은 평가).

5) 도입부를 임팩트하게 시작하기

제 삶은 가난과의 전쟁으로 시작되었습니다. 어린 시절 부모님은 무허가주택에 살림살이를 할 정도로 가난했습니다. 그 덕분에 저는 태어나 친구들을 집으로 한 번도 초대해본 적이 없습니다. 그래도 친구들에게는 늘 인기가 있었습니다. 어디 가나 구김살 없이 지내는 유머와 장난기 넘치는 친구였기 때문이었습니다. 하지만 가난이 제 발목을 붙들었습니다. 대학 들어갈 형편이 못되었기 때문입니다.

그렇지만 가난이 저를 가로막을 수는 없었습니다. 오히려 저는 가난 덕분에 다른 친구들과 달리 삶의 절박함을 가슴 속 깊이 새길 수 있었습니다. 그로 인해 성실한 자세로 늘 일하면서 대학을 다니며 학비를 벌었습니다. 가난 덕분에 겸손할 수 있었으며 이런저런 노력을 기울여 이런저런 부분까지 경험하고 성취할 수 있습니다.

읽히는 글은 첫 문장에서부터 독자를 사로잡는 힘이 있다. 그래서 모든 글, 책, 영화, 드라마, 영상 강연에서는 도입부를 중요시한다. 처음이 재미가 없으면 김빠진 맥주처럼 기대감이 사라진다.

따라서 첫 문장에서 그다음이 궁금하도록 만들어야 한다. '아니 젊은 학생이 무슨 가난과의 전쟁이야'라고 호기심을 불러일으키도록 만들어야 한다. 그런데 읽어보면 가난을 원망하기보다는 가난했지만 구김살 없었고 유머감각이 있었다. 게다가 가난이라는 관점을 긍정적으로까지 바라보는 점에서 높은 평가를 받을 수 있다. 가난했기에 절박함을 배웠고, 가난했기에 성실했고, 가난했기에 생활력을 키웠고, 가난했기에 겸손했고, 가난했기에 성취할 수 있었다는 관점을 기업은 좋게 볼 수밖에 없다.

6) 죽은 언어를 살아 있는 언어로 만들기

작가 이외수는 자신의 책 『글쓰기의 공중부양』을 통해 사어(死語)보다는 오감을 자극하는 생어(生語)를 찾아야 글에 생기가 돈다고 강조했다. 그런데 자기소개서는 특성상 오감(시각, 청각, 후각, 미각, 촉각)을 나타내는 생어보다는 오감으로 느끼기도 어렵고 형상도 없는 사어를 써야하는 경우가 많다.

예를 들자면 우리가 강조하고 싶어 하는 열정, 성실성, 도전정신, 감성, 인성, 도덕성, 정직성, 창의력, 글로벌 마인드 등의 단어들이 그렇듯 보여주기가 어려운 단어들이다. 그래서 이런 사어들을 기업 인사담당자들이 쉽게 느낄 수 있도록 만들어주는 것이 중요하다. 죽은 사어에 생어의 감각을 입혀 독자가 스스로 느끼도록 만드는 것이다.

예를 들어 열정이라고 한다면 열정적으로 살았던 어떤 행동, 에피소드, 결과물을 덧붙여 마치 현장을 보는 것처럼 느끼도록 해주는 것이 포인트다.

자기소개서 샘플

저는 어린 시절부터 야구를 좋아했습니다. 얼마나 야구를 좋아했는지 ○○구단에서 나오는 한정판 T셔츠를 모두 다 구매했습니다. 더불어 그 옷에 모든 선수들의 사인을 모두 다 받아뒀습니다. 어차피 받아두는 것 타 구단에서 온 선수들에게도 사인을 받다 보니 23벌의 옷에 거의 모든 야구 선수들의 사인을 다 받을 수 있었습니다.

단순히 ○○ 지역에서 하는 경기 뿐 아니라 대구, 광주, 대전, 서울까지 전국 원정 경기에 나섰습니다. 국내를 뛰어넘어 해외여행을 갈 때조차 저는 이 유니폼을 입고 유럽 여행을 다녔습니다.

해외에 있는 한국인들이 제가 한국인인지 금방 알아봤습니다. 심지어 손흥민

선수 경기를 우연히 보게 되고 사인을 받게 되었는데요. 저를 보자마자 한국인이라는 것을 금방 알아볼 정도였습니다.

어쩌면 이런 제 이야기를 듣고 똘기가 충만하다고 생각하실 수 있습니다. 그렇습니다. 저는 어떤 일을 하더라도 ○○적으로 해냈습니다. 제가 ○○적으로 매진했던 일은 비단 야구뿐만 아니라 이러이러한 일들이 있습니다. 앞으로 제가 어떠어떠한 일을 하더라도 저는 ○○적으로 전진해나갈 겁니다.

Q 어느 취업 성공자의 '○○' 강조 사례, 그가 강조하려고 했던 단어는?

사어를 생어로 표현해보기

인사담당자에게 전달하고자 하는 핵심단어를 사전풀이 하듯 하지 말고, 상대가 연상할 수 있도록 글 써보기(면접 연습은 30초 미만으로 설명해보기)
ex) 열정, 감수성, 공감 능력, 성실성, 원만함, 대인관계, 리더십, 지도력, 추진력, 도전정신, 도덕성, 강직성, 책임감, 정직성, 헌신, 창의성, 긍정성, 융통성

사어와 생어를 적절히 사용하기

대부분의 한자어들은 사어(死語)다. 특히 문학적 문장에서는 한자어를 잘못 남발하면 문장으로서의 전달력, 설득력, 현장감, 생동감이 떨어질 가능성이 짙다. 그렇다고 생어(生語)만으로 좋은 문장을 만들어낼 수 있다는 뜻은 아니다. 좋은 문장은 생어(生語)와 사어(死語)가 적재적소에 쓰였을 때 비로소 만들어지는 것이다[26].

---

26 출처: 「글쓰기의 공중부양」, 이외수 저

자기소개서 샘플

한 손님이 보석 상점에 들어갔습니다. 영업사원이 손님에게 그 상점에서 가장 크고 비싼 다이아몬드를 보여주면서 그것을 구입하는 일이 얼마나 훌륭한 투자가 될 것인지 30분 동안 설명했습니다.

손님이 그냥 돌아서려고 하자 반대편에서 그 과정을 지켜보고 있던 다른 영업사원이 그 손님을 붙잡았습니다. 그리고 5분 동안만 그 다이아몬드를 다시 보여줄 수 있도록 해달라고 간청했습니다. 손님은 결국 그 다이아몬드를 구입하기로 결정하고 이렇게 물었습니다.

"저 영업사원은 30분이나 설명했어도 나를 설득하지 못했는데, 당신은 어떻게 5분 만에 나를 확신시킬 수 있었소?"

그 영업사원은 이렇게 대답했습니다. "저 영업사원은 단순히 다이아몬드를 팔려고 했지만 전 다이아몬드를 진정으로 사랑하는 사람이기 때문에 당신이 감동을 받은 게 아닐까 합니다."

"한국지사장 자리는 단순히 직장 경력 관리 측면에서 한 번 해보고 싶은 자리가 아니라 제 삶과 열정을 쏟아붓고 싶은 자리입니다. 누구보다 회사와 고객을 사랑하는 마음으로 임할 것입니다. 저에게 맡겨 주십시오.[27]"

이야기 속에 이야기를 삽입한 액자 구성의 자기소개서다. 한국지사장이라는 자리에 지원하면서 보석상 영업사원의 열정을 언급하고 있다.

---

[27] 출처: 하태우 전 노스웨스트항공 한국 지사장의 입사지원서

자신 역시 단순히 좋은 자리에 가려고 지원한 것이 아니라 누구보다 열정적으로 그 일을 사랑하고 있다고 강조하고 있다.

7) 핵심키워드를 중심으로 줄기차게 밀고 나가기

만일 여러분 자신을 단어로 표현한다면 어떤 단어로 자신을 표현하고 싶은가. 기업들이 면접에서도 많이 물어보는 질문이기도 하다. 자신의 정체성과 사명을 말해주는 중요한 부분이기 때문이다.

분명 우리는 하나의 색깔로 표현하기 어려운 존재이긴 하지만 여러 가지 단어를 나열하면 상대를 설득하기 힘들다. 만일 하나의 단어를 강조하고 싶다면 그 단어를 중심으로 일관되게 밀고 나아가야 한다.

자기소개서 샘플

제 인생은 도전의 연속이었습니다. 어린 시절에 아버지 직업으로 인해 우리 가족은 잦은 이사를 해야만 했습니다. 저는 초등학교만 무려 5번을 옮겼습니다. 전라도에서 경상도로 강원도로 이어졌습니다.

처음에는 낯선 환경으로 인해 너무 힘들었습니다. 전라도 사투리 쓴다고 혼나고, 경상도 사투리 배우니까 경상도 사투리 쓴다고 혼나고, 강원도 사투리 배우니까 강원도 사람이냐고 합니다. 이렇게 저는 여러 지역 사투리에 도전해 사투리 달인이 되었다는 소리를 들을 정도였습니다.

그 덕분에 도전이 두렵지 않았습니다. 학창시절에는 어떠어떠한 도전을 하고, 사회생활에서는 어떠어떠한 도전을 해나갔습니다. 그 과정에서 이러이러한 실패를 겪기도 했지만 저는 좌절하지 않고 끝까지 도전해 무엇무엇을 이루게 되었습니다.

> **Q** 나를 대표할 수 있는 단어 3가지와 에피소드 써보기
>
> 1.
> 2.
> 3.

8) 모호하지 않게 구체적으로 기술하기

구직자들이 강조하고 싶은 단어들이 있다. 열정, 책임감, 강직성, 성실, 부지런함, 적극성, 긍정마인드, 원만함, 창의성 등이 될 것이다. 만일 자신이 '성실하다'고 강조하고 싶다면 어떻게 해야 할까. STAR 기법으로 지원한 기업과 직무에 맞춰서 기술하면 좋다.

(1) 구체적인 상황을 언급하면 좋다.

'언제, 어디서, 무엇을, 왜, 어떻게'의 이야기들이 언급되면 좋다.

"○○○에서 재직(혹은 아르바이트)할 당시 한 번은 상사(선임, 선배, 매니저)가 병원에 입원(혹은 응급상황, 휴가 등)을 했습니다."

(2) 과제 · 목표

그 당시의 과제나 목표, 문제를 언급하면 된다.

"저는 상사가 돌아올 때까지 두 달 동안 고객을 관리(혹은 매장운영 등)하는 책임을 맡게 되었습니다."

(3) 행동

그 당시 과제나 목표, 문제를 해결하기 위해 어떤 행동을 했는지 언급하면 된다.

"그때 저는 실수를 하지 않기 위해 체크리스트를 만들어 모든 주문을 두 번씩 점검하였으며, 매주 고객분들에게 확인 전화도 걸었습니다. 덕분에 그 기간 동안 불만을 제기하는 고객은 한 사람도 없었습니다. 그로 인해 상사는 저의 일 처리에 대해 신뢰하게 되었고, 저는 좀 더 책임 있는 일을 맡을 수 있게 되었습니다."

(4) 결과

그로 인한 결과가 무엇이었는지 언급하면 된다.

"그 기간 동안 우리는 새로운 정규고객을 100여 명 추가 확보할 수 있었습니다. 덕분에 주간 판매 주문을 약 5% 올리고, 월 판매 금액을 400만여 원 올리는 결과를 낳았습니다."

(5) 변화(연속성의 증빙)

자신이 언급한 경험이 한 번으로 끝나는 단순경험이 아니라 본질적으로 자신은 그러한 사람이라는 연속성을 증빙해야 한다. 중고등학교나 대학교 때, 어떤 상황에서 1회성 경험으로 그친다면 연속성을 인정받기 어렵다. '단순히 그렇게 한 번의 경험이 아니라 이런저런 사례도 있습니다'라고 다른 사례를 간단히 언급하며 자신이 근본적으로 '성실한 사람'이란 인상을 주면 좋다.

(6) 지원한 직장과의 연결

모든 내용은 지원하는 직장과 연결되어야 한다. 그러니까 자신이 모집직무의 역할을 충분히 소화해낼 자격이 있을 뿐 아니라 앞으로도 회사발전에 기여할 인재임을 설득해야만 한다.

"이러한 저의 성실성은 훌륭한 고객서비스로 좋은 평판을 받고 있는 귀사의 서비스 질을 더 향상시키는 데 도움이 될 수 있으리라 생각합니다."

'서비스 질'보다는 어떻게 성실하게 일할 것인지 계획, 언급하는 것이 더 필요하다. 예를 들어 매일같이 30분 일찍 출근해 업무를 성실히 임하겠다든지, 미스터리 쇼퍼처럼 분기별로 1회 정도 고객리뷰를 받아 업무에 적용해보고 싶다든지, SNS를 통해 주 1회 이상 회사의 상품이나 스토리를 알고 싶다든지 하는 식으로 어떻게 성실하게 일할 건지 언급하는 것이 중요할 듯하다.

카피라이터 정철은 자신의 책 『카피책』 '카피작법 제1조 1항'에서 '글자로 그림을 그리십시오'라고 말하며 구체적으로 글쓰기를 할 것을 강조한다.

이렇게 쓰십시오. 이렇게 구체적으로 쓰십시오. 막연한 카피, 추상적인 카피, 관념적인 카피와 멀어지려고 애쓰십시오.

구체적인 카피는 머릿속에 그림을 그려줍니다. 머릿속에 그림이 그려진다는 건 카피와 함께 사진 한 장을 찰칵 찍어 배달해준다는 뜻입니다.

그만큼 더 생생하게 메시지를 전달할 수 있다는 뜻입니다. 당연히 카피에 힘이 붙겠지요.

실례로 두루뭉술하게 잘생겼다고 할 것이 아니라 조금 더 구체적으로 '장동건 동생일 거야'와 같이 글을 써보라고 실례를 든다.

구체적인 글쓰기 실례
잘생겼다 ⇒ 장동건 동생일 거야
예쁘다 ⇒ 김태희 스무 살 때
많다 ⇒ 삼십육만 칠천팔백 개
꼼꼼하다 ⇒ 손톱 열 개 깎는 데 꼬박 20분을 투자한다

하지만 나는 이 정도는 구체적인 글쓰기가 아니라고 본다. 조금 더 구체적으로 써야 한다. 그러니까 '잘생겼다'를 '고등학교 때부터 친구들이 차은우처럼 생겼다고 좋아했습니다. 수업 끝나면 여학생들이 하굣길에 선물공세를 퍼부을 정도였답니다'와 같이 최근 인물을 언급하고 구체적인 실례까지 들어주는 것이 좋다. 나머지 사례들도 다음과 같이 변경해볼 수 있다.

구체적인 글쓰기를 더 구체적으로 쓴 실례

예쁘다 ⇒ 대학교 때 김태희(수지, 아이브의 장원영) 스무 살 때 같다는 이야기 많이 들었습니다. 제가 듣는 과목에는 선배들이 몰려서 조기 마감되기 일쑤였습니다.

많다 ⇒ 삼십육만 칠천팔백 개가 무슨 숫자인지 아십니까. 제가 지금까지 운동하기로 결심한 이후 매일같이 스쿼트를 한 1년 동안 땀 흘린 결과입니다.

꼼꼼하다 ⇒ 저는 과제물(보고서, 발표ppt, 논문, 칼럼, 프로젝트 등)을 제출(완수)할 때까지 최소한 10번 이상을 검토하며 일일이 맞춤법과 철자까지 꼼꼼하게 검토하고 마지막에는 꼭 소리 내어서 하나하나 다 읽어본 후에 최종마무리를 합니다.

그러면 내가 전문 카피라이터보다 글을 더 잘 쓴다는 말인가. 천만의 말씀이다. 정철 작가가 백배, 천배 더 낫다. 내가 주장하고자 하는 바는 내용을 구체적으로 쓰려면 시간적 여유를 두고 미리 써야만 가능하다는 것이다. 작가는 중요성만 강조한 것이고 나머지는 독자들의 몫이다. 자기소개서 역시 마찬가지다. 채용공고가 난 상태에서 자기소개서 작성을 시작해서는 구체적인 내용이 나오기 어렵다. 그러니까 자기소개서 소재들을 미리 준비해야 한다는 뜻이다.

9) 역량을 강조하는 하나의 메시지로 일관하기

자신을 대표하는 단어를 언급했다면 그것은 정체성, 비전, 인성, 태도, 강점 등과 관련이 있다. 물론 직무와의 연결성을 가지고 있는 것이 좋다. 그중에서도 직무 역량과 관련한 메시지는 꼭 삽입해서 강조해야 한다.

자기소개서 샘플

저는 어린 시절부터 다른 친구들에 비해 숫자에 관심이 많았습니다. 특히 어려운 수학 문제 풀기를 좋아해서 하나의 문제를 풀기 위해 며칠을 매달리기도 했습니다.

그런 노력 덕분에 저는 수학에서만큼은 항상 높은 점수를 받을 수 있었습니다. 결국 수학과(통계학과 등의 관련학과)에 진학해서 수리(수학, 통계 등)와 관련해 이런저런 경험을 하고, 이런저런 연구와 프로젝트 등을 통해 경력을 쌓아와서 지금의 재무(회계, 통계, 인사관리 등)의 업무에 지원하게 되었습니다.

만일 강조해야 할 직무 역량이 뚜렷이 없다면 직무를 선택한 동기나 열정, 태도 등을 강조해나가는 전략을 펼칠 수도 있다.

10) 내 이익이 아니라 상대 이익에 초점 맞추기

아르바이트 지원할 때조차도 '경험을 쌓고 싶어 지원했다, 집과 거리가 가까워 지원했다, 급여가 많아서 지원했다, 안정적으로 보여 지원했다' 등으로 자신의 이익을 말하지 말라. 내가 근무함으로써 상대가 받을 이익에 초점을 맞춰야 한다.

'유관한 경력·경험이 있기에 업무를 충실하게 잘 수행해 낼 것이다'고 말하라. 경력·경험이 없다면 '자신이 얼마나 열렬하게 이 일을 좋아하게 되었는지, 자신이 어떠어떠한 노력을 하며 준비해왔는지, 자신이 어떤 태도로 살아왔는지, 앞으로 어떤 자세로 일할 것인지 등'을 밝혀라. 자신이 일함으로써 '조직에 어떻게 공헌할 수 있을지' 상대가 받을 수 있는 이익에 초점을 맞춰라!

인사담당자를 사로잡는 자기소개서 작성 10계명

1. 지원 직무와 나를 연결하기
2. 필력 키우기
3. 매력적인 입사지원서 제목 만들기
4. 만연체 지양하고 단문 쓰기
5. 도입부를 임팩트 있게 시작하기
6. 사어(死語)를 생어(生語)로 만들기
7. 핵심키워드를 중심으로 줄기차게 밀고 나가기
8. 모호하지 않게 구체적으로 기술하기
9. 역량을 강조하는 하나의 메시지로 일관하기
10. 내 이익이 아니라 상대 이익에 초점 맞추기

2

스타크 기법을 활용한
자기소개서 작성법

많은 사람들이 자기소개서 작성 시에 스타크(STARC) 기법으로 작성하라고 권유한다. 그런데 정작 인사담당자들은 지원자들의 말을 다 믿지 않는다. 어떤 에피소드 이후 달라진 구체적인 행동이 결여되어 있기 때문이다. 결과도 중요하고 깨닫는 것도 중요하겠지만 더 중요한 것은 깨달음 이후의 행동이다. 스타크 기법에서 누락되었던 체인징포인트(Changing Point)로 자기소개서를 완성해보자.

구분	A 지원자	B 지원자
상황 (Situation)	친구와 함께 오픈마켓에서 인터넷 쇼핑몰 사업 창업	판매경험을 쌓기 위해 편의점에서 야간 아르바이트로 근무
과제·목표 (Target)	인기상품 미확보와 홍보 부족으로 판매실적 부진	취객의 난동, 기물파손으로 부상
행동 (Action)	동대문 인기상품 확보와 적극적인 SNS 홍보마케팅 실시	차분한 대응, 추가피해 방지, 신속한 조치
결과 (Result)	자금부족으로 창업 실패 좋은 상품, 홍보의 중요성 인식	취객 응급실 이송, 점장님 칭찬, 위기관리 능력 배양

만일 당신이 면접관이라면 앞서 말한 지원자들에게 몇 점의 점수를 주고 싶은가? 또 누가 합격할 것 같은가?

미안하지만 둘 다 탈락이다. 비교하자면 둘 중 B 지원자가 더 못 썼는데 '편의점에서 판매경험을 쌓는다'는 언급 자체가 직무와 거리감이 느껴져서다. 판매경험의 꽃은 영업 아니겠는가. 뭔가 저돌적인 근성이나 도전정신, 대인관계 역량, 협상력 등이 강조되는 경험이어야 하지 않았을까 싶다. 지원자는 '위기관리 능력'을 강조했는데 직무와 불균형한 느낌이다. 위기관리 능력도 하나의 역량이 될 수 있기는 하지만 술 취한 취객을 차분히 응대해 점장님에게 칭찬을 받았다는 것인데 아마추어적이다. 게다가 상황도 1회성으로 그친다. 만일 위기관리 능력을 강조하려 했다면 사례들을 언급하면서 본인이 본질적으로 '위기관리 능력이 있는 사람'이며 앞으로 근무를 하더라도 어떻게 위기상황들을 대처해 나갈 수 있는 인재인지를 보다 더 입증했어야만 했다.

A 지원자의 경우 '이 정도면 잘 쓰지 않았을까' 생각하는 독자들도 많으리라. 사실 꽤 많은 구직자들이 이렇게 쓴다. 실제로도 잘된 샘플로 언급된 자기소개서다. 그렇지만 무엇이 잘못되었는지 구체적으로 살펴보자. 창업을 시도한 것은 좋다. 판매실적 부진을 극복하기 위해 인기상품 확보와 적극적인 SNS 홍보마케팅을 실행한 시도도 좋았다. 그렇다면 창업을 실패한 결과가 안 좋았기 때문일까? 아니다. A 지원자는 '창업경험을 통해 좋은 상품, 홍보의 중요성을 인식했다'고 한다. 하지만 채용전문가가 봤을 때는 '인식하지 못했다'는 생각이 든다. 만일 진심으로 인식했다면 행동이 달라졌을 것이다. 그러니까 제일 중요한 부분은 STAR

기법의 밖에 있다. '실제로 변화된 행동을 했느냐'는 것이다. 그래서 나는 STAR 기법에 변화행동을 삽입한 '스타크(STARC) 기법'을 주장한다.

만일 진심으로 홍보의 중요성을 깨달았다면 '홍보, 마케팅, 영업, 경영 등'의 책, 교육, 영상, 전문가 등을 통해 정보, 지식, 노하우를 습득하려 노력했을 것이다. 그렇게 배운 내용을 바탕으로 다시 창업을 시도하거나 창업은 아니더라도 아르바이트나 사회활동에 적용, 자기 삶의 어느 부분에 적용해보는 실험과정을 거쳤을 것이다. 그런 변화된 실천행동 과정이 들어가야 하는데 그런 내용이 하나도 없다. 그러니까 '홍보의 중요성을 인식하기만 했다'는 뜻이다.

많은 사람들이 대부분 그렇다. '운동의 중요성을 깨달았다, 독서의 중요성을 깨달았다, 대인관계의 중요성을 깨달았다, 삶의 소중함을 깨달았다, 경력 관리의 중요성을 깨달았다'고 말한다. 그렇지만 대부분 인식하기만 했지 실천행동으로 꾸준하게 옮기지는 못한다. 그것이 우리가 무엇인가를 결심하고도 실패하는 이유다. 그러니까 살아오면서 설령 안 좋은 결과가 있었더라도 그다음에 어떤 다짐으로 어떤 행동을 취했느냐가 중요하다는 뜻이다.

스타크(STARC) 기법을 활용한 자기소개서 작성법

상황(Situation) : 자신이 놓였던 어떤 특정한 상황, 환경, 배경, 경험, 사건

과제, 목표(Target) : 그 상황에서 자신에게 주어졌던 역할, 책임, 위기, 문
제, 과제, 목표

행동(Action) : 상황해결(과제 달성)을 위해 어떠한 행동, 노력을 기울였나

결과(Result) : 그로 인해 얻은 결과, 성과, 배운점, 깨달음, 주위반응 등은
무엇인지

변화(Change) : 이런 결과 이후 변화된 모습, 달라진 관점과 노력, 행동

구분	에피소드 #1(제목 & 내용)	분량
상황(Situation)		5~10%
과제·목표(Target)		10~15%
행동(Action)		30~40%
결과(Result)		10~20%
변화(Change)		30~40%

3
정철상 코치의 냉장고 이론

연예인들의 집에 있던 냉장고를 그대로 옮겨와 냉장고 속 재료로 요리를 하는 〈냉장고를 부탁해〉라는 요리 방송이 있었다. TV를 보던 아내가 "와, 좋겠다. 연예인들이니까 저렇게 좋은 재료들이 있어 좋은 음식이 나오는 거잖아" 하는 것이다. 나는 조금 어이없다는 듯 말했다. "여보, 만일 PD가 나한테 연락해서 다음 주에 출연 가능한지 물어온다면 당신은 어떻게 하겠어요?"라고 했다. 아내는 1초도 주저하지 않고 "그럼 냉장고를 가득 채워둬야지. 유명한 쉐프들이 온다는데 좋은 재료로 가득 채워야지"라며 신나게 말하는 것이다. 그 말을 들으며 떠오른 생각이 꼭 입사지원하는 사람들의 이야기와 비슷하다는 생각이 들었다.

그러니까 막상 졸업반이 되어서야 채용공고를 보고 그제야 입사지원서를 작성하는 모양새가 비슷해 보여서다. 자기소개서의 재료를 찾기 위해 자신의 냉장고를 들여다보니 재료가 없는 상황과 비슷해 보였기 때문이다.

냉장고에 좋은 재료와 다양한 재료가 있어야 음식도 다양하고 풍성하게, 빠르게 만들 수 있다. 자기소개서도 마찬가지다. 다양한 삶의 재료가 있어야 지원회사와 직무에 맞춰 적합하게 구성할 수 있다. 그러기 위해서 내 인생의 에피소드부터 잘 뽑아내야 한다. 나의 과거를 되돌아보며 스토리를 뽑아내는 것이다.

이는 면접에서도 활용할 수 있을 뿐 아니라 취업을 뛰어넘어 자신의 생애를 되돌아보기 위해서도 중요하다. 자신의 취업 냉장고를 든든하게 채우기 위해서는 내 인생의 스토리가 풍부해야 한다.

그러기 위해서는 산맥 타기 기법을 활용할 수 있다. 빈 노트나 A4 용지를 꺼내 가로와 세로 줄을 긋는다. 세로축에는 0을 기준으로 상단에

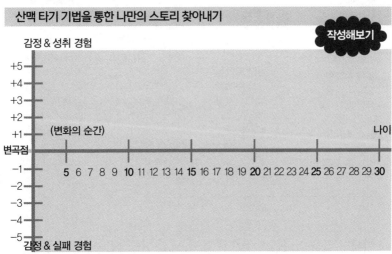

는 +5까지 적어가며 그동안 살아오면서 느꼈던 보람이나 성취 경험을 표시한다. 하단에는 -5까지 표기해서 살아오면서 느꼈던 고통이나 실패를 기록해본다. 가로축으로는 나이를 기록한다. 나이별로 있었던 성공과 실패, 인생의 중요했던 순간이나 선택들을 모두 다 기록해본다.

이렇게만 말해도 잘 이해하는 사람들이 있지만 이것이 자기소개서와 무슨 상관이 있냐 여기는 분들도 있다. 이 내용의 일부분을 '과거, 현재, 미래'로 구분하면 다음과 같은 도표의 내용을 다룰 수 있다.

벌써 자기소개서란 느낌이 들 것이다. 단순히 자기소개서의 내용뿐 아니라 '이력서, 면접, 강점 찾기 등'으로도 활용할 수 있음을 알 수 있다.

주요 항목별로 내용 작성해보기			
	과거	현재	미래
성장배경 학교생활 대인관계 경력사항 직무 역량 성격 장단점 실패와 역경 성취 경험 대외활동 신념, 좌우명 지원동기 입사 후 포부 기타 사항	성장배경 학교생활 성격 장단점 대인관계 실패와 역경 성취 경험 대외활동 봉사활동 개인 경험 조직 경험…	경력, 알바 인턴, 현장실습 직무 역량 자격 사항 신념, 좌우명 인생철학 지원동기 전문성 향상 노력 의사소통 능력 특이 활동…	직업윤리 원칙, 가치관 문제해결 능력 이루고 싶은 일 꿈, 비전, 사명 입사 후 포부 성장 가능성…

(작성해보기)

이때 기업은 어디를 중점으로 볼까. 또한 취준생은 어디를 볼까. 두 집단 모두 현재를 본다. 그런데 방향이나 관점이 다르다. 취준생은 대부분 자신의 현재를 보며 해놓은 것이 없다고 한탄한다. 한탄하는 것 자체는 문제는 아니다. 문제는 한탄만 하며 아무런 행동을 취하지 않는 경우가 많다는 것이다. 그러니까 과거에 해놓은 것이 별로 없기에 현재 이룬 것도 없고 앞으로도 좋지 않을 것이라고 바라보는 것이다.

그러나 기업은 지원자의 현재를 보면서 과거로부터 더 나아졌는지, 퇴보했는지를 살펴본다. 관성의 법칙에 따라 더 나아졌다면 상승세를, 더 나빠졌다면 하향세로 본다는 것이다. 그러면서 현재의 행동을 살펴보면서 미래의 성장 가능성을 점쳐본다. 그러니까 비록 과거에 해놓은 것이 없고 현재에도 가진 스펙이 부족하다고 하더라도 현재를 치열하게 살아가고 있는 지원자라면 앞으로는 나아질 가능성이 높다고 평가한다는 것이다.

그러니 지금 자신이 부족하다 생각하고 불평불만만 늘어놓을 것이 아니라 미래를 바꾸기 위한 행동을 당장 실천해나가야 한다는 것이다. 그런 현실적인 노력이 더 나은 결과를 만들어낼 뿐만 아니라 당장에 좋은 결과가 나오지 않더라도 장기적으로는 결국 더 좋은 결실을 맺을 것이라는 사실이다.

4

자기소개서 주요입력
항목별 작성법

기업마다 요구하는 자기소개서 항목이나 질문이 다른 경우가 많다. 기업의 요구조건들이 갈수록 까다로워지고 더 구체적인 부분을 알고자 하기 때문이다. 하지만 보통은 다음과 같은 주요 항목이 큰 뼈대를 이루고 있어 이런 뼈대의 내용을 변형한 질문들이 많다.

다음 페이지에 언급된 항목만 제대로 알고 대답한다면 어떠한 경우에도 잘 대처해나갈 수 있다. 그런데 기업이 요구하는 항목의 의미와 개인이 생각하는 의미가 서로 다를 수도 있다. 만일 구직자가 그러한 구인자의 속뜻을 읽어내지 못하면 자기소개서는 완전히 따로국밥처럼 느껴질 수가 있다. 일방적으로 개인적인 입장에서만 기술될 수 있기 때문이다. 모든 항목들이 유기적으로 잘 연결되어야만 일관성을 유지할 수 있다.

그러면 어떻게 일관성 있는 흐름을 유지할 수 있을까? 도대체 어떤 일관성을 가지고 있어야 하는 것일까? 답은 의외로 간단하다. 모든 항목

을 자신이 지원한 기업의 직무와 연관성 있는 내용들로만 구성하는 것
이다. 물론 여기에 기업의 인재상과 부합된 자신의 기질과 성향, 능력,
경험 등을 적절히 잘 배치하면 좋다. 이러한 목적을 잊지 않고 기술하면
매력적인 자기소개서가 될 수 있다.

자기소개서 주요 입력 항목의 의미

- 성장배경 = 인성 & 흥미, 직업을 선택하게 된 동기와 원인, 성장과의 연
  관관계
- 학교생활 = 취업을 위해 어떤 공부와 경험을 하며 준비를 해왔는가
- 성격 장단점 = 현 업무와 어떤 부분이 맞고 맞지 않는지. 자기파악 능력
- 실패와 역경 = 앞으로 문제가 닥쳐도 잘 대처해나갈 능력이 있는지 파악
- 지원동기 = 많은 회사 중 왜 하필 우리 회사에 지원했는지. 인재상 부합
  여부
- 입사 후 포부 = 회사에 기여, 공헌할 수 있는 부분이 무엇인지. 꿈의 크기

1) 성장배경 키포인트와 합격한 자소서 분석

(1) 성장배경 = 본질적인 흥미 & 인성

인사담당자들이 성장배경을 통해 바라보려고 하는 것은 크게 두 가지
로 인성과 흥미다. 다시 말해 인사담당자들이 지원자의 성장배경을 묻
는 이유는 첫째, 지원자가 성장배경을 통해 어떠한 인성을 가지게 되었
고, 어떠한 삶의 가치관을 가지고 있는지를 평가하기 위해서다. 따라서
가족관계나 성장배경을 단순히 나열하는 것은 의미 없는 내용으로 비

칠 수 있다.

올바른 인성을 강조하기 위해 부모님의 가르침과 교육철학을 언급할 필요는 있다. 다만 '엄하신 아버지와 자애로운 어머니 아래에서'처럼 식상한 표현으로 내용을 채워서는 안 된다. 부모님으로부터 배운 삶의 자세와 태도, 철학, 가치관, 신념 등을 전달해야 한다. 그것도 단순히 보고 배웠다는 식의 말로 채울 것이 아니라 그러한 가르침을 어떻게 자신의 삶에 체화(體化)시켰는지에 대한 구체적인 실례를 들어야만 가점을 받을 수 있다. 이렇게 강조된 인성은 조직 내에서 타인들과의 관계에서 문제가 될 요인이 적다는 인상을 줄 수 있다.

기업에서 성장배경을 물어보는 또 다른 이유는 지원한 직업이나 직무에 대해 얼마나 큰 애착이나 흥미와 적성을 가지고 있는지 알아보려는 것이다. 만일 흥미가 없으면 오랫동안 직무를 수행해나가기 어렵기 때문이다. 따라서 직업을 생각하게 된 동기와 계기, 원인, 성장과의 연관관계 등을 잘 엮어내야만 한다. 그러니까 지원한 직무에 대한 오랫동안 가져온 관심과 흥미를 어떻게 이어왔는지 구체적인 실례를 담아 전달하는 것이 좋다. 선택한 전공이라든지, 관심을 기울이며 해온 공부나 경험 등을 지원한 기업과 산업, 직무에 대한 호기심으로 발전시켜 나간 내용을 채우면 높은 평가를 받을 수 있다.

인성과 흥미 어디에 비중을 많이 두고 작성하느냐는 지원하는 직무에 따라서 다를 수 있다. 통상 인문계열이라면 인성 쪽에 70% 정도 비중을 두는 것이 좋고, 이공계열 직무라면 흥미나 적성 쪽에 70% 정도의 비중으로 배치하는 것이 좋다. 물론 이 두 가지 이야기를 적절히 배합하는 것도 좋은 방법이다.

지원 분야에 따라 다르겠지만 고객지원 업무를 지원하는 경우를 예로 들어보자. 직무에서 필요로 하는 능력 중에서 서비스 정신과 비즈니스 매너를 강조한다 치면 다음 정도의 내용으로 기술할 수 있다.

'부모님이 오랫동안 장사를 하셨기에 어려서부터 손님들에게 큰 소리로 인사하는 습관을 익혀왔습니다. 누구보다 다른 사람을 모시는 태도와 예절의 중요성을 온몸으로 깨달아 인사성이 밝았습니다. 그래서 제가 다니던 학교나 아파트 청소하시는 아주머니, 경비아저씨 중에서 저를 모르는 분이 없을 정도였습니다'라는 식으로 자신의 성장배경과 가정환경을 현재 지원하고자 하는 업무 능력이나 직무 역량과 자연스럽게 연관 지어 설명할 수 있다.

따라서 여러 곳에 지원해야 할 경우라면 일괄적인 내용으로만 자기소개서를 작성하기보다는 지원하는 각각의 직종이나 직무의 특성에 따라야 한다. 성장배경에서 인상적이었던 부분을 업무에 맞춰 연관성을 부여하는 것이 중요한 작성 요령이다. 그러기 위해서는 성장하면서 겪은 여러 가지 삶의 에피소드들을 별도로 모아둬야만 다용도로 활용이 가능해진다.

(2) 성장배경 키포인트

① 직업(직무)을 생각하게 된 동기 & 흥미·적성의 성장과의 연관관계, 전공을 선택하게 된 계기, 산업·기업·직무에 대한 관심·호기심
   → 의도: 근속성 체크 위해. 인사담당자들은 채용한 인재가 조기퇴

사하는 것을 가장 두려워한다. 이들이 업무를 지속해나갈지 아닐지를 직무동기나 흥미와 적성으로 체크하려고 한다.

② 본인의 인성을 알아볼 수 있는 삶의 자세와 태도·철학, 가치관, 신념, 좌우명(형성 계기)

→ 의도: 문제점 점검 위해. 기업이 싫어하는 인재 중에 한 유형이 문제를 일으키는 유형이다. 다른 사람들과의 대인관계에서 발생할 수 있는 문제를 성장배경 속의 인성을 통해 확인하고자 하기 때문이다.

(3) 나쁜 실례

저는 바다가 보이는 부산에서 자애로우신 어머니와 엄하신 아버지 아래에서 사랑을 많이 받으며 살아왔습니다. 어린 시절 형편은 넉넉하지 못했지만 부모님이 부족함 없이 저를 보살펴주셨습니다. 비교적 큰 문제 없이 유년 시절을 보냈습니다.

(4) 좋은 실례

제가 시스템 엔지니어로 지원한 것에는 아버지 영향이 컸습니다. 아버지는 90년대 당시 컴퓨터가 귀한 시대였음에도 불구하고 컴퓨터를 가지고 계셨습니다. 어린 저는 호기심으로 8비트 컴퓨터를 분해했다가 조립하지 못해 혼나기도 했습니다. 그러나 저는 다른 친구들에 비해 자연스럽게 컴퓨터와 친숙해질 수 있었습니다. 나중에는 16비트, 32비트, 펜티엄, 리눅스, 유닉스 서버까지 제가 직접 다룰 수 있었습니다. 늘 용산에 자주가다 보니 관련 업계 사람뿐 아니라 하드웨어와 소프트웨어까지 다룰 수 있게 됐습니다. 그렇게 컴퓨터는 저에게 친숙한 도구가 되었습니다.

이렇게 성장배경의 중요성을 강조하면 누가 요즘 성장배경을 물어보느냐고 말하는 사람들도 있다. 하지만 기업들은 과거처럼 노골적으로 '성장배경'이라고 물어보진 않지만 변형 질문을 살펴보면 그것이 성장배경과 같은 질문이라는 것을 알 수 있다.

(5) 성장배경을 변형한 기업들의 자기소개서 질문

- 내 삶에 있어 가장 기억에 남는 일에 대해 상세히 기술하십시오. 사건, 원인, 과정, 결과를 중심으로. (15줄 이내, SK)
- 귀하의 성장과정에서 기억에 남는 성취나 리더십 경험이 있으면 기술하시오. 또한 그 경험이 우리 회사에 근무함에 필요한 것이라면 왜 필요하다고 생각하는지 기술하시오. (BNK경남은행)
- 지금까지 살아오면서 자신에게 가장 영향을 끼친 사건 3가지를 든다면? (이랜드)
- 본인의 가치관을 형성하는 데 가장 큰 영향을 끼친 경험은 무엇이며, 그 경험을 통해 배운 점과 이후의 삶에 영향을 미친 구체적인 사례를 제시하시오. (1,000자, LG생활건강)
- 본인의 성장과정과 현재의 자신에게 가장 큰 영향을 끼친 사건. (1,500자, 삼성 디스플레이)
- 본인의 성장과정을 간략히 기술하되 현재의 자신에게 가장 큰 영

향을 끼친 사건, 인물 등을 포함하여 기술하시기 바랍니다. (1,500자, 삼성전자)

⑹ 합격한 자기소개서

Q 본인의 성장과정을 간략히 기술하되 현재의 자신에게 가장 큰 영향을 끼친 사건, 인물 등을 포함하여 기술하시기 바랍니다. (※작품 속 가상인물도 가능, 1,500자)

A 새로운 도전이 행복한 나. 반드시 해낸다.

저를 움직이게 하는 원동력은 '성취감'입니다. 스스로 미래가 더 기대되는 사람이라고 느껴질 때, 새로운 것에 대한 도전이 두렵지 않고 보다 열정적으로 목표를 향해 달려왔습니다. 이런 저에게 큰 영향을 끼친 사건은 환경영향평가를 위한 기초분석실험에서 환경 예측 모델링으로 전공을 바꿔 대학원에 진학한 것입니다. 현재 상황은 분석실험을 통해 파악할 수 있지만, 미래의 환경이 어떻게 변화되는지에 대해 예측할 방법이 없다는 것에 늘 갈증을 느꼈습니다. 알고 싶은 것을 채우기 위해 대학원에 진학했고, 모형 시뮬레이션을 전공으로 논문연구를 진행하며 코딩과 다매체모형을 처음 접하게 되었습니다.

굳은 다짐에도 불구하고 동역학, 유체역학, 열역학 등의 전공과목과 모형개발을 위한 코딩의 시행착오는 힘들었습니다. Mass Balance부터 기상시나리오, 환경조건 적용까지 고려해야 하는 요인이 많아 수차례 다시 모형을 돌려야 했습니다. 또한, 한 번 실행시키면 최소 48시간이 소요되는 모형 시뮬레이션과 도출된 결과 재분석으로 밤을 새우는 일이 잦았습니다. 하지만, 힘이 들어도 하고 싶었던 연구를 하고 있음에 하루하루가 벅찬 감동과 뿌듯함의 연속이었습니다.

능동적으로 부족한 것을 찾아 발전시켰고, 이런 '성취감'은 저를 계속해서 달릴 수 있게 했습니다. 그 결과, 시간 내에 원하던 모형분석을 모두 해내고 수행한 모형분석을 바탕으로 논문을 작성하여 우수논문상이라는 좋은 성과를 얻을 수 있었습니다.

집단지성과 Co-work의 힘

공정 관리 및 현장 상황을 지원함에 있어 다양한 사람과의 협업 경험은 중요한 밑거름입니다. 저는 여러 분야의 사람들과 일할 때, 시너지 효과를 경험한 적이 있습니다. 화평법과 관련된 환경부 프로젝트에 참여했습니다. "큰 그림에 필요한 역할을 해내자!"라는 생각으로 각 팀의 이야기를 먼저 듣고 반영하려고 노력했습니다.

관측팀에서 넘기는 DB를 예상하고 최적화 팀에서 사용하는 Software를 파악해 자료 분석에 필요한 알고리즘을 구축했습니다. 협업에 초점을 맞춘 결과, 혼자의 힘으로 이뤄내기 어려웠던 모형개발에 성공했고, 연구비를 지원받아 해외학회 발표를 참석할 기회도 얻게 되었습니다. 이런 협업 경험을 바탕으로, 삼성전자의 유기적인 업무환경에 정확히 적응해 큰 시너지효과를 창출해내고 싶습니다.

나도 Role-Model

제가 큰 영향을 받은 인물은 두 분의 교수님입니다. 저의 진로를 지지해주신 학부 교수님과 논문연구를 지도해주신 지도교수님입니다. 학부 교수님은 분석실험에서 모델링으로 전공을 바꿔 대학원을 진학하기 바라던 저에게 적극적으로 진학할 대학원의 과정을 알아봐 주시고 진심 어린 응원을 해주셨습니다. 지도교수님은 꼼꼼한 지도와 아낌없는 조언으로 제가 공학도로서 발돋움 할 수 있게 독려해주셨습니다. 이제는 삼성전자에서 제 인생 세 번째 롤모델을 찾고 10년 후, 제가 후배 사원들의 롤모델이 되고 싶습니다[28].

깨알 Tip

소제목 하나하나도 잘 구성하고, 내용도 매력적으로 구성했다. 그런데 분명 성장배경과 같은 항목인데 우리가 상식적으로 알고 있는 성장배경의 내용이 전혀 없다. 그러니까 이공계열의 경우이거나 흥미와 적성에 초점을 맞출 경우 가정환경에 대한 정보는 하나도 없어도 괜찮다는 의미다.

2) 학교생활 키포인트와 합격한 자소서 분석

(1) 학교생활 = 직무 관련 지식과 경험

학교생활이라고 해서 학교 내 생활만 기록하는 공간이라고 착각하는

---

28 출처: 삼성전자 DS부문 합격자, 〈사람인〉

사람들이 많다. 입사지원서에서 말하는 학교생활은 자신이 지원한 직무를 위해 학교에 다니는 동안 어떤 공부를 했으며, 어떤 경험을 하며, 어떤 활동을 통해 사회생활을 준비해왔는지가 키포인트다.

학점에 대해 염려하는 학생들이 많은데 물론 최소한의 학점은 받아야 한다. 예전에 비해 영향력이 줄어들기는 했으나 아직도 학점은 지원자의 성실성 지표를 보여주는 근거라고 평가하는 인사담당자들이 많기 때문이다. 학점이 낮은 경우라면 왜 그럴 수밖에 없었는지에 대한 합리적 근거를 내세울 수 있어야 한다.

기업체 입장에서 볼 때 학점만큼 더 중요하게 보는 것은 전공이다. 따라서 자신이 현재 전공을 선택하게 된 계기와 전공을 바탕으로 어떤 부분의 지식과 경험을 갖추게 되었는지를 잘 부각시켜야 한다. 만일 반대로 전공을 살리지 않고 다른 직종으로 지원했을 경우에는 어떻게 지원한 직무에 적합한 학습이나 지식, 역량, 경험 등을 쌓아왔는지를 합리적으로 밝혀야만 한다.

학교생활에서 받은 정규교육 이외로 별도로 받은 교육 사항을 기록해도 좋다. 물론 무작위로 교육받은 사항들을 늘어놓기보다 직무와 유관한 교육 사항을 부각시키는 것이 좋다. 기업들은 학교 밖 생활을 중요하게 생각하므로 학교 밖에서 본인이 관심 가지고 기울인 활동 사항을 기록하는 것도 좋다. 더불어 다양한 사람들과의 관계가 어떠했는지 기록하면 좋다. 기업들은 조직이라는 단체 속에서 서로 다른 사람들과 융합할 수 있는 사람인지를 중요하게 바라보기 때문이다.

(2) 키포인트

사회진출 준비 상태는 어느 정도인가?

① 목표 직무를 위해 어떤 공부(직무지식, 기술, 태도, 역량)를 했나?

② 학교 내 & 학교 밖에서 어떤 경험, 활동, 경력을 거쳐왔는가?

③ 대인관계는 어떠했는가? 사람들과 융화될 수 있는 인재인가?

(3) 나쁜 실례

• 저는 친구들과 전혀 문제없이 원만하게 학창시절을 보내왔습니다. 친구들과도 잘 어울려 즐거운 추억들이 많습니다. 하지만 전공이 마음에 들지 않아 마음고생을 많이 했습니다. 전과를 하려고 했으나 결국 실패했습니다.

• 저는 친구들과 어울리지 못해 왕따를 당했습니다. 너무 힘들고 고통스러운 시간이었습니다.

(4) 좋은 실례

전공인 영어를 통해 회화 능력을 키우고 외국인들과 자유롭게 소통하며 글로벌 감각을 익혔습니다. 경영학을 부전공한 덕분에 경영 전반에 대한 지식과 비즈니스 감각을 익힐 수 있었습니다.

이와 더불어 장식품 제작 회사에서 6개월 동안 아르바이트를 하면서 영업직을 경험해봤습니다. 단순한 영업 경험을 뛰어넘어 직접 시장 개척도 해보는 경험을 쌓으면서 비즈니스 전반에 걸친 실무 역량을 키웠습니다. 이후 판로개척을 위해 직접 수주를 해오기도 하면서 고객을 대면하고 설득하고 협상하는 경험과 배짱도 익혔습니다.

이렇게 학교생활의 중요성을 강조하면 누가 요즘 학교생활을 물어보느냐고 말하는 사람들도 있다. 하지만 기업들은 과거처럼 단순히 '학교생활'이라고 물어보진 않지만 변형질문을 살펴보면 그것이 학교생활과 같은 질문이라는 것을 알 수 있다.

⑸ 학교생활의 변형 질문

- 살아오면서 자신이 성취한 것 중 자랑할 만한 것 1, 2가지를 소개해 보시오. (이랜드)
- 대학생활이나 교내외 활동 중 가장 성취감이 컸던 경험을 기술하시오. (CJ)
- 지원 분야에 관련해서 본인의 역량은 어느 정도인가? (LG전자)
- 이것 만큼은 남에게 질 수 없다고 생각하는 것 한 가지만 말해보시오. (벽산건설)
- 대학교 재학 기간 본인이 수행한 다양한 과외활동 중 본인이 LG생활건강의 인재상에 가장 부합된다고 판단되는 인재상 하나를 제시하고 판단한 이유를 구체적으로 제시하시오. (1,000자, LG생활건강)
- 학업 이외에 관심과 열정을 가지고 했던 다양한 경험 중 가장 기억에 남는 것을 구체적으로 기술해주세요. (1,000자, 롯데)

⑹ 합격한 자기소개서

Q 직무 활동, 동아리·동호회, 팀 프로젝트, 연구회, 재능기부 등 주요 직무 능력을 서술하여 주십시오. (2,000byte)

A 전문적인 직무 역량을 개발하기 위해 수업에서 배운 경영이론을 실전 경험을 통해 발전시키려 끊임없이 노력하여 '전문인'으로서의 역량을 갖추고 있습니다. 경영전략 과목을 이수하면서 산업구조 분석기법, 가치사슬 분석기법, SWOT 기법 등을 활용해 BNK부산은행과 삼성전자의 경쟁 요인을 분석하고 앞으로의 전략을 제시하는 과제를 진행했습니다. 기업을 직접 분석해보고 방향을 제시하는 과정을 통해 지식을 활용하는 점이 좋아서 다른 활동들로 전문성을 더 높이고 싶었습니다.

○○○ 창업아이디어 프로그램에 참여해 '투어 가이드 연결 서비스'를 주제로 플랫폼개발 아이디어를 제시했습니다. 소비자들이 불편해하는 점을 찾아내고 4C 분석과 경쟁사 Tupolar를 분석하여, 타겟 고객그룹을 세분화하고 기존 서비스와 차별화하는 전략을 펼쳤습니다. 유명관광지보다 현지인 추천 지역, 전문 가이드보다 지역 주민과 학생을 가이드로 활용하는 방식으로 새로운 시장을 개척하는 아이디어를 제시하며, 금상을 수상하기도 했습니다.

교내 주관 글로벌 기업컨설팅 활동에서는 중소 주조기업인 ○○○를 맡아 사업전략을 제시하는 활동을 했습니다. 기업의 목적은 해외사업확장이었고, 저희 팀은 산업현황과 기업을 분석해 우위요소를 파악하고 진출전략을 수립했습니다. 저는 특히 통계자료를 바탕으로 현상을 분석하여 전망을 예측하는 일을 담당했습니다. 국내 변속기 트렌드변화 자료를 통해 주력생산품인 더블클러치의 국내수요가 줄어들고 있음을 파악했고 그에 신기술 개발이나 새로운 시장진출의 당위성을 강조했습니다[29].

---

29 출처: 코레일 일반사무직 합격자, 〈사람인〉

이러한 자료조사와 분석활동을 바탕으로, 우선 기업의 주력제품인 더블클러치 제품을 중국의 산동지역 시장에 판매하되, 꾸준한 기술연구로 전기차 부품을 개발하는 방안과 현지기업과 파트너십을 맺어 해외시장에 정착하는 데 어려움이 없도록 하는 전략을 제시했습니다. 실전경험을 통해 배운 분석력에 지속적인 노력을 더한 경험들을 바탕으로 입사 후 경영환경 분석, 마케팅 전략기획, 고객 관리 등의 분야에서 기여하겠습니다.

깨알 Tip

전체적으로 내용은 잘 구성했으나 소제목이 없는 점, 기업에 어떻게 기여하겠다고 구체적으로 밝히지 않고 다짐만 한 점 등은 조금 아쉽다. 그렇지만 공기업의 일반 사무직 지원자로서는 중상급 이상의 자소서라고 보인다.

그런데 우리가 주의해서 봐야 할 점은 학교생활이라는 것이다. 그러니까 기업에서 요구한 내용이 학교생활에만 갇혀 있을 것이 아니라 직무활동, 동아리 활동, 동호회 활동, 팀 프로젝트 활동, 연구회, 재능기부 등의 주요 직무 능력을 보여달라는 것이다. 즉, 이런 활동을 학교생활란에 기록해야만 하며 이런 활동을 해야만 가산점이 있다는 뜻이다.

3) 성장 장단점의 키포인트와 합격한 자소서 분석

(1) 성격 장단점 = 직무와의 성격 적합도

구직자 입장에서 성격의 장단점을 밝히라는 이 항목에 난감할 때가 많다. 왜 이런 개인적 항목을 채용 현장에서 요구하는지 이해하지 못하겠다고 의문이 들 수도 있다. 그러나 기업 입장에서는 무척이나 중요한 사항이다.

기업은 지원자가 지원하는 직무의 특성상 어떤 부분이 맞고, 어떤 부분이 맞지 않은지 알고 싶은 것이다. 특히 특정 직업의 경우 지원자의 성격상 어떤 부분이 맞지 않다고 염려될 수 있다. 그런데 반대 성향의 사람이 그러한 부분을 잘 견뎌나갈 수 있는지 확인하고자 성격의 장단점을 요구하는 것이다.

두 번째로는 지원자 내면의 심리를 살펴보자는 것이다. 지원자가 얼마나 자신에 대해 이해하고 있는지 알아보고 싶은 것이다. 예를 들어 "제 단점은 이렇다"라는 단답식의 대답보다는 "저의 단점은 ○○입니다. 이로 인해 이러이러한 어려움을 겪었습니다. 이러한 단점을 고쳐야겠다는 생각으로 지금까지 무엇무엇한 방식으로 노력을 해와서 상당 부분 개선할 수 있었습니다"라는 식으로 풀어나가는 것이 좋다.

단점을 언급했다가 곧장 장점으로 넘어가기보다는 단점에 대해 구체적으로 언급하면서 단점으로 인해 얼마나 힘들었는지 솔직하게 고백하는 것도 좋은 방법이다. 자신을 어느 정도 이해하고 있는지, 그러한 자신이 지원한 업무와 어느 정도 부합되는지 알려주는 것이 키포인트다.

(2) 키포인트

① 본인의 성격이 지원한 직무와 어떤 부분이 맞고, 어떤 부분 맞지 않을지

② 객관적인 자기파악 능력, 강점 활용 여부, 성격적·기질적 약점 보완 위해 기울인 노력, 성과, 깨달음, 변화 가능 여부

③ 장점은 직무에 도움되는 내용으로, 단점은 직무와 무관한 내용으로 구성

(3) 나쁜 실례 1 - 외향형

저는 성격이 외향적이라 적극적이고, 열정적이고, 대인관계가 원만하다는 이야기를 많이 들었습니다. 다만 혼자 있는 것을 잘 견디지 못합니다.

나쁜 실례 2 - 내향형

저는 성격이 조용하고, 차분하며, 감정의 큰 동요가 없습니다. 그래서 무게감 있고 어른스럽다는 이야기도 많이 들었습니다. 다만 소극적이고, 여러 사람들 앞에서 제 자신의 생각을 말로 표현하는 데 어려움이 있습니다.

(4) 좋은 실례 1 - 외향형

저는 여러 사람들과 어울리기 좋아하는 외향적 성격을 가지고 있습니다. 그런 제가 내향적 특성이 있는 연구직에 지원하는 것에 대한 우려가 있을 것이라 사료됩니다.

하지만 저는 연구개발에 있어서 타 부서와의 업무공조나 외부출장이나 타 기업과의 협조체제를 구축하는 메신저가 될 수 있다고 생각합니다. 그런 면에서 내향적 연구직의 특성을 가진 사람들이 채워주지 못하는 부분을 제가 채워나갈 수 있다고 믿습니다.

좋은 실례 2 - 내향형

영업직(마케팅, 판매직, 기획 등)이라는 직무가 외향적인 성격이 있어 제 성격에 대한 우려가 있을 거라 생각됩니다.

네, 맞습니다. 저는 성격이 조용하고, 차분하고, 진중한 편입니다. 그래서 처음에는 사람들과 관계를 맺는 데 서먹서먹한 면이 있습니다. 하지만 생각하고 사색하는 힘이 큽니다. 실제로도 사람들과 관계를 맺으면 저를 믿고 신뢰할 수 있는 사람이라며 자신의 생각과 고민을 털어놓는 사람들이 많습니다. 그런 측면에서 고객과의 신뢰 관계를 형성하고 깊숙한 관계를 맺는 데 오히려 더 유리한 측면도 있다고 봅니다. 세심한 배려로 고객에게 다가가도록 하겠습니다.

(5) 성격의 장단점의 변형 질문

- 자신이 다른 사람과 구별되는 능력이나 기질을 작성해주십시오.
  (이랜드)
- 본인의 성격적인 측면에서 장점과 단점은 무엇인가? (LG전자)
- 타인과 함께 일을 할 때 귀하가 지닌 장점과 단점에 대해 상세히 기재하여 주십시오. (700자, 현대)
- 본인의 장단점과 입사 후 장점은 어떻게 활용되고, 단점은 어떻게 보완할 수 있겠는지를 기술하세요. (800자, 두산)

(6) 합격한 자기소개서

- **Q** 본인의 장단점과 입사 후 장점은 어떻게 활용되고, 단점은 어떻게 보완할 수 있겠는지를 기술하세요. (50자 이상 400자 이내)

A 솔선수범

180nm 공정을 사용하여 칩을 설계한 경험이 있었습니다. 2년 동안 설계할 알고리즘을 이해하고 설계를 진행하여 칩을 만들어보는 프로젝트입니다. 약속 시각 전에 미리 나와 그동안의 진행 상황을 정리해서 알려주고, 아이디어 정리 및 발표를 도맡아 하였습니다. 희생하는 모습을 보이자 같은 팀원들도 서로 조금씩 희생해가며 잘 마무리할 수 있게 되었습니다. 이러한 저의 성격은 팀 단위로 진행되는 연구개발 업무에 적합할 것입니다.

몰입

한 가지에 몰입하면 다른 것에 신경을 덜 쓰는 단점이 있습니다. 한국전자통신연구원에서 설계 교육을 들었을 때 가장 기억나는 말이 있습니다. "형은 한 가지 집중하면 무서울 정도로 집중하네요"입니다. 이 성격이 여러 일을 동시에 처리하는 업무에는 단점이 될 수 있지만, 연구개발 업무에는 유용하다고 생각합니다[30].

깨알 Tip

보통 장단점을 물어보면 단점이 아닌 장점을 언급한다거나 단점이 장점으로 바로 넘어가버리는 경우가 많다. 예를 들어 본인은 너무 완벽한 것이 단점이라는 것이다. 그래서 스트레스가 많다는 식이다. 강박적으로 완벽을 추구하는 것이 단점이 될 수는 있겠지만 완벽한 것이 단점이

---

[30] 출처: 두산 연구개발 합격자, 〈사람인〉

되기는 어렵다.

그런데 지원자는 자신의 단점을 '몰입'으로 들고 있다. 하나에 신경을 쓰면 다른 것에 신경을 덜 쓰게 된다는 것이다. 그런데 그러한 성격을 고치는 것이 아니라 오히려 연구개발에는 도움이 된다는 방식으로 이야기를 전개하고 있다. 그만큼 자기를 잘 이해하고 있다고 보인다. 물론 글자 수 제한으로 설득력이 조금 부족한 부분이 있다. 이런 부분은 나중에 면접 시에 면접관들이 확인하기 위한 질문이 들어올 것이기에 미리 대비할 필요가 있다.

깨알 Tip

약점을 오히려 강점처럼 강조하는 현명한 방법은 약점이 갑자기 강점이 되는 방식보다는 산업 특징과 지원 기업의 밸류체인을 보완하려는 노력을 강조하는 것이 좋다. A 직무로 지원했지만 이와 연관된 B 직무 등에 대한 이해가 부족한 점을 인정하는 방식이다.

밸류체인(Value Chain)이란 '가치사슬'로 경영학자 마이클 포터가 기업이 경쟁우위의 전략을 수립하기 위한 경영분석도구로 언급했다. 그러니까 밸류체인은 '제품생산을 위해 제조공정을 세분화해 체인(사슬)처럼 엮어서 밸류(가치)를 창출하는 것'이다. 따라서 이런 가치사슬에서 본인이 기여하겠다는 포부를 밝히는 것이 중요하다. 예를 들어 취업컨설턴트 강민혁 대표가 인사담당자로 지원한다고 가정하고 언급한 사례를 들어보겠다.

"저는 인문계 출신이라 연구개발에 대한 직무이해가 가장 부족한 것이 약점이라고 생각합니다. 인사직무는 큰 그림을 그려서 전체적으로 조망할 수 있어야 경영에 도움을 줄 수 있는 직무라고 봅니다. 그런데 제가 연구개발직에 계신 분들에 비해 비전공자로 해당 부분에 대한 전문지식이 부족합니다. 그래서 뒤늦게나마 지난 3개월여 동안 산업 이해와 직무분석 과정을 거치면서 배움을 이어왔습니다. 앞으로 현업에서 꾸준히 실무를 익혀나가며 연구개발 사업에도 기여하고 싶습니다."

분명 연구개발에 취약한 부분은 약점이지만 약점의 수준이 다른 지원자에 비해 엄청 높다고 볼 수 있다. 다른 지원자에 비해 바라보는 관점의 차원이 다르다는 인식을 줄 수 있다. 면접관은 '이 지원자가 일하는 방법을 제대로 알고 있네' 하는 느낌을 받을 수 있다.

4) 실패와 역경 키포인트와 합격한 자소서 분석

(1) 실패와 역경 = 조직생활에서의 위기 대처 능력

살아오면서 겪은 그 동안의 실패와 역경을 기록해달라고 하면 지원하는 구직자 입장으로는 난감하기 마련이다. 역경이라고까지 말할 정도의 드라마틱한 사건이 없기 때문이다. 역경 하면 영화나 드라마에서 나오는 극한의 상황을 떠올리는 경우가 많다.

그러나 굳이 그렇게 거창한 고난이 아니어도 괜찮다. 없던 사건을 억지로 만들어서도 안 될 말이다. 일상에서 내가 마주쳤던 삶의 문제와 작은 실패도 괜찮다. 그러한 문제들 중에서 면접관을 사로잡을 만한 이야기를 끌어내서 그 문제를 어떻게 대처해왔는지 밝히면 된다.

어려운 문제를 딛고 극복한 사례도 좋지만 꼭 극복하지 않은 경우라도 괜찮다. 때로 자신이 겪은 실패에서 무엇을 깨닫고 실패를 다시 겪지 않기 위해 어떠한 노력을 기울여왔는지 이야기하는 것만으로도 좋은 점수를 받을 수 있기 때문이다.

다만 지나치게 민감한 개인적 실패를 꺼내는 것은 조심해야 한다. 심리적인 문제, 연애, 결혼, 집안 내에서 겪은 곤란 등이 그렇다. 하지만 그러한 역경을 잘 극복했다면 그런 이야기도 때로 좋은 소재가 될 수 있다.

(2) **실패와 역경 키포인트**

① 과거의 역경이나 실패를 어떤 태도로 바라보고 있는지, 당시에 역경을 어떻게 대처했는지, 어떤 배움이나 교훈을 얻었는지, 어떻게 삶이 바뀌었는지, 실패를 대신할 성취 경험은 있는지 등

② 미래에 닥칠 문제나 위기상황을 현명하게 대처해나갈 수 있는 능력이 있는지 알아보고자 하는 의도

(3) **나쁜 실례 1 – 지나치게 평이한 사례**

저는 살아오면서 특별히 역경이라고 내세울 것은 없습니다. 다른 친구들처럼 평이하게 살아왔습니다. 그렇지만 결정적으로 수능점수를 망쳐서 좋은 대학을 갈 수 없었던 것이 제 인생에서 큰 어려움이라면 어려움이라고 말할 수 있겠습니다.

수능이나 성적 부분은 다소 사소해 보이고 뻔한 주제로 식상하게 느껴질 수 있다. 만일 부단한 노력을 통해 극적으로 향상되었다든지 하면 다를 수 있다. 아니면 특정 과목을 집중적으로 언급할 수도 있다.

가능하면 좀 더 인상적인 주제를 활용하는 것이 좋다. 환경 적응 문제나 관계 갈등, 무언가 열정적으로 매달렸지만 실패한 사례, 자기극복 사례 등의 주제가 좋다. 예를 들면 다음과 같다.

"제 인생은 변화의 연속이었습니다. 저는 초등학교만 12번 전학했습니다. 아버지 직장으로 인해 어쩔 수 없이 전학을 하곤 했습니다. 처음에는 낯선 환경에 가서 새로운 친구를 만나야 한다는 것이 너무 어려웠습니다. 하지만 그럼에도 불구하고 저는 낯선 친구들에게 먼저 다가간 덕분에 좋은 관계를 만들어가며 그런 어려움을 해소해나갈 수 있었습니다."

나쁜 실례 2 – 극복되지 않은 고난

① 어릴 적 아버지가 일찍 돌아가시고, 형편이 좋지 못해 불우하게 성장했습니다.

② 부모님이 이혼하셔서 어려움이 너무 많았습니다.

③ 우울증이 너무 심해 정신 병원에 다니며 치료받은 적이 있습니다.

지나치게 개인적이거나 고통스러웠던 경험, 극복되지 않은 고난, 역경은 가능하면 언급하지 않는 게 좋다. 왜냐하면 면접에서도 자기소개서에서 언급한 내용이 후속 질문으로 들어올 수 있기 때문이다. 짧은 시간 안에 다 풀어서 해명하기도 어렵고, 잘 해봐야 본전이다.

긍정적 부분을 강조하기도 시간이 벅찬데 부정적 부분을 방어 답변하는 데 시간을 채울 필요는 없다. 다만 본인이 그런 역경을 잘 극복해냈다면 솔직하게 실패나 역경 상황을 어떻게 헤쳐나올 수 있었는지 이야기해볼 수 있다.

일반인들로서 가장 무난한 주제는 일상적으로 가지고 있는 나쁜 습관이나 실패 경험을 극복한 사례가 좋다. 이를 롤러코스터 타듯 다이나믹하게 표현하면 더 좋다. 그러니까 평소에 자신이 가지고 있던 나쁜 습관이나 관점, 태도 등을 다소 심각할 정도의 중증 상태의 상황을 솔직하면서도 구체적으로 언급하고 힘들게 도전해서 어렵게 극적으로 극복한 점을 강조하면 된다. 다음에 소개할 흡연습관을 예로 들 수 있다.

화장실에서 담배 피는 것 자체가 나쁘다고 생각될 수 있겠지만 그런 식으로 폭식, 폭주, 폭음, 게임중독, 게으름 등의 주제를 다룰 수 있다. 실제로 고등학교 시절 게임중독으로 거의 꼴찌에 가까운 성적이었던 홍성호 씨는 공부하기로 마음을 잡은 후 치열하게 공부해 기적적으로 명문대 입학에 성공하고 대기업 입사까지 성공하게 되었다. 그렇게 드라마틱한 사례가 아니어도 좋다. 평소에 자신이 바로잡은 습관을 다뤄보자.

(4) 좋은 실례

저는 담배가 없어 용변을 보려던 중 담배를 사러 갔던 적이 있었습니다. 이 사건으로 인해서 저는 한 가지 사실을 깨달았습니다. 예전에는 제 의지로 담배를 피운다고 생각했는데, 객관적으로 생각해보니 담배에 중독이 되어 습관적으로 담배를 피워야만 했던 것입니다. 이를 느낀 후 1년 동안 수차례에 걸쳐서 금연을 시도했습니다. 가위로 담배를 잘라서 버리기도 하고, 금연초를 피워보기도 했지만, 결국 실패했습니다.

수차례의 실패를 경험하고 나서야 하루에 피는 담배의 양을 차츰 줄이고, 물을 많이 마시는 등 생활 습관을 조절해 결국에는 새해가 시작되는 ○○년 1월 1일부로 담배를 끊었습니다. 결국 성공하기는 했지만, 수차례의 금연 실패는 저에게 쉽게 생각하던 일이라도 어려울 수도 있다는 사실을 깨닫게 해주었습니다[31].

(5) 실패와 역경의 변형 질문

- 예상치 못했던 문제로 계획대로 일이 진행되지 않았을 때, 책임감을 가지고 적극적으로 끝까지 업무를 수행해내어 성공적으로 마무리했던 경험이 있으면 서술해주십시오. (100자 이상 600자 이내, 금호아시아나)

- 본인이 이룬 가장 큰 성취와 실패는 무엇인가? (LG전자)

- 가장 열정, 도전적으로 임했던 일과 그 일을 통해서 이룬 것에 대해 상세히 기재하여 주십시오. (700자, 현대)

---

31 『취업 성공 바이블 Bible 3』, 정병옥 저

- 살아오면서 설정한 목표 중 중요한 것이라 생각되는 것은 무엇이었으며, 이것을 달성하기 위해 어떠한 노력을 하였습니까? (500자, LG CNS)
- 주어졌던 일 중 가장 어려웠던 경험? 그 일을 하게 된 이유와 그때 느꼈던 감정, 진행하면서 어려웠던 점, 극복하기 위한 행동과 생각, 결과. (1,000자, SK)
- 자발적으로 최고 수준의 목표를 세우고 끈질기게 성취한 경험에 대해 서술해주십시오. 본인이 설정한 목표, 목표의 수립 과정, 처음에 생각했던 목표의 달성 가능성, 수행과정에서 부딪힌 장애물 및 그때의 감정(생각), 목표 달성을 위한 구체적 노력, 경험의 진실성을 증명할 수 있는 근거가 잘 드러나도록 기술. (700~1,000자, SK하이닉스)

(6) 합격한 자기소개서

Q 학업이나 업무 중에 가장 힘들거나 어려웠던 사례에 대해 기술해주십시오. 더불어 그 사례를 해결하기 위해 어떤 노력을 기울였는지 설명해주십시오. (문제 상황 요약, 문제 원인 및 도출 방법, 해결 방안 탐색, 해결 방안 적용, 문제 해결 여부 또는 결과)

A READY

직무를 충실히 이행하려면 발생한 문제의 본질을 파악하여 유연하게 대처할 수 있어야 합니다. 또한 타 부서와 원만한 관계를 유지하고 필요할 때 상대방의 협조를 끌어낼 수 있어야 합니다.

첫째, 문제 해결의 선봉장으로서 능동적으로 앞장서서 해결합니다. 실제로, 문제 발생 시 이에 대한 재빠른 상황 판단으로 문제를 해결하는 방안을 내놓습니다. 화학 산업체 생산 품질팀에서 현장실습 했을 때, 생산 계획과 실제 협력사에서 필요로 하는 수량 사이의 오차가 20%가 넘는다는 것을 발견하였습니다. 저는 이를 Line No.별로 분류하여 다시 파악하고 싶다고 제 사수분에게 말씀을 드렸고, 수량 계획에 문제가 있다는 것을 재차 확인하여 불필요한 재화 낭비를 막을 수 있었습니다. 이러한 저의 장점은 예측하지 못한 상황에서 문제가 발생하는 품질 부서에서 뛰어난 능력을 발휘할 것입니다.

둘째, 도전을 할수록 열정이 생긴다는 것을 깨달았습니다. 생각에서 그치지 않고 아이디어를 현실로 제품화하는 것에 매료되어 17회의 다양한 공모전에서 성과를 창출했습니다. 실제로, 저는 아프리카의 히포롤러의 회전력을 이용하여 발전기를 통해 일상생활에 사용할 수 있게 응용하였습니다. 그리고 구동시험 동영상과 자료를 첨부하여 UNICEF에 설명하였고, 그 결과 '감사하다. 적극 반영하겠다'라는 답장을 받았습니다. 이를 통해 저는 평소에 아이디어를 메모하는 습관을 갖게 되었고, 발명 아이디어 공모전에서 깔끄미라는 제품을 사업계획서 및 제품화하여 프레젠테이션 결과, 최우수상을 경험할 수 있었습니다[32].

깨알 Tip 1

'READY'라는 소제목이 조금 아쉽긴 하지만 첫째, 둘째로 명료하게 정

---

32 출처: 중소기업진흥공단 합격자, 〈사람인〉

리해서 핵심포인트를 잘 짚었다. 문제해결 능력을 첫 번째로 언급했는데 그것도 직무 관련한 경험이어서 좋은 경험이 도움이 된다는 것을 느낄 수 있다. 두 번째로 도전과 열정에 대해 언급했는데 17차례의 공모전에 도전해 최우수상까지 성과를 낸 경험도 좋았다.

우리가 눈여겨봐야 할 것은 실패 경험이다. 기업에서 단순한 실패 경험만 나열하는 사람들이 많아서 지문을 통해 어떻게 실패 경험을 기록해야 하는지 구체적으로 제시하고 있다는 것이다. 그러니까 실패할 때의 문제상황을 요약하고, 문제의 원인이 무엇인지 분석, 도출하고 거기에 따른, 해결 방안을 모색해서 발생한 문제에 적용해 어떤 결과를 얻었는지에 대해 절차적으로 언급하는 것이 좋다는 뜻이다. 이 회사에 지원하지 않더라도 이런 질문들은 자기소개서나 향후 면접에서도 유용하게 활용할 수 있다. 사실 자기소개서는 자기이해와 자기발전을 위해서도 좋은 면이 있는 만큼 조금 더 적극적으로 고민하고 작성해볼 필요가 있다.

깨알 Tip 2

실패 경험의 한 세트는 성취 경험이다. 각고의 노력을 통해 실패를 뛰어넘어 성취까지 이루면 높은 평가를 받을 수 있다. 기업은 기본적으로 한 분야의 성취, 성공 경험을 중요시하기 때문이다.

한 분야에서 최고가 되어봤다는 것은 또 다른 분야에서도 최고가 될 수 있는 의미로 해석될 수 있다. 그런데 우리는 이때 수학, 영어, 과학, 물리 과목 등의 성적을 통한 학업적 성취만을 생각하는 경향이 있다. 그러나 정규과목 이외 글짓기, 말하기, 만들기 등에서의 학업 외적 성취도 될 수 있다. 게다가 축구, 야구, 농구, 수영, 테니스, 태권도, 사격, 자전거, 줄넘기, 미술, 마술 등 예체능 분야 성취도 가능하다. '알바, 취업, 창업, 공모전, 대외 활동, 자격증 취득, 봉사활동, 사회활동 등을 통한 대외적 성취도 언급이 가능하다. 조금 더 폭넓게 보면 여행, 등산, 마라톤, 연애, 방송, 유튜브, 칼럼, 도서 출간, 유명인과의 만남 등을 통한 다양한 성취 경험을 다룰 수 있다.

그런데 이런 이야기들을 스토리 중심으로 쓰라고 하면 많은 학생들이 자신은 그런 스토리가 없다고 정색한다. 하지만 **스토리는 과거에만 있는 것이 아니다. 오늘 지금부터라도 미래를 변화시켜나갈 스토리를 만들어 나가면 된다. 비록 기한은 짧더라도 그러한 자기만의 스토리를 강조하면 분명 좋은 결과를 얻을 수 있다.**

5) 지원동기 키포인트와 합격한 자소서 분석

(1) 지원동기 = 회사에 대한 열의와 열정

기업 인사담당자 입장에서는 채용하는 인재가 오랫동안 회사에서 근무하기를 희망한다. 그래서 정말로 회사가 좋아서 지원한 지원자인지, 단지 경력을 쌓기 위해 지원한 인재인지를 구분하고 싶어 한다. 이러한 부분을 알아내기 위해 회사에 지원한 동기를 물어보는 것이다. 그러니까 단순히 취업 사이트를 보고 지원했다든지, 누구누구의 소개로 들어오게 되었다는 식으로 단순하게 대답을 해서는 안 된다. 자신이 지원한 기업에 대한 열의와 열정을 보여줘야 한다.

대한민국 기술명장이 된 배명직 씨는 대구에서 서울에 있는 기업에 무작정 찾아갔다고 한다. "공장장을 만나게 해달라"고 한 뒤 큰절을 올렸다. 그는 돈은 필요 없으니 이 회사에서 일만 시켜 달라고 졸랐다. 누구보다 열정적으로 일하겠다고 호언장담했다. 그의 열정에 탄복한 공장장은 바로 다음 날부터 출근하라고 이야기했다.

사실 지원동기를 쓴다는 것이 입사지원자 입장에서 가장 어려운 항목 중에 하나다. 왠지 그 회사에 딱히 마음은 없는데 좋아하는 것처럼 거짓말하는 듯한 느낌이 들어서인 경우가 많다. 처음에 조건이 좋았던 회사는 그나마 나았지만 갈수록 더 안 좋은 회사로 지원할 경우에는 더더욱 그런 마음이 들 것이다. 그래서 기업은 많고 많은 회사 중에서 지원자가 도대체 우리 기업에 왜 지원했는지 알고 싶어 한다.

그런데 지원자들은 '오래전부터 좋아했다, 동경했다, 최고의 기업이라 꼭 들어가고 싶었다' 등의 말만 늘어놓는 경우가 많다. 그런 말로만 열정을 전달할 수는 없다. 지원한 기업의 제품과 기술에 대한 폭넓은 이해가 있어야만 할 뿐 아니라 해당 기업이 속한 산업의 흐름과 트렌드까지 읽을 수 있어야 한다.

만일 기업 내용만으로 부담스럽다면 지원기업의 직무에 초점을 맞춰 자신이 직무전문성을 어떻게 활용하고 싶다고 밝혀도 좋다. 그러한 입사지원동기를 구체적이면서도 논리적으로 전개해야 인사담당자를 사로잡을 수 있다.

(2) 지원동기 키포인트

많고 많은 회사 중에 왜 이 기업을 지원했는지 의도가 잘 드러나야 한다.

① 동기: 동기, 열의, 충성도, 적합성, 준비성 강조

② 기업: 인재상 매칭, 업종, 산업 이슈, 경쟁사 현황, 향후 본인의 기여도

③ 직무: 직무를 잘할 수 있는 이유 제시 (지식, 기술, 태도, 역량, 경험, 업무 수행 능력 등)

(3) 나쁜 실례

- 취업 사이트를 보고 지원하게 됐습니다.
- 취업지원센터에서 소개해줘서 지원했습니다.
- 지도교수님이 추천해주셔서 지원했습니다.
- 어쩌다 보니까 지원하게 됐습니다.

(4) 좋은 실례

교수님으로부터 추천을 받고 귀사의 이름을 처음 알게 됐습니다. 그렇지만 귀사에 대한 자료조사를 하던 중 올해 귀사에서 개발한 ○○○ 프로젝트에 매료되었습니다. 우리나라에도 이런 기술력을 바탕으로 한 기업이 있다는 생각에 가슴이 벅찼습니다. 제가 입사를 한다면 이런저런 부분에서 큰 힘이 되리라 생각해서 입사하게 됐습니다.

이런 결과를 달성하기 위해 ○○○에 대한 공부와 ○○○자격증, ○○○에 대한 경험, ○○ 연구, ○○ 논문, ○○ 프로젝트 등을 거쳐왔습니다.

(5) 지원동기의 변형 질문

- 우리 회사에 지원하게 된 동기에 대해 서술해주시오. (기업은행)
- 귀하가 회사를 선택하는 기준은 무엇이며 왜 그 기준에 AMOREPACIFIC 이 적합한지 기술하시오. (800자, 아모레퍼시픽)
- 하나투어가 고객의 관점에서 추구해야 할 최고의 가치는 무엇이라 고 생각하는지 기술하시오. (하나투어)
- SK 입사 후 어떤 일을 하고 싶으며, 이를 위해 본인이 무엇을 어떻게 준비해왔는지 구체적으로 기술하십시오. (800자, SK)
- 희망직무 준비 과정과 희망직무에 대한 본인의 강점과 약점을 기술 해주세요. 실패 또는 성공사례 중심으로 기술해주세요. (1,000자, 롯데)
- 삼성 취업을 선택한 이유와 입사 후 회사에서 이루고 싶은 꿈을 기 술하십시오. (700자 이내, 삼성전자)

(6) 합격한 자기소개서

Q 삼성전자를 지원한 이유와 입사 후 회사에서 이루고 싶은 꿈을 기 술하십시오. (700자 이내)

A 미래지향적인 환경안전 분석가

저는 미래의 산업발전과 친환경 경영의 균형을 맞추는 삼성전자의 환경전문가 로 최선의 선택을 하고 싶습니다. '현재에 최선을 다하라'라는 말이 있지만, 미 래에 대한 준비 없는 최선은 차선이라고 생각하기 때문입니다.

삼성전자 DS 부문은 DRAM, NAND Flash 제품 등 초미세 공정 기술을 적용하여 차별화된 제품의 생산을 확보하며 전 세계 메모리 시장의 선두자리를 지키고 있습니다. 첨단 산업의 진취적인 성장과 더불어, 온실가스 원단위 감축계획 등 미래를 준비하는 친환경정책을 구현하고 있습니다.

저는 환경공학적 전문지식과 경험을 바탕으로 메모리사업부 제품 성장을 뒷받침하는 힘이 되고 싶습니다. 이를 위해 두 가지 역량을 키웠습니다.

첫째, 환경 전문가가 되기 위해 분석기술과 예측기술 모두 습득하였습니다. 기초분석실험을 수행하고, 나아가 '환경'이란 큰 틀 안에 정책, 경제, 예측모델링 등 다방면의 전문지식을 공부했습니다. 기후변화에 따른 환경 이슈 및 화평법 관련 정책 방향을 정확히 파악하고 있습니다.

둘째, R, SPSS 및 Coding 기술 등 데이터 분석력을 갖추었습니다. 공정과정 및 화학사고로 유출될 수 있는 유해물질 노출량을 시뮬레이션을 통해 예측하고 혹시 모를 피해 상황에 대처할 줄 아는 관리자가 되겠습니다[33].

깨알 Tip

삼성전자의 경우 입사지원동기와 입사 후 포부를 하나의 항목으로 사용하고 있다. 지원자는 기업의 친환경정책을 언급하며 자신이 환경공학적 전문지식과 경험을 바탕으로 직무 역량 측면에서 준비된 인재임을 강조하고 있다. 불필요한 내용은 제거하고 꼭 필요한 핵심 역량에 초점을 잘 맞춘 것으로 보인다.

---

[33] 출처: 삼성전자 DS부문 합격자, 〈사람인〉

6) 입사 후 포부 키포인트와 합격한 자소서 분석

⑴ 입사 후 포부 = 어떤 부분을 공헌할 수 있는가

입사 후 포부는 지원자가 앞으로 10년, 20년 후에 어떤 모습으로 성장할 수 있는가에 대해 예측하고 싶은 것이다. 나쁜 실례는 '사장이 되겠다, 세계적 기업으로 키우겠다'는 경우가 그렇다. 지나치게 과장된 느낌이 들어서 그렇다.

그렇지만 그런 포부도 꼭 잘못된 것만은 아니다. 다만 그러한 큰 꿈을 이루기 위한 능력이 뒷받침은 되는지, 그만한 노력을 기울였는지, 꿈을 이루기 위한 열정을 실제로 행동으로 옮겼는지, 올바른 자세와 태도 등을 가지고 있는지 등의 여부를 통해 확인할 수 있다는 것이다. 기업은 말만 거창하고 행동은 뒤따르지 않는 지원자를 신뢰하지 않기 때문이다.

사람의 미래를 예측할 수는 없는 일이라 기업은 지원자의 현재 상황을 통해 미래를 예측하려고 한다. 따라서 **무작정 '열심히 해서 성공하겠다, 성실히 배워서 전문가가 되겠다'는 식의 말은 설득력이 떨어질 수 있다. 무엇보다도 기업은 배우겠다는 말을 좋아하지 않는다. 기업은 배우는 곳이 아니라 배운 것을 써먹는 곳이기 때문이다.**

자신이 배우고 익힌 역량을 바탕으로 어떤 부분에서 회사에 기여할 수 있는지 보다 구체적으로 제시할 때 높은 평가를 받을 수 있다. 그러려면 평소 해당 기업의 산업, 사업·수익·인력 구조, 기술, 제품, 서비스, 강약점 등의 정보를 알고 있어야만 한다. 이 내용을 바탕으로 자신이 어떤 부분을 어떻게 개선하고 싶다는 식으로 의견을 담아내면 된다.

⑵ 입사 후 포부 키포인트

① 회사에 기여할 수 있는 부분은 무엇인지, 어느 정도 구체적인 계획이 있는지 등

② 올바른 직업관을 가지고 있는지, 진짜 하고 싶은 일인지

③ 꿈의 크기나 비전이나 장래성, 역량개발 계획 등

⑶ 나쁜 실례

• 저는 반드시 사장이 되겠습니다.

• 이 회사를 세계적 기업으로 키우겠습니다.

• 저는 열심히 일해서 사원에서 대리, 대리에서 과장, 과장에서 차장, 차장에서 부장이 되고 그다음에 임원이 되겠습니다.

⑷ 좋은 실례

그동안 갈고 닦은 ○○ 분야의 지식과 ○○한 경험을 바탕으로 ○○○ 분야를 더욱 더 파고들어서 10년 후에는 이 분야 국내 최고의 전문가가 되겠다는 꿈을 가지고 있습니다. 또한 제가 속한 사업부를 최고의 팀으로 키워서 현재보다 200% 성장을 뛰어넘어 국내 최고의 전문사업부로 이끌어가고 싶습니다. 인도어를 익힌 경험을 바탕으로 우리 회사의 제품을 국내뿐 아니라 인도로 확장시켜 회사 성장에도 기여해보고 싶습니다.

⑸ 입사 후 포부의 변형 질문

변형한 기업들의 자기소개서 질문

- 본인의 향후 10년의 계획은 무엇인가? (LG전자)
- 자신의 인생 목표를 기술하고, 하나투어 입사가 자신의 인생에 어떤 의미가 있는지 기술하시오. (하나투어)
- 지원 분야를 선택하신 사유와 입사 후 10년 뒤 본인의 모습을 기재해주십시오. (500자, LG CNS)
- 직업을 통하여 이루고 싶은 미션은 무엇이며, LG생활건강이 본인의 최종목표를 이루는 데 어떤 의미를 줄 수 있는지 구체적으로 기술하시오. (1,000자, LG생활건강)
- 삶을 통해 이루고 싶은 인생의 비전 또는 목표 3가지를 우선순위 순으로 적어주십시오. (이랜드)

(6) 합격한 자기소개서

Q 본인이 지원한 직무 관련 향후계획을 밝히시오.

A 사이니지 토탈 엔지니어

사이니지 설계와 디자인 두 부분에 통달한 디자인 엔지니어가 되고 싶습니다. 설계 부서와 디자인 부서의 거리를 최대한 좁힐 수 있는 토탈 엔지니어링 부서를 만들어 고객의 발길과 마음을 LG에 머물게 할 수 있는 사이니지 설계를 하고 싶습니다.

또한 사이니지 기술이 광고 분야 뿐만 아니라 교육, 예술, 게임 분야에 폭넓게 진출할 수 있도록 기술을 계발하고 제시할 수 있는 엔지니어가 되고 싶습니다.

회사의 발걸음+나의 발걸음=사회 발전

저는 제 행동이 다른 사람에게 큰 가치로 다가갈 때 행복을 느낍니다. 그렇기 때문에 고등학교 시절부터 꾸준히 32번의 헌혈을 하여 헌혈 은장을 수여받았습니다. LG는 부상당한 국군 장병을 지원하는 등 사회적 책임을 다하는 행동들로 매년 사람들에게 크고 따뜻한 가치를 전하고 있습니다.

이와 같이 LG전자와 함께 회사, 나, 사회 모두가 건강한 발걸음을 내디뎌 많은 사람들을 감동시키고 사회적 책임을 다하는 LG전자의 일원이 되고 싶습니다[34].

깨알 Tip

솔직히 아쉬움이 많은 자기소개서다. 사이니지 토탈 엔지니어가 되고 싶다고 하는데 자신이 사이니지 토탈 엔지니어로서 어떠한 지식과 역량을 가지고 있으며 어떠한 학습과 어떠한 경험을 해왔는지 등에 대한 구체적인 정보가 없으며 다짐만 있다.

게다가 직무와 관련이 별로 없어 보이는 헌혈을 강조하고 있다. 그럼에도 불구하고 합격을 했다는 것은 남다른 조건도 있겠지만 LG라는 기업 특성상 인화를 중시하기에 기본이 충실한 인재로 합격시켰을 가능성이 높다. 따라서 각 기업들이 가지고 있는 특성과 인재상을 눈여겨보고 거기에 부합되도록 쓰는 요령도 필요하다.

---

34 출처: LG전자 R&D 부문 합격자, 〈사람인〉

입사지원동기는 먼 미래의 이야기라 쓰기도 어려워서 헛된 다짐만 늘어놓는 경우가 많다. 그래서 한 손에는 커피, 한 손에는 도너츠라든지 후배들을 가르쳐주는 선배가 되겠다는 식으로 잘못 쓰는 경우가 많다.

따라서 헛된 다짐이 되지 않기 위해서는 헤드헌팅 사이트나 취업 사이트의 경력직 채용정보 등을 확인해야 한다. 그러니까 해당 직무의 10~20년 경력자들을 채용하는 모집공고를 보고 그들에게 요구하는 '역량, 직무정보, 업무 내용, 과업, 우대사항' 등을 확인해 활용하면 보다 구체적으로 입사 후 포부를 밝힐 수 있다.

입사지원서 작성에 도움되는 5개 사이트
- 자소설닷컴 : www.jasoseol.com
- 잡코리아 : www.jobkorea.co.kr
- 사람인 : www.saramin.co.kr
- 인크루트 : www.incruit.com
- 에듀스 : www.educe.co.kr

6강

—

면접관을 사로잡는
면접 요령

면접의 기본에 기본기 익히기

    면접을 통하지 않고 합격으로 가는 길은 없다. 구직자들이 취업으로 가는 필수관문이다. 이 관문을 통과해야만 입사에 성공할 수 있다. 그런데 기업이나 공공기관 면접관으로 참여하다 보면 모든 조건이 다 우수해 보이는데도 면접을 엉망으로 봐서 탈락하는 경우가 많다.

    면접은 머리가 아니라 몸으로 익혀야 한다. 다음에서 전하는 면접 요령을 온몸으로 익혀보자.

1) 면접이란 무엇인가

    면접은 기업의 채용공고를 통해 접수된 응시자 중 서류전형을 통과한 사람들에 한해 이루어지는 채용 단계를 말한다. 보통은 서류전형과 필기시험이 끝난 후 응시자의 인품, 언행, 지식의 정도, 직무의 적합성 여부, 사회성, 소통 능력, 대인관계 능력 등을 회사의 경영자, 인사담당자,

실무책임자가 지원한 응시자와 직간접 만남을 통해 알아보는 최종평가 과정을 면접이라고 한다.

서류전형과 필기시험을 거치면서 기본적인 기초 능력을 확인할 수는 있지만 응시자의 태도, 직무적합성, 추진력, 논리적 사고력, 실무지식, 소통 능력, 임기응변 능력, 문제해결 능력, 대인관계 능력 등은 직접적인 대화 과정에서 알 수 있다.

각 기업에서 채용의 기준이 소수정예 체제와 잠재 능력과 의욕 있는 사람들을 원하게 되면서 합격의 기준을 기존 방식인 서류전형과 필기시험을 통한 기초지식 평가에서 면접을 통해 실질적으로 인성, 실무 능력 등에 대한 비중을 더 높게 평가하게 되었다고 볼 수 있다.

과거에는 서류전형 점수 100점, 면접 점수 100점으로 채점해서 합산하는 경우가 많았다. 그렇지만 지금은 서류전형은 허들형식으로 통과만 하고 100% 면접으로만 합격 여부를 결정하는 회사들이 많이 늘었다. 따라서 면접을 통과하지 않고 합격하기는 불가능에 가깝다.

기업에서는 갈수록 치열해지는 국내외 기업 간 경쟁 속에서 주어진 환경변화에 대응할 수 있는지의 여부를 알고자 한다. 다시 말해 전문 분야의 능력을 갖고 있으면서도 다른 분야에 대한 관심과 문제의식을 갖고, 다른 구성원들과 함께 융합할 수 있는 인재를 선호한다. 이런 직무 역량과 태도를 파악하기 위해 기업은 다양한 면접 방식을 적용하고 있다.

스펙 중심의 채용에서 역량 중심의 면접으로 바뀐 지 이미 오래되었다. 그렇다면 어떻게 자신의 역량을 부각시킬 수 있을까. 사실 면접 현장에서 없던 역량을 갑자기 있는 것처럼 만들 수는 없다. 하지만 자신이 가지고 있는 역량만큼은 제대로 보여줄 필요가 있다.

그러기 위해서는 면접 시에 이런저런 역량들을 무작위로 나열해서는 안 된다. 가능하면 핵심 역량 중심으로 언급해야 하는데 세 가지 이상이 넘어가지 않도록 해야 한다. 하나의 역량을 언급했을 때는 반드시 구체적인 실례를 들어 자신이 그러한 역량이 있다는 것을 행동으로 입증할 수 있어야만 한다. 언제, 어디서, 어떻게 자신이 그러한 역량을 발휘했는지, 결과는 어떻게 되었는지를 정확하게 밝혀줘야만 좋은 평가를 받을 수 있다.

2) 합격을 부르는 성공 면접 10계명

(1) 많이 경험해보기

인사담당자를 사로잡을 수 있는 요령은 뭘까? 최고의 방법은 면접 경험을 많이 해보는 것이다. 그런데 어떤 강사분은 면접 탈락이라는 것이 멘탈이 붕괴될 정도의 충격이 있어 지원자를 움츠리게 할 수 있으니 합격할 만한 곳들만 보거나 완벽히 준비되었을 때 면접을 보라고 조언한다.

그러나 합격될 수 있을지 없을지는 누구도 알 수 없다. 면접에서는 나의 최대치를 보여줘야 합격률이 올라간다. 그러기 위해서는 직접 경험해보고 자주 시도해보며 면접 상황에 익숙해져야만 가능하다. 어떤 일이든 경험을 많이 해봐야 나아지기 마련이다. 많이 시도해보고 탈락 경험도 하다 보면 면접 상황도 그렇게 어렵게 느껴지지 않기도 하고 지원하는 과정에서 기업정보, 산업정보, 직무정보, 경제 흐름까지 자연스레 익힐 수 있다. 나 역시도 그렇게 100여 번의 면접 탈락 경험을 통해 채용 전문가가 되는 데 큰 자산이 되었다.

(2) 두려움 떨쳐내기

면접이 두려운 이유는 뭘까? 우리는 왜 면접장에만 들어가면 두려움에 떨릴까?

예전에 무한도전 멤버들이 예능 PD가 되기 위한 면접시험에 응시한 적이 있다. 분명 방송연출상 진행하는 모의 면접임에도 불구하고 최고의 MC 유재석도 거성 박명수조차 면접 현장에서 떨고 있는 모습을 보였다. 그러니 평범한 우리가 떨리는 것은 너무도 당연한 현상이다.

면접을 잘 보려면 두려움을 떨쳐내는 것이 중요하다. 설령 면접에서 떨어진다고 해서 인생에서 추락하는 것도 아니다. 언제든 역전의 기회는 있다. 면접관은 지원자들의 점수를 채점할 뿐이지 우리 인생을 좌지우지하는 사람들은 아니다.

그런 면에서 면접관에게 당당한 자세를 보일 필요가 있다. 세상살이도 그렇다. 세상은 끊임없이 불안을 조장한다. '공부 못해서는 안 돼, 좋은 대학을 나오지 않으면 안 돼, 잘생겨야 돼, 예뻐야 돼, 몸매가 좋아야 돼, 패션이 세련되어야 돼, 좋은 직장을 다녀야 돼, 돈이 많아야 돼' 이런 식으로 끝도 없이 많은 것들을 요구한다.

이런 불안조장 사회에서 살아남기 위해서는 두려움 없이 당당하게 맞서나가는 거다.

⑶ 면접은 기 싸움이다. 밀리지 않기

일부 사기업에서는 지원자들이 다양한 압박 상황에서도 견딜 수 있는지 확인하기 위해 압박면접이 진행되는 경우도 있다. 하지만 지금은 공기업을 중심으로 거의 모든 기업들이 압박면접을 금지하는 추세다. 그럼에도 불구하고 면접장에 들어서면 저절로 압박감이 느껴지는 것이 면접장의 분위기다. 자신도 모르게 기(氣)에 억눌러 한 마디도 제대로 하지 못하고 나오는 경우도 많다.

왜냐하면 밀폐된 낯선 공간에서 처음 보는 네댓 명의 인사담당자들이 무표정하게 눈도 잘 마주치지 않고 반응도 하지 않으면서 질문만 던지면 저절로 기가 죽기 마련이다. 나는 방긋 웃으며 열심히 대답하는데 상대로부터 아무런 반응을 보이지 않는 상황이 지속되면 순간적으로 블랙아웃되는 순간이 찾아온다. 자신이 무엇인가 말을 하고 있는데 무슨 말을 하고 있는 것인지조차 이해되지 않는 백지상태가 찾아오는 것이다.

그럼 반대 상황을 살펴보자. 면접관으로 들어온 사람들은 지금 정신이 없다. 여러분의 입사지원서를 오늘 처음 봤을 가능성이 크다. 무엇인가 질문거리를 찾아내기 위해 눈여겨 살펴봐야 할 것이다. 그리고 다른 면접관들이 질문을 던질 때 여러분들을 항목별로 평가하기 위해 꼼꼼하게 평가도 해야 할 것이다. 여러분의 눈빛, 말투, 어조, 태도, 내용 등을 하나하나 다 살펴보며 공정하게 채점하기 위해 초집중한 상태다.

그러니 여러분과 따뜻한 미소를 주고받으며 대화에 일일이 반응할 수가 없다. 그러니까 면접관이 압박하려는 의도가 아님에도 저절로 압박이 느껴진다는 것이다. 이런 상황을 대비해 연습하지 않고는 압박감을 이겨내기 어려울 수 있다. 면접은 일상적인 대화와는 다르다. 어쩌면 일방적인 질문에 답변만 해야 되기에 마치 취조받는 것처럼 느껴질 수 있다.

따라서 이런 상황을 경험해보려면 한 명은 구직자 역할을 하면서 자신이 이 회사에 입사하기 위해 어떤 노력을 기울여 왔는지 등의 내용으로 자신을 어필해본다. 또 한 명은 면접관 역할을 하면서 상대가 하는 이야기에 일체 반응하지 않는다. 고개를 끄덕거린다든지, 말로 호응을 한다든지, 감정 표정을 드러낸다든지, 눈을 바라본다든지 등의 반응을 하지 않고 질문하고 평가에만 집중한다. 이렇게 번갈아 연습해보면 그런 압박상황도 조금씩 익숙해지기 마련이다.

⑷ 상대가 원하는 대답에 초점 맞추기

일부 전문가들은 면접이 너무 쉽다고 말한다. 면접을 통해서 선발된다는 의미는 결국 채용담당자들이 정해놓은 특정기준을 통과했다는 뜻이다. 시간은 고작 20~30분 내외의 제한적인 상황이다. 그러면 지원자가 할 수 있는 일은 면접관들이 듣고 싶은 것을 들려주고, 그들이 보고 싶은 것을 보여주면 된다고 『면접해부학』의 저자 김치성 교수는 말한다. 그렇다면 인사담당자가 원하는 대답은 무엇일까?

면접관마다, 회사마다 조금씩 다를 수 있긴 하겠지만 공통적으로 세가지 내용을 듣고 싶어 한다는 점을 잊어서는 안 된다.

첫째, 지원한 직무를 수행해낼 역량이 있다는 점이다. 아무리 착하고 똑똑하고 스펙이 화려하고 좋아도 지원한 직무를 수행할 역량이 없다면 소용이 없다. 따라서 직무 역량을 강조해야 한다.

둘째, 지원 기업에 오랫동안 성실히 일할 것이라는 점이다. 신입사원의 근속기간이 무척이나 짧아서 상급자가 가장 싫어하는 것이 조기 퇴사다. 인사담당자로서는 그러한 사람들을 솎아내기 위해 골머리를 앓기 때문이다.

셋째, 다른 사람들과의 관계에서 문제가 없을 것이라는 점이다. 기업에서 싫어하는 인재가 부정주의, 이기주의 등의 트러블슈터(말썽꾼)들이다. 팀활동으로 이뤄지는 경우가 많으므로 관계에서 문제를 일으킬 사람들을 싫어한다. 그러므로 자신은 평소에 다양한 연령대의 사람들과 다양한 관계를 맺으며 소통해왔다고 강조해야 할 것이다.

따라서 엉뚱한 소리 늘어놓지 말고 인사담당자들이 듣고 싶은 이야기를 들려주는 것이 중요하다. 연인이 나를 사랑하느냐고 물어보는데 엉뚱한 소리를 늘어놓으면 실망할 가능성이 높은 것과 같은 이치다. 조금 능글맞게 들리더라도 영혼을 다 바쳐 사랑한다고 외칠 수 있어야 한다. 그러니 상대가 원하는 대답에 초점을 맞춰야 한다.

(5) 질문의 결론부터 먼저 답하고 답변 시작하기

한국인의 화법은 연역법에 가깝다. 어떤 이야기를 꺼낼 때도 그 나름대로 목적을 가지고 시작한다. 자신이 꺼낸 이야기를 멋지게 마무리 짓기 위해 말을 이어가는데 스스로 목적을 잊어버리거나 중간에 면접관이 끼어들어 마무리 짓지 못하는 경우가 많다.

면접 질문에 답변할 때는 무엇보다도 주제가 다른 쪽으로 흐르지 않도록 유의해야 한다. 그러기 위해서는 결론부터 먼저 답변하고 시작하는 것이다. 처음에는 익숙하지 않겠지만 면접이 임박해오면 습관적으로 결론부터 답하고 말하도록 연습해야 한다. 면접관은 여러분의 친구들처럼 느긋하게 기다려주지 않는다는 사실을 잊지 않아야 한다.

⑹ 세 가지를 언급하고 그중에 하나 강조하기

면접관들이 질문으로 '강점이나 입사를 위해 기울여온 노력이나 직무 역량, 회사에 공헌할 부분' 등을 요구하면 '첫째 ○○, 둘째 ○○, 셋째 ○○입니다' 식으로 언급하면 깔끔하게 정리된 느낌이 있어서 좋다.

그런데 상당 수의 지원자들이 1/N 화법으로 대답하는 경우가 많다. 그러니까 1분을 답한다고 했을 때 첫째, 둘째, 셋째에 똑같이 20초씩 배분하는 경우가 많다는 것이다. 그러다 보니 나중에 '앞에서도 말씀드렸다시피 저는 ○○한 사람입니다'라며 하나마나한 답변을 반복하는 경우가 많다.

그렇게 말하는 대신 '첫째, 둘째, 셋째'라고 언급한 다음에는 '이 중에서 ○○이라는 부분에 대해서 집중적으로 말해보겠습니다'라고 답하며 그 부분에 답변 시간을 모두 할애해야 한다. 그래야 나머지 이야기하지 못한 부분에 대해서는 나중에 상세하게 언급할 기회도 가질 수 있다.

⑺ 강력한 스토리로 무장하기

한 대기업 면접관으로 들어간 경험이 있었다. 지원자 중 한 분에게 큰 감동을 받았다. 이 지원자는 그리 높은 점수를 받진 못했다. 그런데 마지막 무렵에 한 면접관이 "인생에서 무엇인가를 변화시켜 본 경험이 있습니까?"라고 물었다. 조금 떨리는 목소리로 그 지원자는 다음과 같이 대답했다.

"전 고3 때까지 공부도 안 하고 부모님 속만 썩이는 아이였습니다. 특히 아버지가 하라고 하는 것은 모두 다 반대로 하며 반항했습니다. 그러던 어느 날 아버지가 교통사고를 당해 식물인간 판정을 받았다는 소식을 접했습니다. 저는 펑펑 울었습니다. 제가 잘못해서 아버지가 벌을 받는 거라는 생각이 들어 죄스러운 마음이 들었습니다. 그렇게 몇 날 며칠을 후회하며 울었습니다. 그러나 그렇게 울고만 있으면 아버지가 싫어할 것 같았습니다. 마음을 다잡고 학교생활에 충실을 기했습니다. 방과 후에는 바로 병원으로 와서 아버지 병간호를 했습니다. 틈틈이 병원에서 공부하면서 아버지 머리부터 발가락까지 마사지를 했습니다. 의사선생님이 다시 일어나기 힘들 것이라 말씀하셨지만 어느 날 아버지가 눈을 뜨시며 눈물을 흘리시는 겁니다. 그리곤 손이 조금씩 움직이고, 발도 움직이기 시작했고, 몇 개월 후에는 조금씩 조금씩 걸으실 수도 있게 되었습니다. 우리 온 가족은 너무 행복해서 펑펑 울고 말았습니다.

그때 저는 굳게 다짐하고 실행한다면 무엇이든 변화시킬 수 있다는 믿음이 생겼습니다. 아마도 면접관님들이 보시기에 저는 부족해 보일 겁니다. 같이 온 지원자분들 모두 대단하다는 생각이 듭니다. 그에 비해 제 스펙은 초라하기 그지없어 보일 수 있습니다. 그러나 저는 부끄럽지 않습니다. 대학에 들어가지도 못할 성적이었던 제가 대학도 들어가고 대학에서 중학교 수준의 문법책을 보면서 밑바닥부터 하나하나 공부해왔습니다. 그렇게 바닥에서 여기까지 달려왔기

에 저는 부끄럽지 않습니다. 앞으로도 저는 충분히 더 나은 변화와 성장을 해나

갈 수 있다고 믿습니다. 앞으로 ○○회사와 함께 성장해나가고 싶습니다. 부족

한 제 이야기 끝까지 들어주셔서 감사드립니다."

답변을 듣는 순간 가슴이 뭉클했다. 심지어 눈물 흘리는 면접관도 있

었다. 낮은 점수를 급히 고쳐서 더 높은 평가점수를 줬던 기억이 있다.

이런 이야기를 꺼내면 그건 특별한 경우인지라 자신은 그렇게 내세울

만한 스토리가 없다는 학생들이 많다.

물론 이렇게 극적인 상황의 반전은 없을지 모르겠지만 사람들은 모

두 다 제각각의 사연이 있기 마련이다. 스토리가 없다는 학생들의 하소

연에 내가 직접 뽑아본, 스토리가 있는 사연들이다.

① 간호학도에서 엔지니어로의 변신: 취업이 잘된다는 간호학과에 들

어갔으나 자신의 적성과 맞지 않다고 생각되어 어렸을 때부터의

꿈이었던 엔지니어가 되기 위해 기계공학을 전공하게 되었던 한

여학생의 스토리 제목이다. 이런 경우는 1,000명에 한 명도 안 될

것이라고 전해줬다.

② 꼴지에 가까웠던 성적에서 국립대 입학에 성공한 끈기: 아무것도

해놓은 것이 없다고 한탄하는 학생이 있었는데 그 학생의 이야기

를 듣다 보니 중학교 때 거의 꼴찌에 가까운 성적을 받았다는 사

실을 알게 되었다. 그런데 어떻게 국립대에 들어올 수 있었느냐 물

어봤더니 동네 인근에 아무 생각없이 노는 2년제 대학생들을 보고 '저렇게 살아서는 안 되겠다'고 다짐한 뒤 치열하게 공부를 해왔다고 한다. 그렇게 노력해온 과정을 강조해보라고 권했다.

③ 나이 서른에도 포기하지 않는 배움의 열정: 한 학생은 나이가 너무 많은 것이 아닐까 걱정했다. 하지만 그 학생의 경우 배움에 대한 열정과 의지가 남달랐다. 그 정도의 지식과 경험이 있다면 어디에서나 채용될 수 있을 것이라며 배우고 익힌 것들을 어떻게 활용할지 어필하면 분명 좋은 결실을 맺을 수 있을 것이라 말해줬다.

④ 헬스트레이너에서 자산전문가로의 변신: 금융권에 입사하고 싶어 했지만 비전공자라 고민하는 청년이었다. 몸이 아주 좋았다. 어떻게 그럴 수 있느냐고 했더니 처음에는 체력 관리하려고 헬스장을 다녔다 한다. 몸이 좋아지자 헬스장에서 파트타임으로 일해볼 의향은 없느냐고 제안을 해와서 헬스트레이너를 하고 있다고 했다. 나는 물었다. 자산이 많은 사람들이 제일 중요하게 생각하는 게 무엇일 것 같냐고. 돈도 돈이겠지만 건강을 더 중요시하지 않겠느냐고. 그런 만큼 자신이 건강을 유지해온 비결을 스토리로 만든다면 다른 경쟁자들에 비해 오히려 더 유리한 고지에 있을 수 있다는 사실을 일깨웠다.

이런 식으로 학생들에게는 각자 누구에게나 스토리가 있다는 사실을 일깨워줬다.

아마 독자들은 이런 이야기를 들어도 그것 역시도 특수한 상황이라고 받아들일 수 있다. 그만큼 우리는 지나온 경험 속에서 본인 고유의 사연이 있다는 의미다. 그러니 자신의 인생을 되돌아보고 자기만의 스토리를 찾아서 무장해보자.

'자신이 어떤 특성(장점, 근성, 태도 등)을 가진 사람인지'를 잘 보여줄 수 있는 순간, 경험, 사건, 에피소드 등을 스토리 형식으로 전달하면 된다. 이런 스토리를 짧게는 20~30초에서 길게는 90초까지 말로 표현하는 연습을 해보는 것이다. 2~3개 이상의 스토리를 만들어보면 훨씬 매력적으로 자신을 어필해볼 수 있다.

(8) 상대에게 연상되도록 이미지 언어 사용하기

사람들마다 다른 사람들에게 보여주고 싶은 이미지가 있기 마련이다. 이미지를 강조하려면 말과 글에도 이미지를 담아야 한다. 만일 우리가 '도전정신의 소유자'라든지, '신중한 성격'이라든지, '전력을 다해 살아간다'는 이미지를 강조하고 싶다면 어떻게 해야 할까.

상대에게 전달하고 싶은 이미지가 떠오르도록 만들어야 한다. 예를 들어 무엇을 하든 전력을 다해 살아간다는 이미지를 전달하고 싶다면 나 같은 경우에는 열차를 세웠던 경험을 언급할 것이다.

여러분은 여러분만의 스토리로 인사담당자를 사로잡아야 한다.

"저는 달리는 열차를 세울 정도로 무엇이든 전력을 다해 살아왔습니다. 경의선을 처음으로 탈 때였습니다. 제 실수로 반대방면의 열차를 탔다가 다음 역에서 출발하는 열차를 만났습니다. 보통 사람들이라면 발만 동동 굴렸겠지만 저는 포기하지 않았습니다.

열차를 놓치지 않아야겠다는 생각에 열차와 마주보며 뛰기 시작했습니다. 다행히도 운행하던 기관사와 눈이 마주쳤습니다. 세워달라고 손짓했습니다. 하지만 저를 이상한 사람처럼 취급하는 눈빛이었습니다. 아니나 다를까 열차는 멈추지 않고 그대로 달려나갔습니다. 그래도 저는 포기하지 않았습니다.

한 순간의 주저함도 없이 기차선로로 뛰어들었습니다. 본격적으로 철로를 달리기 시작했습니다. 저는 양복을 입고 있었습니다. 양손에 노트북 가방과 책가방까지 들고 있었습니다. 하지만 저는 죽도록 뛰었습니다. 저는 '세워주세요'가 아니라 '살려주세요'라고 외치고 있었습니다. 그 간절함이 통했는지 기관사가 달리던 열차를 멈춰 세웠습니다. 여러분, 달리는 열차를 세운 사람을 보신적 있으십니까.

저는 그렇게 매사에 포기하지 않고 전력을 다해 살아왔습니다. 앞으로 입사 후에도 포기하지 않고 전력을 다해 질주해나갈 겁니다."

(9) 상대가 얻을 이득에 초점 맞추기

사람들이 자신의 이익 중심으로 움직인다고 해도 과언이 아닐 것이다. 그중에서 가장 이익 중심으로 움직이는 집단이 기업조직이 아닐까 한다. 따라서 기업은 채용했을 때 유익한 인재를 채용하려고 힘쓴다.

그래서 "우리 회사가 당신을 채용해야 할 이유는 뭔가요?"라는 질문은 기업으로서는 매우 중요한 질문이다. 미리 준비하지 않으면 답변하기 어려운 항목이다.

저를 채용하면 이득이 될 근거는 첫째, 둘째, 셋째로 차분하게 나열하는 방식도 좋고, 하나의 요인을 집중적으로 강조해도 좋다. 본인이 어떤 전문적 경험과 역량을 갖췄는지 설명하거나, 직무적으로 어떤 성과를 낼 수 있을지에 초점을 맞추면 좋다.

⑩ 마지막 질문 대비한 세 가지 답변 준비해두기

면접 마무리 시간이 되면 "마지막으로 꼭 하고 싶은 이야기 있으신 분?"이라는 질문이 나온다. 이 질문의 답변만으로 큰 점수 차이가 나지는 않지만 합격의 당락을 결정하는 점수에서 차이가 날 수도 있다.

나는 면접관으로 나갈 때 마무리할 즈음이 되면 채점해 놓고 마무리 질문의 답변을 듣고 마지막 점수를 조정한다. 전혀 도움이 되지 않는 엉뚱한 소리를 늘어놓은 경우라면 -1, -2점이 부여된다. "없습니다"라고 답변하면 아무런 점수 변동 없이 기존 점수 그대로 반영된다. 경우에 따라 태도가 안 좋으면 -1점이 부여된다. "열심히 하겠습니다, 면접 보시느라 수고하셨습니다"와 같은 다짐이나 인사말도 점수 변동이 없다. 그런데 답변 속에 진심어린 배려와 열정이 느껴지면 +1점의 가산점이 붙는다. "이러저러한 경험과 역량을 구축해왔습니다"와 같은 직무전문성을 강조하는 경우에도 +1, +2점의 가산점이 붙는다. "앞으로 이러저러한 성과를 만들어보고 싶습니다"라고 회사에 기여할 부분에 초점을 맞추는 인재들이 있는데 이럴 경우에 +2점에서 최대 +3점까지 부여한다.

별것 아닌 점수 차이 같지만 합격의 당락 여부는 거의 1~2점대 차이로 벌어진다는 사실을 간과해서는 안 된다. 그런 면에서 마지막 질문까지 미리 준비해두는 것이 좋다. 준비한 답변도 면접 중에 언급해버릴 수 있으므로 세 가지 정도로 준비해두면 유용하게 써먹을 수 있다.

합격을 부르는 성공 면접 10계명
1. 많이 경험해보기
2. 두려움 떨쳐내기
3. 면접은 '기(氣)' 싸움이다. 밀리지 않기
4. 상대가 원하는 대답에 초점 맞추기
5. 질문의 결론부터 먼저 답하고 답변 시작하기
6. 세 가지를 언급하고 그중에 하나 강조하기
7. 강력한 스토리로 무장하기
8. 상대에게 연상되도록 이미지 언어 사용하기
9. 상대가 얻을 이득에 초점 맞추기
10. 마지막 질문에 대비한 세 가지 답변 준비해두기

2
면접 유형별 공략법

면접에도 다양한 방식이 있다. 기업에 따라서 합숙 면접, 다차원 면접, 간단한 식사를 하면서 자연스러운 분위기에서 행하는 식사 면접, 요리 면접, 노래방 면접, 등산 면접, 스포츠 면접, 가상공간인 메타버스 면접 등에 이르기까지 기존 면접의 형태를 벗어난 자유롭고 다양한 방식을 채택하는 기업도 많다. 1:1로 보는 개별 면접이 있고 1:다수로 보는 경우도 있고 그 반대도 있으며 다대다로 보는 집단 면접도 있다. 기존의 대화형이 아니라 토론·토의 면접 방식도 있고 PT 면접 방식도 있다.

여러 면접 유형 속에서 지원자의 태도를 보는 인성 면접이 있고 직무 역량을 보는 역량 면접이 있다. 면접 유형을 이해하고 공략 포인트를 알면 훨씬 더 자신감 있게 면접에 임할 수 있다.

1) 개별 면접 이해와 핵심포인트

(1) 개별 면접 이해

통상적으로 일대일, 혹은 다대일로 진행하는 면접 방식으로 최종면접
이거나 중소기업, 경력직 채용에서 많이 사용하는 면접 방식이다. 기업
입장에서의 장점은 한 개인을 자유롭고 심도 있게 바라볼 수 있고 지원
자를 배려하는 태도로 보일 수 있다. 그러나 면접관의 주관이 많이 들어
가고 실무자들의 면접 시간이 많이 소요되며 다른 지원자와 비교하기
어려운 단점이 있다.

일대일 면접

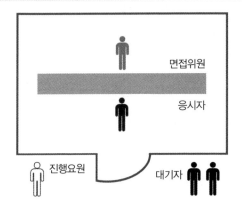

(2) 개별 면접 핵심 포인트

① 라포 형성하기

1:1의 관계에서 가장 중요한 점은 서로 간에 유대관계를 형성하는
것이다. 1:1의 관계에서조차 라포 형성을 못하는 사람이라면 아무래도

대인관계에서 어려움이 있지 않을지 염려할 수 있다.

면접관과 공감대를 형성하기 위해서는 감정교류를 하는 것이 좋다. 아무래도 밝은 미소와 가벼운 스몰토크로 시작해 면접관의 행동을 표시나지 않게 따라해보는 것도 좋은 방법이다. 면접관의 말이 빠르다면 자신도 평소보다 조금 빠르게 말을 하고, 느리다면 자신도 평소보다 조금 느리게 해보는 것이다.

감성적인 면접관이라면 감성적인 이야기 전개 방식으로 접근하고, 논리적인 면접관으로 보이면 논리적이고 차분하게 접근하는 방식이다. 밝은 표정의 면접관에게는 조금 더 밝게, 진지한 면접관에게는 웃음보다는 조금 진지한 태도로 접근해보는 식이다. 사람들은 자신도 모르게 자기와 유사한 사람들에게 긍정적 호감을 품기 마련이다.

② 자신감 있는 태도와 말투

평소 특정 주제에 대해서 선배들이나 주위 친구들을 대상으로 논리적(또는 감성적) 주장을 펼쳐 설득하는 능력을 키워볼 필요가 있다. 특히 평소에 잘 만나지 않던 어른들도 만나 낯선 사람과 낯선 상황에도 익숙해지고 겸손하지만 당당하고 자신감 있게 대화하는 연습도 필요하다.

③ 적당하게 긴장하기

1:1 면접의 경우 아무래도 집단 면접에 비해 훨씬 편안한 느낌이 든다. 하지만 오히려 적당히 긴장할 필요가 있다. 베테랑 면접관들은 환하게 웃으면서 지원자의 흐트러지는 모습을 의도적으로 유도하기 때문

이다. 지나친 긴장도 좋지 않지만 너무 느슨하면 오히려 말실수나 흐트러진 자세를 보일 수 있으므로 살짝 긴장해서 면접관의 질문에 집중해야 한다.

④ 취업 준비 자료 가져가기

집단 면접의 경우에는 시간이 부족할 뿐 아니라 면접관에게 일방적으로 이끌려 다녀야 하는 경우가 많다. 게다가 최근에는 개인적인 자료 지참을 금지하는 기업들도 있다. 이에 비해 개별 면접의 경우 시간적 여유도 있고 질문의 기회도 많고 비교적 자유로운 분위기에서 면접이 진행된다. 자신에게 기회가 주어졌을 때 미리 준비해둔 포트폴리오라든지 유용한 결과물들을 직접 보여준다면 보다 좋은 평가를 받을 수 있다.

2) 집단 면접 이해와 핵심포인트

(1) 집단 면접 이해

집단 면접은 여러 명의 응시자가 면접관 한 명 또는 여러 명의 면접관이 배석한 가운데 면접이 진행되는 방식을 말한다. 집단 면접 방식은 응시자 입장에서는 개별 면접에 비해 다른 지원자들이 답변을 하는 동안 답변을 준비할 수 있다는 장점도 있다. 그 반면에 즉각적으로 다른 응시자와 비교, 평가될 수 있어 더 어렵게 느껴질 수 있다.

면접관의 입장에서는 응시자 개개인을 동시에 관찰할 수 있는 시간이 많고 비교, 평가할 수 있다는 장점도 있다. 면접 시간도 비교적 짧게

조절할 수 있다는 장점이 있다. 하지만 지원자 개개인의 특성을 충분히 파악하기 어렵다는 단점도 있다.

그런 측면에서 지원자들도 짧은 시간 이내에 자신을 부각시켜야 유리할 수 있다. 무조건 눈에 띄는 방식보다는 올바른 태도로 다른 사람의 이야기를 경청하고 자신의 의견을 조리 있게 표현하는 능력을 갖춰야 한다. 최대한 실전경험을 많이 해보는 것이 좋지만 모의 면접이나 스마트폰으로 셀프 면접을 해보는 것만으로도 도움이 된다.

다대다 면접

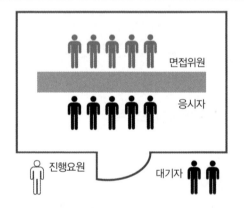

면접위원

응시자

진행요원

대기자

(2) 집단 면접 핵심 포인트

집단 면접에서는 면접에 참여하고 있는 지원자 가운데 어떻게 해서든 자신을 부각시켜야 한다. 그러기 위해서는 지나치게 긴장하지 않도록 하여 자기 역량의 최대치를 보여줄 수 있어야 한다. 무엇보다 일에 대한 열정이 드러나도록 하면서도 직무 역량이 있다는 사실을 알려줘야 한다. 다만 지나치게 눈에 띄는 돌발행동은 자제해야 한다.

① 긴장 풀기

집단 면접은 면접위원도 여러 명이고 입사지원자도 여러 명인 경우가 많아 개별 면접에 비해 훨씬 더 긴장된다. 긴장을 풀어야 자신의 역량을 제대로 표현할 수 있다. 지나친 긴장 때문에 자신의 역량을 제대로 보여주지 못해 아쉬워하며 면접장을 돌아서는 경우가 많다.

그렇다면 긴장을 풀려면 어떻게 해야 할까? 긴장을 해소할 수 있는 몇 가지 방법을 제시해보려 한다.

A. 심리적 이완

a. 역설적 의도 활용

심리학에 '역설적 의도'라는 말이 있다. 긴장될 수밖에 없는 현장에서 사람들은 '긴장하지 말아야지, 긴장하지 말아야지' 생각한다. 하지만 그런 생각을 떠올리면 우리의 뇌는 더 긴장하게 된다.

금연하고 싶은 사람들이 '담배 피지 말아야지, 담배 피지 말아야지'라는 문장을 떠올릴 때마다 오히려 더 담배 생각이 떠오르는 것과 같은 현상이다. 금연을 시도하는 사람이라면 '오늘도 담배 안 펴야지'라고 생각하며 담배를 생각하기보다 '오늘 하루도 더 건강하게 지내야지'라고 다짐해야 한다. 그렇게 담배 생각이 떠오를 때마다 금연에 성공한 긍정적 미래를 마음속으로 상상해야 효과가 있다.

'뱃멀미하는 사람이 뱃멀미하지 말아야지' 외쳐봐야 소용없는 것과 같은 이치다. 그래서 오히려 '오늘 뱃멀미 실컷해야지'라고 반대로 생각해보는 것이다. 그러다 보면 어느새 멀미도 하지 않게 된다고 한다.

따라서 면접장에 들어서서도 '긴장하지 말아야지, 긴장하지 말아야지'라고 초조해하기보다는 '오늘 완전 긴장의 끝을 보여야지', '오늘 이 면접에서 내가 할 수 있는 최선을 다해야지' 등으로 생각하면 오히려 긴장이 덜 된다.

이런 상황을 심리학에서는 '역설적 의도'라고 표현한다. 내가 생각하는 것과 오히려 반대로 생각하다 보면 역설적이게도 걱정했던 현실이 생각보다 일어나지 않게 된다는 현상이다. 인사담당자들이 나를 평가하는 것이 아니라 내가 인사담당자를 평가하는 사람이라고 가정하며 면접에 임한다면 마음이 더 편해질 수도 있다.

b. 이미지 트레이닝

면접장에서는 아무래도 위축되기 마련이다. 그럴 때는 자신감 넘치던 순간의 모습을 떠올려보자. 자신이 크게 칭찬받았거나, 뿌듯함을 느꼈을 때나 자신감이 넘쳤던 순간을 떠올려보자.

긍정적인 상상을 하라. 그렇게 자랑스러웠던 이미지를 떠올리며 자신감을 향상시키는 트레이닝을 반복해보자. 영화처럼 생생하게 만들어두고 상상하라. 5초짜리 영화처럼 짧게 임팩트하게 만들어보자. 면접장이나 다른 사람들 앞에 서야 할 때 훌륭한 효과를 발휘할 수 있다.

c. 긴장 받아들이기

일단 누구나 긴장하고 있다는 사실을 받아들여야 한다. 긴장은 자연스러운 현상이다. 아무런 긴장이 없다면 오히려 느슨해질 수 있다. 긴장은 면접 상황이나 위기상황에서도 초집중하도록 하는 데 도움이 된다고 생각하라.

B. 육체적 이완

a. 스트레칭으로 근육 이완하기

면접장에 들어서면 발가락부터 머리카락까지 온몸이 바짝 긴장될 수 있다. 그러니 온몸의 근육을 이완시켜주는 것이 좋다. 평소에 운동과 스트레칭으로 몸을 잘 풀어줘야 한다. 면접 당일에는 면접장까지 조금 빠른 걸음으로 양팔을 크게 저으며 걷는 것이 좋다. 면접장에 들어서기 전에 전신 스트레칭을 하고 들어가면 더 좋다. 스트레칭 후에는 얼굴, 혀, 목, 입술 등의 안면근육도 전체적으로 풀어줘야 한다. 면접대기실에서부터는 움직임을 크게 하기 어려울 수 있으므로 그때부터는 복식호흡을 크게 반복하며 명상을 해보는 것도 도움이 된다.

b. 숨이 멈출 듯 크게 호흡하기

글로벌 기업 CEO였던 동기생으로부터 들었던 이야기다. 분기별로 전 세계 CEO들을 대상으로 영어로 프레젠테이션을 해야 하는데 무대에 들어서기 전에 엄청 긴장이 된다고 한다. 그래서 그는 발표 전에 크게 숨을 들이켜고 숨이 멎을 정도의 상태까지 견딘다고 한다. 그런 다음 크게 숨을 내쉬고, 다시 크게 숨을 들이켜고 숨을 참는 과정을 반복한다. 이 과정을 통해 적당한 정도의 긴장상태가 유지된다. 분명 효과가 있다. 시도해보라.

c. 특정 부위 압박 가하기

일단 면접장에 들어서고 나면 몸을 움직이기 어렵기 때문에 갑갑한 마음도 들 것이다. 그때는 면접관에게 보이지 않게 손가락이나 발가락 끝에 살짝 힘을 준다. 어떤 지원자의 경우에는 혀를 살짝 깨물곤 했다고 하는데 그것도 나쁘지 않다.

그러다 보면 에너지가 그쪽으로 쏠리면서 몸 전체가 이완될 수 있는 효과를 얻을 수 있다. 마치 피뢰침이 번개를 막아주는 것과 같은 원리다. 당연히 지나치게 힘을 주거나 깨물면 위험하다. 평소에 훈련을 해보면서 상황에 익숙해지도록 만들 필요가 있다.

d. 혈자리 집기

특정 부위에 압박을 가하는 방식도 좋은데 신문혈과 소부혈을 압박하면 불안감을 감소시키고 집중력을 높이는 효과가 있다.

불안감이 심할 때는 심장으로 통하는 중요한 혈자리 중 하나인 신문혈을 지압하면 도움이 된다. 신문혈은 손바닥이 보이게 폈을 때 손목 부위 주름진 곳에서 새끼손가락 방향 쪽 끝 부분에 위치해 있다.

불안감으로 집중력이 흐트러질 때는 소부혈을 약 5초 이상 지그시 압박한다. 소부혈은 주먹을 쥘 때 새끼손가락과 네 번째 손가락인 약지의 끝이 닿는 곳 사이에 위치해 있다. 허리를 펴고 반듯이 앉아 크게 심호흡을 하며 이 부위를 압박하면 두뇌가 맑아져 집중력을 높일 수 있다고 분당 자생한방병원의 한의사 송우섭 원장은 말한다.

e. 면접 경험 반복하기

어떤 일이든 유사경험을 반복하면 익숙해지기 마련이다. 아무리 말을 잘하는 사람이라도 방송을 한 번도 안 해본 사람이 카메라 앞에서는 제대로 말도 못 꺼내는 경우가 많다. 면접도 똑같다. 최고의 훈련은 실전 면접이다. 두려워하지 말고 면접에 임해야 면접 실력도 는다. 꼭 실전이 아니더라도 모의 면접만으로도 실력이 는다. 그런데 모의 면접도 여러 사람들 앞에 서야 하는 경우가 많아 부끄러워서 안 보려고 하는 학생들이 많다.

다른 사람이 하는 것만 봐서는 면접 요령을 터득하는 데 한계가 있다. 모의 면접이라도 실전처럼 보고 피드백을 받아봐야 한다. 그런 다음에 카메라를 삼각대에 두고 찍어보며 셀프 면접을 반복해서 몸에 익히면 면접의 달인으로 거듭날 수 있다.

② 열정 보여주기

사람들은 '열정을 보이라'고 말하는데 눈에 보이지 않는 열정을 어떻게 보여줄 수 있을까? 기업 인사담당자들에게 물어보면 가장 많은 답변 중 하나로 눈빛을 든다. 자신감 있고 당당한 인재는 눈빛이 살아 있다는 것이다. 총기가 있는 인재는 눈에서 레이저 눈빛이 나온다. 눈빛이 살아 있다 보니 표정도 밝고 자신감 있는 여유도 발견할 수 있다.

바른 자세도 중요하다. 서 있거나 앉아 있는 자세, 인사하는 태도에서도 열정이 느껴진다. 면접관은 눈빛을 정면으로 마주 보고, 가슴을 앞으로 내밀고, 어깨를 당당히 편 자세에서 자신감과 열정을 발견한다.

이러한 외적인 이미지뿐 아니라 말투와 어투, 어조도 중요하다. 또박또박한 말투와 밝고 경쾌한 톤이 중요하다. 크고 씩씩한 목소리를 내거나 목소리가 작아도 겸손과 진지함이 느껴지는 말투도 좋다. 말하는 내용에 있어서도 자기확신에 찬 어조로 의견을 표출하는 사람에게 높은 점수를 줄 수밖에 없다.

③ 역량과 조직적합도 입증하기

면접을 앞두고 있다면 개별 면접이나 집단 면접으로 1, 2차 면접을 볼 수 있다. 아무래도 1차에서는 실무진들이 면접관으로 참여해 실무 역량을 평가하므로 자신이 얼마나 직무에 적합한 인재인지를 밝히면서 직무 역량을 설득력 있게 입증하는 것이 중요하다. 만약 2차 임원진 면접이라면 인성과 조직적합도에 조금 더 초점을 맞추면 좋은 평가를 받을 수 있다.

Q 톡톡 튀는 면접, 득 될까? 실 될까?
보수적인 면접 현장에서 노래 부르고, 춤 추고, 마술을 하고, 운동하고, 개그하고, 개인기 하는 등의 돌출 행동은 어떤 평가를 받을까?

A 예전에는 이런 튀는 행동은 거의 마이너스로 작용하는 경우가 많았다. 하지만 지금은 득이 되는 경우도 제법 있다. 실제로 서비스업 뿐 아니라 보수적인 금융권이나 제조업에서도 합격한 사례가 제법 있다.
다만 톡톡 튀는 면접이 득이 되는 경우는 개인기가 뛰어나거나, 뛰어나지 못하더라도 재밌거나 기발할 때다. 물론 기본적으로는 회사에 대한 이해,

직무에 대한 이해를 철저하게 준비한 경우다.

합격권에 있는 사람이 시도하기에는 리스크가 많은 행동이다. 따라서 스펙이나 조건이 불합격권에 있다는 생각이 든다면 가벼운 마음으로 한 번 시도해보는 것도 좋다.

톡톡 튀는 면접이 실이 되는 경우는 개인기 실력이 모자라거나, 어중간하거나 어색할 경우다. 게다가 '회사에 대한 이해, 직무에 대한 이해, 철저한 준비가 부족한 경우'라면 탈락될 수밖에 없다.

3) 토론·토의 면접 이해와 핵심포인트

(1) 토론·토의 면접 이해

토론·토의 면접 방식은 10명 이내의 지원자들을 한 조로 묶어 각 조에서 제비뽑기 형식으로 주제를 주고 토론·토의하도록 한다. 면접관들은 일체 관여하지 않고 옆에서 각 지원자들의 발언 내용이나 태도를 관찰하면서 평가하는 면접 방식이다. 시간은 인원 수에 따라 다를 수 있으나 통상 20~30분 정도 진행한다.

토론 면접은 의견이 대립되는 주제에 대해 자신의 의견과 관점을 설득하는 면접이다. 논리력, 의사소통 능력, 대인관계 능력, 협상 능력, 전략적 사고 능력 등을 평가한다.

토의 면접은 공동의 문제에 대해 상호 대화를 통해 문제의 원인을 분석하거나 문제를 해결하기 위해 서로 협상하며 더 나은 해답을 찾아나가는 과정을 말한다. 의사소통 능력, 적극성, 창의력, 협업 능력, 문제해결 능력 등을 평가한다.

　과거에는 찬반 의견이 명확한 토론 면접을 더 선호했다면 최근에는 무엇이 옳고 그르다고 단언하기 어려운 상황들이 많아 토의 면접을 더 선호한다고 볼 수 있다.

⑵ 토론·토의 면접 핵심포인트

　주어진 토론이나 토의 주제에 대해 명확한 결론을 내릴 수 없는 경우가 많다. 따라서 자신의 의견이나 주장만을 고집하며 강요할 필요가 없다. 말할 때 중언부언하지 말고 간단명료하되 자신이 말하고 싶은 주장을 논리적이면서도 일관성 있게 담아내야 한다.

　면접관은 의사소통 능력 뿐 아니라 경청하는 태도 역시 예의주시하고 있다는 점을 명심하자. 상대 의견을 주의 깊게 들으며 배려하는 태도로 의견을 펼치자. 발언의 양보다도 흐름이 왔을 때 주도권을 잡는 것이 키포인트다.

① 신중히 경청하기

　한정된 시간에, 주어진 주제로, 처음 보는 낯선 사람들과 찬반 토론을 한다는 것은 여러모로 곤란한 일이다. 낯선 환경이나 낯선 주제에 익숙지 못해 상대의 의도를 잘 파악하지 못하는 경우가 발생할 수 있다. 상대를 설득하려면 자기 할 말만 하기보다 최대한 상대 이야기에 귀 기울여야 한다. 온몸과 마음으로 듣고 있다는 사실을 알려줘야 한다. 그러기 위해서는 자신의 몸을 말하는 사람 방향으로 향해 내가 당신의 이야기를 잘 듣고 있다는 사실을 눈빛으로 말하거나 고개를 끄떡거리거나 하는 보디랭귀지로 반응해줘야 한다.

중간중간 메모를 하면 좋다. 메모는 잘 경청하고 있다는 태도를 보여줄 뿐 아니라 긴장해서 잘 안 들리는 상황을 보완해줄 수 있으니 그야말로 1석 2조다.

② 흐름 타기

다른 사람의 이야기를 듣기만 하고 화제의 중심으로 들어가지 못하면 안 된다. 이야기의 흐름을 타고 들어갈 수 있어야 한다. 고무줄 놀이처럼 타이밍을 놓치지 않고 잘 들어가면 높은 점수를 얻을 수 있다.

이때 사람들이 다루고 있는 주제와 전혀 다른 엉뚱한 주제로 들어가 이야기의 흐름을 끊지 않도록 해야 한다. 앞에서 언급한 주제의 맥락을 이어받아 수정, 보완, 반박해야 한다. 자신감 넘치는 어투나 차분한 어조로 실례를 들어가며 이야기하면 훨씬 설득력을 높일 수 있다. 경우에 따라 다른 사람이 전혀 엉뚱한 이야기를 할 때는 자연스럽게 다시 주제로 돌아올 수 있도록 흐름을 유도할 필요도 있다.

③ 주도권 잡기

토론과 토의 전체 상황에서 주도권을 가지면 유리한 것은 사실이다. 그런 측면에서 사회자가 유리하다고 볼 수 있다. 다만 사회자로서의 역할을 제대로 못하면 그만큼 감점 대상이 될 수도 있다. 사회자는 보이지 않게 토론과 토의가 잘 풀어나갈 수 있도록 힘 써야 한다. 지나치게 과열될 때 중재자 역할도 해야 하고, 발언 기회가 적었던 지원자에게 기회도 골고루 배분해야 하고, 엉뚱한 주제로 빠져들 때 다시 주제로 돌아오도록 하는 등의 역할을 소화해야 한다.

사회자가 아니더라도 찬반의견의 주도권을 쥐는 것도 좋은 방법이다. 그러기 위해서는 논리력과 분석력과 설득력이 뛰어나야 한다. 다만 지나치게 많은 발언량을 가져가거나, 일방적으로 자기주장을 펼치거나, 자신의 전문 분야라 하더라도 상대를 가르치듯 하는 말투는 오히려 좋지 못한 평가를 받을 수 있다.

발언 양이 적은 사람들은 의기소침해질 수 있는데 토론과 토의는 꼭 발언 양만 중요한 것은 아니다. 발언 기회가 왔을 때 제대로 자신의 의견을 표출하는 것이 중요하다. 토론과 토의 중간에 자연스럽게 대화에 참여하는 것도 하나의 기술이다. 만일 그런 상황을 찾지 못했다면 사회자가 발언권을 줄 때 인상 깊은 메시지를 전하는 것이 중요하다.

④ 올바른 태도 보여주기

토론과 토의식 면접에서는 토론 내용으로 주어지는 주제에 어느 것이 옳고 그르다고 명확하게 판단 내리기 어려운 경우가 많다. 그래서 일부 기업에서는 지원자가 말하는 내용보다는 말하는 태도에 더 높은 점수를 주는 경우도 많다.

실제로 내가 가르쳤던 학생 중에는 자신이 소속되어 있던 찬반팀이 전원 최종합격했으나 서로 이기려고만 하는 팀은 전원 불합격했다. 그러므로 지나치게 자신을 돋보이도록 하려거나 자기주장만을 고집해서는 안 된다. 특히 공격적으로 상대편을 지나치게 몰아치거나 가르치는 식의 태도는 좋지 않다. 반대 의견을 표출하더라도 상대를 존중하는 태도를 유지하면서 자신의 의견을 펼쳐야 좋은 점수를 얻을 수 있다.

상대가 이야기할 때는 말을 자르기보다 눈빛과 몸짓을 그 사람에게 향해서 내가 당신의 이야기를 잘 듣고 있다는 사실을 알려줘야 한다. 반박을 펼칠 때도 일단 상대의 의견의 긍정적인 면을 칭찬한 다음에 자신의 주장을 펼치는 것이 훨씬 더 나은 태도로 평가받을 수 있다.

토론 면접 요령

1. 핵심만 간결하게 말하라
2. 단답형으로 끝내지 말고 적절하게 자신의 생각을 덧붙여 이어가라
3. 의견을 말 할 때는 결론부터 꺼내 다른 주제로 빠지지 않도록 한다
4. 적절하게 자신의 의견을 강조하되 지나치게 의견을 고집하지 말라
5. 상대방의 의견에 대해 지나친 반박을 삼가하라. 토론이 되어야지 논쟁이 되어서는 안 된다
6. 다른 사람의 이야기에 경청하는 자세를 보이는 것이 좋다. 수첩과 볼펜을 꺼내 다른 사람의 의견을 메모하거나 자신의 의견을 그때그때 요약하는 자세를 취하면 타인보다 돋보일 수 있다
7. 아무래도 기업이 요구하는 방향으로 의견을 제시하는 것이 유리하다
8. 다른 사람이 이야기하는 도중에 말을 끊지 않도록 하라
9. 너무 오랜 시간동안 혼자 이야기를 끌지 않도록 하라
10. 주제 이외 엉뚱한 발언은 삼가야 한다
11. 상대의 이야기를 들을 때는 몸을 상대 쪽으로 향하고 고개를 끄덕이며 반응하라
12. 제스처는 적절히, 자신감 있게 활용하라

13. 논리적인 맹점이 없도록 이야기하라. 상황에 맞는 적절한 수긍과 논박을 펼쳐라

14. 정형화된 답안 같은 느낌을 벗어나라. 연설하거나 가르치는 말투는 좋지 않다

15. 적절한 요소에서 위트와 유머를 활용하라

16. 누군가 주제에서 벗어날 때 자연스레 화제를 재유도하라

17. 자신의 의견은 전혀 없이 상대 의견만 쏟아 붓는 질문을 삼가하라

18. 의견을 이야기할 때 '첫째, 둘째, 셋째'로 나열하면 좋다. 그런 다음 하나만 강조하면 더 돋보인다

19. 신뢰할 수 있는 통계, 사례, 논문 등을 인용하라

(3) 토론 VS 토의 면접의 차이

순번	구분	토론 면접		토의 면접
1	의미	정해진 찬반 주장에 대한 설득		해답을 찾기 위한 정보 교류와 조율
2	인원 구성	4~8인		
3	면접 시간	20~50분		
4	준비 시간	10~20분	없음	10~20분
5	관련 자료	유	무	유
6	역할 배분	찬반 지정	찬반 자율	해당사항 없음 (각자 자기주장 제시)
7	사회자	유(홀수 인원 구성)	무	무
8	주제	시사 관련 (65세 정년의무, 전 국민기본소득, 주 4일제 근무)		회사·업종·직무관련 이슈 해결 방안 (조직문화 활성화 방안, 코로나19 이후 기업대응 전략)
9	결론 도출	필수 아님		필수

출처: 취업컨설턴트 강민혁

4) PT 면접 이해와 핵심포인트

(1) PT 면접 이해

PT 면접은 주어진 시간 동안 하나의 주제(보통은 직무와 관련한 전문 주제)에 대해 지원자들이 자신의 의견이나 지식, 경험 등을 발표하는 형태의 면접이다.

면접 전에 미리 주제를 선정해 준비해오도록 하는 경우도 있지만 보통은 면접 당일 대기시간에 주어진 주제 가운데 한 가지를 선택하도록 해서 짧은 시간 동안 자신의 생각을 정리한 후 발표하도록 하는 경우가 많다.

보통 5~15분 정도의 발표 시간이 주어지고 발표 후 3분 내외의 질의응답이 진행된다. 면접관이 1명인 경우도 있지만 보통은 3~4명의 면접관이 평가하고 질문한다. 지원자의 전문성, 발표력, 논리력, 설득력, 창의력, 문제해결 능력 등을 종합적으로 평가한다. 부적절한 용어 사용, 무리한 주장은 사용하지 말아야 한다. 논리적인 근거를 바탕으로 자신의 의견을 개진할 수 있는 능력을 배양해야 한다.

평소에 전문성 있는 주제에 대해 자신의 의견, 지식, 경험, 열정 등을 여러 사람들 앞에서 발표해보는 경험을 가지는 것이 좋다. 최대한 실제로 적용 가능한 상황을 중심으로 자신의 의견을 정립해야 한다. 기업 측면에서는 시간이 많이 걸리는 면접 방식이나 지원자 각 개개인의 개성이나 소신 등을 보다 정확히 알 수 있어 선호하는 기업들이 있다.

면접위원은 보통 부장급 책임자 1명과 실무진 3~4명으로 구성된다.

응시자는 개별적으로 진행되는 경우도 있으며 5명 정도가 1개 조로 구성되어 10분 정도 발표하는 경우도 있다. 단체인 경우 개인별 프레젠테이션 시간과 추가 질의응답 시간이 주어질 수 있다. 평가 항목은 문제해결 능력, 창의성, 전문성, 스피치 능력 등의 역량을 평가한다. 발표 주제는 최근의 사회적 이슈나 시사적인 문제를 다루는 경우도 있지만 보통은 직군별로 발생할 수 있는 실질적인 업무 상황을 중점적으로 출제되는 경우가 더 많다.

(2) PT 면접 키포인트

전달하고 싶은 핵심메시지를 하나의 문장으로 정리하는 것이 좋다. 말할 때 자신감 있는 어투와 더불어 복장과 표정도 중요하다. 발표 시 시선처리, 손 동작, 목소리 톤의 조절 등에 유의해야 한다. PT 면접은 사전연습을 해보지 않고는 잘하기 어렵다. 설령 다른 주제가 나와도 괜찮으니 PT 면접에 익숙해지기 위해 평소에 발표 연습을 자주 해보는 것이 키포인트다.

① 핵심 메시지

기업이 정한 발표 주제의 의도를 정확하게 파악해야 한다. 목적을 파악하면 자신이 전하고자 하는 핵심 메시지를 하나의 문장으로 정리해야 한다. 중언부언하며 다른 이야기를 많이 늘어놓는 것보다는 그렇게 정한 하나의 핵심 메시지에 모든 이야기 초점을 맞춰야만 보다 명료하게 메시지를 전달할 수 있다.

② 논리적 전개

핵심 메시지를 정했다면 이 주장을 보다 논리적으로 전개해나가는 것이 좋다. 위트 있거나 인상 깊은 서론을 펼친 다음 핵심 주장에 뒤따른 논리적 근거와 실증 사례를 언급해주는 것이 좋다. 언론이나 논문, 통계 자료 등의 근거자료라든지 전문가의 견해 등으로 뒷받침할 수 있다. 이런 전문 식견을 바탕으로 자기만의 색깔이 담긴 결말을 지으면 보다 좋은 평가를 받을 수 있다.

③ 창의적 접근

결론을 맺을 때 다소 뻔해 보이는 식상한 결론을 내리면 높은 점수를 받기 어려우므로 조금은 남다른 시각이나 색다른 관점으로 접근할 필요가 있다. 그런 면에서 상식적인 주제라도 창의적으로 전개하기 위해 무언가를 더하고 빼거나 조합하는 것이 중요하다.

정해진 주제 분야가 아니더라도 다른 분야의 산업, 상품, TV, 영화, 최신 트렌드와 같은 소재를 활용하거나 비유하는 방법도 좋은 접근 방법이다.

④ 매력적 태도

자신이 전달하고자 하는 메시지에도 매력이 있어야 하고, 말을 하는 연사 그 자체에도 매력이 느껴져야 좋은 평가를 얻을 수 있다. 메시지에는 상대(기업)가 얻을 수 있는 이익이나 유익한 정보, 실용적 가치를 더하면 좋다.

발표자의 성격이 외향형이라면 밝은 에너지를 자신감 있게 표출하고, 내향형이라면 차분하지만 신뢰와 믿음을 주도록 하는 것이 중요하다. 평소에 목소리도 밝고 경쾌할 수 있도록 발성 연습을 하고, 복장도 깔끔하고 세련되게 갖춰 입고, 표정이나 제스처도 매력적으로 보이도록 연습해야 한다.

면접 주간 11가지 체크포인트

1. 면접 장소와 경로, 예상 소요시간 등을 사전에 확인하여 20~30분 전에 도착하도록 한다

2. 지원 회사의 정식 명칭, 영문 명칭, 경쟁사, 계열사, 매출 현황, 주력 상품, 경영 전략, 비전 등에 대한 사전정보를 재점검한다

3. 수험표와 신분증 등 기타 준비물을 면접 당일 빠트리지 않도록 꼼꼼하게 챙긴다

4. 제출한 이력서와 자기소개서를 중심으로 면접 질문을 뽑아보고 답변을 연습해본다

5. 지원동기, 입사 후 포부, 실패와 역경, 성취 경험, 가치관, 직업관 등의 주요 질문에 대비한 답변을 재점검한다

6. 자기소개를 세 가지 테마로 준비해서 30초 분량으로 연습한다

7. 가볍게 운동하고, 음주를 삼가고, 숙면을 취하며 최상의 컨디션을 유지한다

8. 면접 주간에는 시사 전반의 지식을 습득하고 면접 전날과 당일 신문과 뉴스를 챙겨본다

9. 단정하고 깔끔한 복장을 하고 남자도 기초화장이나 선크림, BB크림 정도는 바른다

10. 외국어에 자신이 있는 경우라면 자기소개, 자신의 장점, 입사 후 공헌

할 수 있는 부분 등의 답변을 미리 준비해서 면접 중에 자연스럽게 외국어로 답변할 수 있도록 준비해둔다

11. 당당한 자세로 면접에 임해 취업에 성공한 이미지를 그려본다

7강

—

기업에서 요구하는
인재상

1

총성 없는 인재 전쟁

구직자들은 일자리가 없다고 하지만 기업들은 좋은 인재가 없다고 토로한다. 기업은 도대체 어떤 인재를 찾고 있는 것일까? 인재를 바라보는 시각을 바꿔야 진정한 인재로 거듭날 수 있다.

1) 인재(人材)와 인재(人災)

구직자라면 분명 지원 기업의 인재상을 살펴봐야 한다. 그렇지만 더 중요한 것은 기업이 원할 정도의 역량과 태도를 갖추는 것이 더 중요할 수도 있다.

인사담당자가 가장 꺼려하는 인재가 재앙이 될 인재(人災)다. 잘못된 인재 한 명으로 기업이 몰락할 수도 있기 때문이다. 그래서 기업은 지금은 다소 부족하더라도 올바른 태도를 갖춘 재목 같은 인재(人材)를 선호한다고 볼 수 있다.

직장생활 당시 기획부서 직원 한 명이 퇴사를 하면서 회사 PC를 포맷해버리고 나간 적이 있다. 당시에 고객사에 발송한 기획서나 영업 제안서, 각종 보관 문서에 이르기까지 어려움이 많았다. '와, 싸가지 없네'란 생각도 들었다.

하지만 돌아보니 그 정도는 양반이었다. 조그만 회사의 한 개발팀장이 개발 프로그램을 외주에 맡기고 뒷돈을 받은 것이다. 게다가 이력서상에 학력위조와 더불어 경력위조를 했다는 사실까지 발각되어 해고 처리되었다.

회사에 앙심을 품은 그는 회사 서버를 포맷해버렸다. 작은 회사들은 서버를 2중, 3중 백업해도 개발팀장이 비밀번호를 다 알다 보니 3중 백업한 데이터까지 모두 다 날려버린 것이다.

당시 웹사이트를 운영하던 회사로서는 모든 자산이 한꺼번에 다 날아가버려서 더 이상 사업을 지탱할 수 없게 되었다. 소송까지 갔지만 보상을 다 받기 어려울 정도의 위기에 봉착했다.

많은 사람들에게 알려진 유명한 사례도 있다. 233년 역사의 베어링스 은행의 닉 리슨이라는 싱가폴 직원이 비밀계좌를 통해 자신의 손실을 숨기고 분식회계를 하기 시작한다. 계속해서 투기적 투자를 몰래 해오다 1995년 일본 엔화에 스트래들 매도 포지션 방식의 선물투자를 한다.

그해 1월에 고베지진이 발생하며 엔화가 15%나 폭락하자 13억 달러(한화 약 1조 7,000억 원)의 엄청난 규모의 손실이 표면으로 드러나 영국 최대 은행 중의 하나가 결국 파산하고 말았다.

반대로 유능한 인재들을 찾는 기업 사례도 찾아보자. 한 유명 헤드헌터로부터 들은 이야기다. 한 대기업은 세계적인 수준급 인재를 채용하기 위해 연봉을 백지로 제시하곤 했다. 사실상 무제한 연봉이었다. 실제로 그렇게 채용한 인재가 상사의 강압적 요구가 반복되자 1년 만에 퇴사를 하겠다고 사표를 던졌다. 그 이야기를 전해들은 경영진은 상사를 즉각 강등조치해서 타부서로 발령냈다. 그만큼 기업들은 우수 인재에 대해 전폭적으로 지원한다.

실제로도 기아자동차는 피터 슈라이어라는 디자이너를 2006년도에 디자인 분야 총괄책임자로 스카우트한다. 피터 슈라이어는 기아 전 차종의 디자인을 책임지며 통일된 이미지를 구축한다. 타이거 노즈로 알려진 새로운 통합 그릴을 만들며 세계인의 주목을 받기 시작한 K시리즈를 탄생시킨다. 그로 인해 기아차는 기사회생할 뿐 아니라 현대차까지 세계적 자동차로 거듭나게 된다.

그만큼 인재(人材)와 인재(人災)는 천양지차의 차이를 보인다. 이에 기업들은 좋은 인재(Talent)를 채용하기 위해 혈안이 되어 있다. 심지어 다보스포럼에서는 인재전쟁(The War for Talent)이라는 표현까지 쓰며 뛰어난 인재찾기에 기업 사활을 걸고 있다.

피터 슈라이어 역시 아우디에서 디자이너로 오랫동안 근무했지만 핵심인재가 아니었다. 번번이 자신의 디자인이 반려되는 것에 대한 불만이 있었다. 그러다 기아로 입사하면서 현대 디자인 부문의 사장까지 경험할 수 있었던 것이 자신에게도 큰 행운이었다고 말한다.

2) 시종과 달란트

이런 이야기를 꺼내면 자신은 그만큼의 재능이 없다고 토로하는 사람들이 있다. 그런 사람들에게 들려주고 싶은 우화가 시종과 달란트다. 아마 다들 성경이나 이솝 이야기를 통해서 많이들 들어봤을 우화다. 참고로 고대에 달란트(Talent)는 무게 단위였는데 화폐 단위로 바뀌었다.

주인이 집을 오랫동안 떠나게 되면서 세 명의 하인에게 달란트를 나눠줬다. 한 하인에게는 10달란트, 한 하인에게는 5달란트, 한 하인에게는 1달란트를 나눠준다. 2년 후 주인이 돌아와 그동안의 안부를 물은 다음 '내가 나눠준 달란트는 어떻게 되었느냐'고 묻는다. 10달란트를 받은 하인은 여러 가지 투자를 해서 5배의 수익을 얻었다며 번 돈 전부를 주인에게 내놓는다. 주인은 장하다며 칭찬하고 번 돈은 모두 다 가져도 좋다고 답한다. 5달란트를 받았던 하인은 돈을 사람들에게 빌려줘 이자수익으로 2배를 벌었다고 말한다. 역시 장하다고 칭찬을 하고 그 돈을 모두 가지라고 했다. 1달란트를 건네준 하인은 어떻게 되었느냐고 하니 주인님이 주신 돈인 만큼 땅에 귀하게 묻어뒀다고 대답한다. 화가 난 주인은 "이 게으른 종아, 어서 나가거라" 하고 하인을 내쳤다는 우화다.

물론 이 이야기는 내가 조금 각색한 부분도 있지만 처음 이 우화를 접했을 때 참 마음에 들지 않았다. 주인이 준 돈을 어떻게 쓰든 그걸 가지고 내치기까지 하다니 너무하다는 생각이 들었다. 그러나 이 달란트를 화폐 단위가 아니라 '재능'이라는 관점으로 해석하면 다르게 볼 수도 있다는 생각이 들었다.

사실 사람은 모두 타고난 달란트(재능)가 있기 마련이다. 누군가는 엄청 크고 많은 달란트를 가지고 태어날 수도 있고, 누군가는 적당한 수준일 수 있고, 누군가는 엄청 작고 보잘 것 없는 달란트를 가지고 태어날 수도 있다.

그러니까 나에게는 1달란트의 재능밖에 없다고 그것을 한탄하고 땅에 묻어두듯 아무렇지도 않게 대하면 작은 재능조차 쓸모가 없어진다는 뜻으로 해석할 수 있다. 아무리 작은 달란트라도 그것을 부지런히 갈고 닦아나가는 태도가 무엇보다 중요하다.

종교개혁자 마틴 루터가 달란트를 '재능 있는 사람'으로 지칭하기 시작해 현대에는 인재 그 자체를 부르는 말이 되었다. 아주 오래전에 우리나라에서는 연예인들을 탤런트(Talent)라고 부르기도 했다. 기업에서도 인재를 탤런트(Talent)라고 부르는데 평범한 직원들과 무엇이 다를까.

『인재전쟁』의 저자 에드 마이클스는 탤런트는 '한 사람이 가진 능력의 합'으로 그의 '타고난 재능, 스킬, 지식, 경험, 판단력, 지적 능력, 태도, 인품, 욕구 등'을 말한다고 했다. 또한 '배우고 성장할 수 있는 능력'까지 포함한다고도 말했다. '전략적인 태도, 리더십 능력, 성숙한 감정, 커뮤니케이션 스킬, 다른 인재들을 유인하고 감화시킬 수 있는 능력, 성과를 낼 수 있는 능력 등'을 말한다고 덧붙여 전한다.

그렇다면 우리가 던져야 할 질문은 '과연 나는 기업이 원하는 인재일까?', '나의 달란트(Talent)를 향상시키기 위해 무엇을 해야 하나?'라고 질문을 던져야 할 필요가 있다.

3) 인재를 바라보는 새로운 시각

과거의 현실	새로운 현실
사람들이 회사를 필요로 한다	회사가 인재들을 필요로 한다
기계, 자본, 지리적 위치가 경쟁우위다	재능 있는 인재가 경쟁우위다
더 나은 인재가 약간의 차이를 만든다	더 나은 인재는 엄청난 차이를 만든다
직장은 희소하다	재능 있는 인재들은 희소하다
직원들은 충성스럽고 고용은 안정적이다	이동하기 쉽고, 인재들의 헌신은 단기적이다
사람들은 제시된 표준적인 일괄 거래를 수용한다	인재들은 훨씬 더 많은 것을 요구한다

출처: 『인재전쟁』, 에드 마이클스

    도서 『인재전쟁』에서는 인재를 바라보는 관점이 달라졌다고 말한다. 우리는 여전히 사람들이 회사를 필요로 한다고 생각하지만 기업들은 인재부족에 시달리고 있다. 기계, 자본, 지리적 위치가 경쟁우위 요소였다면 현재는 재능 있는 인재가 경쟁우위라는 것이다. 실제로 일부 벤처기업에는 회사의 핵심제품이나 서비스를 정하지 않고 우수한 인재들끼리 모이는 것부터 시작해 성공하는 경우도 봤다. 그러니 더 나은 인재가 약간의 차이를 만드는 것이 아니라 엄청난 차이를 만든다는 것이다.

    평범한 사람들에게 직장은 희소해 보이지만 기업은 재능 있는 인재들이야말로 희소하다고 느낀다. 과거에는 모든 구성원들이 조직에 충성하고 그에 따라 안정을 보장했다. 인재들은 누구보다 더 자유롭게 이동하고, 헌신 역시도 단기적이다. 과거에는 채용된 사람들이 기업의 일괄적인 채용 조건을 수락했다면 지금의 인재들은 더 많은 것을 요구한다.

    이런 핵심 인재들에게 '요즘 애들은 말이야…' 식으로 말을 늘어놓으면 그 기업의 미래는 보장되기 어렵다. 이제는 권력이 기업의 손을 떠나 개인에게로 이동했다. 뛰어난 인재가 경쟁우위의 필수적인 원천이 되고 있다는 사실을 의미한다.

4) 인재의 역량 개발 가능성

대학원에서 인적자원관리 수업을 받는데 '지식이나 기술, 매너 등'은 즉각적으로 교육 효과가 드러나는 데 반해 사람의 '인성이나 성격, 기질, 태도 등'에 대한 부분은 교육 효과를 측정할 수 없으므로 조직에서는 배제해야 할 교육이라고 배웠던 기억이 떠오른다.

솔직히 나는 그 말에 공감하기 어려웠다. 기업은 '당장에 써 먹을 수 있는 기능적인 부분만 중요하게 고려하고 한 개인이 가진 본질적인 측면

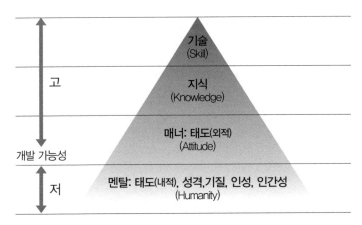

인재의 역량 개발 가능성

IMF 이전까지 기업이 직업 교육을 선도해온 측면이 있었으나…

기술
(Skill)

고

지식
(Knowledge)

매너: 태도(외적)
(Attitude)

개발 가능성

저

멘탈: 태도(내적), 성격,기질, 인성, 인간성
(Humanity)

의 부분은 헤아리지 않는구나' 하는 생각이 들었기 때문이다.

실제로 스펜서의 역량빙산 모델을 보면 사람들의 눈에 보이지 않는 부분이 훨씬 더 중요하다는 사실을 알 수 있다. 특정 분야의 과제를 수행하기 위한 역량, 도구, 기술, 기능 등은 어렵기는 하지만 소정의 시간만 투자하면 배운 것을 바로 적용할 수도 있는 부분이다.

특정 분야의 지식이나 정보를 쌓는 것도 시간만 제대로 투자하면 개발이 가능한 분야이다. 그렇지만 자신이 누구이며 어떠한 사람인지 인식하는 자아 개념이나 타고난 일관된 특성을 보이는 특질, 사람을 근본적으로 움직이게 만드는 동기는 눈에 보이지 않기에 가르치기 어려운 부분이다.

잘 보이지도 않고 배우기도 어렵지만 우리가 근본적으로 바뀌려면 이런 보이지 않는 것들을 바로잡으려고 노력을 기울여야 한다. 그래야 근본적으로 성장해나갈 수 있기 때문이다. 실제로 핵심 인재들의 특성이 과거와 달리 조직에 충실하기보다는 과업에 충실하며 누가 시키지 않아도 스스로 동기를 고취해 추진력 있게 목표를 달성해나가기 때문이다.

기업은 핵심 인재들의 이런 근본적인 특성을 알아보기 위해 다음과 같은 질문을 많이 던진다.

- 자발적으로 최고 수준의 목표를 세우고 끈질기게 성취한 경험(또는 열정적으로 몰입한 경험)이 있을까요? 그것은 무엇이었나요[35]?

---

[35] 출처: SK하이닉스 자기소개서 질문

(본인이 설정한 목표·목표의 수립 과정·처음에 생각했던 목표의 달성 가능성·수행과정에서 부딪힌 장애물이나 당시의 느낌이나 감정·목표 달성을 위한 기울인 구체적 노력·실제 결과·경험의 진실성을 증명할 수 있는 근거가 잘 드러나도록 기술)

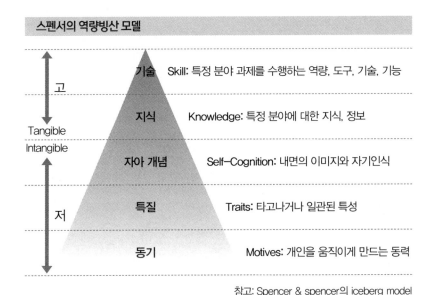

스펜서의 역량빙산 모델

고	기술	Skill: 특정 분야 과제를 수행하는 역량, 도구, 기술, 기능
Tangible	지식	Knowledge: 특정 분야에 대한 지식, 정보
Intangible	자아 개념	Self-Cognition: 내면의 이미지와 자기인식
저	특질	Traits: 타고나거나 일관된 특성
	동기	Motives: 개인을 움직이게 만드는 동력

참고: Spencer & spencer의 iceberg model

여기에서 중요한 것은 본인 스스로 설정한 목표 수준과 그것을 달성하기 위해 기울인 노력과 행동이다. 그렇지만 뛰어난 인사담당자는 목표를 이루기 위해 행동한 근본적인 동기가 무엇인지 확인하고자 한다. 그런 인재가 앞으로도 자발적으로 행동할 수 있는 인재라고 보기 때문이다.

2

기업에서 요구하는 인재

연애하고 싶은 상대가 있다면 그에 대해 최대한 많은 정보를 알아내야 한다. 물론 아는 것만으로 그쳐서는 안 된다. 그가 원하는 사람이 되도록 나 자신을 만들어야 할 필요도 있다. 그러니까 그가 나를 사랑할 수 있을 정도로 매력과 능력을 갖출 필요가 있다. 기업도 마찬가지다. 단지 기업인재상을 복사해서 붙여넣는 것만으로는 합격하기 어렵다. 기업이 어떤 지원자를 원하는지 탐색해보고 기업이 자신을 채용할 수밖에 없도록 만들어야 한다. 그 방법을 알아보자.

1) 기업의 주요 4대 업무

모든 기업이 직원들에게 절대적으로 원하는 것은 무엇일까? 매출일까? 일정 부분 맞지만 모든 부서가 돈을 직접적으로 벌어와야만 하는 것은 아니다. 나는 그 질문에 대한 답을 '공헌'이라고 본다. 각자가 맡은 분야에서 공헌할 수 있는 인재를 기업은 원한다. 그런 면에서 기업 업무를 크게 네 가지 분야로 압축해볼 수 있다. 매출, 홍보, 개발, 행정 부서가 그것이다. 그러니까 자신이 지원하는 분야에 맞게 취업 전략을 수립해 입사지원서와 면접에 임하는 것이 유리하다. 그렇다면 네 가지 부서 중 가장 많은 인력이 근무하는 부서는 어디일까?

매출 부서? 아니다, 행정 부서다. 흔히들 말하는 사무직이다. 다른 부서의 업무가 돌아갈 수 있도록 관리와 지원하는 부서다. 직무로는 행정, 경영, 인사, 총무, 교육, 기획, 관리, 재무, 회계, 구매 등의 각종 업무 지원 직무들이 있다. 이런 부서에 지원하는 사람들이 창의성과 리더십을 강조하면 인사담당자는 그리 좋아하지 않는다.

왜냐하면 이들은 일종의 스태프들이기 때문이다. 이들이 두드러지게 행동하거나 주인공으로 나서려 한다면 조직이 제대로 돌아가기 어렵다. 이들은 조용하게 다른 부서들이 잘 돌아갈 수 있도록 지원하면 된다. 그래서 이들은 누구보다 성실하고, 착실하고, 순종적으로 살아왔고 앞으로도 그렇게 살아갈 것이라고 강조하는 것이 취업에 유리하다. 아무래도 기업에서는 주인공이 아닌 조연의 삶을 살아야 하기 때문이다. 그래서 그런 성향에 맞지 않는 사람들은 조직생활에서 재미를 느끼지 못하는 경우가 많다.

반대로 만드는 일을 담당하는 개발부서가 있다. 유무형의 제품 개발, 상품 개발, 서비스 개발, 생산, 연구, 설계, 디자인 등의 직무가 그렇다. 만일 이들이 자신은 성실하고, 착실하며, 순종적인 사람이라고 강조한다면 인사담당자로서는 고개를 갸우뚱거릴 수밖에 없다. 이들이 학교

수업에 충실히 참여하고, 다른 사람들과 잘 화합하며 순응한다는 것을 장점만으로 볼 수 없다.

직무특성상 또라이(?) 기질이 있다는 소리를 듣는다고 하더라도 남다른 창의성이 필요하기 때문이다. 따라서 성실함보다는 남다른 접근과 남다른 시도로 남다른 관점으로 어떤 경험이나 성과를 냈던 사례를 강조하는 것이 더 중요하다.

네 가지 분야 중에 가장 적은 인원을 채용하는 부서는 어딜까. 홍보부서다. 유무형의 회사 상품과 조직을 알리는 업무다. PR, 기업이미지, 브랜드, 서비스, 고객응대, ESG, 사회공헌 등의 업무를 맡게 될 것이다. 이들이야말로 가장 화려한 스펙과 외모를 따지는 곳이라고 볼 수 있다. 아무래도 기업을 대표해서 회사를 알리는 역할을 해야 하다 보니 아직까지도 외모와 스펙뿐만 아니라 정·재계와 언론까지 학연, 지연으로 연결하는 경우가 많다.

직무상으로 두 번째로 많이 채용하는 파트는 매출 부서다. 자본주의 사회에서는 늘 공급은 넘쳐나고 수요는 한정적이기 때문에 어느 회사든 매출에 기업 사활이 걸려 있다. 판매를 하는 곳은 국내 영업뿐 아니라 해외로 판매하는 해외 영업이 있다. 직접적으로 판매하는 직무도 있지만 간접적인 마케팅 직무까지 그 범위도 다양하다. 적어도 일하는 사람의 네댓 명의 한 명꼴로 영업, 마케팅 직무라고 해도 과언이 아닐 정도로 다수를 차지하고 있는 직무다. 그중에서도 많은 청년들이 마케팅 직무를 선호하며 관련 스펙을 쌓는다.

그렇지만 기업들이 가장 스펙을 보지 않는 직렬 중에 하나가 영업과 트다. 그 어떤 직무보다 도전적인 근성이 필요하기 때문이다. 따라서 자신의 지식이나 스펙을 강조하기보다는 무엇이든 저돌적으로 도전했던 경험이나 사례를 강조하는 것이 더 중요할 수 있다.

2) 기업 인재상 쓰는 법

취업 강사나 많은 직업상담사분들이 기업 인재상에 맞춰 자기소개서를 쓰라고 강조한다. 그러려면 도대체 어떻게 써야 하는 것인지 물어오는 취준생들이 많다. 어떻게 써야 할까?

구직자들은 어떤 기업의 인재상이 도전정신이라고 하면 자신은 '도전정신이 있다'든지, '도전정신을 흠모해왔다'든지 하는 식으로 말만 늘어놓는 경우가 많다. 그러나 그런 식으로 말만 늘어놓거나 노골적으로 드러내놓고 기업 인재상을 찬양하는 말들은 오히려 마이너스가 될 수 있다.

가능하면 도전정신을 직접적으로 언급하지 않으면서도 자신이 무모할 정도로 시도했던 경험이나 사건, 에피소드 등을 구체적으로 언급해서 도전정신이 있는 사람으로 자연스럽게 비출 수 있도록 하는 것이 좋은 방식이다. 상대를 설득하려면 일방적으로 주장하는 것이 아니라 상대가 스스로 느끼도록 해주는 것이 키포인트다. 그것은 성실성, 책임감, 열정, 진취성, 적극성, 창의성 등 모두 다 마찬가지다.

예를 들어 '삼성비전 2030'을 언급하며 다른 지원자들과 달리 차별화된 자기소개서라고 확신하는 학생이 있었다. 자기소개서에 '삼성비전

2030'만 10여 차례 언급했다. 그 부분을 지적하자 해당 기업의 인사담당자가 강의를 나와서 자신은 "입사지원동기를 읽어보고 이 회사 저 회사에 모두 해당되는 그런 지원자는 탈락시킨다"는 말을 했다는 것이다. 그 말을 듣고 썼기에 자기 방식이 옳다고 주장하는 것이다. 이 학생을 설득하는 데 시간이 한참 걸렸다.

문제는 그 회사가 요구하는 핵심인재상(미래 사회에 대한 영감, 새로운 미래창조 등)이 무엇인지 확인하고 그중에 부합되는 자기만의 우위요소가 무엇인지를 매칭해서 설명해야 하는데 계속해서 '삼성비전2030'만 늘어놓고 있다는 점이 문제였다. 지원자들은 이런 식으로 기업의 인재상만 복사해서 붙여놓는 수준으로 그치는 경우가 많다. 의외로 많은 취준생들이 이런 오류를 범한다.

3) 인재 제일 & 1등주의 & 도전정신

예를 들어 삼성이 '1등주의'라는 인재상이 있다면 1등주의가 좋다든지 기업 홈페이지에서 언급한 인재상을 찬양하는 방식으로 강조할 것이 아니라 자신이 어떤 분야에서든 1등을 한 경험이나 최고가 되기 위해 노력했던 사례 등을 언급해주는 것이 좋다.

현대 같은 경우 지원자들이 걸핏하면 정주영 회장의 들이대 정신을 강조하는 경우가 많다. 그런 식의 이야기는 인사담당자들이 너무 많이 들어 식상해한다. 만일 도전정신을 강조하고 싶다면 남들이 보기에 무모하게 보일 정도로 도전했었던 사례를 언급해서 자신이 그러한 기개가 있다고 밝히는 것이 훨씬 더 설득력이 있다.

LG의 경우 인화경영을 내세우며 인재 제일 가치를 강조한다. 그러나 굳이 이런 인재상을 언급할 필요도 없다. 자신이 사람을 대하는 평소의 마인드나 소중하게 대했던 행동과 사례, 선행 등을 강조해서 언급하면 된다.

어떤 사람들은 기업 홈페이지에 올려둔 기업들의 인재상이 별로 신뢰가 가지 않는다고 말하는 경우도 있다. 실제로 젊은 인사담당자들은 회사 홈페이지 인재상과 조금 다른 이야기를 펼칠 때도 있다. 그래서 그들의 속마음을 들어봤다.

젊은 인사담당자들은 첫째, **일을 즐길 수 있는 사람**이 좋다고 한다. 그들이야말로 일을 진짜 좋아하기 때문에 일할 맛(?)이 난다고 한다. 둘째, **유머와 재치가 있는 인재**다. 직장이라는 곳이 아무래도 보수적이고 딱딱한 면이 있기에 유머감각이 있는 사람들이 있으면 활기가 돈다는 것이다. 셋째, **디지털 도구에 능숙한 인재**다. 팀장이나 부서장이 메타버스, 챗 GPT 활용 방안 등을 알아오라고 하는데 디지털 도구를 잘 다루거나 IT 분야의 정보까지 빠르게 습득한 인재들은 선망받을 수밖에 없다. 넷째, 사람들과의 융화다. **팀웍 작업 잘하는 인재**가 그렇다. 불평불만에 가득차 비판만 늘어놓기보다는 문제해결책을 머리를 맞대고 함께 풀어나가며 협업하려는 인재들을 선호한다. 다섯째, **잘 놀 줄 아는 친구**들이다. 회사 업무가 끝나고 놀 때는 화끈하게 잘 놀 줄 아는 인재들이 좋다. 여섯째는 **끼가 많은 사람**이다. 다양한 색깔의 끼를 가진 사람들이 조직에 있으면 여러모로 유용한 다양성을 살릴 수 있어 좋다. 마지막으로 일곱째는 **돌직구 제대로 날릴 수 있는 직구맨**이다. 아무리 젊다 해도 중간관리자급에 있는 인사담당자로서 상급자가 잘못된 지시를 내리더라도 직구로 말하긴 어렵다. 그런데 신입사원들 중에는 제대로 된 돌직구를 날리는 경우가 있어 가끔 속시원함을 느낀다고 한다. 물론 무조건적인 비판을 할 경우 본인이 욕을 먹기도 하지만 냉철한 분석으로 잘못된 부분을 명확하게 지적할 경우 사이다 같은 느낌이 들어서 그런 인재를 선호한다.

4) 합격의 당락을 결정하는 인재 레벨 5단계

합격의 당락을 결정하는 채용 기준이 무엇인지 궁금해하는 청년들이 많다. 기업마다 서로 다른 부분이 많아 천편일률적으로 말하긴 어려운 부분이 있다. 그렇지만 도서 『성공하는 인재채용은 시작부터 다르다』에서 언급한 인재의 5레벨을 보면 내가 합격할 수 있을지 없을지 가늠할 수 있다.

먼저 가장 낮은 **레벨 1 수준**이다. '**수동적 행동을 하는 사람**'이다. 단편적, 수동적이고 주체성 없는 행동을 하는 사람들을 말한다. 이들은 누군가의 지시가 있어야만 움직이는 사람들이다. 상대의 요구를 들어주더라도 보통은 억지로 수행하는 경우가 많다.

두 번째 **레벨 2 수준**이다. '**통상적 행동을 하는 사람**'이다. 이들은 해야 할 것만 수행한다. 자신이 맡은 직무나 과업 이상의 일을 수행하지 않는다. 이들은 흔히 주는 만큼만 일하겠다는 심리를 가지고 있다.

세 번째 **레벨 3 수준**이다. 이들은 **'능동적 행동을 하는 사람'**이다. 어떤 직무나 프로젝트를 수행할 때 명확한 의도나 판단에 기초해서 행동하는 사람들이다. 이들은 시키지 않더라도 상대를 만족시킬 새로운 방법을 마련하거나 해결 방법을 시도해본다.

네 번째 **레벨 4 수준**이다. 이들은 **'창조적 행동을 하는 사람'**이다. 이들은 자신이 맡은 과업에 독창적 아이디어를 더한 행동을 한다. 이들은 무엇을 하든 안 된다는 사고보다는 안 되는 것을 될 수 있도록 절차나 제도, 방법 등을 창의적으로 모색해 해결방법을 찾는 사람들이다.

마지막으로 다섯 번째 **레벨 5 수준**이다. 이들은 **'패러다임 전환적 행동을 하는 사람'**이다. 이들은 자신이 놓인 환경이나 상황을 완전히 새롭거나 의미 있는 상황으로 만드는 행동을 하는 사람들이다. 기존에 익숙해 있던 사고방식, 제품, 물건, 방식들을 탈피해 전혀 다른 획기적 방식으로 상황을 변환해버리는 능력자들이다.

레벨 1, 2 수준의 사람은 탈락할 수밖에 없다. 레벨 3의 경우 예전에는 합격 대상이었지만 지금은 케바케(케이스 바이 케이스)라고 볼 수 있다. 지원자들이 많아 상황에 따라 합격될 수도 있고 불합격될 수도 있다. 레벨 4와 5단계는 합격 수준이라고 볼 수 있다. 여러분은 자신이 지금 몇 단계 레벨 수준이라고 생각하는가?

평소에 자신이 어떤 학업이나 과업, 팀활동, 봉사활동, 아르바이트 등을 수행할 때 나의 사고와 행동 수준을 솔직하게 검토하면 자신이 어떤 수준인지 알 수 있다. 더 나아지고 싶다면 더 높은 레벨의 사고와 행동을 취해야만 한다.

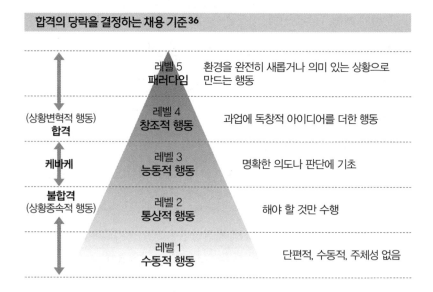

합격의 당락을 결정하는 채용 기준36

	레벨 5 **패러다임**	환경을 완전히 새롭거나 의미 있는 상황으로 만드는 행동
(상황변혁적 행동) **합격**	레벨 4 **창조적 행동**	과업에 독창적 아이디어를 더한 행동
케바케	레벨 3 **능동적 행동**	명확한 의도나 판단에 기초
불합격 (상황종속적 행동)	레벨 2 **통상적 행동**	해야 할 것만 수행
	레벨 1 **수동적 행동**	단편적, 수동적, 주체성 없음

　나는 '기술, 역량, 의식' 이 세 박자가 갖춰진 인재를 **트리플 A 인재**라고 부른다. 첫 번째는 **지원 분야의 역량**(Ability)이다. 사회인으로 갖춰야 할 가장 기본적인 기초 역량에서부터 본인의 전문 분야에서 전문 역량과 실천 역량을 갖춘 인재다.

　두 번째는 **기술**(Art)이다. 내가 지원한 분야의 직무와 관련한 기술이나 핵심 기술을 가지고 있어야 한다. 직무를 수행하기 위한 보조 기술까지 갖추고 있으면 좋다. 여기에 취업을 하려면 어느 정도의 취업 기술도 뒤따라야 한다.

　세 번째는 **의식**(Awareness)이다. 나는 이 의식을 멘탈이나 정신력, 의지력, 자존감, 자신감, 자기신뢰, 자기확신, 이타심, 마음자세, 인식, 인성,

---

36　출처: 『성공하는 인재채용은 시작부터 다르다』, 카와카미 신지, 사이또 료조 공저

믿음, 긍정마인드, 알아차림 등으로 폭넓게 부를 수 있다고 본다.

우리가 어떤 일을 하려고 하거나 맡게 될 때 우리의 태도는 적극적으로 임할 것인가, 소극적으로 임할 것인지 선택할 수 있다. 의식 있는 인재는 두려움 없이 용기를 가지고 발걸음을 내딛는다. 진취적 기상으로 결과에 연연해하지 않는 담대함으로 무장해 실수를 두려워하지 않는 태도로 전진해 나아간다.

태도의 방향성만큼이나 중요한 것이 마인드의 방향성이다. 어떤 일을 바라볼 때 긍정적으로 바라볼 것이냐, 부정적으로 바라볼 것이냐 하는 것이다. 물론 부정적이라고 다 안 좋은 것은 아니다. 미래를 대비하기 위해서는 냉혹한 회의론적 관점도 필요하다. 그렇지만 근본적으로 방향성은 긍정으로 향해야 한다. 의식 있는 인재들은 그런 방향성을 가지고 있다는 것이다.

나는 이 중에서도 의식이 가장 중요하다고 믿는다. 기술이나 역량은 학습하고 경험하면 어느 정도 보완이 가능하지만 의식수준이 낮으면 공염불이 될 수 있다. 따라서 뛰어난 인재가 되고 싶다면 스스로의 의식수준을 끌어올리려는 노력이 제일 우선되어야 하지 않을까 싶다. 내가 언급한 글이나 내용도 자잘한 기술이나 역량보다는 독자들의 의식이 깨어나 의식 수준이 올라갔으면 하는 바람으로 글을 쓴 부분이 있다. 그것이 내 교육의 지향점이기도 하다.

『의식혁명』의 저자 데이비드 호킨스 박사 역시 의식의 밝기(Map of Consciousness)를 강조하고 있다. 그는 현재 깨달을 수 있는 가능성은 과거 천 년 전에 비해 천 배 이상 높다고 본다. 지금 인류의 의식 수준은 빠른 속도로 급상승하고 있으며 한국 사람들이 그 선두에 서게 될 것이라 언급했다.

데이비드 호킨스 박사가 밝힌 의식의 수준

	LUX 밝기	의식 수준	감정	행동
긍정적 의식 POWER	700~1000	깨달음	언어 이전	순수의식
	600	평화	하나	인류 공헌
	540	기쁨	감사	축복
	500	사랑	존경	공존
	400	이성	이해	통찰력
	350	포용	책임감	용서
	310	자발성	낙관	친절
	250	중용	신뢰	유연함
★분기점	200	용기	긍정	힘을 주는
	175	자존심	경멸	과장
	150	분노	미움	공격
	125	욕망	갈망	집착
	100	두려움	근심	회피
	75	슬픔	후회	낙담
FORCE 부정적 의식	50	무기력	절망	포기
	30	죄의식	비난	학대
	20	수치심	굴욕	잔인함

홉킨스 박사는 의식 수준을 0에서 1,000까지 나눴다. 부정 수준에서는 '수치심, 죄의식, 무기력, 슬픔, 두려움, 욕망, 분노, 자존심'이 나타난다. 가장 바닥에 있는 수치심과 죄의식 수준에서는 굴욕감이나 상대의 비난을 느낀다. 그래서 타인에게 잔인하게 대하거나 학대를 하거나 아

니면 자신에게 잔인하거나 학대를 하는 것이다. 우리는 이런 부정적 감정과 행동으로부터 벗어나 밝은 세계로 나아가야 한다. 밝음에는 '중용, 자발성, 포용, 이성, 사랑, 기쁨, 평화, 깨달음'이 있다. 최고 단계인 깨달음과 평화 수준에 이르게 되면 인류에 공헌하는 긍정적 영향력을 끼칠 수 있다. 그런데 **부정과 긍정을 가르는 가장 중요한 분기점이 200LUX 밝기로 '용기'라는 것이다.** 우리가 어둠 속에서 어디로 나아갈지 모르는 상황일수도 있지만 그럴 때 용기 있게 한 걸음 내딛어 보는 것이다. 그것이 당신이 지금 해야 할 행동이다. 힘들어도 그렇게 용기내 한 걸음 한 걸음 내딛고 나아가면 더 높은 의식 수준으로 나아갈 수 있다.

5) 인재는 한계를 뛰어넘는 사람

나는 한 특강에서 강의가 다 끝나고 질의응답 시간에 사회자로부터 "어떤 인재가 진정한 인재일까요?"라는 질문을 받았다. 그때까지 인재에 대한 정의를 내려본 적이 없어 잠시 고민했다. **"자신에게 주어진 한계를 뛰어넘는 사람이 인재입니다"**라고 답했던 기억이 떠오른다.

지금은 나보다 더 잘나가는 강사이자 사업가로 활동하는 제자가 있다. 그분이 경력 초기에 나를 찾아와 토로했던 고민이 떠오른다. 직장생활을 그만두고 자신이 하던 네트워크 마케팅 사업을 할지 아니면 강의에 전념할지 고민이라는 것이다. 그런데 네트워크 마케팅의 리더가 "앞으로 무엇을 하든 한계를 뛰어넘어 보려고 도전하는 태도가 중요하다"고 강조했다고 한다. 거기에 마음이 흔들리는데 어떻게 하면 좋겠느냐고 질문했다.

나는 언뜻 보면 굉장히 옳은 말처럼 들리지만 상황에 따라 틀릴 수 있다고 응수했다. 도전해야 할 도전이라면 그렇게 시도해봐야겠지만 굳이 도전하지 않아도 될 도전을 해볼 필요는 없다고 전했다. 그러니까 한계에 도전하라고 해서 히말라야 산을 등정하겠다든지, 알래스카를 횡단하겠다든지, 대서양을 수영으로 가로지르겠다, 30kg 감량, 식스팩 만들기, 네트워크 마케팅의 다이아몬드 되기 등의 도전을 누구나 할 필요가 없다는 의미다. 물론 누군가에게는 그것이 하나의 도전과제가 될 수 있지만 누군가에는 굳이 도전해보지 않아도 될 한계라는 사실을 일깨워줬다.

그는 현재 자기만의 건물을 세우고, 자신이 만든 교육 프로그램이 중학교 진로 교재에도 실리며, 전국에 유능한 강사들을 배출하며 훌륭하게 사업을 이어나가고 있다. 와이스토리의 윤성혜 대표의 인생역전 스토리다.

내가 '한계를 뛰어넘는 사람'을 인재라고 정의한 데에는 사람마다 타고난 재능이 다르다는 의미에서다. 앞에서 언급한 시종과 달란트 우화처럼 누군가는 엄청나게 크고 다양한 재능을 타고날 수 있고, 누군가는 작고 보잘 것 없는 재능만 있을 수 있다. 그러니 냉정해야 한다. 우리는 그렇게 우리 각자의 한계에 부딪힐 수밖에 없다.

그럴 때마다 '나는 타고나지 못해서, 내가 한다고 될 일도 아니어서, 누군가가 지원해주지 않아서 등'으로 한계를 지어서는 안 된다. 한계의 최대치를 100으로 가정했을 때 내가 넘을 수 있는 한계가 10밖에 안 된다

하더라도 그 10이라는 수치를 넘기 위해 최선을 다해야 한다. 우리 사회가 보다 건강해지려면 그런 사람들을 존중해줄 수 있어야 한다. 우리는 그렇게 각자의 영역에서 자기 한계를 뛰어넘어 보려고 노력해나가야 하지 않을까 싶다.

지금 당신이 뛰어넘고 싶은 한계는 무엇인가.

3
기업이 선호하는
5가지 인재 유형

개인도 취업에 어려움을 겪고 있지만 기업도 인재채용에 어려움을 겪고 있다. 인재채용은 사실상 기업의 생존이 걸린 문제다. 기업은 스펙 위주의 인재선발 방식을 완전히 바꿨을 뿐만 아니라 어떻게 해서든 좋은 인재를 선별하기 위해 다양한 채용 방식을 새롭게 적용하고 있다.

전문성 있는 인재를 채용하기 위해 직무별로 구조화된 면접 방식을 적용했으며 그것도 산업별, 각 기업별로 독자적 채용기준을 마련해 운영 중이다. 그렇다면 기업들이 선호하는 인재는 어떤 인재일까?

기업이 선호하는 인재 1 - 경력 같은 신입

예전에는 입사지원자들의 화려한 스펙만을 보고 채용하는 경우도 있었지만 요즘 기업들은 경력 같은 신입을 원한다. 그렇지만 학생 입장에서 경력을 쌓기란 쉽지 않다. 경력을 쌓아두면 유리한 만큼 재학 중에 경력을 쌓을 수 있는 방법을 다각도로 모색해야 한다. 인터넷과 SNS를 통해서 뿐만 아니라 졸업한 선배, 교수, 친인척 등을 통해서 보다 직간접적인 경력을 쌓을 수 있는 기회를 마련해야 한다. 일반적인 아르바이트의 경우 직접적인 경력으로 인정되진 않지만 그래도 직무와 유관한 연계성을 만들어낼 수 있는 만큼 그렇게라도 경험을 쌓아둘 필요는 있다.

그러면 기업들이 말하는 '경력 같은 신입'이란 무슨 말인가. 조직이나 사회에서 직접적으로 경력을 쌓으면서 역량을 익히면 가장 좋겠지만 그렇지 못할 경우에는 비즈니스 현장에서 즉각적으로 투입 가능한 실무 역량을 갖춘 인재인지 평가한다는 뜻이다.

부서와 직무마다 조금씩은 다르겠지만 '조직에서 필요로 하는 정보를 수집하고, 분석하고, 분류하고, 편집하고, 재해석하고, 목적에 맞게 재구성해서 그것을 기획하고, 디자인하고, 개발하고, 고객의 니즈를 조사해서 상품화하고, 홍보하고, 판매하고, 말과 글로 정리하고, 설득하고, 발표하고, 관리하고, 행정하고, 경영하고, 개선하고, 피드백하는 능력 등의 비즈니스 역량'을 갖추고 있느냐는 것이다.

학교 수업 안에서 배울 수 있는 부분은 배우고 책과 논문을 통해, 인터넷과 유튜브 등을 통해, 다양한 분야 사람들과의 만남이나 교육 등의 다양한 통로를 통해 실무 관련 지식을 익혀나가야 한다.

기업이 선호하는 인재 2 – 다양한 경험을 거친 사람

기업은 성적만 높은 학생보다는 다양한 경험을 거친 입사지원자를 선호하기 마련이다. 다만 경험을 많이 거친다는 것은 시간과 노력을 요구하기 때문에 취업을 준비하는 학생으로서는 부담스럽기는 하다. 다양한 경험을 쌓으려면 '학교 밖에서 다양한 경험을 쌓는다든지, 해외연수, 워킹 홀리데이, 봉사활동, 공모전, 관심 있는 분야의 교육을 받는다든지, 멘토나 다양한 분야의 사람들을 만난다든지, 이색체험에 도전한다든지' 하는 등의 모든 활동이 될 수 있다. 문제는 모두 어느 정도의 시간과 노력이 요구된다는 점이다.

그래서 학생들은 어떤 선택을 해야만 할 것인가 고민하지만 사실 어떤 선택을 하든 본인의 태도가 중요하다. 시간을 투자한 만큼 경험의 가치가 있도록 만드느냐 아니냐 하는 것은 자신의 마음가짐에 따라 달라질 수 있기 때문이다. 시간을 낭비하지 않고 경험을 많이 쌓으려면 때로 치열하게 노력을 기울여야만 한다. 잠을 줄이든지, TV 시청을 줄이든지, 게임을 줄이든지, 스마트폰을 자제하든지, 불필요한 모임을 줄이든지 하는 등으로 즐기는 시간을 줄여야만 가능한 일이다.

효율적으로 시간을 잘 쓴 학생은 큰 공백 없이도 다양한 경험을 하는데 어떤 학생들은 잦은 휴학 등으로 장기간의 공백이 있음에도 경험이 거의 전무한 경우도 있다. 따라서 기업들은 이러한 이유로 다양한 경험을 거친 인재를 선호한다. 기업 역시 다양한 상황과 변화되는 환경 속에서 적응해야만 생존할 수 있기 때문에 다양한 경험을 거친 인재를 선호할 수밖에 없다.

학생들 역시 다양한 경험을 통해서 자신이 진짜 원하는 일이 무엇인지, 무엇을 잘하고 무엇을 못하는지 알 수 있다. 그런 만큼 경험에 한계를 두지 말고 다양하게 경험을 쌓는 것이 좋다. 물론 저학년 때는 그렇게 폭넓게 경험을 쌓고 고학년이 되면 목표 직무와, 산업과 유관한 경험 위주로 쌓아나가는 것이 좋다.

기업이 선호하는 인재 3 - 정서적으로 안정된 사람

현대가 고도화될수록 복잡한 상황을 해결하기 위해 극도의 스트레스에 노출되는 경우가 많다. 소비자들이 기업에 보다 수준 높은 기술과 서비스를 요구하기 때문이기도 하다. 실제로 말단 서비스 직원의 불친절한 태도로 기업 전체가 휘청거린 사례를 여럿 찾아볼 수 있다.

따라서 기업은 조직 안팎의 문제를 현명하게 대처할 수 있는 스트레스 내성이 있는 인재를 선호한다. 그래서 상당수의 기업들이 이러한 정서 능력을 평가하기 위해 인성검사를 보기도 하고, 면접장에서도 이러한 능력을 평가하기 위해 다양한 노력을 기울이고 있다.

나 자신에게 질문해보자. 흔들리는 주변 환경에도 불구하고 평정심을 유지할 수 있는지. 그런 사례로 무엇을 내세울 수 있는지 말이다.

기업이 선호하는 인재 4 - 창의적인 사람

창의력이라는 것이 연구, 개발, 디자인 등의 특정 부서에서만 필요한 능력은 아니다. 모든 부서의 사람들에게도 필요한 능력이다. 다만 창의성을 어떤 독특한 것만을 만들어내는 능력으로 국한해서는 안 된다. 사람마다 창의성이 서로 다 다를 수 있는데 자신이 어떤 부분에서, 어떤 창의성이 있는지 구체적으로 말할 수 있어야만 한다.

버드(Byrd)의 8가지 창의적 유형을 참조해서 자신이 어떤 분야에서 창의성이 있는지 파악해보자. 나도 어린 시절부터 어른이 될 때까지도 늘 창의성이 없다고 생각해왔으나 한 대기업 면접관들을 대상으로 창의적 인재선별 방법이라는 주제로 강연을 의뢰받고 준비하는 과정에서 내가 창의적이라는 사실을 처음으로 깨닫게 됐다.

버드의 창의적 유형을 읽어보니 내가 모방을 잘하고, 기존의 것을 수정·보완하여 새로운 것들을 잘 만들며, 서로 전혀 달라 보이는 것들을 조합하는 창의적 능력이 있다는 사실을 발견하게 됐다. 따라서 만약 내가 취업을 앞두고 있다면 혁신적인 창의성을 가지고 있지는 못하지만 모방형, 수정형, 조합형의 창의성을 가지고 있다고 인사담당자를 설득해나갈 것이다.

만일 기업에 지원한다면 이런 식으로 자신의 창의성은 무엇이며 창의력을 발휘한 사례로는 무엇무엇이 있고, 어떠어떠한 부분에서 성과가 있었다는 식의 이야기가 뒤따르면 좋은 평가를 받게 될 것이다. 그러니 굳이 "저는 창의적이지는 않습니다만…"이라는 답변은 하지 말자. 여러

분들도 자신의 창의력이 어디에 있는지 확인해보고 그 부분을 집중적으로 부각시켜보길 바란다.

기업이 선호하는 인재 5 - 성장 가능성이 높은 사람

사실 기업이 신입사원을 선호하는 이유는 단지 상대적으로 연봉이 낮아서만은 아니다. 연봉 그 자체로 평가한다면 다소 높더라도 경력직원을 채용하는 것이 투자비용 대비해서는 더 효과적일 수 있다.

경력직이 바로 직무에 투입이 가능한 반면 신입직의 경우에는 최소 몇 개월간의 교육에 1~2년간의 실무 경험을 거쳐야만 실제 업무에서 성과를 낼 수 있기 때문이다. 신입사원을 실무에 투입시키기 전까지는 관련 부서의 상급자들 역시 직원 교육에 투입되어야 하기 때문에 그들의 시간과 에너지까지 계산한다면 엄청난 조직비용이 발생한다. 게다가 이런저런 실수도 많이 하기 때문에 비효율적일 뿐 아니라 낭비 요소마저 있기에 연봉이 낮아 채용한다고 보기는 어렵다.

그럼에도 불구하고 기업들은 신입 직원들을 채용한다. 단순히 사회가 신입 직원을 채용하라고 요구하기 때문에 채용하는 것만은 아니다. 경력직의 경우에는 당장 업무에 투입될 수 있는 장점은 있지만 기존에 해왔던 방식으로 업무를 처리하려는 경향이 있다. 그래서 경력직은 큰 문제는 없을지 모르겠지만 새롭기는 어렵다. 그러나 신입 직원은 업무에 다소 문제가 발생하더라도 새로운 관점에서 새로운 방식으로 접근하는 경우가 많다. 틀린 경우도 많지만 그렇게 바라보는 새로운 관점 덕분에 기업들은 새로운 사업이나 새로운 기회를 발견하는 경우도 많다.

예를 하나 들어보자. 광고 기획을 하는 박웅현 CD는 한 기업의 아파트 광고를 의뢰받고 광고 콘셉트를 어떻게 잡을까 고민하던 중에 한 인턴사원에게 "너는 아파트 광고에 대해 어떻게 생각하니?"라고 지나가듯 물었다. 인턴사원은 "저는 기존 아파트 광고 안 좋아해요. 톱스타들이 광고 모델로 드레스 입고 나오지만 우리는 집에서 그렇게 살지 않잖아요. 광고에서는 아파트가 유럽의 거대한 왕궁처럼 나오지만 정작 현실 아파트는 그렇지 않잖아요"라고 대답했다.

이 대답을 듣고 "역시 아마추어군"이라고 흘려 넘길 수도 있었을 것이다. 아파트를 사려는 사람들은 집값을 걱정하기 때문이다. 하지만 박웅현 CD는 이 인턴사원의 아이디어를 그대로 받아들여 아파트 광고의 현실을 꼬집는 광고를 제작했다. 그리고 폭발적 반향을 불러일으켰다.

이렇듯 경력직은 성장 가능성이 제한적인 반면 신입직은 사고의 전환과 성장 가능성에 제한이 없기 때문에 신입 직원을 채용하려는 것이다. 따라서 취업 준비생들은 너무 정형화된 형식만 강조하려기보다 '자신이 얼마나 성장 가능성이 높은 인재인지, 얼마나 색다른 관점으로 바라보는 창의적 인재인지, 어떻게 도전적으로 실천해나갈 수 있는 행동형 인재인지 등'을 입증하는 데 온 힘을 기울여야 한다.

경력이 없다고 걱정하지 마라. 만일 당신이 신입이라면 경력이 없는 것은 당연하다. 오히려 청춘의 순수한 열정과 패기로 무장하라!

4

당신은 창의적 인재인가요?

많은 기업들이 앞다퉈 창의성을 강조한다. 그런데 상당수의 지원자들은 자신이 창의적이지 않다고 생각하는 경향이 있다. 그러나 그렇지 않다. 우리는 창의성에 대해 많은 오해를 하고 있는데 우리는 모두 창의적인 사람들이다. 다만 각기 서로 다른 분야에서 다른 특성으로 창의적인 측면이 있으므로 그러한 부분들을 살펴서 자기만의 창의성까지 개발해보자.

1) 왜 모든 기업들은 창의성을 외칠까

인재를 채용하는 기업의 입장에서도 창의성에 대한 중요성을 내세우지만 정작 어떻게 창의적 인재를 선별해낼 수 있을까에 대해서는 고민스러울 수밖에 없다.

그러다 보니 면접관들도 인재선발을 위한 교육을 많이 받는다. '면접관으로서의 기본적인 자세와 태도, 어떻게 하면 인성이 올바른 인재를 찾을 수 있는가, 어떻게 하면 면접관 오류에 빠지지 않을 수 있을까, 새로운 세대들의 사고방식' 등의 기본교육을 받는다. 예전에 비해 면접관들의 자질과 능력이 많이 향상되었다.

하지만 예전에 비해 모범적인 인재만 채용하는 것이 아니라 '어떻게 하면 창의적 인재를 선별할 수 있을까?'에 대한 경영진 요구가 많기 때문에 이런 요구에 부응하기 위한 인재채용법에 대한 고심이 더 크다.

면접 현장에서 면접관들이 "본인은 창의적 인재라고 생각하십니까?"라는 질문을 던졌을 경우 대부분의 사람들은 "아닙니다, 하지만…" 등으로 말꼬리를 흐리는 경우가 많다. 아니다, 우리는 모두 창의적이다. 다만 사람마다 창의성이 다를 뿐이다. 따라서 자신이 어떤 부분에서 창의적인지 찾아내면 된다. 이 부분에 대해서는 뒷부분에서 다루도록 하겠다.

그런데 도대체 왜 이토록 많은 기업들이 창의성을 내세우는 것일까. 창의적 인재에 목마른 기업들은 창의적 인재 찾기에 혈안이 되어 있다. 창조 능력을 가진 한 개인이 수천, 수만 아니 수십만 명까지 먹여 살릴 수 있다는 이야기까지 나오고 있다. 모두가 미래에 사활을 걸고 창의적 인재 채용에 골몰하고 있다.

창의성은 인류 최초로 전기를 발견한 사람, 자동차를 발명한 사람, 비행기를 만든 사람, 뛰어난 예술 업적을 이룬 사람들에게만 요구되는 것은 아니다. 창의성은 실로 광범위한 분야에 적용된다. 정치, 경제, 사회, 문화, 과학, 체육, 산업 등의 모든 분야에서 중요하게 작용한다.

창의적 기업으로는 '3M, 애플, 구글, 픽사, 다이슨 등'의 기업과 이들의 제품을 들 수 있다. IT나 디자인 분야의 산업은 타 산업의 추종을 불허할 정도로 창의성이 요구되는 경우가 많다. 이들을 모방하고 따라가고 싶은 무수한 기업들이 줄지어 서 있다. 노키아 같이 세계 선두권을 달리던 기업조차 기술혁신을 따라가지 못하고 도태되기도 하기 때문이다. 그러니 기업에서 창의적 인재 선발에 욕심을 내지 않을 수 없다. 우리 기업들만 해도 상당수의 기업 인재상에 창의성이 거의 다 들어가 있다.

이토록 많은 기업들이 창의적 인재 선발에 욕심을 드러내고 있는데 왜 개인들은 창의성에 대해서 준비하지 않는 것일까. 게다가 겸손한 우리나라 사람들은 자신을 창의적이지 않다고 생각하는 경향이 있다. 창의성이 개발할 수 있는 것이라고 믿지 않기에 창의성을 개발하려고 노력하지 않는다. 그러한 이유는 창의성에 대한 왜곡된 신념으로부터 비롯되기 쉽다.

기업들이 창의성을 내세우는 이유
- 창의적 인재는 엄청난 차이를 만들어 낼 수 있다
- 기존 방식과 전혀 다른 접근을 시도해 새로운 상품과 서비스를 창조할 수 있다
- 기업의 미래 먹거리를 해결하기 위한 생존이 걸린 문제다

---

2) 창의성에 대한 오해와 진실

창의성이란 사전적으로 '새롭고 남다른 것을 생각해 내는 특성이나 성

질'을 말한다. 이런 특성이나 특성이 드러나기 위해서는 다양한 방법이나 경로가 있는데 우리는 창의성을 남다르게 특출한 인재에게만 드러나는 특성이 아닐까 하는 그릇된 해석들이 있다. 창의성을 개발하려면 이런 오해를 풀어야 한다. 『창의적 문제해결』의 저자 김영채는 많은 사람들이 가진 창의성에 대한 오해와 진실을 다음과 같이 전한다.

창의성에 대한 오해와 진실

① 창의성이란 특별한 사람만이 가질 수 있는 선천적인 지능이나 특별한 성격, 특성으로 보는 관점이다. 그렇지만 일반인 누구에게나 창의성은 존재한다.

② 사람들은 별나게 행동하거나 남다르게 외모를 꾸미면 그것을 창의적으로 생각하는 경향이 있다. 그러나 창의적인 사람의 행동과 사고에는 유용함이 있거나 아니면 남다른 가치로움이 담겨 있다.

③ 창의성은 특별한 부서의 인력이나 특별한 직급의 사람에게만 필요한 것으로 바라보는 시각이다. 그러나 창의성은 특정한 부서에만 필요한 것이 아니라 모든 부서, 모든 직급의 사람들에게 다 필요하다. 만일 어떤 업무를 천편일률적으로 처리하고 있다면 그 자리는 모두 AI에게 빼앗길 것이다.

④ 사람들은 어떤 의견에 반대하고 반발하고 비평하는 것을 창의적으로 바라보는 오해가 있다. 그러나 창의적 태도는 무조건적인 비평이나 반발이 아니라 무언가를 좀 더 나아지도록 적극적으로 탐색하고 문제를 해결해나가려는 과정을 포함한다.

결국 창의력은 업무의 소소한 부분을 개선하는 모든 작업을 포함한다고 말할 수 있다. 따라서 학생들은 평소 일상에서 자신이 보여 온 창의적 사고와 행동으로 어필해 볼 수 있다. 그러기 위해서는 평소에 창의적 사고를 위한 특성을 개발해볼 필요가 있다.

3) 스턴버그가 밝힌 창의적 사고에 중요한 성격적 특성

(1) **애매함을 인내하는 능력:** 창의적 산출은 시간이 걸려 진화해가는 것이기 때문에 상당 시간 동안 애매하고 불완전한 것을 인내할 줄 알아야 한다.

(2) **장애를 이겨내려는 의지:** 신체적 장애가 아니더라도 자신의 앞을 가로막고 있는 힘든 장벽이나 역경을 이겨 나가려는 의지를 가지고 행동해야 한다.

(3) **성장하려는 의지:** 어제와 똑같은 오늘을 살아갈 것이 아니라 일신우일신(日新又日新)의 의미처럼 날마다 조금씩 더 나아지려고 하는 의지를 다져야만 한다.

(4) **내재적 동기 형성:** 물질적, 금전적, 외재적 성취도 중요하겠지만 그것만으로는 삶의 행복과 완성을 이루기는 어렵다. 본질적으로 흔들리지 않을 가치와 사랑, 순수한 즐거움, 세상에 기여하려는 내재적 동기를 추구하면 창의성도, 행복도 뒤따른다.

(5) **적절한 정도의 위험 감수:** 세상에 완벽히 보장된 안정이란 어느 곳에도 없다. 하고 싶은 일이 있다면 어느 정도의 위험을 감수하고 도전해야 한다. 설령 실패하더라도 그런 도전 행동을 기업은 높이 평가하기 마련이다.

⑹ **인정받으려는 욕구:** 인정욕구는 본능에 가깝다. 어릴 때는 부모님에게 인정받으려고 하고, 커서는 친구들과 선생님으로부터 인정받으려고 한다. 물론 무작정으로 인정에만 매달리는 것은 자칫 위험할 수도 있지만 자연스러운 인정조차 부정해서는 안 된다. 인정받으면 자신감도 붙고 자존감도, 창의력도 올라간다.

⑺ **끈질기게 일하려는 의지:** 어떤 하나의 분야를 선택해 우리가 공부하거나 업무를 시작하더라도 그 분야에서 성과를 내거나 전문성을 발휘하기는 쉽지 않다. 그래서 꽤 많은 사람들이 중도에 하차하고 또 다른 열차에 오른다. 한두 번이야 그렇지만 계속 그런 실수를 반복하면 삶이 어렵다. 그런 만큼 자신이 한 선택이라면 일단 조금 더 끈기 있게 밀고 나아가려는 의지를 가지고 지속해나가야만 한다.

위 내용은 도서 『창의적 문제해결』에 나온 스턴버그(Sternberg)가 언급한 '창의적 사고를 하는 사람들의 중요한 성격적 특성'의 내용을 일부 수정보완해본 것이다. 독자들도 마음만 먹는다면 평소에 이러한 특성으로 사고하고 행동하면 창의성을 높여나갈 수 있을 것이다.

4) 버드의 8가지 창의적 인재 유형

나는 한 대기업으로부터 '어떻게 하면 창의적 인재를 선발할 수 있는가'라는 주제로 강의 의뢰를 받았다. 쉽지 않은 주제였다. 무엇보다도 내가 창의성을 가지고 있는 사람이라는 생각이 당시에는 들지 않았기 때문이다. 그렇지만 15권 정도의 창의력 관련 책을 읽으며 내가 창의적인 사람임을 처음으로 알게 되었다.

여러분 역시도 마찬가지다. 사람들은 각기 서로 다른 창의성을 모두 다 가지고 있다. 내가 읽었던 책 내용 중에 버드(Byrd)의 창의적 유형이 가장 크게 마음에 다가왔다. 그는 사람들의 동기 수준과 위험감수성향에 따라서 창의적 유형을 8가지로 구분했다. 모방형, 몽상가형, 계획형, 수정형, 조합형, 실천형, 비판형, 혁신형이다.

첫 번째, 모방형이다. 우리는 누군가를 모방하는 것을 창의적이라고 생각지 않는 경향이 있다. 그러나 창의력은 기본적으로 어떤 대상이나 내용, 형식을 모방하는 것으로 시작된다고 볼 수 있다. 아이들은 부모의 표정과 말투, 자세와 행동, 생각하는 태도까지 모방하면서 성장하기 마련이다.

그 아이가 성장해나가며 글을 쓰든, 그림을 그리든, 스포츠 활동을 하든 무엇을 하든 앞선 사람을 모방하면서 배워나가기 마련이다. 어떤 분야에서 탁월하게 모방을 잘하는 사람이 있는데 그것도 창의력의 일종이라는 것이다. 그게 춤이든, 노래든, 목소리든, 요리든, 디자인이든 모두 다 마찬가지라는 것이다.

조금 오해할 소지가 있지만 실례를 들어보겠다. 한 디자인 회사의 사장은 신입사원 때 자기만의 색깔로 디자인을 했다고 생각하고 상사에게 보고했다. 그러면 당시에 상사가 꼭 이건 어떤 디자인을 참조한 것인지를 물었다고 한다. 그때는 그 상사가 말도 안 되는 요구를 한다고 생각되어 싫었는데 지금은 자신이 사장이 되어서 직원들의 디자인을 보니 그런 이유를 알게 되었다고 한다. 그러니까 잘된 작품을 그대로 똑같이 모방하면 표절이 될 수 있겠지만 구도 그 자체의 패턴을 적용하면 안정감이 있으면서도 남다른 디자인이 될 수 있다는 것이다.

그러니 자신이 어떤 분야의 모방을 잘하는지 고민해봐야 한다. 당연한 소리겠지만 조금 더 고도의 창의력을 발휘하기 위해서는 단순 모방을 뛰어넘어 자기만의 패턴을 만드는 것이 키포인트다.

두 번째, 몽상가형이다. 꿈꾸길 좋아하는 유형이다. 새로운 아이디어와 이상적인 아이디어가 넘치는 유형인데 다만 실행에 옮기는 능력은 부족할 수 있는 유형이다. 그래서 사람들은 이들을 이상하다고 바라보거나 4차원적이라고 말하거나 비현실적이라고까지 말하곤 한다. 하지만 인류 기술과 문명의 발전은 이들 몽상가형이 만들어왔다고 해도 과언이 아니다. 그 시대의 눈으로는 그들의 발상이나 아이디어가 너무나 혁신적이어서 이상하게 보일 뿐이다.

그러니 우리는 꿈꾸길 멈추지 않아야 한다. 꿈이 창의성을 발현하게 만들기 때문이다. 그런 측면에서 자신이 늘 새로운 것들을 떠올리며, 새로운 발상을 추구하고, 기발한 아이디어를 자기 삶에 적용하고 있는지 질문을 던져봐야 한다.

세 번째, 계획형이다. 공부할 때나 업무를 할 때도 계획을 잘 짜는 사람들이 있다. 이들은 어떤 아이디어나 프로젝트가 진행될 때 실행 계획을 구체적으로 제시하는 능력이 뛰어난 유형을 말한다. 이들은 일하든 공부하든 놀든 습관적이라고 할 정도로 계획을 세부적으로 잘 짠다. 이들이 있기에 마스터플랜을 보듯 계획을 따라갈 수 있다.

물론 이들의 타고난 성향이 MBTI로 보면 계획하길 좋아하는 판단형 (J)일 가능성이 높다. 이와 반대로 사고하는 인식형(P)의 경우 즉흥적으로 행동할 가능성이 크다. 그렇지만 인식형처럼 타고난 즉흥가조차 계획을 세우다 보면 역량이 어느 정도 늘어나기 마련이다. 따라서 어떤 프로젝트를 진행할 때 판단형만큼 구체적으로 계획을 잡진 못하더라도 개략적으로라도 계획을 잡고 행동해보려는 노력을 기울일 필요는 있다.

네 번째, 수정형이다. 기존에 존재하거나 누군가 낸 아이디어를 변형하는 능력이 탁월한 유형을 말한다. 이들은 다른 사람들의 아이디어에 무엇인가를 덧붙이거나, 무엇인가를 빼버리며 색다른 아이디어를 도출하는 데 능숙하다. 그래서 가끔 밉상으로 보이기도 한다.

우리가 어떤 주제로 회의를 할 때 대부분의 사람들이 미리 준비해서 각자의 의견을 개진하기 마련이다. 그런데 수정형의 경우 때로 별다른 준비 없이 사람들이 말하는 의견을 듣고 그 아이디어에 조금 다른 생각을 덧붙이거나, 무엇인가를 빼버리거나, 위치를 바꾸거나, 변형하기만 했는데도 상사로부터 칭찬받는 모습을 볼 수 있다.

그래서 평소에 자기 분야만 바라볼 것이 아니라 다른 분야의 상품이나 서비스, 기술, 트렌드를 눈여겨 볼 필요가 있다. 조금만 수정보완하면 표절이 아니라 내 것이 될 수 있기 때문이다. 예를 들어 대전에 위치한 성심당의 경우 튀김 소보로가 유명하다. 부산에서는 삼진어묵의 어묵 고로케가 유명한데 어찌보면 성심당의 튀김 소보로에서 아이디어를 얻지 않았을까 싶기도 하다.

다섯 번째는 조합형(Synthesizer)이다. 여러 종류의 아이디어를 결합시키는 능력이 뛰어난 사람을 말한다. 앞에서 언급한 튀김 소보로가 하나의 사례가 될 수 있다. 소보로빵과 도너츠, 단팥빵을 하나로 결합해서 만든 빵이 튀김 소보로이기 때문이다.

비단 제과 분야 뿐만 아니라 모든 분야가 서로 조합하고 결합하고 융합되는 것이 하나의 트렌드다. 과일이 화장품 원료로 사용되며 먹는 화장품이라는 이미지로 성공한 사례가 있다. 우리가 사용하는 스마트폰역시 전화 기능과 더불어 MP3 기능과 사진기 기능, 컴퓨터 기능이 결합이 되어 휴대폰이 스마트폰으로 진화하게 된 사례라고 볼 수 있다. 이렇듯 우리의 흥미, 관심사, 재능, 강점을 어떤 분야와 결합하면 새로운 분야의 직업, 상품, 서비스까지 개발할 수 있다.

여섯 번째는 실천형(Practicalizer)**이다.** 실천형은 새로운 아이디어를 실행시키는 추진력이 있는 사람을 일컫는다. 그런데 많은 사람들은 이렇게 행동으로 옮겨서 실행하는 것을 창의력이라고 보지 않는 경향이 있다. 무엇인가 그럴듯하게 획기적인 전환이 있어야 한다는 믿음 때문에 생긴 오해라고 볼 수 있다.

실제로도 성공한 사람들의 상당수가 자신이 생각한 바를 꾸준하게 실행해서 성과를 만들어내는 경우가 많다. 그런데 평범한 우리들은 '이건 이래서 안 돼, 저건 저래서 안 돼' 하고 스스로 재단해버리며 꾸준하게 반복해나가길 싫어한다. 지나치게 (잔)머리를 굴리다가 결국은 하지 않아야 할 이유를 찾아내어 중도에 하차해버리는 우를 범한다. 성공은 결코 아이디어로 끝나지 않는다. 창의성도 마찬가지다. 꾸준하게 실천하고 적용하는 능력도 창의력의 한 파트다.

일곱 번째는 비판형(Critic)**이다.** 비판형은 아이디어나 결과물에 대한 비평이 뛰어나며 일의 앞뒤 흐름을 잘 이해하는 유형의 사람을 말한다. 그러니까 무조건적인 비평이 아니라 전후 사정을 잘 이해하고 앞으로 어떻게 되어 나가야 하는지 잘 아는 창의적 유형이라는 것이다. 따라서 남들이 무조건 옳다고 해서 그대로 따라하기보다는 조금 뒤틀어 보기도 하고 남다른 시각과 관점으로 헤아려보기도 하면서 더 나은 대안과 남다른 대안은 없는지 탐구해보면 비판적 창의력도 높여나갈 수 있다.

마지막으로 **여덟 번째는 혁신형**(Innovator)**이다.** 항상 새롭고 독창적인 무엇인가를 추구하는 유형의 사람을 말한다. 보통 '창의성' 하면 이런 혁신적 유형을 떠올린다. 전기를 만들고, 전화기를 만들고, 비행기를 만들고, 우주선을 만들고, 획기적인 스마트폰을 만들고, 인공지능 로봇을 만들고 하는 그런 것만 혁신형은 아니다.

물론 그럴 수 있으면 좋겠지만 그런 경우는 대단히 희박하다. 하지만 우리는 평소에 우리 일상에서 조금 남다른 혁신을 추구할 수 있다. 공부하는 방식이든, 집안 청소하는 방식이든, 요리하는 방식이든, 동아리 활동하는 방식이든, 모임을 추구하는 방식이든, 업무를 진행하는 방식이든 어떤 방식이든 삶에 일어나는 일들을 남다른 방식으로 처리해보려고 하는 시도다. 때로 실패하고 실수할 수도 있겠지만 그런 남다른 시도가 창의성을 높이게 만들 뿐 아니라 때로 혁신적 성과를 일궈내기도 하기 때문이다.

이렇게 우리는 남다른 자기만의 창의성을 한두 개씩 가지고 있기 마련이다. 따라서 면접관이 "본인은 창의적인 사람이라고 생각하시나요?"

와 같은 창의력 관련 질문이 나왔을 때 "저는 창의적이지는 않지만…"으로 자신감 없게 시작하지 말자.

"버드의 창의 유형에 따르면 저는 모방하고, 수정하고, 조합하는 창의력이 있습니다. 그중에서도 시대 트렌드라고 볼 수 있는 융합적 사고 능력이 뛰어납니다. 전혀 다른 분야의 주제들을 결합해내는 능력이 있습니다. 그 실례로 다목적 전자레인지를 들 수 있습니다. 보통 전자레인지 하면 하나의 물건만 들어갈 수 있지 않습니까. 그런데 저는 여러 개의 칸을 만들어 동시에 전자레인지를 가동할 수 있지 않겠느냐는 발상을 떠올린 적이 있습니다. 제조회사에 제안을 했지만 실용적인 측면에서 활용도가 떨어진다는 피드백을 받았지만 괜찮습니다. 늘 끊임없이 아이디어를 모방하고, 수정하고, 조합하며 발전해왔기 때문입니다. 실제로 학교에서 발표를 할 때도 제가 본 영화의 이야기와 학교 수업의 주제와 비즈니스 현장에서 사용되는 서비스를 조합해내어 아이디어 융합력이 뛰어나다는 평가를 받곤했습니다. 앞으로도 입사해 이런저런 아이디어를 수정보완 조합해 새로운 사업 아이디어를 창출해나갈 겁니다."

이런 식으로 창의력을 자기만의 방식으로 풀어나갈 수 있다. 그러기 위해 자신이 어느 유형에 가까운 창의성을 가지고 있는지 확인하고 그러한 실례로 어떤 사례가 있는지 기록을 해두는 것이 중요하겠다.

8강

—

기업이 원하는
비즈니스 매너와 예절

1

학교와 직장의 차이

　학생들에게 직장은 하나의 낯선 세계와 같이 어려움이 느껴질 수 있다. 처음에 아이가 세상에 태어나면 세상에서 가장 두려운 것이 스스로의 생존이다. 그렇지만 아무것도 모르는 이 아이에게는 부모라는 든든한 지지자가 있어 세상 밖으로 건강하게 나아갈 수 있다.

　학교생활만 하더라도 친구도 있고 교사도 있다. 만족스럽지 못한 면도 있긴 하겠지만 보통은 익숙하고 우호적이다. 그러나 학교를 졸업하면 이전과는 완전히 다른 낯선 세상과 낯선 사람들을 만나게 된다. 그곳은 바로 직장이다. 요즘처럼 취업난이 극심할 때는 '이 장벽을 뚫을 수 있을까' 심히 염려되고 두려움마저 느껴지기 마련이다. 하지만 막상 취업의 장벽을 뚫고 사회로 진입해도 어떻게 직장생활을 해야 할지 모든 것이 낯설고 두렵고 막막하기만 한 것이 신입사원이 아닐까 싶다.

　몸도 크고 마음도 크고 세상도 다 알 것 같은 서른이라는 나이를 앞두고도 사회생활에서는 유아처럼 서투른 면이 드러나는 것이 신입사원이다.

한 대학 요청으로 직장예절 강의를 준비하다 보니 직장예절이라는 것이 생각보다 정말 광범위하게 폭넓다는 생각이 들었다. 많은 책도 보고, 영상도 봤지만 직장생활 요령에 대해 언급하는 사람들마다 지나온 경험치와 가치관이 다르다 보니 이야기 주제나 내용, 방향도 모두 제각각 다 다른 측면이 있지 않나 싶기도 했다. 고민 끝에 예전 강의록을 버리고 학생들 입장에서 진짜 궁금한 것은 무엇일지 의문을 써 보고 거기에 답변해보는 형식으로 강연을 전개해봤다.

사실 직장예절 이야기를 하자면 꼰대스러워 보일 수 있는 부분이 많다. 아무래도 '이렇게 해야 한다, 저렇게 해야 한다'는 식의 이야기가 많을 터인데 그런 것을 좋아할 학생들이 별로 없을 것이기 때문이다.

그렇지만 생각해보자. 앞으로 우리는 직장생활을 몇 년이나 할 것 같은가? 처음부터 사업을 하거나 중도하차하는 경우도 있겠지만 대부분은 30여 년 정도의 직장생활을 하게 될 것이다. 말하자면 인생의 1/3, 많게는 인생의 절반을 직장에서 보낸다고 볼 수 있다. 그렇다면 억지로 할 것이 아니라 이왕이면 조금 더 즐겁고 재밌고 의미 있게 보내는 것이 좋지 않을까.

학교와 회사의 차이는 뭘까?

학교가 정답이 있는 곳이라면 회사는 정답이 없는 곳이다. 아니, 너무 여러 가지 정답이 있어서 오히려 혼란스럽게 느껴질 정도다. 우리나라에 대학은 얼마나 되고 전공은 몇 개나 될까. 개략적으로 300여 개의 대학이 있고 1,000여 개의 전공이 있다. 이것만 해도 엄청나게 복잡해 진학에 어려움을 겪었던 기억이 있을 것이다. 조합하면 30만 개로 제법 많지만 그래도 기업에 비할 바가 못 된다.

우리나라에 기업은 어느 정도 되고, 직무는 얼마나 될까? 중소기업까지 제한해도 80만여 개가 있지만 자영업자까지 포함하면 300만여 개가 훌쩍 넘는다. 직업은 1만 7,000여 개이지만 직무로 넓히면 10만여 가지도 넘을 것이다. 최소한의 수치로만 뽑아도 136억 가지가 나온다. 최대치로 보면 3,000억 개 이상의 경우의 수가 나온다. 그만큼 비교할 수 없을 정도로 선택의 범위가 광범위하다고 볼 수 있다. 즉, 경우의 수가 많고 변수도 많다는 뜻이다. 나쁘게 바라볼 수도 있지만 그만큼 다양한 기회가 있다고 해석해볼 수도 있다.

학교는 우리가 돈을 주며 배워야 하는 곳이다. 그러나 엄밀히 말하면 기업은 돈을 받으며 배우는 곳이다. 그 급여가 기대 수준에 못 미칠 수 있으나 분명한 사실은 아무리 적은 금액이라도 직장으로부터 돈을 받는다는 것은 사실이다. '내가 쥐꼬리만큼 급여를 받으니 쥐꼬리만큼 일해야지'라는 관점으로는 성장하기 어렵다. '비록 내 급여가 적지만 나는 항상 받은 것 이상으로 일하는 프로다'라는 관점으로 일해야 성장해나갈 수 있다.

학교는 어느 정도의 안정적인 울타리가 있는 곳이다. 기업은 안정적인 울타리가 없는 야생의 세계 그 자체다. 내가 손 놓으면 아무도 그 일을 못 할 것 같지만 잠시 혼란은 있을지라도 일은 곧 정상 궤도로 돌아간다. 내가 사표를 던지면 모두 붙잡을 것 같아 걱정되지만 현실은 누구도 붙잡지 않는다. 우리가 안전하게 생각했던 울타리 밖은 자칫 위험할 수 있지만 또 한편으로 생각지도 못했던 여러 가지 경험과 만족감도 불러올 수 있는 곳이다.

학교에서는 내가 친 시험점수로 평가를 받기도 하지만 내가 누군가를 평가할 수도 있는 곳이다. 기업에서도 누군가를 평가할 수도 있지만 보통은 평가받아야만 하는 곳이다. 평가가 좋지 못하면 승진도 어렵고 일을 지속해나가기도 어렵다. 무엇보다도 이직을 하거나 독립을 하더라도 내 평판은 따라다니기 마련이다. 상사나 조직만 욕할 것이 아니라 나 자신을 조금 더 냉정하게 평가하고 개발해야만 장기적인 성장이 일어날 수 있다.

2

직장생활의 기본기

신입사원은 직장생활의 모든 면을 다 이해하기 어려운 측면이 있다. 그렇지만 직장 내에서 지켜야 할 기본기만 잘 지켜도 신뢰받는 경력사원으로 도약해나갈 수 있다. 하나씩 꼼꼼히 살펴보자.

1) 출근부터 퇴근까지 신입사원의 하루

사람들은 첫 직장 다닐 때 어떤 고민을 할까? 대개 사무실에 들어서자마자 안절부절 못하지 않을까. 어디에서 어떤 자세로 앉고 서 있어야 할지, 무엇부터 시작해야 할지, 지시하면 어떻게 수행하고 완수해야 할지, 업무 수행하면 욕 들어 먹으면서도 어떻게 멘탈을 부여잡고 견뎌야 할지 등의 고민들이 떠오른다.

⑴ 신입사원의 하루 일과 따라가 보기

도서 『아무도 가르쳐주지 않는 직장 생활 센스와 매너』에는 신입사원의 하루 일과가 잘 나타난다. 입사 9개월 차로 나름대로 신입사원 딱지를 벗어났다고 생각하는 회사원의 직장생활로 들어가보자.

오전 8시 55분. 출근길 엘리베이터 안이다. 팀장님이 있다. 그런데 나를 못 본 것 같다. 사람들이 많은데 인사를 할까 말까 망설인다.

오전 8시 58분. 드디어 출근 완료. 와 안 늦었다. 그런데 다들 자리에 벌써 앉아서 일하고 있네. 내가 왔는지 모르나. 사무실이 적막해서 괜스레 인사하기가 쑥스러워 조용히 자리에 앉았다.

오전 10시 5분. 책상 앞에서 일하는 중. 아침에 빨리 걷느라 땀을 흘렸더니 앞머리가 엉망이다. 헤어롤러를 만 채 일하고 있는데 팀장님이 나를 보더니 한숨을 쉰다. 왜 눈치를 주는 것 같지?

오전 11시. 주간 회의가 시작되는 회의실이다. 누가 들어올지 알고 회의실 문을 안 닫고 들어왔다. 그런데 다들 자리에 벌써 앉아 있다. 입구까지 다시 가기에는 조금 먼 자리인데 어떻게 하지? 가서 문을 닫아야 하나, 말아야 하나? 들어오면서 닫을 걸 그랬나? 왜 다들 나만 보는 것 같지?

오전 11시 30분. 여전히 사무실. 메일을 발송했는데 이걸 어째. 첨부파일을 또

빠뜨렸네! 다시보니 거래처 대표님 성함도 잘못 썼네. 발송 취소도 안 되고, 죄송하다고 사과 메일이라도 보내야 하나? 왜 자꾸 실수하지?

오후 12시 00분. 야호 점심시간이다. 근무하느라 챙겨보지 못했던 SNS를 살펴보고 있다. '얘는 언제 또 해외여행을 나갔대, 에이 밉지만 좋아요는 챙겨주자' 그런데 왜 다들 나를 보고 있지. 수저까지 꼭 막내가 놓아야 하나! 가까이 있는 사람이 알아서 놓으면 되지. 그런데 분위가 왠지 좀 싸하네. 다들 기분 안 좋은 일이 있나? 아니면 내가 뭘 잘못했나?

오후 3시 20분. 여전히 사무실 책상 앞. 전화벨이 계속 울려 전화를 받았다. "제 담당이 아니어서… 그건 저도 모르겠는데요. 네? 아니, 왜 저에게 화를 내고 그러세요." 기껏 전화를 당겨 받았더니 화만 내고 참 이상한 사람들 많네.

오후 5시 10분. 부서장실에서 보고 중이다. 연차 쓰겠다고 보고하는데, 왜 뭐라 하며 짜증을 내시는 거지. 연차도 눈치 보고 써야 하는 건가. 지금 맡은 일도 문제없이 잘하고 있는데.

오후 6시. 땡! 와, 퇴근이다. 바로 짐 싸서 나가려는데 왜 다들 제자리에 그대로 있지. 왜 뒤통수가 찌릿찌릿하지. 에라~ 모르겠다. 오늘도 수고했으니 모두 다 잊고 술 한잔 해야지. 끼야호~

눈에 띄는 후배 베스트 10[37]

1. 하나를 말하면 열을 하는 센스만점 눈치파

2. 긍정적인 태도와 밝은 미소 스마일파

3. 인사 잘하는 예의범절파

4. 실수를 인정하고 꾸밈없이 정직한 진지파

5. 시킨 일 척척 해내는 능력파

6. 누구와도 소통을 잘하는 입담파

7. 느려도 끝까지 꼼꼼히 챙기는 성실파

8. 궁금한 것, 하고 싶은 것 많은 반짝 열정파

9. 아이디어 뱅크 창의력파

10. 실패를 두려워하지 않고 일단 해보는 추진력파

2) 직장에서 욕 듣지 않는 방법? 3가지 기본기!

직장생활은 욕값이라는 말도 있다. 직장이 많이 좋아졌다고는 하나 여전히 신입사원들에게는 어려운 것이 회사생활이다. 어렵게 취업한 조카도 첫 직장에서 한 상사에게 계속 압박을 받아서 도저히 견디지 못하고 사표를 던졌다. 조금 더 견뎠으면 싶었지만 사실 나도 첫 직장에서 들었던 욕이 아직도 생생하게 떠오른다. 어쩌면 그런 욕들도 들어 먹을 거라고 각오하고 들어가야 하는 곳이 직장이 아닐까 싶기도 하다.

---

37 출처: 『아무도 가르쳐주지 않는 직장 생활 센스와 매너』, 한경커리어 특별취재팀 저

"너는 이것도 못해? 너는 이것도 몰라?"

"너 대학 나온 거 맞아?"

"너는 한글은 배웠냐? 철자법도 맞춤법도 모르냐?"

"야 이 xx야, 넌 기본이 안 되어 있어, 기본이…."

"이, 기본도 안 된 놈!!!"

상사마다 의도는 다르지만 '기본이 안 되어 있다'는 말을 공통적으로 해서, 꼭 한 번 따져 묻고 싶었다. '도대체 기본이 뭔가요?'

직장생활에서 무엇이 더 중요한지 경중을 따진다면 기본기가 중요하다고 볼 수 있다. 직장생활의 기본은 인사를 잘하고, 약속을 잘 지키며, 출퇴근 시간을 잘 지키고, 올바른 자세로 근무를 하고, 맡은 바 업무를 성실히 수행하며, 열정적이고 적극적으로 성과를 내려는 태도 등이 되겠다.

직장 상사들이 말했던 기본기에 대해서 생각하다 보니 예전에 후배와 테니스 경기했던 기억이 떠오른다. 사실 나는 테니스를 제대로 배워본 적이 없다.

군대생활 할 때였다. 테니스에 대해서 아무것도 모르는 나를 심판으로 내세웠다. 나는 "저는 테니스를 잘 모릅니다"라고 크게 소리쳤다. 그러자 "임마, 여기 선 안으로 들어가면 IN, 밖으로 나가면 OUT, 쉽지 해봐~." 쉽지 않았다. 사실 잘못 판정을 내려도 혼나지만 공정하게 판정을 내려도 혼났다.

일부 고참들이 휴가를 나가자 너도 경기에 참여하라며 복식경기에 아무엇도 모르고 참여하게 되었다. 가르쳐주는 내용도 간단했다. "저기 상대편 선 안으로 들어가면 IN, 밖으로 나가면 OUT, 쉽지 해봐~." 그게 전부였다. 군대생활을 해본 사람은 알겠지만 군대 스포츠에는 모두 '전투'가 붙는다. 참고로 군대 스포츠 활동의 목적은 즐거움이 아니다. 이기는 거다. 그래서 '전투축구, 전투야구, 전투족구, 전투탁구, 전투테니스, 전투태권도 등'으로 부른다. 그러니까 군대의 스포츠정신은 이기는 것이 목적이다. 고참들은 이기면 좋아하고 지면 싫어한다. 재미는 승리에 있었다.

고참은 "너 키 크니까 네트 앞으로 가. 상대 쪽에서 공이 떠서 날아오면 무조건 빈자리로 때려, 알겠지"라고 말했고 그렇게 나는 공중으로 뜬 볼을 빈자리에 내리꽂는 역할을 맡았다. 혼도 많이 났지만 칭찬도 많이 받았다. 그래서 나름 잘한다고 생각하고 제대 후 복학했다.

그런데 테니스를 배우고 있는 후배가 한 번도 실전경기를 못 해봤다고 하소연하는 것이다. 나는 거드름 피우면서 "그럼, 선배가 주말에 한 수 가르쳐 줄게! 장비 챙겨 와" 하고 경기를 치렀다. 그런데 첫 세트는 포인트를 다 줬다. 나는 아직 몸이 풀리지 않아서 그렇다고 하면서 2세트에 들어갔지만 겨우 몇 포인트를 획득했을 뿐 또 졌다. '남자는 5판 3승이지' 하고 세 번째 세트에 들어갔는데 역시 지고 말았다. 여기저기를 헉헉거리며 뛰어다니느라 정신이 없었다.

군대에 있을 때만 해도 분명 공이 떴고 뜬 공을 보고 정확하게 내리치기만 하면 점수를 얻었다. 그런데 문제는 후배가 친 공이 공중으로 뜨질 않는다는 점이다. 네트를 살짝살짝 넘어오는데 백 스트로크까지 완벽했다. 그러니까 그 후배는 기본기가 탄탄해서 내가 이길 수 없었다.

기본기가 중요하다. 경기를 치러보진 못했지만 탄탄한 기본기가 잡혀 있었기에 웬만한 수준 이상으로 잘 쳤던 것이다. 그만큼 기본은 중요하다. 비단 테니스 경기뿐만 아니라 모든 부분에서 기본기가 영향을 끼친다.

나이가 들어서야 도대체 사회생활의 '기본'이라는 것은 무엇인지 내 나름대로 구성요소를 정의해봤다.

첫 번째는 자세와 태도다. 모든 스포츠를 배울 때 다소 경직된 부분이 있기 때문에 룰도 지켜야 하고 올바른 자세를 가지는 것이 중요하다. 몸에 익히는 과정이 결코 쉽지 않다. 직장생활도, 사회생활도 마찬가지다. 대단히 불편하고 어색하기 마련이다. 그럼에도 불구하고 프로페셔널리스트로 도약하기 위해서는 사소한 것이라도 무시하지 않고 기본기를 탄탄하게 갖추는 것이 중요하다.

따라서 몸과 마음의 자세를 바로잡아야 한다. 방법은 간단하다. 몸이 흐트러지면 마음의 자세를 바로잡고, 마음이 흐트러지면 몸 자세를 바르게 잡는다.

바른 자세와 태도는 면접에서도 유용하지만 우리 몸 건강에도 중요하다. 실제로 의자에 흐느적거리듯 기대어 있는 것보다는 턱을 당기고 허리를 S자로 해서 꼿꼿한 자세를 유지하는 것이 처음에는 어색하지만 훨씬 더 오래 건강하게 앉을 수 있는 자세다.

영화 〈킹스맨〉에서 유명해진 대사가 "매너가 사람을 만든다"이다. 그만큼 매너가 중요하다는 사실을 반어법적으로 강조한 것이다. 좋은 매너를 가지고 싶다면 평소에 늘 바른 자세와 태도로 타인을 배려하면서도 자신감 있는 눈빛과 말투와 어조를 사용하도록 노력해야 한다.

불교에서는 여덟 가지의 성스러운 도(道)를 팔정도라 부르는데 '정견·정사유·정어·정업·정명·정정진·정념·정정'을 뜻한다. 종교를 떠나서 우리가 자신을 바로 세우는 데 도움되는 말들이라 공유해본다.

팔정도(八正道)[38]

첫 번째, **정견(正見)**은 바른 견해를 가지고 바른 세계관과 인생관을 가지는 것이다.

두 번째, **정사유(正思惟)**는 행위를 하기 전에 자신의 처지를 언제나 바르게 생각하고 의지를 바르게 갖는 것이다.

세 번째, **정어(正語)**는 정사유 뒤에 생기는 바른 언어적 행위다. 거짓말, 나쁜 말, 이간질하는 말, 속이는 말을 하지 않고, 진실하고 남을 사랑하며 융화시키는 유익한 말을 하는 일이다.

네 번째, **정업(正業)**은 정사유 뒤에 생기는 바른 신체적 행위이다. 사람을 해하는 일을 하지 않으며 생명을 사랑하는 마음으로 자비를 베푸는 선행을 하는 일이다.

다섯 번째, **정명(正命)**은 바른 생활이다. 직업을 바르게 수행할 뿐만 아니라 수면·식사·업무·운동·휴식 등의 일상생활을 규칙적으로 행하는 것이다.

여섯 번째 **정정진(正精進)**은 용기를 가지고 바르게 노력하는 것이다. 정진은 이상을 향하여 노력하는 것이다. 보편적인 선(善)을 추구하며 이에 어긋나는 악(惡)을 줄이고 제거하도록 노력하는 것이다.

일곱 번째 **정념(正念)**은 바른 의식을 가지고 이상과 목적을 언제나 잊지 않

---

38 출처: 팔정도(八正道), 〈한국민족문화대백과사전〉, 〈한국학중앙연구원〉

둘째, 신뢰와 믿음이다. 세상에는 나쁜 사람도 있지만 그럼에도 불구하고 기본적으로는 사람에 대한 신뢰와 믿음이 있어야 한다. 조직 역시도 마찬가지다. 내가 입사한 곳이라면 일단 믿고 일을 추진해야만 한다. 상사의 말을 불신으로 받아들인다면 서로가 불편할 수밖에 없다. 건강한 비평이야 서로에게 필요하지만 불평, 불만만 늘어놓는다면 나에 대한 사람들의 믿음도 끊어지기 마련이다. 인생도 세상살이도 마찬가지다. 비록 세상이 어지럽고 혼란스럽더라도 일단 세상과 자신에 대한 믿음을 가지는 것이 무엇보다 중요하다.

셋째, 보편적인 선이다. 한국인은 모두 철학자에 가깝다. 자신과 타인에 대해 매우 엄격하기 때문이다. 모두 다 옳다고 할 수 있을 정도의 선(善)을 최고의 경지에 둔다. 따라서 다른 사람을 배려하고 섬기는 예의도 중요하게 여기지만 어떤 일을 하더라도 올바르게 행동을 이행하려는 마음자세도 중요하다는 것이다.

그런데 그러다 보니 경직될 정도로 너무 엄격한 경우가 많다. 상사의 요구와 지시가 부당해 보이거나 합리적이지 않은 것으로 보인다고 업무수행하길 주저하는 경우가 간혹 있다. 물론 법적으로 위배되는 일이라면 당연히 거절해야겠지만 그렇지 않은 일이라면 일단 실행해보고 그 과정에서 무엇이 어렵고, 무엇이 불편했고, 어떤 부분에서 이런저런 손실이 발생했는데 이런저런 방법을 통해 수정보완, 개선해나가면 어떨지 하고 제안해봐야 한다.

나는 이 세 가지 요소가 기본기라고 본다. 아마 직장선배들이 내게 그 많은 것들을 한꺼번에 이야기하자니 너무 내용이 길어 "기본기가 안 되어 있다"고 욕하지 않았을까 싶기도 하다. 돌아보니 어떤 욕은 인생에서 보약이 된다.

직장생활도 인생도 결국은 기본기다. 결국 평소 내 삶의 기본기부터 바로잡는 것이 중요하다. 진정한 기본기란 단지 아는 것으로 그치는 것이 아니라 온몸으로 체화해나가는 것이다. 그렇게 기본기를 잘 갖춘 사람은 결국 성공하기 마련이다.

3) 인사는 관계를 맺는 톨게이트 비용

(1) 사람들과 마주칠 때마다 인사해야 하나요?

내가 부서장으로 직장생활을 할 때였다. 타부서장이 새로운 신입사원이 입사했는데 통 인사를 하지 않는다며 면박을 주는 것이다. 나는 직원에게 "왜 인사를 하지 않았느냐"고 조용히 물어봤다. 직장생활하는 동안에는 타 부서라도 상급자에게 인사하는 것이 좋다고 했더니 이미 자신은 인사를 했는데 또 해야 하는 거냐고 억울해하는 것이다. 그럼 마주칠 때마다 인사를 반복해야 하는 것인지 따지듯 물었다. 여러분은 어떻게 생각하는가? 아마도 상당수의 신입사원들도 그렇게 생각하지 않을까 싶다. 그 많은 사람들과 어떻게 일일이 다 인사를 나눈단 말인가.

그래도 나는 인사를 나눠야 한다고 믿는다. 첫 인사는 상대를 보면서 큰 목소리로 최대한 밝게 주고받아야 한다. 이후에 마주칠 때는 그럴 필요까지는 없다. 다만 작은 목소리로 인사하거나 목례나 밝은 미소 정도는 보여줘야 한다.

인사는 관계를 맺고 대화를 풀어나기 위한 톨게이트 비용과 같은 것이다. 인사는 상대와 연결고리를 만들어내기 위한 감정의 잔고를 쌓는 것과 같다. 그런데도 직장에서는 여전히 소통이 안 된다고 토로하는 사람들이 많다. 사실 인사는 신입사원뿐 아니라 상사도 마찬가지다. 누구라도 먼저 보는 사람이 인사하는 것이 예법이다. 꼭 보수적으로 아랫사람이 먼저 인사해야 한다는 관념을 버려야 한다. 선배라면 거들먹거리지 말고 더 밝은 표정으로 인사를 따뜻하게 받아줘야 한다. 조직에서는 몇 번이라도 마주칠 때마다 밝은 표정으로 인사해야 하는 것이다.

인사는 그렇게 상대에 대한 관심을 표명하는 것이다. 상대에 대한 감정은 하나도 쌓아두지 않고 상대에 대한 지적과 비평으로 대화를 나누는 일은 자칫 위험하다.

사회생활은 바른 인사가 성공의 첫걸음이다. 사실 인사는 선배나 상사에게만 하는 것이 아니다. 후배나 힘들게 일하는 분들에게도 공정하게 대하는 것이다. 경비 아저씨나 청소하는 아주머니에게도 친절하게 인사해야 한다. 실제로 청소하는 아주머니에게 씩씩하게 인사를 했더니 그 아주머니가 내가 모시던 회장님에게 나를 칭찬한 적도 있었다. 사람들이 청소하는 사람이라고 무시할 수 있지만 그 아주머니가 당시 그 회사에서 회장님 다음으로 가장 오랫동안 근무한 분이였다. 직책도 부장님이라기에 깜짝 놀랐다. 직장은 그렇게 알게 모르게 연결되어 있기 마련이다. 인사 잘한다고 욕할 사람은 없다.

한 알바생은 한 달에 대기업 연봉 넘게 받을 수 있었다고 하는데 그 비밀은 무엇이었을까? 바로 인사였다.

(2) 인사로 성공한 사례: 김효석 원장

김효석 원장은 인사로 성공한 사람으로 방송인 강호동을 내세운다. 강호동은 비록 방송이라 하더라도 제일 큰 목소리로 제일 즐겁게 만세 삼창을 외친다고 한다. 그것도 90도로 머리를 숙여 인사한다.

인사할 때도 남들은 "안녕하세요. 반갑습니다"라고 말하는데 강호동은 제일 늦게 인사하면서 남들이 하지 않은 인사말들을 찾아내서 인사한다. 예를 들어 "존경합니다, ○○님을 만난 것은 제 인생의 영광입니다" 등으로 아부성 멘트를 한다고 김제동 씨가 이야기한 적이 있다.

그렇게 말하는 김효석 원장 역시 인사로 성공한 모델이다. 그는 청년 시절 아버지가 사업을 망하는 바람에 대학 등록금을 스스로 벌어야만 했다. 돈을 벌기 위해서는 일반적인 아르바이트보다는 영업 쪽이 좋겠다고 판단했다. 신문사의 기업 결산공고 광고영업을 시작했다. 기본급 없이 영업 수주한 만큼의 인센티브만 지급해주는 방식이었다.

모든 기업체는 결산공고를 신문에 게재해야만 했기에 영업만 잘하면 월급 형식보다 훨씬 벌이가 좋겠다고 판단했다. 작은 업체들은 1~2단의 작은 지면에라도 광고해야만 했다. 그래서 어느 신문사인지 크게 개의

치 않았다. 이 작은 기업들을 공략하는 것이 아르바이트생 김효석의 목표였다. 그는 기존 거래처도 없이 신규 개척을 해야만 하는 어려운 상황이었다. 신문사에서 준 것은 명함뿐이었다. 영업이라고 해봐야 이 명함을 들고 인사만 하는 것이 전부였다.

그렇게 해서는 다른 경쟁자들과 차별이 없겠다 싶어 그는 자신이 맡은 지역의 회사를 하루에 한 번만 갔다. 인상에 남을 수 있을 정도로 특이하게 인사를 하자고 다짐했다. 각 회사마다 매주 똑같은 시간대에 찾아가서 인사하기로 마음먹었다. A 회사는 월요일 오전 10시, B 회사는 월요일 오전 10시 30분, Y 회사는 금요일 오후 4시, Z 회사는 금요일 오후 5시에 찾아가는 방식이었다.

그는 회사 문을 열고 들어가자마자 "안녕하십니까. 결산공고 알바생 김효석입니다"라고 큰 소리로 인사했다. 그런 다음 회계팀과 동질감을 느낄 수 있도록 회계학 전공을 강조한 다음 "제가 여러분의 결산공고를 도와드리겠습니다"라고 다시 큰 소리로 외쳤다.

담당자가 없을 경우에는 자신을 기억하도록 만들기 위해 명함을 남겨뒀다. 그것도 담당자 책상 유리판 밑에 사진이 인쇄된 자신의 명함을 빼기 어려울 정도로 깊숙이 넣어뒀다. 그는 나갈 때도 다른 사람들과 다르게 특이하게 인사를 했다.

"안녕히 계십시오." 그렇게 인사하고 나갔다가 다시 문을 열고 들어왔다. "또 안녕히 계십시오"라며 인사하고 나갔다. 세 번째 다시 들어와서는 "마지막으로 인사드립니다. 여러분 모두 건강하십시오"라고 세 번 인사를 하고 나갔다.

직원들은 처음에 "뭐, 저런 놈이 다 있어"라는 표정을 지었지만 모두들 한바탕 웃음을 짓곤 했다. 그는 또한 결산공고 담당자들에게 선물을 준비했다. 학생이라 돈이 넉넉하지 못했던 만큼 최소한의 돈으로 좋은 선물 아이템을 찾아야만 했다. 학교 방송국에서 일했던 만큼 당시 유행하던 인기가요를 녹음한 카세트테이프를 선물해 담당자들의 환심을 쌓았다.

그렇게 두 달이 흘러 결산공고 시즌이 되자 그에게 결산공고를 의뢰하는 기업들이 줄을 이었다. 86학번이던 그는 당시 등록금이 50만~60만 원 정도였는데 첫 달에 300만 원 이상의 인센티브를 받아 주위의 부러움을 샀다. 300만 원이면 당시 대기업 직장인들의 한 해 연봉 수준이었다. 그로부터 김효석 원장은 인사의 중요성을 더 깊이 깨달았다고 한다.

대학 졸업 후 방송국 시험에 떨어져 보험회사에 다니게 됐다. 그래도 뜻한 바가 있어 다시 아나운서 시험에 재도전해서 결국 평화방송국 아나운서로 들어갈 수 있게 됐다. 당시 제작부장이 술을 좋아했는데 다른 직원들은 부장과 술자리 하기를 꺼려했다. 그렇지만 그는 앞장서서 제작부장과 술자리를 자주 가졌다. 제작부장이 말할 때마다 "정말요. 진짜요. 와, 재미있다. 또 해주세요"라고 맞장구쳤다. 실제로 부장에게 이런저런 이야기 듣는 것이 재미있기도 했다. 그렇게 부장님을 쫓아다닌 덕분인지 입사 1년 차에 메인 프로의 MC를 맡으면서 방송국이 발칵 뒤집히며 신문에 기사로 보도까지 되었다.

하지만 김효석 원장은 방송국 아나운서가 아무리 화려해 보여도 결국은 직장인이라는 불안감이 들었다. 이런 한계를 극복하기 위해 8년간의 방송국 생활을 접고 홈쇼핑의 쇼호스트로 전향했다. 홈쇼핑 회사에서는 전혀 다른 직종인 만큼 방송국의 경력을 인정할 수 없다는 것이다. 어쩔 수 없이 기존 연봉보다 깎여서 연봉 2,400만 원에 입사했다. 영업능력을 인정받으면 연봉 인상을 받기로 약속받았다.

그는 '두고 보자'라고 독한 마음을 먹고 홈쇼핑의 MD[39]들에게 계속해서 인사를 건넸다. 매일같이 MD들에게 인사를 나누면서 그들의 책상에 있는 물건들을 눈여겨봤다. 그러고는 그 물품에 대한 정보를 밤늦도록 공부했다. 홈쇼핑에서는 MD들이 제품 구성을 하기 때문에 쇼호스트가 제품에 대한 이해도가 높다는 인식을 주면 자신에게 방송 기회가 많이 주어질 것이라고 믿었기 때문이다.

그리고 MD실을 지나갈 때마다 "와, ○○○ 상품 팔려고요? 백화점에서 얼마에 팔고, 할인마트에서 얼마에 팔던데. 요즘 인기 좋은 제품인데. 와, 우리가 방송하면 대박나겠어요"라고 인사말을 건넸다. 주방 용품이 있으면 용품에 대해 이야기하면서 "제가요, 조리사 자격증이 있어요. 주방장도 했어요"라고 말하며 어머니 식당에서 일했던 경험까지 조금 부풀려 말하기도 했다.

컴퓨터가 MD의 데스크에 있으면 "와, 컴퓨터 멋지다. 얼마예요. 메모리, 하드, CPU는 어떻게 돼요? 와, 사양이 완전 업그레이드 되었네요. 제가 컴퓨터도 제법 아는데요. 혼자 조립도 하는걸요"라고 인사말을 건네며 MD들에게 '김효석'이라는 이름을 각인시켰다.

---

39 MD(Merchandiser): 팔릴 만한 상품을 기획, 검토, 확정, 마케팅하는 상품기획자

그로부터 얼마 안 돼 모 컴퓨터 회사의 노트북 판매 방송 2시간 만에 14억을 판매하는 기염을 토했다. 그 이후부터 회사에서 일 잘한다는 소문이 났다. 6개월 후에 연봉 재계약에 들어갔다. 그는 5,000만 원을 달라고 요구했다. 방송국에서 '조금만 깎아달라'고 해서 "이 정도는 받아야 되잖아요. 알았어요. 4,000만 원 하시죠"라고 말하며 연봉이 인상됐다.

다음 해 1년이 지나서는 그가 최고의 매출을 올렸다. 2시간 만에 52억의 매출을 올리는 신기록을 세웠다. 그래서 그는 연봉 1억을 요구했다. 회사에서 조금 깎자고 해서 9,000만 원에 계약했다. 그로부터 6개월 후 연봉 협상에서는 1억 3,000만 원을 요구했다. 누적 매출만 1,000억 원을 넘었기 때문이다. 하지만 조금 깎아서 1억 1,000만 원에 계약했다. 그렇게 해서 입사한 지 2년 6개월 만에 연봉 1억을 넘겼다. 이후 그는 프리 선언을 하고 그동안의 노하우를 담아 쇼핑 호스트 아카데미를 만들고 종종 배우생활도 하고, 방송도 하면서, 강연가로 교수로 작가로까지 활동 범위를 넓힐 수 있었다.

김효석 원장은 짧은 시간 동안 큰 성과를 낼 수 있었던 이유를 사람들에게 인사를 하며 자신을 알렸기 때문에 가능했던 일이라고 말한다. 다른 사람들에게 '먼저 다가가 인사하지 않으면 아무도 알아주지 않는다'고 말한다. 남들에게 자신을 알리기 위해서는 먼저 인사부터 잘해야 한다고 그는 강조한다. 결국 성공의 출발점은 인사라는 것이다[40].

---

40 출처: '설득의 화술' 강의, 김효석

⑶ 인사로 성공한 사례: 가수 김민우

인사로 성공한 또 다른 사례로는 가수 김민우 씨를 들 수 있다. 김민우 씨는 1990년대 〈사랑일 뿐이야〉, 〈입영열차 안에서〉 등의 히트곡을 내며 많은 사랑을 받았던 가수다. 그러나 제대 후 서태지와 아이들이 크게 반향을 일으켜 가요계에서 인기가 시들해졌다.

끝까지 가수로 성공하기 위해 통기타 가수로 작은 무대에도 올랐지만 더 이상 견딜 수 없었던 그는 자동차 세일즈맨이 된다. 처음에는 자신과 같이 내향적인 사람이 어떻게 세일즈를 할 수 있나 하는 의문이 들었지만 연예인이라는 허울 좋은 타이틀도 던져버리고 일에 몰두해 Top 세일즈맨으로 거듭난다.

처음에는 낯선 고객을 만나는 것이 어색했다. 얼굴빛이 붉게 변하기 일쑤였다. 그렇지만 반가운 인상을 전하기 위해 매일같이 인사연습을 했다. 덕분에 고객들에게 호감을 줄 수 있었다. 그런 모습을 본 한 할머니가 그를 좋아했다. 아들에게 청년을 칭찬하고 함께 와서 계약하려는데 아들이 손사래를 치며 연예인이라고 싫은 내색을 했다. 다른 곳에서 사드리겠다며 자리를 떠나게 되었다.

김민우 씨는 싫은 내색도 하지 않고 겸손한 태도로 90도로 깍듯이 인사했다. 오랫동안 그렇게 떠나는 차량을 향해 인사하는 그 모습을 뒷좌석에서 본 할머니가 '저런 사람을 안 믿으면 도대체 누구를 믿어야 하냐'며 차 돌리라고 한 뒤 차량을 구입하게 된 사연도 있었다. 그만큼 인사 하나가 사람의 마음을 움직이게 만들기도 한다.

⑷ 인사로 성공한 사례: 청원경찰 한원태

청원경찰 한원태는 불시에 점검 나온 본사 직원으로부터 불친절한 인상이라는 평가를 받고 충격을 받는다. 나쁜 인상을 고치기 위해 거울을 보고 매일같이 하루에 백 번씩 인사 연습을 하고 출근했다. 그 덕분에 많은 고객들이 그를 찾았다. 은행창구보다 청원경찰인 그를 더 신뢰하며 모든 것을 맡기는 손님들이 늘었다. 그는 그렇게 정규직 직원으로까지 승진했고, 고객들은 그에게 더 많이 몰렸다. 자신이 유치한 금액만 300억에 이를 정도였다. 심지어 연로하신 분들은 유산으로 자신에게 재산을 맡길 정도였다.

이렇게 이야기하면 학생들은 매우 특별한 경우의 사람들에게 해당되는 케이스라고 보는 경우가 많다. 그러고는 자신의 표정을 바꾸려고 하지 않는다. 하지만 취업 현장에서도 그런 사례는 비일비재하게 일어난다.

면접장에서만 밝은 표정을 짓는다는 것은 가식적으로 보일 수 있다고 생각한 한 학생은 몇 개월 동안 하루 종일 밝은 미소를 짓기 위해 노력했다. 어느 순간 웃는 게 습관이 되었다. 그로 인해 100대 1의 경쟁률을 뚫고 승무원이 될 수 있었다고 한다. 그러면 또 그건 서비스직에 해당되는 일 아니냐고 반문하는 학생들이 있다.

그렇지만 이공계에서도 표정은 통한다. 한 친구는 엔지니어였고 한 친구는 프로그래머였다. 두 사람 모두 9개월 가량 취업전선에서 탈락하던 중이었다. 그나마 서류전형은 통과하는 경우가 많았는데 면접만 들어서면 100전 100패였다. 굳은 표정부터 고치자는 조언에 반신반의했지만 일단 미소와 표정 연습을 하면서 면접장에서 확인해보자는 마음으로 밝은 표정을 계속 유지했다. 그 결과 다섯 번 면접을 봐서 세 번을 합격했다. 그만큼 효과가 있을 것이라고는 상상하지 못했다고 한다. 그러니 부디 밝은 표정을 만들어보자.

미소는 운명조차 바꾸는 힘이 있다. 우울하다고 우울한 표정을 지으면 우리 두뇌는 더 우울한 생각에 빠져든다. 하지만 우울한 기분이 들어도 밝게 미소 지으면 우리 두뇌는 우리 주인님이 기분이 좋은가 보다 하고 착각한다. 우리 자신의 표정이 우리 자신의 감정까지 만드는 것이다.

당신은 부정적으로 보이고 싶은가, 긍정적으로 보이고 싶은가. 그러니 조금 억지로라도 더 밝게 미소 지어 보자. 돈이 안 드는 최고의 성형이 바로 미소라고 하지 않던가! 부정적 기운을 내뿜으면 부정적 기운이 들어오고 긍정적 기운을 내뿜으면 긍정적 기운이 들어오기 마련이다. 힘들어도 긍정적 에너지를 내뿜으려 노력해보자.

(5) 상황별 인사 예법

인사도 예법이 있다. 공수법이라 하여 여성은 오른손을 위로, 남성은 왼손을 위로 올려 한 손을 감싸 안은 상태로 인사하는 예법이다. 남성의 경우 손을 감싸지 않고 양손을 모두 내려 양쪽 허리 밑에 두고 인사하는 방식이 더 일반적이다.

인사할 때 각도보다 더 신경 써야 할 부분은 어깨를 바로 하는 것이다. 자칫 어깨가 삐뚤어질 때 눈빛이 마치 째려보는 것처럼 보일 수 있기 때문이다. 고개를 숙이고 인사할 때는 상대의 눈을 쳐다보지 않도록 한다.

고개를 숙인 상태에서 상대의 눈을 바라보게 되면 눈동자가 희번덕거리는 듯 보여 이상하게 보이기 때문이다[41].

인사는 각도에 따라 목례, 보통례, 정중례로 나눠진다. 목례는 상체를 숙이지 않고, 가볍게 머리를 숙인다. 대략 15도 각도다. 보통은 계단이나 엘리베이터와 같이 좁은 공간에서 마주쳤을 때나 화장실이나 식당에서 마주칠 때, 전화 통화 중에 상대방과 눈이 마주칠 때, 그다지 가깝지 않은 사이이거나, 이미 크게 인사를 나눈 상황에서 다시 만났을 경우에 나누는 인사 예법이다.

보통례는 정지한 상태에서 상체를 30도 정도로 고개를 숙이는 인사 예법이다. 목과 어깨, 허리 등이 함께 움직이도록 한다. 1초 가량 정지한 자세를 유지한다. 보통 고마움을 표현할 때나 중요한 비즈니스 미팅 때, 다수의 대중 앞에서 인사를 할 때 인사하는 방식이다.

정중례는 완전히 정지한 상태에서 상체를 45도 정도로 깊이 고개를 숙인다. 이때 목과 어깨, 허리 등을 함께 움직이며 일직선이 되도록 해서 3초 가량 정지한 자세를 유지한다. 보통 예의를 갖춰 감사를 표현할 때, VIP나 단체 손님을 배웅할 때, 규모가 큰 행사를 시작하거나 마무리할 때, 진심으로 정중하게 사과할 때 인사하는 예법이다.

면접장에서의 인사 예법에 정해진 것은 없지만 내 의견으로는 이 세 가지 인사를 모두 다 써보길 권하고 싶다. 입장해서 들어올 때는 밝은 미소를 띠며 가벼운 목례를 하고, 면접자리에 앉기 전에 보통례로 인사를

---

[41] 출처: '사회 초년생을 위한 비즈니스 예절', 〈매거진한경〉

하고, 면접이 다 끝나고 일어서 마지막 인사를 할 때 정중례로 해보면 좋은 인상을 줄 수 있지 않을까 싶다.

인사가 아무렇지 않은 것 같지만 이게 해보면 쉽지 않다. 항공 승무원이나 호텔서비스 업무하는 분들을 보면 분명 인사가 보통 사람하고 확연하게 차이가 난다. 그만큼 반복 훈련을 통해 몸에 익혔기 때문이다.

가능하면 인사 예법을 누군가로부터 배울 기회가 있다면 부끄러워하지 말고 배워두길 권한다. 만일 그럴 상황이 안 된다면 거울을 보면서 인사를 연습해보는 것이 좋다. 다만 그것만으로는 셀프 체크가 어려울 수 있으므로 취업동아리 회원이나 친구들에게라도 피드백 받으면 좋다. 이 때 꼭 스마트폰으로 촬영해서 자신의 포즈를 바로잡으려는 노력을 기울이면 더 좋다.

인사와 한 세트는 표정이다. 아무리 바른 자세로 인사를 하더라도 표정이 별로면 신뢰가 가지 않는다. 물론 밝은 미소를 띤 표정이 더 좋다. 아무래도 사람들은 긍정적 인상에 본능적으로 호감을 느끼기 마련이다!

4) 출근 복장 차림

직장생활을 할 때였다. 어느 추운 겨울에 따뜻하게 몸을 보온하려고 골덴바지를 입고 회사에 출근했다가 그날 사장님에게 크게 혼난 적이 있다. 그때 당시에는 다소 어이가 없었다. 옷이야 아무렇게나 입으면 되지 않는가 하는 생각이 들었기 때문이다.

그래서 우리는 페이스북 창업자 마크 주커버그와 같은 사람들의 인터뷰에 환호한다. 주커버그는 "나는 매일 복잡한 의사결정을 해야 하기 때문에 '오늘 무엇을 입고 나가지?' 이 따위의 고민을 하지 않는다!" 고 말했다.

애플의 창업자 스티브 잡스 역시 살아생전에 주로 하던 말이다. 실제로 그는 매일같이 똑같은 복장으로 나타났다. 청바지에 검은색 터틀넥 스웨터다. 잡스룩이라는 단어까지 생길 정도로 그와 똑같은 복장을 입고 다니는 사람들도 많았다.

평범한 우리는 이런 사람들의 글과 생각을 읽으면 감탄하면서 그들이 이야기한 문장을 자신의 SNS에 도배하고 다른 사람들에게 공유한다. 그리고 앞으로 자신도 꾸미지 않는 소박한 삶을 살아가겠다고 다짐하며 허름한 복장에 떡진 머리도 마다하지 않고 당당히 세상 밖으로 나선다.

그러나 주의해야 한다. 평범한 우리들은 영화나 드라마에 출연한 것도 아니며, 애플이나 페이스북 같은 기업을 소유하지도 않았다는 사실을 말이다. 유명 연예인이나 유명 기업가, 유명 작가, 유명인, 부자들은 그렇게 허름한 복장을 입고 다녀도 괜찮다. 다들 소박하다고 칭찬하기 마련이다. 그러나 평범한 우리가 그렇게 다니면 누구도 거들떠보지 않는다. 명품으로 치장하라는 뜻이 아니다. 최대한 깔끔하고 세련된 복장으로 입고 다녀야 한다는 뜻이다. 그래야 기회도 온다. 기회는 면접장에서만 오는 것이 아니다. 전혀 생각지도 못했던 순간에 생각지도 못했던 기회가 찾아온다.

3

비즈니스 교제 방법

1) 소개하는 법

직장생활 하다 보면 다른 부서 사람들과 만날 때도 있고 출장 가서 비즈니스 파트너와 만날 때도 있다. 이럴 때 자기소개만으로도 깊은 인상을 남길 수 있다. 상대에게 좋은 인상을 남기면 좋은 결과를 불러올 가능성도 높아지기 마련이다.

그렇지만 자기소개가 생각보다 그렇게 쉽지 않고 달갑지도 않다. 그래서 자기소개를 해야만 하는 자리는 어색해서 회피하는 경우가 많다. 그렇지만 다양한 사람들을 만나야 하는 보직에 있는 사람이라면 그런 자리를 기피하고 있을 수만 없다.

연습만이 살길이다. 면접에서만 자기소개가 필요한 것이 아니다. 생존현장에서는 더 많은 자리가 있기 때문이다. 10초 정도의 짧지만 임팩트한 자기소개와 더불어 1분 정도의 조금 긴 자기소개 레퍼토리를 미리 준비해둔다. 상황에 따라 시간조절을 하면 된다.

직위가 높은 사람을 수행해야 할 경우에 먼저 대답을 요구하지 않는 경우 말을 삼가한다. 상사의 안내에 따라 교제하면 된다. 그러나 상사가 그 모임에 낯선 상황일 경우 주위 사람들에게 적극적으로 상사를 소개한다. 진심으로 존중하는 태도로 상사의 장점을 언급하며 소개하면 더 좋다.

2) 악수하는 법

코로나19 이후 악수 문화가 많이 퇴색되긴 했지만 여전히 악수를 선호하는 사람들이 있다. 상사나 비즈니스 파트너가 악수를 청하는데 피해서는 좋은 인상을 주기 어렵다. 상대가 악수를 청하면 응해야 한다. 피치 못할 사정이 있을 경우에는 이유를 이야기하면 된다. "제가 지금 감기에 걸려 악수하기가 송구합니다"라든가 "제 손목에 조금 문제가 있습니다"라는 식으로 완곡하게 거절하면 된다.

악수를 교환할 때는 손목만 흐느적거리듯 힘없이 잡아서는 안 된다. 무성의하거나 자신감 없는 사람으로 보일 수 있다. 영어로는 이런 악수를 데드 피쉬(Dead Fish)라고 표현한다. 마치 죽은 물고기를 잡은 듯한 인상을 줄 수 있어 나쁜 악수를 의미한다.

악수할 때는 어느 정도 살짝 힘을 주어 손 전체가 꽉 마주 잡힐 수 있도록 한다. 물론 지나치게 힘을 주는 행위도 좋지 않다. 만일 본인의 나이가 상대보다 어리거나 직급이 낮을 경우에는 먼저 악수를 청하지 않고 기다리며 상대의 반응에 따라 행동하면 된다. 다만 여성일 경우는 먼저 요청할 수도 있다. 이때 한 손으로 악수를 받으면 된다. 여성에게는 두 손으로 감싸듯 악수하지 않도록 유의한다.

악수하는 방법은 일어서서 상대의 눈을 보며 반드시 오른손으로, 상대가 내미는 손에 손바닥이 잘 맞아 닿도록 끼고, 살짝 고개를 숙여 예의를 표하며 눈을 맞추는 것이 핵심이다. 이때 손을 너무 세지도 않고 너무 흐느적거리지도 않게 적당한 악력을 주고, 팔꿈치 높이에서 1~2초 정도 유지해주는 것이 좋다.

3) 명함 관리 방법

직장생활하다 보면 꼭 가지고 다녀야 하는 것 중에 하나가 명함이다. 돈을 지갑에 넣듯이 명함은 명함 지갑에 넣는 것이 좋다. 비즈니스맨이라면 꼭 명함을 주고받을 때가 많은데 나름대로의 예의가 필요하다.

명함은 명함 지갑에서 꺼내는 것이 예의이며, 명함을 건넬 때 상대방이 바로 읽어볼 수 있도록 건네야 한다. 뒤집어서 건네거나 측면으로 건네면 안 된다. 명함을 받으면 상대의 명함 앞뒷면을 훑어보고 그 사람의 전문 분야에 대한 주제로 스몰토크를 시도해본다.

> **명함 교환 방법[42]**
> 1. 아랫사람이 윗사람에게 먼저 건넨다. 단, 다른 회사에 방문할 때는 직급에 관계없이 방문자가 먼저 건넨다.

2. 먼저 건넬 경우 명함을 두 손으로 쥐고 건네거나 한 손으로 명함을 잡고 한 손은 받쳐서 건넨다.

3. 건넬 때는 "○○ 소속의 ○○○입니다"라고 소속과 성명을 밝힌다. 받는 경우 "네, 반갑습니다. ○○ 소속의 ○○○입니다"로 인사말 한다.

4. 의자에 앉을 경우 테이블 우측에 받은 명함을 놓아둔다. 여러 장일 경우 직급 순으로 위에서 아래로 놓는다.

가능한 명함은 어느 쪽이 주거나 받았을 때 차례대로 건네 주고받는 것이 좋다. 경우에 따라 명함을 동시에 주고받게 될 경우 오른손으로 건네고, 왼손으로 받아 다시 오른손으로 옮겨 잡는다.

이렇게 받은 명함은 바로 정리하도록 한다. 그렇지 않으면 명함이 수북이 쌓여 관리하기 난감해진다. 가능하면 당일 바로 정리하거나 일주일에 한 번 정리한다. 엑셀로도 그 사람의 소속과 직업, 연락처, 만난 계기, 인상착의 등을 기록해두면 좋다. 명함 앱이나 스캐너 등의 디지털 도구를 활용해도 좋다.

---

42 출처: '사회 초년생을 위한 비즈니스 예절', 〈매거진한경〉

4

일 잘하는 법

1) 직장생활에서 꼭 지켜야 할 단 하나의 예절, 태도

직장생활은 참 힘들다. 낯선 환경에서 낯선 사람과 낯선 업무를 해야 하기에 그렇다. 직장생활 요령이나 직장예절에 대해서도 한 권의 책으로 다 담기 어려울 정도로 많아 어렵게 느껴질 수 있다.

여러분은 테이블 매너를 잘 알고 있는가. 사실 나도 잘 모른다. 한국인으로서는 너무 복잡해 굳이 그런 것까지 배워야 하나 싶었다. 물론 호텔에서 일하거나 주요 VIP들을 만나야 하는 업무에 있는 사람들은 그런 매너까지 모두 배워야 할 것이다.

그런데 직장생활 예절은 테이블 매너보다 훨씬 더 복잡하며 그래서 배워야 할 게 훨씬 더 많다. 직장예절이란 옷차림부터 인사할 때, 보고할 때, 걸을 때, 식사할 때, 전화받을 때, 전화 걸 때, 경조사에 참석할 때, 이메일이나 메신저 주고받을 때, 명함을 건네주고 받을 때, 누군가의 호칭을 불러야 할 때 등 직장생활 안에서 이루어지는 모든 말과 행동을 포함한다.

날마다 작성해야 하는 문서작성과 보고서 작성 요령에서부터 글쓰기 요령, 발표 능력, ppt 제작 요령과 눈에 보이지 않는 책임감과 애사심 등에 이르기까지 포괄적으로 직장 매너에 포함할 수 있다.

이렇게 알아야 할 직장예절이 많으니 어려움을 겪을 수밖에 없는 것이다. 한 번에 다 배우기도 어려울뿐더러 짧은 기간 동안에 배우기란 더더욱 어렵다. 그렇지만 조금 모르더라도 괜찮다. 하나씩 하나씩 배워나가면 되기 때문이다. 중요한 것은 태도다. 올바른 태도를 가진 인재와 그렇지 못한 인재는 기업의 사활을 걸 만큼 중요한 부분이기 때문이다.

2) 신입인 제가 회식장소까지 잡아야 하나요?

회사에 입사한 지 얼마 되지도 않았는데 점심 먹을 식당을 알아보라고 한다. 고향도 아니어서 지리도 잘 모르는데 이런 잡일까지 맡아야 하나 한숨이 나온다는 직장인이 있었다. 당시에는 지금처럼 인터넷이 발달하지도 않아서 더 난감하던 때였다.

그렇지만 한 신입사원은 달랐다. 괜찮은 회식장소를 마련하기 위해 회사근처 식당을 돌아가면서 맛을 보고 맛집리스트를 만들어 점심, 회식, 손님 접대 등을 도맡았다. 동료와 상사들이 감탄할 정도였다. 그에 대한 평가가 나쁠 수 없었다. 다들 뭐라도 하나 더 챙겨주려고 했다. 결국 그는 승진에 승진을 거듭해 임원까지 올랐다.

3) 출퇴근 시간만 잘 지키면 되는 것 아닌가요?

요즘 같은 시대에 "남들보다 조금 더 일찍 출근하고, 조금 더 늦게 퇴근할 각오로 직장생활을 해라"라고 조언하면 '말도 안 된다, 당신이 돈을 더 줄 거냐'고 따지는 사람들이 많으리라 생각한다.

그래서 평범한 직장인들의 머릿속에는 출근하자마자 퇴근 생각이 머릿속을 가득 채우고 있다는 웃픈 짤(카툰, 이미지)도 널리 회자되었다.

만일 그래도 성공하고 싶은 마음이 크다면 나는 1시간 일찍 출근하고 1시간 정도는 늦게 퇴근할 각오로 일해보라고 권유해보고 싶다. 그러면 시급을 더 줄 거냐고 따지고 싶은 분들이 많을 거다. 그렇지만 만일 제일 일찍 출근해서 제일 늦게 퇴근할 각오로 임한다면 분명 그 사람은 더 나아질 것이다.

물론 단순히 오래 일한다는 것만으로 업무의 질을 따지기는 어렵다. 어떤 사람들은 유능한 사람들은 한가롭다고 말하기도 한다. 하지만 실제로 성공한 사람들을 만나보면 바쁜 사람에게 일을 맡긴다고 한다. 유능한 사람들은 바쁘더라도 어떻게 해서든 일을 잘 마무리한다는 것이다.

내가 모셨던 거의 모든 상사나 사장님들은 꼭 늦은 밤에 한 번씩 갑자기 사무실에 들리곤 했다. 거의 순찰하다시피 돌아다니면서 사무실 현장을 스캔하는 것이었다. 누가 더 오래 근무하는지 살펴보고 그해 인사고과평가에 반영하는 경우도 있었다. 그래서 일은 별로 안 하고 눈치만 살피려고 남아 있던 직장인들도 제법 많았던 시절이 있었다.

이런 이야기를 꺼내면 구시대적 발상이라며 외국의 성공한 기업가들은 그렇지 않을 것이라고 생각한다. 그러나 스티브 잡스의 자서전을 읽어보면 정말 혹독할 정도로 직원들을 몰아붙인다. 한 번 출근하면 퇴근이 없을 정도로 밀어붙이는데 중요한 프로젝트가 있을 때는 몇 개월씩 하루 평균 16시간씩 근무하는 것이 예사였다. 다시 말해 유명한 경영자들조차 성실성을 따진다는 것이다. 나는 직업군인 생활을 했었는데 군대생활을 할 때나 직장생활을 할 때도 마찬가지다. 상사들은 아무리 새벽까지 술을 마시더라도 다음 날 출근만큼은 정확하게 지키길 원한다. 성실하기만 해도 최소한 욕은 덜 먹는다. 경력 초기일수록 성실함은 성공의 뼈대라는 사실을 잊지 말아야 한다.

오래 전에 엄마대학 황신아 총장이 페이스북에 올린 글이 인상적이었다. 그녀는 20대 초반에 직장생활을 하면서 매일 오전 6시 30분에 출근했다고 한다. 출근시간보다 1시간 30분이나 일찍 출근한 것이다.

그녀는 일찍 출근해서 사무실 청소를 했다. 청소하시는 분은 있었기에 청소하시는 분들이 하지 않는 부분을 청소했다고 한다. 개인 책상은 직원들이 개별적으로 청소를 해야 하는데 대부분의 직원들이 청소를 제대로 안 한다고 했다. 그래서 그녀는 일찍 출근해서 모든 직원들의 책상을 청소했다. 칭찬도 많이 들었지만 욕도 많이 먹었다. "가시나가 잘 보이려고 별 지랄을 다하네." 이런 식으로 노골적으로 욕하는 직원도 있었다. 그렇지만 회사 일이 너무 좋았고 감사해서 한결같이 일찍 출근해 청소를 했다.

오전 6시 30분에 출근하는 그녀

그러니 그녀를 좋아하는 직원들이 많았다. "남자친구 있느냐, 내가 소개해주겠다" 이런 요청도 많았다. 그렇게 한 남자를 소개 받았는데 그 남자가 사귀고 싶다면서 만나는 동안 매일같이 출근시켜주겠다고 했다. 그녀는 "힘들 걸요" 하고 웃었다. 남자는 "남자가 말을 내뱉으면 책임을 져야죠. 저는 꼭 지킵니다"라고 했다.

그런데 그녀가 오전 6시 30분에 출근한다는 이야기를 듣고 살짝 놀랐다. 앞에서 내색은 못 하고 소개시켜준 사람에게 전화를 걸어서 "왜 생산직 직원인지 미리 말해주지 않았느냐"고 따졌다. 그랬더니 "그게 무슨 소리냐"며 "우리 회사의 사무직 정규직 직원이다"라고 말하는 것이다. 그런데 어떻게 오전 6시 30분에 출근하느냐 했더니 그동안의 사정을 이야기해주었다.

남자는 깊이 깨달은 바가 있어 "이 사람을 꼭 잘 붙들어야겠다"고 다짐했다고 한다. 그녀를 회사에 출근시켜 주고 바로 회사로 향하다 보니 자신도 1시간 이상 일찍 출근하게 된 것이다. 남자는 당시 영업사원이었는데 일찍 출근해서 고객 리스트를 작성하고, 고객에게 연락을 취할 방법을 강구하고, 고객에게 전달할 정보를 학습하고 정리하는 등의 업무 준비를 조금 더 철저하게 할 수 있었다.

덕분에 높은 연봉 인상이 있었고 몇 년 후에는 두 배 정도로 연봉이 인상되었다. 황신아 씨는 그와 결혼하고 아이를 가지며 직장을 그만두었는데 회사에서는 언제든지 다시 출근해도 좋다는 연락을 받았다. 첫째 아이 때도 그랬고, 상당 시간이 흐른 후 둘째 아이 때도 다시 와 달라는 전화가 왔다.

그만큼 성실함의 중요성을 보여준 사례가 아닐까. 내가 받은 만큼만 일한다는 사고로 일하면 나중에는 결국 성장에 제한적일 수밖에 없다. 항상 내가 받은 것 이상으로 일한다는 생각으로 일하면 결국은 그 보상이 나에게로 되돌아오기 마련이다.

4) 하고 싶은 일 VS 잘하는 일

'하고 싶은 일을 해야 할까, 잘하는 일을 해야 할까' 하는 고민들 많이 해봤을 것이다. 강연을 하다 보면 빠지지 않고 나오는 단골질문 중에 하나다. 여러분들은 어떤 일을 해야 한다고 생각하는가?

도서『직장 생활 힘 빼기의 기술』의 저자 마쓰모토 도시아키는 전략컨설턴트로서 6,000여 명의 성공한 리더들을 만나면서 그들에게서 발견한 공통점이 있었다고 한다.

성공한 리더의 선택

사람들은 최고의 자리에 오른 일류들은 자신이 하고 싶은 일을 해서 성공했을 것이라고 생각한다. 하지만 인사전략 컨설턴트로서 지금까지 6,000명에 달하는 리더들을 지켜본 바에 따르면 그들 중 원래 하고 싶었던 업무를 하는 사람은 그리 많지 않았다.

"하고 싶다는 생각을 해본 적은 없었지만 막상 해보니 재미있고 성과도 좋았어요. 푹 빠져서 일하다가 문득 정신을 차리고 보니 저에게 성공했다고 말하더군요."

이처럼 리더는 처음부터 자신이 하고 싶었던 업무가 아니라 자신에게 주어진 업무로 성과를 내고 있었다는 것이다.

직장생활을 하다 보면 내가 좋아하는 일이나 하고 싶은 일이 아니라 조직에서 요구하는 일을 수행해야만 하는 경우가 많다. 그러다 보니 직장생활이 재미없게 느껴지는 것이리라. 그렇지만 그런 일조차도 수동적으로만 받아들일 것이 아니라 적극적으로 받아들이다 보면 잘하게 된다는 것이다.

일단 한 분야에서 성공해서 잘하게 되면 다른 분야로의 이동도 그렇게 어렵지 않다. 주위 사람들의 긍정적 시선도 한몫하고 본인 역시도 성공하는 로직을 터득해봤기 때문이다.

그러니 하기 싫은 일이라도 대충하기보다는 주어진 업무라면 일단 성실히 임해보자. 그래도 도저히 아니라는 순간이 온다면 그때 다른 직무를 선택해도 늦지 않다.

내 대학동기 중에 한 명도 개발팀에 있었으나 도저히 자신과 맞지 않다는 사실을 깨닫고 영업팀으로 배정해달라고 요청했다. 영업 부서에서는 일을 잘해서 성과를 내며 회사에도 크게 기여할 수 있었다. 그런데 그 과정에서 자신감을 얻어 독립해서 창업에 성공했다. 지금은 연간 수백억 원대의 매출을 올린다는 이야기에 놀랐던 기억이 있다. 그러니 일단 맡은 업무에 충실해 보고 그다음 결정해도 늦지 않다.

5) 업무수행 잘 하는 법, PDCA 사이클

아무런 계획 없이 일을 처리하다 보면 완수하는 데 시간이 많이 걸릴 뿐 아니라 어떤 경우에는 프로젝트 마감을 놓치게 되는 경우도 발생한다. 이럴 때 좋은 방법이 PDCA 사이클로 기획해보는 것이다.

잘 짜인 계획이란 어떻게 하면 목표를 이룰 수 있을지 생각한 뒤, 실행하기 위해서 넘어야 할 장애물과 결과를 예측한 다음 문제 해결 방안을 마련하는 것을 말한다. 이렇게 하면 계획을 세워 검증하는 과정에서 PDCA 사이클, 즉 계획하고(Plan) 실행하고(Do) 검증하고(Check) 개선하는(Act) 업무 사이클이 형성되어 검증을 거듭할수록 완벽에 가까워진다[43].

그런데 막상 PDCA 사이클을 실행해도 원활하게 이뤄지지 않는 경우가 많다. 왜 그럴까? 왜 우리는 계획으로만 그치고 성과로 이어지지 않고, 실행으로만 그치고, 또 평가로만 그치고 개선으로 이어지지 않는 것일까?

우리가 계획을 잡을 때 목표나 계획이 애매모호하기 때문일 수 있다. 면밀하게 계획을 수립하지 않고 무턱대고 실행했기 때문일 수 있다. 목표나 계획을 함께하는 구성원에게 제대로 공유하지 않았기 때문일 수 있다.

실행으로만 그치는 이유는 계획을 그림의 떡으로만 놔두고 정작 실행

---

43 출처: 『직장 생활 힘 빼기의 기술』, 마쓰모토 도시아키 저

에 옮기지 않아서 일 수 있다. 또는 실행했지만 완전히 마치지 않은 상태에서 실행을 그만둬 버리는 경우가 그렇다. 실행을 해나가면서 중간 점검을 하며 변수를 고려해야 하는데 그런 과정을 거치지 않고 끝까지 몰아쳐서 진행해버려 성과가 없을 수 있다.

평가로만 그치는 이유는 일을 벌여놓기만 하고 점검과 평가를 하지 않기 때문이다. 목표나 계획이 애매해서 마지막에 제대로 평가할 기준이 없기에 평가 자체를 못한 것이다. 성과가 나오지 않는 원인을 규명해야 하는데 잘못된 책임 추궁만 하는 경우가 그렇다.

개선으로 이어지지 않는 이유는 실패하고 반성한 점을 다음 단계에 활용하거나 적용하지 않기 때문이다. 업무 방식은 개선하지 않고 구성원에게 더 열심히 일할 것을 강요한다. 결국은 수박 겉핥기식 개선책을 그때그때 세우기 때문이다[44].

---

44 출처: '담덕의 경영학노트', 〈모든 경영의 답〉

5
소통 잘하는 법

직장생활에서나 사회생활에서 어려운 것 중에 하나가 대인관계다. 대인관계를 어려워 하는 이유 중에 하나가 대화다. 낯선 사람들을 만나서 이야기를 나눠야 하는데 어떤 주제로 어떻게 대화를 해야 할지 난감해 하는 경우가 많다. 이에 작게는 스몰토크를 하는 법에서부터 고객, 직장 상사와 소통하는 방법까지 하나씩 알아보자.

1) 스몰토크 잘하는 법

대화할 때 진지하게 말하는 편이라 상대가 재미없게 느끼는 경우가 있어 고민하던 학생이 어떻게 하면 스몰토크를 잘할 수 있을지 물어왔다.

스몰토크란 '서로 잘 모르는 사람들이 심각하지 않은 어떤 소소한 주제에 대해 나누는 대화'다. 낯선 사람뿐만 아니라 가까운 사람들에게도 친밀도를 높일 수 있는 중요한 화법이다.

스몰토크의 역할은 다양한데 무엇보다도 다른 사람들과 친밀감을 형성하기 위해서 필요하다. 잘 모르는 사람들과의 대화조차 시작을 부드럽게 만들기 위해서 유용하다. 대화를 나누다 침묵이나 어색함이 있을 때 이런 순간을 보완하기 위해서도 필요하다.

스몰토크를 잘하기 위해서는 첫째, 부담스럽지 않은 가벼운 주제가 좋다. 그러기 위해서는 일상적인 주제가 좋다. 기본적으로는 날씨, 계절, 꽃, 가족, 요리, 음식, 반려동물, 계절, 일상의 깨달음 등이 되겠다.

둘째, 최신정보를 나누면 좋다. 아무래도 흥미가 있을 만한 최신정보면 더 좋다. 누구나 좋아할 법한 영화도 좋다. 물론 스포를 하지 않고 자신이 인상 깊게 받은 느낌을 짧고 재밌게 포인트만 잘 전달하면 좋다. 경우에 따라 자신이 속한 전문 분야의 학문이나 논문, 산업계 소식을 전하는 것도 좋다.

셋째, 사람들이 궁금해하거나 관심 있거나 좋아할 주제나 정보도 좋다. 많은 사람들이 직접 맛본 맛집이라든지 좋았던 여행지 추천을 좋아한다. 투자에 관심 있는 사람들이라면 주식, 부동산, 가상화폐 등의 주제도 좋다. 다들 건강에 관심이 많은 만큼 운동, 스포츠센터, 병원, 한의원 이야기도 좋다. 같은 성별끼리 있을 경우 모발 관련 주제도 좋다. 중년 남성들은 모발 이야기가 나오면 군대만큼이나 많은 이야기가 쏟아진다. 자동차나 사고 경험 같은 이야기도 좋아한다. 화제가 되는 연예인이나 유명인물, 책이나 다큐에서 본 존경받을 만한 인물도 좋다. 단순히 성공한 인물보다는 자신의 삶을 헌신하며 남다르게 살아가는 사람들의 경우에는 절로 존경심이 들기 때문에 그런 인물들을 언급하면 좋다. 우리는 도달할 수 없는 위치에 있는 사람을 누구나 존경하기 때문이다. 그 외 남자들은 군대 이야기나 금연 경험 등도 좋고, 여자들은 패션이나 화장품, 성형수술 같은 이야기도 다루기 괜찮은 주제다.

다만 어떤 주제의 이야기든 너무 길게 늘어놓으면 사람들의 흥미가 떨어진다. 그런 만큼 짧게 명료하고 위트 있게 말해야 한다. 타고난 말재능이 있지 않는 한 훈련을 해야만 표현을 잘할 수 있다.

넷째, 훈련이다. 가까운 사람 중에 만만한 사람들에게 시도해보는 것이 좋다. 자신의 이야기를 참고 인내하며 잘 들어줄 사람을 찾으면 된다. 미혼이라면 이성친구나 친한 친구, 부모님도 좋다. 나 같은 경우에는 배우자에게 연습한다. 사실 말재능이 타고난 사람조차도 준비하지 않고는 말을 잘해나가기 어렵다. 결국은 반복훈련을 해야 잘할 수 있다.

당연히 많이 시도해봐야 말도 잘할 수 있기 마련이다. 이렇게 가까운 사람과 연습을 하다 인생이 바뀐 사례도 있다. 최규상 유머코치는 직장 생활을 할 때 아내가 "사는 게 재미없다"고 한탄하는 말을 듣고 충격을 받았다. 그래서 매일같이 유머책을 사서 아내에게 유머를 들려줬다. 그렇게 매일같이 유머를 들려주다 보니 5,000여 개의 유머를 외울 수 있게 되었고 자연스레 유머를 만들어낼 수준까지 되었다. 결국 유머가 습관이 되어서 유머강사로, 유머작가로 활동하게 되었다. 더 놀라운 사실은 남편의 이야기만 듣던 아내가 유머강사로 변신했다는 사실이다.

다섯째, 두려움 내려놓기다. 스몰토크를 꺼낼 때 '내가 말실수를 하면 어떻게 하나? 상대가 내 이야기를 안 좋아하면 어떻게 하나' 이런 두려움을 내려놓고 자주 시도해봐야 한다. 자주 시도해보지 않으면 나중에는 말을 꺼내는 것조차 잘 되지 않는다.

사람들은 자신이 성공하지 못했기에 별로 이야깃거리가 없다고 말하는 사람들이 있다. 그러나 사람들은 성공만 늘어놓는 사람을 그다지 좋아하지 않는다. 오히려 자신의 실수를 솔직하게 고백하는 사람들을 더 좋아한다. 살아오면서 자신이 행했던 실수를 고백하고 왜 그렇게 잘못한 행동을 했는지 언급하고 어떻게 달라졌는지 말하는 것도 사람들이 좋아하는 이야기 전개 방식이다. 자신의 성공을 꺼낼 때보다 오히려 상대방에게 인간다움과 공감대를 형성할 수 있다. 내가 성공학을 주제로 강의했을 때보다 내 실패를 바탕으로 한 실패학을 강의했을 때가 훨씬 더 뜨거운 반응이 있었던 것도 이와 같은 이치가 아닐까 한다.

여섯째, 멈춤과 리액션이다. 어느 날은 자신의 이야기가 술술 풀릴 때가 있다. 그렇지만 그렇더라도 상대가 들어올 틈을 항상 만들어줘야 한다. 속사포랩처럼 쏟아낼 것이 아니라 중간중간 잠깐 멈춤을 하며 상대가 들어올 틈을 주고 그렇게 끼어드는 말들을 잘 받아줘야 한다. 상대이야기를 들을 때도 자신이 귀를 쫑긋 세워 듣고 있다는 사실을 눈빛으로 전하고, 고개를 끄덕이며 중간중간 추임새를 넣어주며 맞장구도 쳐줘야 한다. 그러면 그다음에 내가 무엇을 하든 상대가 똑같이 긍정적으로 반응을 해주기 때문에 대화에 상호시너지가 일어나기 마련이다. 그때는 이미 어떤 주제로 이야기를 나누더라도 술술술 풀리기 마련이다.

2) 직장상사 설득하는 법

회사에서 대화하기 가장 어려운 사람이 직장상사다. 마주치고 싶지 않을 때도 많다. 직장생활 당시 월요일 임원 회의가 떠오른다. 당시에 호랑이 같은 성격의 회장님은 임원들의 보고가 끝나자마자 불호령을 내리곤 했다. "그 따위로 일할 것 같으면 당장 때려치우세요"라고 말이다.

그래서 월요일이 돌아오기를 두려워하는 사람들이 많았다. 그렇게 내가 모셨던 깐깐한 회장님의 경우 거의 모든 직원들의 기피대상 1호였다. 그렇지만 어떤 프로젝트를 진행하기 위해서는 상사를 만나 설득해야 할 때가 있다. 그래서 중요한 결재를 받아야 할 때는 비서실에 연락해서 "오늘 회장님 기분이 어떠시냐" 하며 물어보곤 했다. "지금 기분이 별로 안 좋으십니다"라고 하면 중요한 결재라도 다음 날로 미루고, "오늘은 좋은 것 같습니다" 그러면 결재판을 들고 뛰어가는 부서장들이 많았다.

상사를 설득하는 법, 대화하는 법

그렇지만 이렇게 깐깐해 보이는 상사도 성향만 잘 파악하면 보다 쉽게 설득할 수 있다. 지피지기면 백전백승이라는 말도 있지 않은가. 그만큼 상대에 대해 잘 알아야 한다. 아주 간단하게는 MBTI에서 언급하는 외향(E)과 내향(I)에 대해서만 이해해도 큰 도움이 된다. 외향과 내향의 성격은 블로그와 유튜브에도 많이 나와 있으니 찾아서 상사의 유형을 파악해보길 바란다. 아주 간단한 유형 구분 질문만으로도 알 수 있다.

만일 보고서를 가지고 갔는데도 상사가 "말로 해보세요!"라고 한다면 그는 어떤 유형일 가능성이 높을까? 만일 열심히 말로 보고하고 있는데도 "보고서로 제출하세요!"라고 한다면 그는 어떤 유형일 가능성이 높을까?

말로 보고해보라는 상사는 외향(E)일 가능성이 높다. 보고서로 제출하라는 상사는 내향(I)일 가능성이 높다. **외향형 상사의 경우 보고서로 제출하라고 요구해서 보고서를 가지고 갔는데도 꼭 말로 해보라고 요구하는 경우가 많다. 그러니 외향형 상사에게는 1~2분 이내로 짧게 말로 설명할 준비를 미리 해둬야만 한다.**

나 같은 경우에도 직장생활을 할 때 모시던 회장님 스타일이 그랬다. 보고서를 써가면 꼭 말로 해보라고 했다. 바쁠 때는 엘리베이터에서 이야기해보라고 했다. 시간은 불과 30초. 그 시간 이내에 설득해야만 한다. 그것이 말로만 듣던 엘리베이터 스피치였다. 내 설득이 먹히는 날에는 엘리베이터 문이 열리자마자 "그대로 한 번 진행해봐"라는 OK사인이 떨어진다.

실제로 GE의 잭 웰치 회장은 계열사의 한 임원이 어려운 용어를 늘어놓으며 오래 이야기를 끌자 "지금 주장하고자 하는 핵심내용만 3분 이내로 말해보세요"라고 했다. 그러자 그 계열사 임원은 어떻게 30년간 이어온 전문적인 지식을 3분 이내로 요약할 수 있겠느냐고 반문하며 다시 이야기를 이어나가려 했다. 잭 웰치는 그 자리에서 그 임원을 해고해버렸다는 유명한 일화가 있다. 따라서 외향형 상사에게는 말로 할 준비를 해야 한다.

이런 외향(E)과 대화하려면 그들의 대화 방식과 의사소통 하는 방법을 알아야 한다. 외향적인 사람들은 허물없이 터놓는 대화를 선호한다. 1:1보다는 다수와 소통하길 좋아한다. 열정적으로 자기 생각을 표현한다. 몸으로 표현하는 행동지향적 성향이다. 몇 번 안 만나도 끈끈한 유대감을 표현한다. 광범위한 주제를 다룬다. 듣는 것보다는 말하길 선호한다. 상대의 말에 빠르게 반응하고 대화를 주도하길 선호한다. 그래서 대화 중간에 말을 자르거나 끼어들길 잘한다. 이들은 기본적으로 폭넓은 활동력을 기반으로 한 소통 방식을 선호한다.

이런 외향형과 대화하려면 최대한 자신을 드러내는 것이 좋다. 다수와의 모임이나 소통에도 참여해야 한다. 잘 듣고 있다는 리액션을 많이 해주면 좋다. 외적으로 관심과 열정을 표현한다. 상대 견해나 질문에 빠르게 응수한다. 상대가 좋아할 만한 질문을 던지면 더 신나서 말을 한다. 자신이 주장하는 바가 꼭 관철되어야 할 때는 의사표현을 좀 더 강력하게 표현하는 것이 좋다. 만일 갈등이나 문제가 발생할 때 피하지 말고 그 문제를 다루는 것이 좋다. 어려움이 있다면 호소해야 한다. 외향형과 성공적으로 대화를 이어나가고 싶다면 좀 더 적극적이고 열정적으로 대화에 참여하고 있다고 보여줘야 한다.

내향(I)의 대화 방식과 의사소통하는 방법은 외향과 매우 다르다. 내향(I)의 대화스타일을 살펴보면 쉽게 자신의 생각을 꺼내어 말하지 않는 것을 알 수 있다. 특히 개인적인 영역의 이야기를 거의 꺼내지 않는다. 여러 사람이 모이는 오프모임을 좋아하지 않지만 특히 주제 없는 모임을 싫어한다. 그래서 잘 아는 소수와 깊이 있는 대화를 더 선호한다. 대개 과묵하며 차분하고, 평온하다. 말하기보다 듣는 경우가 더 많다. 상대가 질문을 해와도 대답하는 데 시간이 다소 걸린다. 내향형은 깊이와 집중력 있는 대화 방식을 선호한다.

이런 **내향형과 대화를 잘하려면 그들에게 개인적 생각이나 이야기를 요구하기보다 자기 생각을 먼저 꺼내는 것이 좋다.** 적극적으로 경청하고 있다는 신호를 주되 너무 과하지 않게 주는 것이 좋다. 이들과 대화할 때는 말하기 전에 1초만 생각하고 조금 천천히 말하는 태도가 더 신뢰감을 준다. 이들과 나눈 개인적 생각, 사생활, 비밀은 존중해줘야 한다. 외부로 노출되는 것을 극히 꺼리는 경우가 많다. 이들과 대화하기 위해서는 침묵을 견디는 훈련을 해보는 것이 좋다. 외향형의 경우 침묵 그 자체를 못 견뎌 하는 경우가 많기 때문이다. 어색한 침묵을 깨트리려 노력하는 것은 좋으나 엉뚱한 이야기를 늘어놓지 않도록 유의해야 한다. 만일 내향형과 갈등이 있을 때는 상대에게 생각할 시간을 주는 것이 좋다. 내향형과 대화하려면 차분히 기다려주는 대화 스타일이 좋다[45].

만일 상사를 설득하고 싶다면 비서실로 연락하는 것도 하나의 방법이 되겠지만 상사의 성격에 맞춰 대응하는 것이 좋다. 외향형 상사에게 중요한 안건은 조금 강한 어투로 강조해야 한다. 내향형 상사에게 중요한 안건을 결재받고 싶다면 사전에 충분한 자료를 준비해서 제출하는 것이 좋다.

외향형 상사를 설득해야 할 경우 조금 큰 목소리로 강하고 단호한 어

---

45 출처: '자녀 MBTI 성격 유형에 따른 의사소통 방식과 진로탐색', 강의, 고건영

조로 "이건 꼭 해야 합니다"라고 말해야 한다. 그러면 불쾌한 표정이나 말투로 반응할 수 있지만 그럼에도 불구하고 밀리지 않고 주장을 밀고 나아가야만 한다. 이럴 때 외향형 상사는 기분 나빠하고 화난 표현도 한다. 하지만 속으로는 다르게 사고한다. "이거 중요한가 본데"라고 말이다. 그러니까 반대를 표명했던 안건이라도 결재안이 통과될 확률이 높다.

그런데 이런 방식으로 내향형 상사에게 요구하면 큰일 난다. 자신의 권위를 침범했다고 받아들여 반드시 그 안건을 폐기시키겠다고 다짐할 수 있기 때문이다. 따라서 내향형 상사에게는 차분하고 조용한 어조로 "이건 이런저런 이유로 꼭 해야 합니다"라고 강조해야 한다. 이때도 "지금 안건을 당장 처리해야 한다"는 압박감을 주기보다는 충분한 자료를 건네면서 "가능하다면 빠르게 검토해주시면 크게 도움이 되지만 이번 주말까지라도 좋습니다"라고 생각할 여유를 줘야 한다. 그러면 내향형 상사는 "이거 중요한가 본데"라고 생각하고 그날 저녁에 시간을 내어서라도 결재서류를 다시 검토하기 마련이다.

3) 상사의 요구 거절하는 법, YES BUT 화법

업무진행 중에도 상사가 이런저런 업무를 중도에 요구하거나 지시하는 경우가 있다. 대개 수용해야겠지만 지혜롭게 거절할 수도 있어야 한다. 안 그러면 나중에 일이 산더미처럼 몰려 감당할 수 없는 수준이 될 수 있다.

상사가 지시하는 업무를 지혜롭게 거절하는 방법

잘 거절하기 위해서는 5단계 YES BUT 화법을 활용하면 좋다. 1단계는 상사가 요구했을 때 일언지하에 거절하지 않는 게 좋다. 그것만으로도 마음에 응어리가 진다. 거절을 떠올리기 전에 일단 "네, 알겠습니다. 한 번 해보겠습니다"라고 긍정적으로 대답하는 것이 중요하다.

2단계는 "다만 이번 주까지는 맡은 업무가 있어 바로 수행하기는 어려울 수 있는데요. 혹, 다음 주말까지 해도 괜찮을까요"라고 물으며 시간을 확보해야 한다.

3단계는 만일 다른 직원이나 타 부서, 외부 기관과 연계된 업무일 경우 일정을 확인 후에 언제까지 가능한지 알아보고 연락드리겠다고 답하는 요령이 필요하다.

4단계는 상사가 요구한 업무를 우수하게 수행할 다른 직원을 추천한다. 해당 업무를 자신보다 더 낫게 수행하거나 더 빠르게 수행할 수 있는 동료직원을 추천하면 귀가 솔깃할 것이다. 그만큼 평소에 조직 내 구성원들을 잘 알고 있어야 할 필요가 있다.

5단계는 자신이 업무를 맡게 될 때다. 현재 진행 중인 업무가 있다면 우선순위를 요청해야 한다. 무엇이 우선적으로 중요한지 요구해서 상사가 요구하는 순서대로 업무를 진행하겠다고 확답을 받으면 문제발생 여지가 줄어든다[46].

---

[46] 출처: 『직장 생활 힘 빼기의 기술』, 마쓰모토 도시아키 저

4) 고객을 설득하는 법

직장생활을 하다 보면 아무래도 갑과 을의 관계가 자연스레 형성되기 마련이다. 갑 중에는 막무가내로 억지를 피우며 상도(商道)를 뛰어넘는 요구를 하는 사람도 있다. 내가 한 외국계 기업에서 기술영업 일을 할 때였다. 우리 회사 제품의 수입원장을 막무가내로 보여 달라는 고객사 담당자 때문에 난감했다.

무리한 요구에 난감했지만 무엇보다도 우리 회사의 마진이 높았기 때문이기도 했다. 수입원가보다 거의 두 배가량 높게 책정되어 제품이 공급되고 있었다. 당시 사장님은 20% 정도 할인해주는 선에서 협상을 마무리하라고 했다.

고객사의 무리한 갑질 요구, 한 방에 설득한 경험

그렇게 나 혼자 고객사에 찾아갔는데 미팅 장소는 칸막이도 없는 100여 명이나 되는 넓은 사무실, 그것도 오픈된 중앙 테이블이었다. 그곳에서 수입원장을 보여달라며 구매팀 대리가 쩌렁쩌렁 큰소리 치며 나를 압박해왔다. "수입원장을 보여주면 거기에 맞춰 마진을 정해주겠다"는 것이다. 처음에는 무척 당혹스러웠다. 하지만 나는 차분한 어조로 말을 꺼냈다.

"대리님, 제가 수입원장을 보여드릴 수는 있습니다. 그렇지만 그건 상도가 아닌 듯합니다. 혹 대리님은 백화점에 가서 '이 원단의 단가가 얼마인지 보여달라'고 요구하며 '원가에 맞춰 마진을 쳐서 가격을 지불하겠다'고 하는 경우가 있으신가요?"라고 되물었다.

대리는 당황해하더니 그러지는 않는다고 답했다. 나는 "그렇다면 왜 저에게 무리한 요구를 하시는 것인지요? 진짜 원하는 것이 무엇인지 말씀해주세요"라고 물었다. 그제야 대리가 할인을 원한다는 사실을 파악할 수 있었다. 자신도 일을 잘하고 있다는 사실을 주변 상사들에게 알려야만 했던 것이다. 마진이 얼마 남지 않는 제품이라 5% 정도밖에 못해드릴 것 같지만 그것도 사장님한테 허락을 받아야 한다고 말했다. 그때부터는 태도가 돌변하며 "꼭 할인받게 힘써달라"고 부탁하는 것이다. 그렇게 5% 할인해주는 것으로 끝나 사실상 수억 원의 금액을 세이브할 수 있었다. 결국 화난 고객을 설득하려면 차분한 태도와 논리적 대응이 중요하다.

6
꿈을 이루는 법

많은 사람들이 자신이 원하는 삶을 꿈꾼다. 그렇지만 정작 누군가로부터의 지시와 명령을 받는 것은 싫어한다. 그래서 직장생활은 지시받은 것만 하면 되는 거 아닌지 반문하는 경우도 많다. 누군들 지시와 명령을 좋아하겠는가. 꽤 많은 사람들이 회사에서 충분한 조건이나 대우를 해주지 않았기에 수동적으로 행동할 뿐이라고 항변한다.

그렇지만 누군가는 지시받은 것 이상의 몫을 해내는 사람들이 있다. 앞으로 이 둘 사이에는 어떤 차이가 일어날까?

당신은 지시받은 일만 하는 사람인가요? 그 이상을 하는 사람인가요?

신혼 초 추운 겨울, 얼음을 구하러 나갔던 적이 있었다. 처가댁 식구들이 설 명절에 모여 위스키를 먹고 싶어 하는데 겨울이라 얼음이 없었다. 추워서 다들 나가려 하지 않는데 "제가 다녀오겠습니다"라고 호기롭게 말하고 길을 나섰다. 요즘 같은 경우에는 얼음 정도는 쉽게 구할 수 있겠지만 당시에는 여기저기 상점을 다 돌아다녀도 얼음 파는 곳이 없었다.

어떻게 할까 고민하다가 이대로 빈손으로 들어가는 건 좋지 않겠다는 생각에 근처 술집에 들렀다. 사정을 이야기하고 다음에 가까운 사람들이랑 술 먹으러 올 테니 얼음을 조금만 판매해주면 고맙겠다고 말했다. 그러자 비닐 봉투에 얼음을 가득 담아주었다. 돈은 안 받겠다는 사장님에게 3,000원 정도의 비용을 지불한 다음 집으로 얼음을 가지고 돌아왔던 기억이 있다. 그렇게 늦게 온 사정을 이야기했더니 집안 어른의 칭찬이 있었다. "정서방은 어디가도 일 잘하겠다"고 말이다.

이는 단순한 것 같지만 단순하지 않다. **지시받은 일만으로 끝내는 사람과 지시받은 일이 계획대로 풀리지 않을 때 어떻게 대안을 세워 문제를 풀 수 있을지 해결방법을 모색하는 사람은 그 결과가 다를 수밖에 없다. 따라서 직장생활이 아니더라도 평소에 항상 다른 사람들이 요구하는 기대 이상의 사고와 행동을 해보길 권한다. 꿈을 이루는 법은 목표 이상을 달성하려는 사람들의 자발적인 실천행동 결과다.**

그대 자신을 뛰어넘으라!

　행복하게 살기 위해서는 자신을 알아야 한다. '나'라는 존재를 이해하기 위해서는 다양한 노력을 기울일 필요가 있다. 우리 부모와 형제, 친인척과 친구와 성장해온 환경을 돌아보는 과정도 필요하다. 보다 근본적인 내 뿌리를 알고 싶다면 한국인을 이해할 필요도 있다. '우리 민족의 뿌리'를 찾는 것도 중요한 자기탐색의 한 과정이다.

　'우리 민족은 어떤 민족이고, 어떤 기질이나 특성을 가지고 있으며, 어떻게 살아왔으며, 어떤 역경을 겪었으며, 어떤 성취를 이뤘으며, 어떤 약점과 강점을 가지고 있는지, 어떠한 정신과 문화를 가지고 살았는지, 현재의 상황은 어떤지, 앞으로의 사명은 무엇인지' 등을 알아볼 필요도 있다.

　나는 동기부여를 주제로 하는 강연도 많이 하지만 취업, 진로, 직업 등의 실용적 주제로 청년들을 만날 때도 많다. 그런데 취업 문제로 기가 꺾여버린 젊은이들을 보면 안타까운 마음 금할 길 없다. 그렇지만 눈앞에 닥친 일자리 문제를 뛰어넘어 조금 더 크게 바라보길 권하기도 한다. 한국인의 역사적 소명에 대해 생각해보라고 강조하면서 함석헌 선생의 『뜻으로 본 한국역사』를 권할 때가 있다. 이 책은 기독교적인 관점에서 바라본 지극히 개인적인 한국 역사 기술서지만 종교를 뛰어넘어 이 시대 젊은이들에게 우리 민족의 뿌리를 생각해볼 수 있는 도서라고 생각되어 추천한다. 너무도 중요한 내용이라 이 지면을 통해 선생님의 가르침을 전해본다.

한국인만큼 세계사적으로 주목받지 못하며 박해받았던 민족도 많지 않기에 그러한 고통의 역사가 세계사의 빛이 될 한국인의 소명이라고 함석헌 선생은 말한다. 한국인이 성공하면 착하고 순하고 나약하고 역경에 처한 민족이나 무수한 각 개인들에게도 '해낼 수 있다'는 믿음을 전파할 수 있다는 것이다.

인간 내면의 뿌리를 찾는 과정은 대단히 어렵고도 중요한 작업이다. 거기에는 각 개인에 대한 뿌리를 찾기 위한 개별적 노력은 물론이고 보다 더 큰 뿌리를 찾아보려는 집단적 노력 또한 필요하다. 현대사의 큰 스승이었던 함석헌 선생은 중국의 책 중에 가장 오래된 『산해경(山海經)』이 우리 민족을 '군자국은 동방의 북쪽에 있다. 그 나라 사람들은 옷을 입고 갓을 썼으며, 검을 차고 짐승을 잡아먹는다. 호랑이 두 마리를 곁에 두고 부린다. 천성이 겸양을 좋아하며 다투지 않는다'라고 기록하고 있다고 말한다. 이런 수천 년 된 고서(古書)가 아니라도 그 뒤에 나온 많은 책들에서도 우리 민족을 한결같이 겸손하고 예의를 밝히고 덕이 있고 용맹스러운 민족, 다시 말해 군자로 평가하고 있다는 걸 알게 된다.

이런 걸 보면 자랑스럽기도 하지만 맞는 말인가 의심스럽기도 하다고 선생님은 우려감을 표명한다. 지금 상황만 보면 도무지 걸맞지 않아서라는 것이다. 함석헌 선생은 '한국인은 착하다'고 말하지만 '지금 현재 착한 사람이 어디 있나', '평화를 사랑한다'고 말하지만 '평화를 좋아하는 사람이 어디 있나' 한탄스럽다는 것이다. 온통 강도, 강간, 살인, 방화, 정치적 갈등, 인재로 벌어지는 사건사고 등으로 가득한 요즘 뉴스를 보면 오래전 함석헌 선생의 말이 지금도 맞아떨어지는구나 하는 우려감마저 든다.

청년시절에 친하게 지냈던 한 외국인 친구가 떠오른다. 그녀는 한국에 오기 전까지만 해도 한국인에 대해 동경했는데 생각보다 불친절한 사람들이 많아 적잖게 실망했다는 말을 내게 건넸다. 당시에 부끄러움과 동시에 적잖은 충격을 받았다.

우리는 이제 신화도 없고 영웅도 없어진 것인가. 영웅으로 떠오를 만한 사람은 어떻게 해서든 요즘 말로 해서 디스(Dis)해버린다. 월드컵 신화와 같은 전 국민적 감격도 사라지고 열정도 사라진 것은 아닌가 하는 우려감마저 든다. 그 이면에는 바로 국민적 이상(理想)의 상실이 원인이라고 함석헌 선생은 지적한다.

선생은 우리 민족의 기상은 삼국통일 이후 변질되었고, 여기에는 외부 요인뿐만 아니라 내부 요인도 있다고 지적한다. 내부 요인으로는 '심각성 부족'을 내세웠다. 바로 하나를 깊이 있게 파고들지 못한다는 것이다. 더 나아가 생각하는 힘이 모자란다고 지적한다. 어쩌면 현대인들이 스스로 똑똑하다는 지적 믿음 탓에 너무 많은 것들을 따지고 고려하며 하나를 깊이 있게 파고들지 못함을 따끔하게 지적하는 듯하다.

결국 모든 문제는 정신의 문제라는 것이다. 사실 한국의 역사는 선생의 말씀처럼 고난의 역사다. 한국 역사의 밑바탕에 숨어 흐르는 가락은 고난(苦難)이다. 땅도 사람도 정치도 종교도 예술도 사상도 문학도 조금만 깊이 있게 들여다보면 모두가 고난과 고통을 상징한다. 부끄럽고 쓰라리지만 어쩔 수 없이 우리 민족이 받아들여야 하는 차가운 현실이다.

우리 민족은 역사상 큰 민족도 아니고, 중국이나 로마나 터키나 페르시아처럼 큰 나라를 세워본 적도 없다. 국제무대에서 주역이 되어본 적은 더더욱 없다. 애급이나 바빌론이나 인도나 그리스처럼 세계 문화사에 자랑할 만한 유산도 없다. 피라미드 같은, 만리장성 같은, 굉장한 유물이 있는 것도 아니다. 세계에 공헌한 큰 발명도 없다. 대가들이 있긴 하지만 그들이 세계 역사에 큰 변화를 미친 것은 아니다. 사상이나 예술이 없지 않으나 그것이 세계 사조의 주류가 되어본 적은 한 번도 없다.

주류라기보다는 늘 침탈과 오욕, 찢어지고 갈라진 역사, 잃고 떨어진 변방의 기억뿐이다. 이는 객관적이고 공정한 시선을 가진 사람이면 누구나 알 수 있는 사실, 견딜 수 없는 우리 민족의 슬픔이다.

그러나 함석헌 선생은 우리 민족의 실체를 꼬집어 지적하는 것을 마음 아파하면서도 이러한 고난이야말로 한국인이 쓸 수 있는 가시 면류관이라고 동기를 부여한다. 우리 역사는 세계 역사의 뒷면에 감춰진 어둠을 간직하고 있다. 세계 역사 자체의 근본이 고난임을 모두가 깨닫는 순간 여태껏 학대받는 시종인 줄 알았던 우리 민족이야말로 가시 면류관을 쓴 여왕임을 알게 될 것이라며 우리 민족의 사명을 강조했다.

역사는 결코 뜻도 의미도 없이 흘러가지 않는다. 영웅이 시련과 역경을 통해서 강해지듯 우리 민족도 개인도 시련과 역경을 통해 강해진다. 진정한 성공은 어려운 역경 속에서도 운명을 거스르고 일어선 사람에게 온다. 우리 민족도 그러할 것이기에 젊은이들이 역사적 사명을 깨닫고 강건하게 일어나야 할 것이다.

나 자신을 둘러싼 환경과 제도적인 허술함만 탓해서는 안 된다. 그보다 자기 자신을 먼저 돌아보고 반성하며 자신에게 주어진 삶의 문제부터 해결해나가야 한다. 역사와 민족에 대해서도 마찬가지로 철저한 자기반성이 있어야 한다. 더 나은 세상을 만들고 싶다면 우리 사회에 만연한 부조리들을 인식하고 하나씩 바로잡아 나가겠다고 한 개인 개인이 다짐해야 할 필요가 있다.

수천 년 동안 짓밟히고 나약했던 민족이었던 우리가 바르게 잘 살아가게 되면 오히려 더 귀한 세계적 모범시민이 될 수 있다. 그렇게 되면 강대국들의 틈바구니에서 우리처럼 힘없고 작은 나라의 국민들도 얼마든지 제대로 살 수 있다는 희망을 세계인들에게 전할 수 있다.

우리는 그러한 역사적 사명을 가지고 이 땅에 태어났다. **선하고 착한 마음으로 성실하게 땀 흘리고 행동하며 따뜻한 세상을 만드는 것이 우리의 사명이다.**

그 사명을 자각할 때 비로소 세계 역사도 새롭게 쓰일 것이다.

그대의 역사도 새롭게 쓰일 것이다.

그러니 그대 자신을 뛰어넘어라!

대한민국의 밝은 미래를 꿈꾸며, 당신을 응원합니다.

저자 정철상

중앙경제평론사 Joongang Economy Publishing Co.
중앙생활사 | 중앙에듀북스 Joongang Life Publishing Co./Joongang Edubooks Publishing Co.

중앙경제평론사는 오늘보다 나은 내일을 창조한다는 신념 아래 설립된 경제 · 경영서 전문 출판사로서
성공을 꿈꾸는 직장인, 경영인에게 전문지식과 자기계발의 지혜를 주는 책을 발간하고 있습니다.

나만 몰랐던 **취업비법**

초판 1쇄 인쇄	2024년 1월 15일
초판 1쇄 발행	2024년 1월 20일

지은이	정철상(CheolSang Jeong)
펴낸이	최점옥(JeomOg Choi)
펴낸곳	중앙경제평론사(Joongang Economy Publishing Co.)

대 표	김용주
기 획	백재운
책임편집	정은아
본문디자인	박근영

출력 | 영신사   종이 | 한솔PNS   인쇄 · 제본 | 영신사

잘못된 책은 구입한 서점에서 교환해드립니다.
가격은 표지 뒷면에 있습니다.

ISBN 978-89-6054-326-3(03320)

등록 | 1991년 4월 10일 제2-1153호
주소 | ⑦ 04590 서울시 중구 다산로20길 5(신당4동 340-128) 중앙빌딩
전화 | (02)2253-4463(代) 팩스 | (02)2253-7988
홈페이지 | www.japub.co.kr 블로그 | http://blog.naver.com/japub
네이버 스마트스토어 | https://smartstore.naver.com/jaub 이메일 | japub@naver.com
♣ 중앙경제평론사는 중앙생활사 · 중앙에듀북스와 자매회사입니다.

도서 주문	www.**japub**.co.kr 전화주문 : 02) 2253 - 4463	https://smartstore.naver.com/jaub 네이버 스마트스토어

중앙경제평론사/중앙생활사/중앙에듀북스에서는 여러분의 소중한 원고를 기다리고 있습니다. 원고 투고는 이메일을
이용해주세요. 최선을 다해 독자들에게 사랑받는 양서로 만들어드리겠습니다. **이메일** | japub@naver.com